écho

MÉTHODE DE FRANÇAIS

2ᵉ édition

J. Girardet / C. Gibbe

CLE
INTERNATIONAL
www.cle-inter.com

B2

Introduction

Pour la maîtrise d'une compétence d'utilisateur indépendant de la langue

Ce cinquième manuel de la méthode pour l'apprentissage du français langue étrangère *ÉCHO* s'adresse à des étudiants ayant atteint le niveau B1 du Cadre européen commun de référence ou ayant travaillé avec les niveaux précédents de la méthode. Il permet d'accéder à la maîtrise d'utilisateur indépendant de la langue et de préparer les certifications du niveau B2.

L'étudiant sera confronté à des textes relativement longs, extraits de quotidiens, de magazines, d'essais et d'ouvrages d'intérêt général ou à caractère littéraire. Il pourra parfaire sa compréhension de l'oral avec une soixantaine de documents sonores (émissions de radio, interviews, micro-trottoirs, extraits de conférences et de débats). Il se préparera à des prises de parole longues (interventions dans un débat, exposés) et à des productions écrites développées et argumentées (commentaires et prises de position, comptes rendus, synthèses de documents, lettres informelles ou à caractère administratif).

Une approche actionnelle

ÉCHO prépare l'étudiant à être un acteur social capable d'effectuer les différentes tâches de sa vie personnelle, éducative, sociale ou professionnelle. L'ensemble des moyens linguistiques est donc subordonné à ces tâches.

Cette approche détermine les objectifs mais également la méthodologie. Comme dans les niveaux précédents, l'apprentissage s'appuie avant tout sur les interactions naturelles de la classe, sur des projets individuels ou collectifs ou sur des simulations de tâches de la vie réelle.

Ces démarches, au cours desquelles l'étudiant est pleinement acteur dans l'espace social de la classe, feront naître le désir d'acquérir de nouveaux moyens linguistiques et de découvrir les cultures francophones.

Une progression par unités d'adaptation

ÉCHO se présente comme une succession d'unités d'adaptation représentant chacune 30 à 40 heures d'apprentissage. Chaque unité vise l'adaptation à un contexte situationnel et permet d'acquérir les savoir-faire et les savoirs liés à ce contexte. *ÉCHO B2* comporte quatre unités :
- « *Se former* » qui prépare l'étudiant à suivre des études ou une formation dans un pays francophone, à se documenter en prenant des notes et en les synthétisant, à commenter des textes, à débattre et à rédiger des écrits de type scolaire ou universitaire ;
- « *Comprendre et expliquer le monde* » où l'étudiant apprendra à comprendre et à produire des explications organisées et argumentées sur des sujets divers (faits de société, comportements, phénomènes naturels, etc.) ;
- « *Vivre ses loisirs* » qui permet à l'étudiant d'organiser ses loisirs, de les vivre pleinement sur le plan social et de comprendre des œuvres culturelles ;
- « *Participer à la vie citoyenne* » où il découvrira les composantes de la société et les principales institutions. Il y apprendra aussi à exposer ses idées, à défendre ses intérêts personnels et des causes collectives.

La possibilité de travailler seul

Le cahier personnel d'apprentissage accompagné d'un CD est un véritable outil de travail personnel grâce auquel l'étudiant pourra revoir après la classe le travail fait pendant le cours. Il aura ainsi le moyen de vérifier sa compréhension des textes à l'écrit comme à l'oral, de noter le sens des mots nouveaux, de faire des exercices de mémorisation du vocabulaire et de réviser les principaux points de la grammaire.

Une évaluation continue

- À la fin de chaque unité, l'étudiant peut procéder à une auto-évaluation de ses acquisitions.
- Le portfolio lui propose d'autres outils d'évaluation et lui permet, à la fin de chaque unité, d'indexer les savoir-faire et les savoirs acquis.

- **4 unités**
- **Dans chaque unité, 4 leçons de 4 doubles pages**

L'ORGANISATION D'UNE LEÇON

Deux pages « INTERACTIONS »

Des documents écrits et oraux permettent aux étudiants d'échanger des informations et des opinions ou de s'exprimer dans le cadre d'une réalisation commune.

Ces prises de parole constituent une introduction aux savoir-faire développés dans les pages suivantes.

un document sonore

Deux pages « RESSOURCES »

Des activités d'observation, de systématisation et de mise en texte permettent un travail sur la grammaire des textes et l'organisation des différents types de discours.

Quatre pages « SIMULATIONS » ou quatre pages « PROJET »

Ces quatre pages sont organisées selon des scénarios ou schémas d'actions qui structurent les activités humaines. Chaque scénario comporte un certain nombre de tâches de compréhension ou d'expression. Par exemple, faire une enquête sur un sujet suppose qu'on contacte des personnes ressources, demande des autorisations, se rende dans des bibliothèques, consulte des sites Internet, prenne des notes, synthétise les informations recueillies.

Deux types de schémas d'actions alternent selon les leçons :
- les **simulations**, suites de tâches organisées selon une situation globale (préparer et faire un exposé, mener un débat contradictoire, etc.) ;
- les **projets**, suites de tâches convergeant vers une réalisation concrète (tenir un blog de réflexions, concevoir une école idéale, etc.).

un document sonore

un point de civilisation

À LA FIN DE CHAQUE UNITÉ

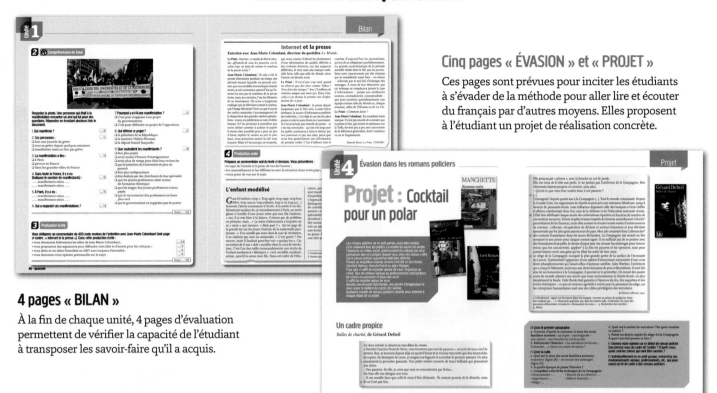

4 pages « BILAN »

À la fin de chaque unité, 4 pages d'évaluation permettent de vérifier la capacité de l'étudiant à transposer les savoir-faire qu'il a acquis.

Cinq pages « ÉVASION » et « PROJET »

Ces pages sont prévues pour inciter les étudiants à s'évader de la méthode pour aller lire et écouter du français par d'autres moyens. Elles proposent à l'étudiant un projet de réalisation concrète.

UN PORTFOLIO

L'étudiant notera dans le portfolio les étapes de son apprentissage, ses expériences en français en dehors de la classe et les différentes compétences qu'il a acquises. Ce livret lui propose également un test : « Avez-vous atteint le niveau B2 ? »

POUR LE TRAVAIL PERSONNEL

Le cahier personnel d'apprentissage
(avec CD audio et livret de corrigés)

- activités de révision
- apprentissage du vocabulaire
- révision des principaux points de grammaire
- exercices oraux d'automatisation
- textes de lecture
- documents sonores
- conseils pour l'apprentissage

Unité 1 Se former

	LEÇONS			
	1 **Faites le point** p. 6	**2** **Documentez-vous** p. 14	**3** **Ça se discute** p. 22	**4** **Un commentaire ?** p. 30
Grammaire de phrases et grammaire de textes	• Les phrases nominales (transformation du verbe et de l'adjectif en substantif)	• La synthèse d'informations • Présentation d'idées convergentes et divergentes	• Les types de développement (développement thématique, débat, analyse, commentaire) • L'introduction et la conclusion d'un développement	• Le commentaire d'informations : passer des faits aux idées et des idées aux faits
Vocabulaire	• L'enseignement • La formation • Les aptitudes et les compétences	• L'information • La recherche • L'histoire	• L'apprentissage • Les capacités intellectuelles	• Le jugement moral • La vérité, l'erreur et le mensonge
Compréhension des textes	• Dossier formation (ouvrage didactique) • Une école de cinéma (article de presse) • La naissance d'une vocation (autobiographie d'Hélène Grimaud)	• La fiabilité de Wikipédia (extrait d'ouvrage) • Une escroquerie (extrait d'ouvrage) • Gisors et le trésor des Templiers (extraits d'ouvrage et de guide touristique)	• Nouvelles façons d'apprendre : Internet, coaching, stimulation cérébrale (articles de presse) • Dossier pour un débat sur la part du don et de l'apprentissage	• Nouvelles brèves de presse • Action écologique (site Internet) • Un enfant dans l'arène (article de magazine) • La fuite des cerveaux (article de presse)
Compréhension de documents oraux	• Interview : l'école française vue par une Irlandaise • Interview : étudiant dans une grande école	• Micro-trottoir : Peut-on se fier à Internet ? • Récit d'un guide du château de Gisors	• Micro-trottoir : Peut-on se passer d'un professeur ? • Témoignage : révélation d'une vocation	• Bulletin d'informations radio • Témoignages de jeunes chercheurs (émission radio)
Production orale	• Présenter une expérience ou un projet éducatif • Présenter ses compétences	• Exprimer son opinion sur la fiabilité des moyens d'information • Faire un exposé sur un point d'histoire (en relation avec un lieu)	• Débat : le don et l'apprentissage • Donner son avis sur des méthodes d'apprentissage	• Réagir à une information de presse. La commenter
Production écrite	• Prendre des notes • Projet : description d'un lieu idéal d'éducation ou de formation	• Faire une synthèse de textes • Rédiger une lettre de demande d'informations et d'autorisation	• Rédiger l'introduction et la conclusion d'un développement	• Commenter la valeur d'une action • Porter un jugement moral • Commenter la validité d'une information
Civilisation	• Les études supérieures dans quelques pays francophones • Une formation originale : les Compagnons • L'orientation en France • Le programme Erasmus	• Les bibliothèques (la Bibliothèque nationale – la bibliothèque du centre Pompidou) • La réforme de l'orthographe • Vestiges et épisodes du Moyen Âge	• Le téléchargement illégal • L'apprentissage aujourd'hui • L'esprit cartésien	• La fuite des cerveaux • La corrida • Le CNRS • L'Académie française

Évaluation p. 38 : La mort des langues – Une manifestation – Internet et la presse – L'enfant modélisé

Évasion au théâtre – Projet p. 42 : Nuit des Molières : *Le Bourgeois gentilhomme* (Molière) ; *Les Palmes de M. Schutz* (Fenwick) ; *L'Éloignement* (Loleh Bellon)

Tableau des contenus

Unité 2 Comprendre et expliquer le monde

	LEÇONS			
	5 **Je vous comprends** p. 48	**6** **Quelles sont** **les conséquences ?** p. 56	**7** **C'est nouveau !** p. 64	**8** **Organisons-nous** p. 72
Grammaire de phrases et grammaire de textes	• L'explication • L'expression de la cause et de l'origine	• La description d'une évolution • L'expression de la conséquence	• Le raisonnement par hypothèse et déduction • La description d'une expérience	• Le développement descriptif • Les constructions descriptives (propositions relatives et participes)
Vocabulaire	• La personnalité • Le surnaturel	• Le climat • Le patrimoine • L'évolution (détérioration, réparation, etc.)	• Les sciences • La technologie • Le risque	• L'architecture et l'urbanisme • L'administration et la politique
Compréhension des textes	• Lettre amicale • Explication d'un comportement (extrait d'ouvrage) • Le retour du surnaturel (extrait de magazine)	• L'histoire du climat (extrait d'ouvrage) • Dossier : Lascaux en danger (extraits de presse et de publication scientifique)	• Nouveautés technologiques (extrait de magazine) • La renaissance des mammouths (extrait de magazine) • Les nanotechnologies et la biologie synthétique (sites Internet)	• Dossier : Nouvelles conceptions d'urbanisme (articles de presse) • Auroville en Inde (extrait de guide touristique) • Les systèmes d'échanges locaux (article de presse) • La famille aux Comores (site Internet)
Compréhension de documents oraux	• Témoignage d'une voyageuse • Extrait de conférence : la cyberdépendance	• Émission radio : les changements climatiques • Extrait d'une conférence : la détérioration de Lascaux	• Émission radio : le tourisme dans l'espace • Interview : les nouvelles façons de se nourrir	• Interview : la réhabilitation des quartiers de Reims • Interview : administration et politique en Suisse
Production orale	• Explication de différences culturelles • Explication de comportements atypiques	• Rapporter le contenu d'un texte d'informations • Présenter un projet de défense du patrimoine	• Décrire une innovation technologique • Participer à un débat : Faut-il avoir peur de la science ?	• Donner son opinion sur une réalisation urbaine • Présenter et commenter un projet politique ou social
Production écrite	• Rédaction d'une lettre d'explications et de conseils	• Exposé des causes et des conséquences d'un problème d'écologie • Rédaction d'un document pour la défense d'un élément du patrimoine	• Description d'une expérience • Synthèse d'un article à caractère scientifique	• Description d'un lieu touristique • Description d'une organisation sociale et politique
Civilisation	• Représentations interculturelles (la famille, l'argent, le bonheur) • L'aide aux personnes en difficulté • Le goût de l'irrationnel	• L'art de la Préhistoire • La protection du patrimoine en France	• Louis Pasteur • Les risques scientifiques : comités d'éthique et principe de précaution	• L'urbanisme en France • La société aux Comores • Les utopies sociales

Évaluation p. 80 : Le patrimoine en péril – Un fait divers – Le revenu universel

Évasion dans les romans – Projet p. 84 : De la réalité au roman : *Au pays* (T. Ben Jelloun) ; *Chasse à courre* (F. Boulouque) ; *La Préférence nationale* (F. Diome)

Unité 3 Vivre ses loisirs

	LEÇONS			
	9 **Quelle émotion !** p. 90	**10** **C'est quoi l'histoire ?** p. 98	**11** **On en parle** p. 106	**12** **C'est une découverte** p. 114
Grammaire de phrases et grammaire de textes	• Les constructions verbales pour l'expression des sentiments et des émotions	• L'emploi des temps dans le récit au passé • L'expression de l'antériorité et de la postériorité	• L'analyse des représentations et des significations	• Les formes grammaticales qui permettent la mise en valeur et l'expression de l'importance
Vocabulaire	• Les loisirs • Les états psychologiques	• Le cinéma et les séries télévisées • Le théâtre	• La télévision • Les spectacles	• La mode • La table et les vins
Compréhension des textes	• Extrait d'ouvrages de psychologie	• Critiques de films et de pièces de théâtre (Extraits de presse) • Résumés de fictions	• Analyse des médias (textes de presse) • Commentaires d'une exposition (article de presse) • Commentaires de spectacles (forum Internet)	• Pages «découvertes» de magazines (mode, bonnes affaires, etc.) • Présentation de restaurants (guide touristique)
Compréhension de documents oraux	• Interview : une passion : la couture • Témoignage : une grosse frayeur !	• Entretien : opinions sur les séries télévisées • Témoignage : le travail d'un scénariste	• Bulletin d'informations radio • Micro-trottoir : réactions à une exposition controversée	• Interview : la préparation des coquilles Saint-Jacques • Interview : les vins de Bordeaux
Production orale	• Parler d'une passion, d'un jardin secret • Réagir à un événement agréable ou désagréable	• Raconter et commenter une œuvre de fiction • Faire un exposé sur la vie et l'œuvre d'une personnalité	• Présentation et commentaires d'une œuvre culturelle • Opinions à propos des médias	• Parler d'un restaurant, d'un plat, d'un vin • Présenter une découverte quotidienne (vêtement, objet)
Production écrite	• Rédaction de lettres et de messages amicaux à propos de loisirs • Expression de sentiments personnels dans le courrier	• Rédaction de notes en vue d'un exposé oral	• Présentation personnalisée d'une œuvre culturelle	
Civilisation	• Les comportements émotionnels	• Les séries télévisées francophones • Les goûts du public en matière de théâtre • *La Cantatrice chauve* de Ionesco	• La télévision : informations, humour et téléréalité • Courants artistiques et littéraires de la Renaissance au surréalisme	• Les terroirs en France et leurs spécialités

Évaluation p. 122 : Le mécénat – *Le Grand Meaulnes* (roman et film) – Les raids aventure

Évasion dans la poésie – Projet p. 126 : Récital poétique : Aimé Césaire – Paul Verlaine – Philippe Delerm – Nicole Brossard

Unité 4 Participer à la vie citoyenne

Unité 1

Se former

Pour être capable de **suivre** des études ou une formation dans un pays francophone, vous allez apprendre à :

Vous **documenter**, **prendre des notes**, **classer** et **synthétiser** les informations recueillies

Choisir et **orienter** votre formation

Commenter des textes, **débattre** sur des sujets généraux, **rédiger** des écrits organisés selon les habitudes scolaires et universitaires (dissertation, commentaire de texte, synthèse de documents)

DOSSIER FORMATION

SACHEZ VOUS REMETTRE EN QUESTiON

Tout au long de ses études et de sa vie professionnelle il n'est pas inutile de faire le point et de se remettre en question. En effet, d'une part, le monde qui nous attend sera changeant et nul n'est sûr de rester toute sa vie sur la voie qu'il a choisie. D'autre part, chaque individu est lui-même susceptible d'évoluer et ce qui lui plaît aujourd'hui l'ennuiera peut-être demain. La méthode TRICAM*, mise au point par la Maison de l'orientation d'après les travaux de l'Américain John Holland, vous évitera peut-être un jour de dire : « Si j'avais su… », « Si c'était à refaire… » En définissant le profil de compétence des individus selon six pôles dominants, elle permet de mieux orienter les lycéens et étudiants vers un métier futur, de mieux gérer les évolutions de carrière et de constituer des équipes homogènes et compétentes.

* D'après le nom des six pôles de compétences : Technicité, Réflexion, etc.

LE DÉVELOPPEMENT PERSONNEL TOUT AU LONG DE LA ViE

Christine Vandenplas-Holper, de l'université belge de Louvain, montre que, contrairement à l'image que la société a tendance à renvoyer, le développement de la personnalité et les capacités d'apprentissage restent effectifs tout au long de la vie. Pour elle, l'image médicale de la vie humaine (croissance/maturité/dégénérescence/mort) ne s'applique pas forcément au développement de l'individu. Citant Jacques Attali, elle considère que la vie est une occasion de « *nomadiser, faire face, se perdre, s'accepter, persévérer, se souvenir, danser, jouer, ruser, élucider : l'homme qui parvient à réunir toutes ces qualités a toutes les chances d'avancer, même après d'innombrables erreurs, vers la réponse à la seule question qui vaille : "Qu'est-ce que je veux devenir ?"* » (Jacques Attali, *Chemins de sagesse. Traité du labyrinthe*, éd. Fayard, 1996) (voir p. 28)

[…] Selon cette manière de voir, le cycle de la vie sociale serait de plus en plus organisé en trois âges : celui de l'enfance insouciante, puis celui d'une jeunesse particulièrement longue (en gros de 18 à 60 ans !) au cours de laquelle l'individu doit en permanence effectuer des choix, chercher sa route, subir (et de préférence réussir) des épreuves dans un labyrinthe quasi initiatique et, enfin, l'âge du retirement, de la retraite heureuse. Vision qui, au passage, n'est pas sans rappeler quelques vieilles légendes grecques, des douze travaux d'Hercule au voyage d'Ulysse avant son retour mérité à Ithaque.

LES SiX PÔLES DE COMPÉTENCES

LE PÔLE TECHNiCiTÉ
On y trouve des personnes qui préfèrent les emplois et les activités ancrés dans la réalité, permettant la manipulation ordonnée d'objets, d'outils, de machines et d'animaux. Ces personnes se sentent généralement moins intéressées, et moins « compétentes », pour tout ce qui touche les rapports sociaux. Elles ont un bon sens pratique et abandonnent rarement une tâche avant de l'avoir terminée.

LE PÔLE RÉFLEXiON
Il rassemble des personnes douées pour les mathématiques et les sciences, mais qui n'aiment pas trop diriger des équipes. Ces personnes sont indépendantes, circonspectes, intellectuelles, précises, curieuses et méthodiques. Elles adorent apprendre, en permanence, de nouvelles choses.

LE PÔLE iMAGiNATiON
Il réunit des personnes qui ne laissent pas indifférent, mais qui peuvent aussi totalement dérouter leurs interlocuteurs. Celles-ci sont, en effet, désordonnées, impulsives, indépendantes, originales, idéalistes, intuitives, mais peu pratiques. Elles sont bien sûr très créatives et « fonctionnent » souvent à l'émotion.

LE PÔLE COOPÉRATiON
Il concerne des personnes qui aiment donner assistance à autrui. Former, guérir, enseigner ou encore informer sont leurs activités favorites. On les décrit comme accueillantes, délicates, responsables, convaincantes, généreuses et tolérantes.

LE PÔLE ACTiON
Les personnes de ce pôle sont particulièrement toniques et ambitieuses. Elles sont très douées pour obtenir le leadership, car elles s'expriment avec beaucoup d'aisance. Elles sont décrites comme étant aventureuses, énergiques, aimant la vie, un peu tapageuses, autoritaires et populaires.

LE PÔLE MÉTHODE
Les personnes de ce pôle aiment surtout les activités qui nécessitent ordre et systématisme. En un mot elles aiment la régularité dans le travail. Ce sont des personnes calmes, méthodiques et consciencieuses, qui s'intègrent souvent très bien dans une équipe de travail. Elles en sont même souvent un des pivots.

Gérard Roudaut, *Faites le point sur votre carrière*, © Groupe Studyrama, 2008.

TÉMOIGNAGES

Ces étudiants français ont fait une partie de leurs études à l'étranger. Ils y ont découvert d'autres façons de travailler.

En Grande-Bretagne

« Les profs sont accessibles, ils donnent facilement leur adresse électronique et répondent à nos questions [...] Ce n'est pas rare de prendre un café avec un prof. »
Mickaël et Abdel

En Espagne

« Les bibliothèques universitaires restent ouvertes toute la nuit. C'est bien commode en période d'examen. Les activités de loisir sont également proposées tard en soirée. J'ai suivi par exemple des cours de salsa de 22 heures à 23 heures. »
Sonia, étudiante en LEA (langue étrangère appliquée)

En Belgique

« En début du semestre on achète le "syllabus". C'est un petit livret où tout le cours est écrit. C'est très pratique de n'avoir pas besoin de prendre des notes et je pouvais écouter les anecdotes que le professeur ajoutait. L'école était très bien équipée. Il y a des couloirs entiers équipés de Mac. On n'a pas besoin de réserver plusieurs semaines à l'avance pour disposer d'une caméra numérique. »
Élodie, étudiante en communication

Témoignages extraits de *Partir à l'étranger*, Y. Didi et L. Merland, ©*L'Étudiant*, 2007.

Étudiants étrangers à Cambridge.

L'INTERVIEW

Mary, 41 ans, est irlandaise. Elle vit en France où sont scolarisés ses trois enfants. Elle compare les systèmes scolaires français et irlandais.

Découverte du document

1. Lisez l'introduction du document de la page 6.
À qui s'adresse-t-il ? Que présente-t-il ?
Faites des suppositions sur le contenu des deux paragraphes du document.

2. Lisez le paragraphe « Le développement personnel... ».
a. Notez l'idée principale qui est développée et les détails de son développement.
b. Quelles sont les deux conceptions qui sont opposées ?
c. Expliquez la comparaison faite dans la dernière phrase. (Informez-vous si nécessaire dans une encyclopédie.)
d. Donnez votre avis sur la conception de la vie proposée par Christine Vandenplas-Holper et Jacques Attali.

Vos pôles de compétences

1. Lisez le paragraphe « Les six pôles de compétences ».
La classe se partage les six pôles. Pour chacun recherchez :
– les goûts, les qualités et les compétences des personnes qui dépendent de ce pôle ;
– les activités et les professions dans lesquelles elles pourraient réussir.

2. Mettez en commun les six recherches.

3. Chaque étudiant présente son pôle (ses pôles) de compétences.

L'interview

1. D'après Mary, à quel système éducatif (irlandais ou français) s'applique les phrases suivantes :
a. On a pour objectif un niveau moyen assez bas.
b. Chaque enfant a la possibilité de progresser.
c. On respecte le niveau de chaque enfant.
d. Les étudiants sont bien sélectionnés avant l'entrée à l'université.
e. On n'est pas suffisamment à l'écoute des parents.
f. Les parents participent à la vie de la classe.
g. Les professeurs sont proches des étudiants.
h. Avant le baccalauréat, les étudiants font plusieurs stages en entreprise.

2. Qu'est-ce qui distingue les systèmes de notation irlandais et français :
– au collège – au lycée

Aide à l'écoute :
Brevet : examen que les élèves français passent à la fin des quatre années de collège.

Faites le point

Prendre des notes

L'ORIENTATION SCOLAIRE

ÉTAPES DE L'ORIENTATION

- classe de 3ᵉ → choix entre études courtes (voie professionnelle) / études longues (voie générale ou technologique)
- classe de 2ᵈᵉ → options bac général / bac technologique
- classe de Terminale (18 ans) → préparation du bac. Choix des études post bac

MOYENS DE L'ORIENTATION

- centres d'information et d'orientation (CIO) + org (Onisep - Cereq)
- écoles (conseils de classe - professeur principal - centre de documentation et d'orientation)
- salons de l'orientation (organisés par écoles, centres de formation, entreprises)
- entourage (parents, amis, relations)

IMPORTANCE DE L'ORIENTATION

- rapidité de l'évolution du marché de l'emploi = connaissance des emplois de demain
- meilleure connaissance des métiers → nécessaire car image déformante de la télé + caractère non visible des métiers d'aujourd'hui = méconnaissance de la réalité des métiers

1 🎧 **Écoutez l'exposé sur l'orientation scolaire et lisez ci-dessus les notes prises par un étudiant belge.**

a. Observez les modifications qui interviennent dans la prise de notes. Relevez les formes propres à la prise de notes :
- les transformations de verbes en noms
- les transformations de verbes en adjectifs
- les idées et les relations logiques traduites par des signes
- les simplifications

b. Dites comment se fait la prise de notes selon le moment de l'exposé :
- récit ou suite d'événements
- description, présentation ou explication
- argumentation pour prouver quelque chose

2 **Entraînez-vous à produire des phrases nominales.**

a. Lisez l'encadré « La prise de notes », page 9.

b. Transformez ces phrases en notes en changeant le verbe en nom ou en utilisant une expression nominale.
Pour aider les élèves en difficulté
- On regroupera les élèves par niveau.
- Les programmes seront simplifiés.
- On aidera les plus faibles.
- Nous dépisterons les handicaps.
- Dans les écoles, des sections spécialisées seront créées.
- On variera les activités.

c. Transformez ces phrases en notes en changeant l'adjectif ou l'adverbe en nom ou en expression nominale.
Pourquoi je n'ai pas choisi l'institut de formation IFAA
- Le recrutement est élitiste.
- Le concours d'entrée est difficile.
- Il n'y a pas suffisamment d'enseignement pratique.
- Les études sont chères.
- L'hébergement est sommaire.
- L'enseignement est trop académique.
- La vie étudiante est absente.

d. Combinez les deux phrases en utilisant « le fait que... », « le fait de... », « du fait de... ».
Préoccupations des jeunes face à l'emploi
- Les études ne débouchent pas sur un emploi. Cela décourage les jeunes.
- Le chômage augmente. Ils sont préoccupés.
- Ils ne connaissent pas la réalité des métiers. Ils commettent des erreurs d'orientation.
- Ils sont assistés par leurs parents. Ils ne sont pas autonomes.
- Des étrangers mieux formés qu'eux et moins exigeants en matière de salaire arrivent sur le marché de l'emploi. Les jeunes sont déstabilisés.

e. Montrez que les phrases suivantes peuvent avoir deux sens.
Attention, certaines formes nominales peuvent être ambiguës quand le contexte n'est pas assez précis.
- L'amour des parents ne doit pas être excessif.
(S'agit-il de l'amour des parents pour leurs enfants ou celui des enfants pour leurs parents ?)
- Nous allons aborder le problème de la peur des élèves.
- Je m'occuperai de la réception du directeur.
- Il faut réparer l'oubli de Marie.
- Il faut améliorer la compréhension des étudiants.

3 **Lisez les documents sur le programme Erasmus.**
À quel type de texte appartient chaque document ?
description – récit – argumentation
Prenez en notes les principales informations données dans ces documents.

Le programme Erasmus

Le programme Erasmus est un système d'échange d'étudiants entre les universités et les grandes écoles d'Europe qui ont signé la Charte Erasmus. Pour bénéficier du programme, un étudiant doit être inscrit dans un établissement et choisir un établissement étranger qui a conclu un accord d'échange avec le sien. Pendant son séjour, il reste inscrit dans son université d'origine, n'a pas de frais de scolarité à payer et bénéficie d'une allocation ainsi que d'une aide logistique sur place (accueil sur place, organisation du séjour, recherche de logement, etc.). Son séjour d'études d'une durée de trois à douze mois est validé sous forme de crédits.

D'après *Partir étudier à l'étranger*, L'Étudiant, 2007.

« Normalement, un étudiant peut partir avec Erasmus dès la 2e année universitaire à condition d'avoir validé sa première année. Toutefois il convient de ne pas partir trop tôt. En effet, une expatriation réussie nécessite une certaine maturité. Or, beaucoup d'étudiants de 2e année n'ont pas encore la capacité d'être vraiment autonomes.
De plus, il est important que le séjour à l'étranger serve au maximum le projet personnel du candidat. Celui-ci aura donc intérêt à prendre conseil auprès de son enseignant. C'est à ces conditions que le séjour à l'étranger constituera une formidable ouverture culturelle. »

Un responsable d'université

« Pour partir en Suède avec le programme Erasmus, je m'y suis prise presque un an à l'avance. D'abord, en octobre, j'ai passé les tests linguistiques. Puis j'ai pris contact avec le service des relations internationales de ma fac. J'ai aussi discuté avec mon professeur référent. Ensuite j'ai constitué un dossier qui comportait une liste de vœux, un contrat d'études, une lettre de motivations. »

Une étudiante

La prise de notes

1. Pour noter des faits et des idées

On utilise souvent des phrases nominales. La reformulation en phrases nominales se fait de plusieurs manières.

• **Transformation du verbe en nom.** On utilise un nom dérivé du verbe ou un nom qui exprime la même idée.
L'ENA (École nationale d'administration) a été fondée en 1945.
= 1945 : fondation de l'ENA
En 1992, l'ENA est déplacée à Strasbourg.
= 1992 : installation de l'ENA à Strasbourg

• **Transformation de l'adjectif en nom**
Le concours d'entrée à l'ENA est difficile.
= difficulté du concours d'entrée

Quand la transformation n'est pas possible, on peut utiliser les formes suivantes :
• pour noter une action : *le fait de...* ou *le fait que...*
Quand on a étudié à l'ENA, on fait partie d'une caste.
= le fait d'avoir étudié à l'ENA → appartenance à une caste
• pour noter une qualité : *le caractère, le type, le côté,* etc.
Le concours d'entrée est très sélectif.
= caractère sélectif du concours d'entrée

N.B. Les nominalisations sont aussi utiles :
• pour faire des énumérations
On a critiqué le faible pourcentage d'enfants d'ouvriers parmi les énarques, leur esprit technocratique et leur monopolisation des postes clés de l'État.

• pour reprendre dans une phrase des éléments de la phrase précédente
*Elle **a réussi** à l'ENA. **Ce succès** a changé sa vie.*

2. Pour noter des prescriptions (modes d'emploi, recettes, listes de choses à faire), on utilise les propositions infinitives.

Pour poser votre candidature à l'ENA, vous remplirez un dossier d'inscription en ligne, vous enverrez les pièces justificatives.
= remplir un dossier d'inscription
envoyer les pièces justificatives

3. Pour noter des relations

• Utilisation de signes de logique ou de mathématiques
= (c'est-à-dire, cela équivaut à...)
≠ (différent de...)
~ (approximativement)
> (plus grand que..., supérieur à...)
• Abréviations : qqch (quelque chose) – qqn (quelqu'un) – bcp (beaucoup)

Une école idéale

Des philosophes de l'ancienne Grèce aux concepteurs de l'école nouvelle en passant par Rabelais et Comenius, les hommes ont toujours imaginé des écoles où l'acquisition des savoirs irait de pair avec la préparation de la vie citoyenne et l'épanouissement personnel.

Individuellement ou en petit groupe, vous imaginerez **un lieu d'éducation ou de formation idéal pour jeunes ou pour adultes**.
Vous en décrirez l'organisation et les principes d'enseignement.

L'abbaye de Thélème

Les enfants gâtés du septième art

Des images insolites défilent sur l'écran. Un colleur d'affiches opérant son ballet dans la rumeur des rames de métro, puis une commerçante dans sa minuscule boutique de bric et de broc […].
Les lumières se rallument dans la salle, vaste et confortable. Nous sommes à Paris sur la butte Montmartre, dans les splendides bâtiments des anciens studios Pathé : ils abritent aujourd'hui l'École nationale supérieure des métiers de l'image et du son – créée en 1986 sous le nom de Fondation européenne pour les métiers de l'image et du son, d'où l'appellation, qui lui est restée, de « la Fémis », héritière de l'Idhec (Institut des hautes études cinématographiques). La nouvelle promotion est là au grand complet : 38 élèves de première année. Les petits films qui viennent de se succéder sont ce que l'on appelle ici des « minutes Lumière », un re-

doutable exercice de style, emblématique de l'école. Il faut, sur le modèle des frères Lumière (1), planter sa caméra dans un endroit judicieux et filmer le réel en plan fixe pendant une minute. Après les projections, c'est maintenant l'heure des commentaires, assurés par les deux directeurs du département réalisation et la responsable des documentaires d'Arte. Les étudiants au négligé branché type Beaux-Arts ou au look intello façon Normale sup (2) boivent leurs paroles.
Tous ne se destinent pourtant pas à devenir réalisateurs. Car si la Fémis est surtout connue grâce à ses anciens étudiants devenus cinéastes en vogue comme François Ozon ou Dominik Moll, elle prépare à de nombreux métiers : scénariste, ingénieur du son, de la photo, chef déco, scripte, producteur, monteur, et même, depuis peu, exploitant de salle. Le cursus principal regroupe à lui seul sept spécialités pour quatre années d'études qui font franchement rêver. Rien ne semble trop beau pour ces étudiants qui disposent de moyens étonnants. Trois salles de projections, quatre plateaux de tournage, trente salles de montage, trois auditoriums de mixage, une menuiserie, un atelier de décors… Sans parler des caméras, projecteurs sophistiqués, loges pour les comédiens, outils de bruitage, bibliothèque. Pas d'enseignants à demeure mais un défilé d'intervenants – par exemple, pour la réalisation, Noémie Lvovsky, elle-même ancienne élève, ou Matthieu Amalric –, le temps d'un atelier, d'un cours ou d'un apprentissage pratique, et des contacts permanents avec la profession.
Résultat, pas moins de 1 200 candidats se disputent chaque année la petite quarantaine de places offertes au concours. Ainsi, dans la section la plus courue, en réalisation, ils sont 600 pour seulement six places ! À l'inverse, la section décors, moins connue, manquerait presque de candidats : « *En fait,*

les élèves des prépas artistiques ne savent pas que nous existons ! » regrette l'un des directeurs du département. Petit bémol, cette section n'accueille que deux étudiants par an… Qui sont ces heureux élus ? « *Les profils sont extrêmement variés, explique Marc Nicolas, directeur de l'école. Les uns viennent de l'université, d'une école de commerce ou bien d'un BTS audiovisuel (3). Certains sont très jeunes, d'autres ont déjà un peu roulé leur bosse.* » Le concours, accessible à bac+2, nécessite, bien sûr, une solide culture cinématographique mais aussi et surtout une envie palpable de faire du cinéma. Et dès l'école, il faut être prêt à 200 %. Car à côté des différents apprentissages, les étudiants doivent constamment réaliser des films, occupant tour à tour les différents postes, de la tenue d'une perche à la réalisation. […]

Que deviennent tous ces élèves préparés d'arrache-pied au métier sous tous ses angles ? L'école vient pour la première fois d'éditer un annuaire complet de ses anciens, où figurent leur parcours et leur situation actuelle. Dans les fonctions techniques, son, image, montage, pas de souci, semble-t-il, les spécialistes de la production, notamment, se casent bien. Mieux, les exploitants de salle, une formation courte récemment mise en place à la demande des professionnels, sont très recherchés. Mais pour ceux qui s'investissent dans la création, c'est une autre affaire. Le directeur Marc Nicolas prévient : « *Quand on est cinéaste, réalisateur ou scénariste, ce n'est pas parce qu'on a réalisé un film qu'on pourra en faire un second, pas parce qu'on en a fait deux qu'on pourra faire le troisième. C'est un choix de vie.* »

Véronique Radier,
Le Nouvel Observateur, 10/01/2008.

---

(1) Inventeurs du premier appareil de projection cinématographique. – (2) École des Beaux-Arts et École normale supérieure (qui forme des professeurs de haut niveau). – (3) Voir le point sur « L'après-bac » p. 13.

Décrivez votre école ou votre centre de formation

1 Au fur et à mesure de votre lecture, complétez la fiche d'informations ci-dessous. Distinguez les informations objectives et les commentaires de la journaliste.

	Informations	Commentaires
• Nom de l'établissement		
• Origine		
• Vocation		
• Mode de recrutement		
• Conditions		
• Nombre d'élèves par année		
• Durée des études		
• Informations sur les études (organisation, fonctionnement, conditions de travail)		
• Origines des élèves		
• Débouchés		

2 Répondez-leur.

• J'ai envie de faire des études à la Fémis. Qu'est-ce que tu en penses ?

• Il paraît qu'à la Fémis on fait beaucoup de théorie mais pas beaucoup de pratique. Je crois d'ailleurs qu'ils ne sont pas très équipés pour ça.

• On dit qu'à la Fémis il n'y a pas d'enseignant permanent. C'est vrai ? Comment font les élèves pour apprendre ?

3 Faites la liste des aspects de cette formation qui vous paraissent intéressants.

4 Enrichissez votre vocabulaire.

a. Dans chaque phrase, à quoi le mot « école » vous fait-il penser ?

traditionaliste – les petits – l'ENA – des disciples et continuateurs – un courant artistique – typique.

(1) Il est entré dans une grande école.
(2) Ce peintre appartient à l'école de Barbizon.
(3) Le directeur est de la vieille école.
(4) Elle va à l'école maternelle.
(5) Ce problème est un cas d'école.
(6) Son idée a fait école.

b. Associez les mots des deux colonnes. Précisez la différence.

Exemple : un CDI est le centre d'information situé dans une école. Une médiathèque est un établissement qui met des documents (livres, CD, films, etc.) à la disposition du public.

un CDI	les TP (travaux pratiques)
un amphithéâtre	un département
une salle d'étude	un atelier
un lycée	une salle de cours
une faculté	une permanence
un internat	un bahut
un cours magistral	une médiathèque
les TD (travaux dirigés)	une pension

c. Où les trouve-t-on ? Que font-ils ?

un professeur d'école	
une professeure certifiée	l'école élémentaire
un professeur agrégé	
une assistante	le collège
un maître de conférences	
une proviseure	le lycée
un principal	
une surveillante (un pionne)	l'université

5 Imaginez votre école ou votre centre de formation idéal(e).

• Nom
• Vocation
• Architecture et équipements
• Recrutement et durée des études

Naissance d'une vocation

La pianiste Hélène Grimaud raconte ses premiers cours de piano.
J'ai commencé tout de suite le piano. Jouer m'a paru parfaitement naturel, un prolongement de mon être. Jacqueline Courtin avait

une façon très particulière, très intelligente de nous faire travailler. Elle conjuguait la théorie – solfège, partitions – et la pratique. Alors, le plaisir tactile de jouer, de chercher en soi l'émotion que jamais nulle part ni d'aucune manière je n'avais pu exprimer, ni amener à son paroxysme, ce plaisir délicieux me comblait. J'éprouvais en même temps le bonheur de traduire mes sentiments et d'en recevoir l'écho par la magie de ces touches noires et blanches, de respirer en une parfaite présence. J'avais le sentiment physique d'être englobée par la musique.

Jamais mes parents n'ont eu à me dire : « Hélène, travaille ton piano », « Hélène, tes gammes », « Hélène, tes répétitions », « Hélène ! »

Bien au contraire. Je me suis immédiatement et totalement investie dans la musique parce que la musique me donnait du plaisir. Cette heure de piano était l'heure bleue de ma semaine. Je rêvais encore d'être vétérinaire, ou avocate – pour redresser les torts. Mais avec le piano, j'allais de plaisir en bonheur, de découvertes en révélations, de joies en expériences physiques de la liberté.

Hélène Grimaud, *Variations sauvages*, © Robert Laffont, 2003.

Définissez les principes de votre école ou centre de formation

❶ Lisez l'extrait du récit autobiographique d'Hélène Grimaud.

a. Dites ce qui caractérise :
– l'élève Hélène Grimaud ;
– l'enseignante Jacqueline Courtin.

b. Relevez le vocabulaire relatif aux émotions.

Noms	Verbes	Adjectifs

c. Tour de table. Avez-vous vécu une expérience comme celle d'Hélène Grimaud ? Avez-vous ressenti une grande émotion en découvrant une activité ?

❷ Lisez le texte « Les sociétés de compagnons ».
Parmi les pratiques de ces sociétés, y en a-t-il qui soient d'après vous :
– anachroniques (dépassées) ?
– toujours d'actualité ?
– oubliées aujourd'hui mais dont on pourrait s'inspirer ?

LES SOCIÉTÉS DE COMPAGNONS

Ce sont des associations dont l'origine remonte aux corporations des ouvriers qui construisirent les cathédrales du Moyen Âge. Elles forment des garçons et des filles de 16 ans et plus à des métiers manuels traditionnels (tailleurs de pierre, sculpteurs sur bois, tapissiers, cordonniers-bottiers, etc.).

La formation comprend trois niveaux et le passage à un niveau supérieur s'accompagne de rites traditionnels.

L'apprenti suit une formation en alternance dans un établissement scolaire et dans un centre de compagnons où il loge avec d'autres apprentis. Pour passer au niveau suivant, il doit réaliser une maquette.

Il devient alors « aspirant » et accomplit son « tour de France », voyage d'une année minimum, en France ou dans le monde, au cours duquel il étudie les spécificités locales de son métier. Par exemple, le sculpteur sur bois ira en Savoie se perfectionner dans la sculpture au couteau. Pour atteindre le niveau de compagnon, il devra réaliser une œuvre originale, « le chef-d'œuvre ».

La philosophie des compagnons s'appuie sur des valeurs communes comme l'amour du travail bien fait, l'importance de l'expérience pratique et la transmission des savoir-faire.

❸ Faites le travail d'écoute du document sonore (p. 13).

❹ Rédigez les principes d'enseignement et de formation de votre établissement.

Utilisez le plan de l'encadré « Enseignement et formation » de la page 13. Par exemple, définissez en quelques phrases comment vous envisagez les rapports entre la théorie et la pratique.

Mettez au point votre projet et présentez-le

❶ Choisissez un support de présentation : dossier papier, affiche, diaporama. Reportez sur ce support les idées principales de votre projet : type de formation, plan et organisation de l'école, caractéristiques de la formation, emploi du temps, etc.

❷ Présentez oralement votre projet à la classe.

Enseignement et formation

Un enseignement fondé (basé) sur les idées de Rousseau, sur le principe de non-directivité, sur les conceptions… les expériences de… la théorie de…

1. La théorie et la pratique

un enseignement théorique/pratique – abstrait/concret – qui s'appuie (qui est fondé sur) l'expérience, l'acquisition de savoir-faire

un cours magistral – les travaux dirigés – les travaux pratiques – un atelier – un stage – une formation en alternance à l'école et en entreprise

2. Ceux qui enseignent

un maître – un précepteur – un éducateur – un instructeur – un animateur – une personne ressource – un informateur – un conseiller

un enseignement autoritaire – directif – tolérant – non directif – permissif – laxiste

3. Ceux qui apprennent

un étudiant – une personne en formation – un apprenant – un apprenti

travailler seul, en autonomie, en petit groupe

4. Les programmes et les activités

une matière – une discipline – un sujet – un thème – un cours sur la démographie – une unité de valeur (UV) – un crédit

prendre des notes – faire une recherche – faire un projet, un mémoire

5. Le rythme et les horaires

le travail en classe – le travail personnel – le rythme de la journée, de la semaine, de l'année

Le point sur… l'après-bac

En France, le choix des études après le bac dépend du type de bac que l'on a passé, de la mention obtenue (il faut obtenir « bien », correspondant à 14 de moyenne, ou « très bien », 16 de moyenne, pour espérer entrer dans une grande école) ainsi que du dossier scolaire. Plusieurs orientations sont possibles :

• **les formations courtes** préparant en deux ans à un diplôme professionnel : le BTS (brevet de technicien supérieur) qui se prépare au lycée ou le DUT (diplôme universitaire de technologie) préparé en IUT (institut universitaire de technologie) ;

• **les universités**. Une université est composée de plusieurs facultés (lettres, droit, médecine, etc.), elles-mêmes divisées en départements. Dans la plupart des facultés, l'enseignement est organisé selon le système européen : licence (en trois ans), master professionnel ou recherche (en deux ans), doctorat en trois ans ;

• **les grandes écoles**. Une préparation en deux ans et la réussite au concours d'entrée sont nécessaires pour

les intégrer. Les plus prestigieuses sont :
– dans les domaines scientifiques : Polytechnique, Centrale, Mines-Ponts, Supélec,
– dans le domaine économique et commercial : HEC, l'ESSEC,
– dans le domaine de l'enseignement : les ENS (écoles normales supérieures) ;

• **les autres écoles professionnelles** qui préparent à toutes sortes de professions. Elles dispensent quelquefois du baccalauréat ou le remplacent par un concours d'entrée. À la différence des écoles précédemment citées, ces écoles sont souvent privées et payantes.

À quelques différences près, ce système prévaut au Québec et en Belgique francophone :
– dans ces deux zones francophones, la licence est remplacée par le diplôme de « bachelor » ou « bachelier ». Un bachelier a le niveau d'un étudiant français qui a obtenu une licence ;
– les « Community Colleges » au Québec et les « Hautes écoles » en Belgique ont la vocation des grandes écoles et des écoles professionnelles françaises mais le recrutement n'est pas aussi élitiste que dans les grandes écoles.

Le témoignage

1 Écoutez et cochez selon ce que vous entendez.

a. Patrick
❏ raconte les étapes de sa formation après le bac
❏ parle de son expérience dans une grande école
❏ raconte comment il est devenu ingénieur

b. Il aborde les sujets suivants :

❏ le nom de l'école
❏ son lieu d'implantation
❏ sa réputation
❏ son mode de recrutement
❏ les matières enseignées

❏ les professeurs
❏ les examens
❏ les débouchés

❏ la vie pratique des étudiants
❏ les principes d'enseignement
❏ les conditions de travail

2 La classe se partage les différents sujets abordés. Réécoutez le document et relevez les informations relatives à chaque sujet.

3 Quelle opinion Patrick a-t-il de cette école ?

Il a aimé	Il n'a pas aimé

Peut-on se fier à Wikipédia ?

« Mais comment faisiez-vous avant ? »

Cela fait un an que je rumine cette question posée par un étudiant du master de journalisme de Sciences-Po à l'issue d'un débat de deux heures qui m'avait opposé à l'ensemble de ses camarades. Ayant constaté que les étudiants de première année, forts de leur mention « Bien » ou « Très bien » au baccalauréat, se servaient avec beaucoup de naturel de Wikipédia comme d'une source, j'avais invité ceux qui achevaient leurs études à davantage de circonspection, de sens critique et de rigueur intellectuelle. En vain, je le reconnais. Nous n'étions pas parvenus à nous persuader. Le simple fait que des étudiants de cette qualité et de cette ambition n'aient pas idée de ce que pouvait être la recherche documentaire avant l'invention de l'encyclopédie en ligne signe déjà notre échec. N'ayons pas peur des grands mots : il porte en lui la défaite de certaines valeurs. Comment dire les choses autrement quand nos futures élites n'imaginent même pas qu'un journaliste aille chercher et vérifier ses informations à la source, qu'un historien écume les bibliothèques pour se reporter aux témoignages et aux analyses de l'époque, qu'un chercheur fasse le tri dans une bibliographie afin de hiérarchiser ses références, de la plus fiable à la plus contestable ?

Sur Wikipédia, la référence est à géométrie variable : le dernier qui a parlé a raison, jusqu'au prochain. […] Pendant des mois, la longue notice biographique concernant l'écrivain russe Alexandre Soljenitsyne était composée pour moitié d'une analyse de ses rapports avec l'Espagne ; il se trouve que le Wikipédien à l'origine de ce texte ne pardonne pas à l'écrivain russe d'avoir un jour émis une déclaration jugée favorable au général Franco[1].

Imagine-t-on en librairie une biographie de l'auteur *L'Archipel du Goulag* dont trois cents pages sur six cer seraient consacrées à ses vues sur l'Espagne ?

Ce n'est pas l'exception mais la règle, et cela devrait de signer la faillite intellectuelle du projet Wikipédia. Auc sens des hiérarchies ni des proportions. Aussitôt dénon aussitôt corrigé, naturellement. Mais durant les quelqu semaines ou les quelques mois que l'énormité est rest en ligne sous un label encyclopédique digne de confian aux yeux de centaines de milliers d'internautes, elle au eu le temps de faire des dégâts, puisque reprise comm une information digne de foi.

Cela dit, le pire vandalisme n'est pas celui qu'on cro Ce qui peut arriver de plus accablant dans Wikipédia, n'est pas qu'elle diffuse un article intentionnellement tru d'erreurs, c'est d'y publier un texte d'une rigueur absolue de le voir se déliter tous les jours sous la plume d'expe autoproclamés qui ne s'autorisent que d'eux-mêmes.

Cette encyclopédie en ligne est aussi l'outil idéal po la désinformation. Les groupes de pression de tout obédiences, à commencer par les plus occultes et les pl clandestins (sectes, révisionnistes, négationnistes), l'o bien compris. Ils en font un usage d'autant plus sub que l'Internet est encore pour une large part une zone non-droit. […] Mais il n'y a pas que les lobbies plus moins occultes. Partis, hommes politiques, personnalit institutions, tous s'y mettent. […]

C'est le terrain d'exercice idéal pour les professionn de la manipulation de l'opinion, lesquels sont parfaitem étrangers au désintéressement qui anime les Wikipédie ordinaires. Des procédures de contrôle existent, mais el ne sont ni omniprésentes ni omniscientes. Parfois, c'est à désespérer des contrôleurs[2]. Ainsi, après qu'une campagne eut été lancée pour dénoncer la bibliographie de l'article accompagnant l'affaire Dreyfus[3] (aucune hiérarchie parmi les ouvrages, le premier livre cité en référence était un vieil ouvrage de propagande monarchiste voulant prouver à tout prix que Dreyfus était coupable), les modérateurs en ont tenu compte. À leur manière. Non en rejetant ce livre, comme l'eût fait tout historien digne de ce nom, mais en le laissant en tête de la liste assorti de la mention entre parenthèses « Ouvrage controversé ». Comme si la culpabilité de Dreyfus prêtait encore à discussion en 2007, sinon dans certaines feuilles d'extrême droite et sur Internet !

Pierre Assouline, dans *La Révolution Wikipédia*, collectif, Mille et une nuits, Librairie Arthème Fayard, 2007.

1. Dirigeant de l'Espagne de 1936 à 1975. Il instaura un régime très autoritaire qui empêchait toute forme de démocratie.
2. Les articles de Wikipédia sont contrôlés par des administrateurs.
3. Alfred Dreyfus (1859-1939), officier français de famille juive alsacienne. Il fut accusé, sans preuve, d'espionnage au profit de l'Allemagne puis réhabilité. Son cas est révélateur de la montée de l'antisémitisme à cette époque.

[LE MICRO-TROTTOIR]

Deux adolescents de 13 ans, Julie et Léopold, expliquent comment ils utilisent Internet.

Les idées du texte (p. 14)

1. Lisez le texte en vous aidant des définitions suivantes pour la compréhension des mots difficiles.

Paragraphe 1 : penser sans cesse à la même idée – attention et précaution – piller (ramasser tout ce qui est intéressant).
Paragraphe 2 : sans règle fixe.
Paragraphe 3 : échec – grosse erreur – qu'on peut croire.
Paragraphe 4 : fait de détruire – se désagréger, se décomposer – qui se donnent eux-mêmes le titre d'expert.
Paragraphe 5 : soumission à une idéologie ou à une religion – caché, mystérieux – petit groupe ayant des idées politiques ou religieuses particulières et désapprouvées par la majorité – qui prétend que tel épisode de l'histoire est faux – qui nie l'existence des chambres à gaz utilisées par les nazis – groupe d'influence et de pression politique.
Paragraphe 6 : qui est partout – qui sait tout – qui fait débat.

2. Formulez en une phrase l'idée développée dans le texte.

3. Reformulez le 1er paragraphe en cinq courtes phrases.
Pierre Assouline raconte que …
Il s'est aperçu …
Il a trouvé étonnant que …
Il a été particulièrement choqué par le fait que …
Pour Pierre Assouline, un journaliste devrait normalement …

4. Dans l'ensemble du texte, notez les arguments de Pierre Assouline.

5. Recherchez et expliquez les exemples donnés.

Votre opinion sur Wikipédia

Tour de table. Répondez à la question : « Peut-on se fier à Wikipédia ? »

Le micro-trottoir

Écoutez le document. Commentez les affirmations suivantes.

Les jeunes interrogés…
a. savent vérifier les informations qu'ils trouvent sur Internet.
b. adaptent leur navigation à la recherche qu'ils ont à faire.
c. utilisent Internet intelligemment.
d. utilisent d'autres moyens d'informations qu'Internet.

2 Documentez-vous

Regrouper des informations

A

Toute personne qui se préoccupe de la sauvegarde de la langue et de son maniement correct ne peut que s'inquiéter de la dégradation à l'œuvre depuis trois décennies. L'accent mis aujourd'hui sur l'illettrisme dissimule la réalité : les moins de trente ans, même les plus instruits, sont dysorthographiques, et la France entière massacre l'orthographe. Mais ce n'est pas une raison pour la simplifier. Pour envisager une réforme, il faudrait avoir fait le constat que les efforts engagés pour permettre à la population d'acquérir une bonne connaissance de l'orthographe sont restés infructueux. Or ce n'est pas le cas. Au contraire, le problème tient au désengagement national vis-à-vis de l'enseignement de l'orthographe et de la grammaire. Voyez le recrutement et la formation des futurs instituteurs. Alors qu'il faudrait écarter impitoyablement tous ceux qui n'ont pas une maîtrise sûre de l'orthographe, le concours, à l'issue de l'année de préparation aux instituts universitaires de formation des maîtres, ne fait qu'une toute petite place à la grammaire. Résultat : des parents sont atterrés de relever les fautes de certains instituteurs dans les cahiers de leurs enfants ! [...]

La tentative de réforme de l'orthographe menée en 1990 a bien montré toute la difficulté d'une simplification – outre son coût élevé, puisqu'il faudrait mettre au pilon l'ensemble des livres, dictionnaires, manuels, etc. On a voulu supprimer l'accent circonflexe, sous prétexte qu'il n'avait pas de valeur. C'est stupide. Imaginez le général de Gaulle déclarant : « Je me charge d'une tache – et non d'une tâche – nationale... »
Enfin, la France a un devoir de préservation de la langue et de la littérature française à l'égard de la communauté francophone. En gommant les particularités du français, c'est aussi son histoire que l'on effacerait. L'orthographe est un peu comme la République : elle est une et indivisible.

Geneviève Zehringer,
Présidente de la société des agrégés de l'Université

L'Express, 18 avril 2005

B

Ils sont nombreux, pourtant dans la francophonie, à regretter que le toilettage ne soit pas plus systématique. Pour Michèle Lenoble-Pinson, professeur de grammaire aux facultés universitaires Saint-Louis de Bruxelles et présidente de l'Association pour l'application des rectifications orthographiques en Belgique, [...] « *Il s'agit de rationaliser certaines règles pour simplifier l'apprentissage. En Belgique, un enfant passe 85 heures de classe uniquement sur les règles d'accord du participe passé, et, en terminale, il ne les maîtrise pas encore !* » [...]
Elle travaille avec le linguiste Claude Gruaz, l'une des personnalités à la tête de la recherche sur la réforme. Il veut débarrasser l'orthographe « *des scories inutiles qui l'encombrent* ».
Premier chantier : les consonnes doubles. « *Ces consonnes doubles n'ont pas de légitimité étymologique, explique-t-il. Pourquoi patronage, avec un n, et patronner, avec deux n, alors qu'ils sont formés sur le mot patron ?* » Il réfléchit aussi à uniformiser les formes du pluriel des noms et des adjectifs. Et à simplifier les lettres grecques, comme l'Académie s'y est employée à certaines périodes.

Caroline Brizard,
Le Nouvel Observateur, 26/03/2009.

C

« C'est vrai que notre orthographe n'est pas logique mais le fait que les mots ne s'écrivent pas comme ils se prononcent facilite la lecture. Quand je lis le mot "cygne", je le distingue tout de suite de "signe". Et puis, le mot "cygne" est joli, harmonieux comme l'oiseau ! Quand je vois le verbe "parlent", cela me rappelle qu'il y a plusieurs personnes qui parlent. Cela aide à la compréhension. »

1 Formulez l'idée principale des textes.

a. Lisez le texte A. Quelle est la phrase qui résume le mieux le contenu du texte ?
(1) Ce n'est pas en simplifiant l'orthographe du français que les élèves feront moins de fautes.
(2) Geneviève Zehringer, inquiète de la baisse du niveau en orthographe, pense qu'il faut renforcer son enseignement plutôt que d'envisager une réforme difficile à mettre en place.
(3) Geneviève Zehringer pense qu'il ne faut pas toucher à notre orthographe mais améliorer son enseignement et la formation des professeurs.
b. Lisez la rubrique 1 de l'encadré p. 17.
c. Résumez en une phrase le contenu des textes B et C.

2 Utilisez les verbes qui permettent de relater le contenu d'un texte.

a. Lisez la rubrique 2 de l'encadré page 17. Reformulez les phrases suivantes avec les verbes de la liste ayant un sens proche. Indiquez la nuance de sens.
accuser – certifier – contester – déclarer – dénoncer – évoquer – exiger – insister – mettre l'accent sur – réclamer – répliquer – rétorquer – s'adresser à – se lamenter
Un professeur <u>demande</u> une réforme de l'orthographe.
Pierre <u>répond</u> que l'orthographe appartient à la culture.

Un grammairien <u>nie</u> la logique des consonnes doubles.
Il <u>souligne</u> que l'orthographe a changé dans l'histoire.
Il <u>affirme</u> que ses élèves ne la maîtrisent plus.
Il <u>se plaint</u> du faible niveau.
Il <u>cite</u> les résultats d'une recherche.
Un écrivain <u>interpelle</u> le public.
Il <u>met</u> en cause l'Académie française.

De nombreux francophones de tous âges participent à la célèbre « dictée de Bernard Pivot ».

b. Marc et Noémie sont professeurs. Ils ont des idées opposées. Formulez celles de Noémie.
appuyer – cacher – contester – défendre – dissimuler – prendre au sérieux – refuser – répéter – trouver normal
Marc approuve la réforme. Noémie la conteste.
Il avoue que ses élèves font beaucoup de fautes.
Il accepterait des modifications profondes.
Il s'étonne que rien ne soit fait.
Il accuse les traditionalistes.
Il se moque de leurs arguments.

❸ Notez dans le tableau les idées principales des trois textes.

Arguments pour une réforme de l'orthographe	Arguments contre une réforme de l'orthographe

❹ Rédigez une synthèse.
a. Lisez les rubriques 3 et 4 de l'encadré ci-dessous.
b. Regroupez les arguments favorables à une refonte de l'orthographe dans un paragraphe organisé.
c. Rédigez un paragraphe pour présenter la position de Geneviève Zehringer face aux arguments que vous avez développés en **b.**

La synthèse d'informations

1. Formuler l'idée principale d'un texte
Quel est le sujet (le thème) de la conférence, de la recherche ? De quoi traite (parle) ce livre ?
Selon le type de texte :
• Ce livre raconte... (fait le récit de...) –
Il narre les aventures de... retrace les épisodes de...
• Cet article décrit... dépeint... détaille... analyse... expose... explique les difficultés des ouvriers du XIXᵉ siècle.
• Cette étude pose le problème de... propose une réflexion sur... introduit au débat sur...
Elle montre... démontre... prouve...

2. Relater le contenu d'un texte
L'auteur débute (amorce) son propos par une citation de... Il introduit son sujet en... Ensuite il aborde... il développe...
Puis conclut (termine, achève sa démonstration) par une proposition (en proposant...). Le livre s'achève sur un projet...

3. Reformuler
Synthétiser ne consiste pas à mettre bout à bout les phrases principales d'un texte mais à construire un texte qui résume les pensées de l'auteur.
Cette reformulation suppose :
a. des généralisations
Les dictées qu'elles soient ou non préparées,
l'apprentissage de listes de mots, les exercices à trous, les exercices de conjugaison, ceux où il s'agit d'accorder les mots de la phrase ne contribuent pas à améliorer considérablement l'orthographe des élèves.
→ Les exercices scolaires d'orthographe ne sont pas très efficaces.

b. une adaptation au destinataire de la synthèse
Si la synthèse est destinée à un public universitaire ou professionnel, on reformulera par exemple les mots ou les formes trop familières.

4. Synthétiser plusieurs documents

a. Quand les idées des documents convergent
Les arguments de Marie Brunet vont dans le même sens.
Ils viennent étayer, confirmer, renforcer l'idée de...
Marie Brunet expose des arguments similaires, identiques, proches. – À l'exemple de (à l'inverse de) Luc Arnaud, Marie Brunet...

b. Quand les idées sont différentes
• L'exposé de Léa Mauro nuance, infléchit, modère, tempère la démonstration de Marie Brunet.
Son argumentation est plus mesurée.
• Cet article s'oppose (point par point) à celui de Marie Brunet. – Il prend le contre-pied de... – Il contredit...
Les idées de Marie Brunet diffèrent de...
• Voir aussi la présentation des arguments p. 135.
Si Marie Brunet est pour le gouvernement, Léa Mauro, en revanche... Marie Brunet est pour, alors que Léa Mauro est contre.

Enquête à Gisors

Vous avez entendu parler du mystère du trésor de Gisors. Vous avez l'intention de **faire un exposé sur ce sujet ou de rédiger un article pour le journal de votre école ou de votre université.**

Vous décidez d'enquêter sur place.

Vous prendrez des rendez-vous, demanderez les autorisations nécessaires, rassemblerez des informations, organiserez votre conférence ou rédigerez votre article.

Vous pourrez choisir un autre sujet d'enquête en suivant les mêmes étapes que celles qui sont décrites ci-dessous et en vous documentant personnellement sur Internet ou dans une bibliothèque : le trésor de Rennes-le-Château, le mystère de Montségur, les cérémonies de la forêt de Brocéliande.

Construit par les Anglais au XIᵉ siècle, à l'époque où la Normandie était une possession de la couronne d'Angleterre, conquis par le roi de France Philippe Auguste en 1193, le château de Gisors[1] a été une résidence royale jusqu'au XVIᵉ siècle. Il en reste aujourd'hui un magnifique donjon, des remparts et douze tours. Une rumeur affirme que le trésor des Templiers serait caché dans ses souterrains. En 1946, un chercheur amateur affirmait avoir découvert une chapelle souterraine dans laquelle se trouvaient 30 sarcophages et 19 coffres métalliques. Les fouilles officielles entreprises après ses déclarations se sont révélées vaines.

1. Ville de 10 000 habitants du département de l'Eure, en Normandie.

Préparez votre voyage à Gisors

❶ Lisez la lettre ci-contre.

Quel est le but de cette lettre ?

Le professeur est-il obligé de recevoir Anaïs ?

Comment Anaïs cherche-t-elle à convaincre le professeur ?

❷ Rédigez les phrases principales de la lettre que vous enverriez dans l'une des situations suivantes :

• Le donjon et les souterrains du château de Gisors sont fermés au public mais des archéologues ou des historiens peuvent exceptionnellement y avoir accès. Vous écrivez au responsable des monuments historiques de la mairie de Gisors pour demander l'autorisation de visiter les lieux.

• La bibliothèque de Gisors comporte des livres anciens sur l'histoire du château. Vous écrivez au conservateur (le directeur de la bibliothèque) pour demander à quelles conditions vous pourriez les consulter.

Examinez l'hypothèse du trésor

❶ Lisez les deux textes « L'ordre du Temple » et « Les Templiers à Gisors ».

a. Trouvez les mots qui ont la signification suivante :

(1) communauté religieuse qui suit une règle – (2) organisation militaire au Moyen Âge – (3) armée – (4) les terres et les constructions – (5) qui rapporte de l'argent – (6) le gouvernement du pape – (7) supprime une organisation par la loi – (8) croyance condamnée par une religion – (9) hypothèses.

b. À quels moments de l'histoire le texte fait-il référence ?

c. Complétez cette fiche d'informations sur les Templiers.

• Origine du nom • Création • Structuration
• Vocation première • Autres fonctions • Fin de l'ordre

Monsieur le professeur,

Étudiante en sociologie à l'université de Poitiers, je participe activement à la rédaction du journal des étudiants. Dans le cadre de notre rubrique « Découvertes », je souhaiterais faire un article sur le château de Gisors et la rumeur d'un éventuel trésor des Templiers dans ses souterrains.

Les ouvrages et les informations disponibles sur ce sujet n'étant pas toujours fiables, je suis sûre qu'en tant que spécialiste du Moyen Âge dont les travaux font autorité, vous pourriez me conseiller.

Je vous serais reconnaissante s'il vous était possible de m'accorder un entretien afin de me guider dans la sélection de ma documentation.

Je peux me rendre disponible à votre convenance.

Dans l'attente de votre réponse, je vous prie d'agréer, Monsieur le professeur, mes salutations distinguées.

Anaïs Rochette

❷ Lisez le texte « Le trésor des Templiers ». Faites la liste des arguments.

Arguments qui plaident pour la présence de ce trésor à Gisors	Arguments qui infirment cette présence

Relevez les formes qui permettent d'enchaîner les arguments.

Les Templiers, leur trésor et Gisors

L'ordre du Temple

L'ordre du Temple était un ordre religieux et militaire international issu de la chevalerie chrétienne du Moyen Âge ; ses membres étaient appelés les Templiers. Cet ordre fut créé le 22 janvier 1129 à partir d'une milice appelée « Les Pauvres Chevaliers du Christ et du Temple de Salomon ». Il œuvra pendant les XIIe et XIIIe siècles à l'accompagnement et à la protection des pèlerins pour Jérusalem dans le contexte des croisades. Il participa activement aux batailles qui eurent lieu lors des croisades et de la Reconquête. Afin de mener à bien ses missions et notamment d'en assurer le financement, il constitua, à travers toute l'Europe chrétienne et à partir de dons fonciers, un réseau de monastères appelés commanderies. Cette activité soutenue fit de l'ordre un interlocuteur financier privilégié des puissances de l'époque, le menant même à effectuer des transactions sans but lucratif avec certains rois ou à avoir la garde de trésors royaux.

Avec la perte définitive de la Terre Sainte en 1291, l'ordre fut victime de la lutte entre la papauté et Philippe le Bel et fut dissous par le pape Clément V le 13 mars 1312 à la suite d'un procès en hérésie. La fin tragique de l'ordre mena à nombre de spéculations et de légendes sur son compte.

Le trésor des Templiers

Il est vrai que lorsque les agents de Philippe le Bel, au matin du 13 octobre 1307, procédèrent à l'arrestation des Templiers, ils ne trouvèrent rien, ni or, ni argent, ni vaisselle précieuse, ni objets de culte, ni documents d'aucune sorte. On peut alors valablement supposer que les Templiers, avertis à temps – car la date de l'arrestation était fixée depuis longtemps, mais tenue secrète –, avaient pu mettre à l'abri ce à quoi ils tenaient le plus. Ce fut en fait un échec pour Philippe le Bel qui croyait s'emparer non seulement des richesses du Temple – si tant est qu'il y en eût –, mais également de documents compromettants qui permettraient un procès rapide et une condamnation sans appel. Au Temple de Paris, la maison mère, par exemple, les archers du roi ne purent mettre la main que sur les hommes. Tout cela est étrange.

Une tradition tenace [...] prétend que la nuit précédant l'arrestation, de lourds chariots auraient quitté le Temple de Paris et se seraient dirigés vers l'ouest, vers Gisors naturellement, où leur contenu aurait été dissimulé dans une crypte que les Templiers auraient été les seuls à connaître. Autrement dit, la fameuse chapelle sous le donjon, tant recherchée par Roger Lhomoy – et bien d'autres depuis –,

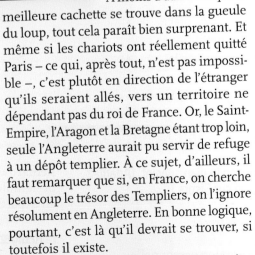

aurait contenu le trésor et/ou les archives du Temple. Malheureusement, cette thèse fort ingénieuse ne résiste guère à l'analyse.

D'abord, il est douteux que de nombreux chariots aient pu quitter le Temple de Paris la veille de l'arrestation sans attirer l'attention des Parisiens ou tout au moins celle des espions de Philippe le Bel. Ensuite, à supposer que ces chariots aient pu passer entre les mailles du filet policier déployé par le roi, pourquoi en aurait-on déposé le contenu à Gisors, dans un château royal gardé par des troupes royales ? À moins d'admettre que la meilleure cachette se trouve dans la gueule du loup, tout cela paraît bien surprenant. Et même si les chariots ont réellement quitté Paris – ce qui, après tout, n'est pas impossible –, c'est plutôt en direction de l'étranger qu'ils seraient allés, vers un territoire ne dépendant pas du roi de France. Or, le Saint-Empire, l'Aragon et la Bretagne étant trop loin, seule l'Angleterre aurait pu servir de refuge à un dépôt templier. À ce sujet, d'ailleurs, il faut remarquer que si, en France, on cherche beaucoup le trésor des Templiers, on l'ignore résolument en Angleterre. En bonne logique, pourtant, c'est là qu'il devrait se trouver, si toutefois il existe.

Jean Markale, *Histoire de la France secrète 1*, © Pygmalion Flammarion, 2006.

Les Templiers à Gisors

Le château de Gisors n'a jamais été une commanderie templière. Les Templiers y ont cependant séjourné de 1158 à 1161. En 1158, il existait un contentieux entre le roi de France et celui d'Angleterre pour la possession du château de Gisors. Un accord est cependant trouvé. Le roi de France donnera sa fille Marguerite en mariage au fils du roi d'Angleterre. Elle apportera en dot la forteresse de Gisors. En attendant ce mariage, Marguerite n'ayant pas sept ans, le château sera gardé par les Templiers. Lorsque les Templiers furent arrêtés en 1307, certains furent emprisonnés à Gisors.

Documentez-vous

Informations recueillies lors d'un entretien avec un historien

On sait qu'à Gisors les fouilles ont commencé très tôt, probablement dès le Moyen Âge... On dispose du mémoire d'un archéologue qui a exploré les souterrains en 1857. Un manuscrit du XVIIe siècle révèle l'existence d'une chapelle souterraine sous le donjon et en donne le plan.

En 1941, alors que le château est occupé par l'armée allemande, le gardien Roger Lhomoy entreprend des fouilles clandestines à partir du puits qui se trouve au pied du donjon. Il découvre un important réseau de galeries souterraines. Il est même blessé par l'effondrement de l'une d'elles. Mais cinq ans après, il annonce avoir découvert une chapelle souterraine. « Je viens de découvrir, sous le donjon, une chapelle romane longue de 30 mètres, haute environ de 4,5 mètres. L'autel est en pierre... Le long des murs, posés sur le sol, se trouvent dix-neuf sarcophages de pierre de 2 mètres de long et de 60 centimètres de large. Et dans la nef il y a trente coffres de métal rangés par colonnes de dix. »

Ce sont ces déclarations qui sont à l'origine de la rumeur de Gisors. Certains prennent Lhomoy au sérieux et entreprennent des fouilles qui ne donneront rien. D'autres considèrent Lhomoy comme un fou. Il mourra dans la misère en 1974 et jamais on ne retrouvera la chapelle.

Le nom de Gisors n'est pas non plus étranger à l'hypothèse d'un trésor. Certains affirment que le mot vient de l'ancien français « gise or » : « là où repose l'or ».

Recueillez des témoignages

1 Lisez les informations ci-dessus. Complétez le tableau que vous avez commencé avec l'exercice précédent.

2 🌐 Écoutez le document sonore page 21. Reportez dans le tableau les faits et les rumeurs que vous avez relevés.

3 Enrichissez votre vocabulaire.

a. Dans les textes relatifs au château de Gisors, relevez les noms qui servent à décrire un château du Moyen Âge.

(1) Elle n'a pas pu répondre à la question. •

(2) Elle tente de retrouver son appareil photo qu'elle a perdu pendant le carnaval. •

(3) Marie sait tout sur le nouveau petit ami d'Agnès. •

(4) Elle a essayé sans succès d'avoir une place pour le spectacle d'Anne Roumanoff. •

(5) Elle a beau chercher, elle ne trouve pas la solution du Sudoku. •

(6) Elle veut tout savoir sur la vie privée de Louis. •

Reportez-les sur un croquis.

b. Dans l'encadré de vocabulaire de la page 21, recherchez les verbes qui peuvent décrire les activités :
– d'un archéologue   – d'un voleur
– d'un inspecteur de police   – d'un scientifique

c. Que pourrait-on dire dans les situations suivantes ? Reliez.

• (a) Elle lui a tiré les vers du nez.

• (b) Elle met toujours son nez dans ses affaires.

• (c) Elle tourne en rond.

• (d) C'est comme chercher une aiguille dans une botte de foin.

• (e) Elle a donné sa langue au chat.

• (f) Elle a fait chou blanc.

Rédigez votre article ou préparez votre exposé

1 Regroupez vos informations selon le plan suivant. (Adaptez ce plan si vous n'avez pas travaillé sur Gisors.)
(1) Position du problème
(2) Arguments pour l'existence du trésor
(3) Arguments contre
(4) Conclusions : donnez votre opinion personnelle.

Remarque : si vous estimez que le trésor existe, il est préférable de mettre les arguments pour son existence en 3e partie.

2 Rédigez votre article ou faites votre exposé.

• **Les recherches**
Chercher – rechercher (chercher de façon méthodique et prolongée) – Je cherche la montre que j'ai perdue – On recherche un ingénieur pour le poste de chef de projet – une recherche
Faire une recherche, une étude, une enquête, des fouilles
Explorer une région – fouiller – fureter – fouiner dans le placard
Enquêter sur un meurtre – faire des investigations

• **Les découvertes**
Trouver une solution – découvrir un nouveau vaccin (une découverte)
Inventer un nouveau moteur (une invention) – faire une trouvaille
Déceler, détecter, localiser, repérer un défaut
Élucider une énigme, résoudre un problème, déchiffrer une écriture

• **L'échec**
Échouer – ne rien trouver – bloquer sur un problème – caler (*fam.*) – sécher (*fam.*) – s'embrouiller
Se trouver devant un problème insoluble – être dans une impasse

 ## Le point sur…
les bibliothèques et les médiathèques

La France possède un important réseau de bibliothèques ou de médiathèques municipales. Même les petites communes en sont dotées et on est quelquefois surpris par la richesse des fonds de certaines bibliothèques de région. Elles assurent le prêt gratuit de livres, de DVD et de CD et proposent des animations et des expositions. Dans les villes universitaires, les étudiants peuvent se documenter dans les bibliothèques universitaires. Chaque faculté, et bien souvent les départements de ces facultés, en possède une.
C'est à Paris que se trouve le plus grand nombre de bibliothèques. Certaines sont spécialisées comme la médiathèque de la Cité de la musique ou la bibliothèque Forney dédiée aux arts graphiques. Mais deux d'entre elles attirent aussi bien les chercheurs que les touristes curieux.

• **La BIP (Bibliothèque publique d'information du Centre Pompidou)**
Ouverte en 1977, elle est le fruit d'une volonté de démocratisation culturelle. Depuis, elle reçoit invariablement tous les jours quelque 5 000 visiteurs qui peuvent consulter près de 400 000 ouvrages sur différents supports (livres, journaux, ouvrages numérisés, photos, films, documents sonores, etc.), le tout en libre accès mais ne pouvant pas être prêté. L'espace est agréable, éclairé par de larges fenêtres qui dominent Paris et ouvert en moyenne 11 heures par jour. Le fonds comporte aussi bien des ouvrages d'initiation et de vulgarisation que des

[LE DOCUMENT SONORE]

❶ Que raconte ce document ?
❏ l'histoire de la rumeur de l'existence du trésor
❏ le récit des fouilles dans le château
❏ la découverte du trésor

❷ Reconstituez la chronologie des faits.
Notez ce qui s'est passé dans les années suivantes :
1941 :… 1960 :… 1964 :…
1946 :… 1961 :… 1966 :…
1947 :… 1962 :… Jusqu'en 1984 :…

❸ Notez les faits et les rumeurs qui confirment ou qui infirment l'existence d'un trésor à Gisors. Reportez-les dans le tableau que vous avez commencé, page 18.

La Bibliothèque nationale

publications spécialisées. L'animation culturelle est permanente avec des conférences, des débats et des films.

• **La Bibliothèque nationale de France (BNF)**
Elle a été créée en 1666 sous l'impulsion du ministre de Louis XIV, Colbert, qui décide de rassembler tous les livres appartenant à la Couronne sur le site de la rue Richelieu.
Mais à la fin du XXᵉ siècle, avec l'augmentation considérable du nombre de chercheurs universitaires, écrivains et particuliers, le président François Mitterrand décide la construction d'une nouvelle bibliothèque, sur le site de Tolbiac, en bordure de Seine. C'est le projet de l'architecte Dominique Perrault qui sera choisi. La bibliothèque est organisée sur deux niveaux, avec deux ensembles de salles de lecture entourant un jardin d'un hectare. Elle comporte quatre tours d'angle de 79 mètres de haut nommées d'après les documents qui y sont entreposés : *la tour des temps, la tour des lois, la tour des nombres* et *la tour des lettres*. Les salles Haut-de-jardin sont des salles d'étude ouvertes aux plus de seize ans avec les collections encyclopédiques en libre accès (dictionnaires, livres, revues, publications universitaires, etc.). La salle Rez-de-jardin est réservée aux chercheurs avec accréditation. Peuvent y être consultés les documents rares ou anciens. Le catalogue de la BNF est numérisé et le fonds, qui s'étale sur 395 kilomètres de rayonnages dans les réserves, est en voie de numérisation.

Les nouvelles façons d'apprendre

DES COURS DE FAC EN LIGNE ET GRATUITS

La France lancera en janvier sa plateforme de cours d'enseignement supérieur gratuits en ligne.

À partir du 28 octobre, les internautes, étudiants, salariés, demandeurs d'emploi ou simples curieux pourront s'inscrire sur le site www.france-universite-numerique-mooc.fr. Ils y trouveront des Moocs (*Massive Open Online Courses* ou cours massifs ouverts en ligne) de maths, histoire, philosophie, biologie, droit...

Le dispositif s'appelle France université numérique (FUN), mais il s'inspire du modèle des États-Unis où il est né. « *Il s'agit de cours dispensés gratuitement sur Internet par les meilleurs établissements et mis à la disposition de toute personne qui veut apprendre à travers le monde* », explique *Le Monde*. FUN disposera d'un fonds de financement spécial de 12 millions d'euros qui sera attribué par vagues successives.

Les Moocs, en vogue aux États-Unis sous la houlette de plateformes comme Coursera ou edX, émergent en France. Certains de ces cours qui combinent « *vidéos, évaluations, tutorats, corrections par des pairs, interaction en ligne avec des enseignants peuvent rassembler jusqu'à 160 000 étudiants partout dans le monde* », souligne le ministère. « *Le développement des cours en ligne dans les dix prochaines années redéfinira la carte universitaire internationale.* »

« *Il s'agit non seulement de révolutionner la transmission des savoirs mais aussi d'éviter qu'elle ne soit aux mains de quelques entités* », indique *Le Monde*. Le professeur accompagnera davantage les étudiants. Ce bouleversement s'amorce à l'échelle mondiale : faciliter l'accès à l'enseignement universitaire dans les pays francophones, par exemple, un des objectifs clairement visés à travers ce plan ambitieux.

Par Francetv info avec AFP, 02/10/2013.

Jamais sans mon coach

Nos grands-mères avaient un confesseur, nos mères un psy. Pour réussir notre existence, nous avons désormais les coachs. On aurait pu croire à une mode, c'est une tendance forte. Ces maîtres investissent, depuis une dizaine d'années, tous les domaines. Grâce à eux, on peut arrêter de fumer, mincir de 10 kilos, rester jeune toute sa vie, mener à bien sa carrière professionnelle, gagner sur la maladie, éviter l'échec scolaire à ses enfants, s'habiller, décorer sa maison... [...]

Christine, en cours de recrutement pour un poste clef dans une très grosse agence de pub, s'est offert un coach personnel. « *Il m'a aidée à préciser mes compétences et mes ambitions et m'a soutenue avant chaque entretien, d'une rare violence à ce niveau* », raconte-t-elle, convaincue, puisqu'elle a remporté le poste, coiffant au poteau 25 autres candidats.

L'épanouissement personnel... c'est également la promesse des coachs cuisine ou déco, derniers arrivés sur ce marché. Johanna, 28 ans, trader et célibataire, n'a jamais touché une casserole. Elle envie ses collègues qui font des dîners sympas. Pour elle, recevoir, c'est assurer son intégration au sein d'un groupe. Sa sœur a donc décidé de lui offrir un coaching. À ne pas confondre avec un cours de cuisine. « *Ici, on ne cuisine pas. Je donne des conseils d'organisation, j'apprends à gérer son frigo, à se nourrir mieux tout en gagnant du temps, à toujours tout avoir sous la main pour un repas délicieux sur le pouce* », énonce Claire Doutremepuich. Mais pourquoi faudrait-il payer quelqu'un pour faire une liste de courses, essayer une jupe ? Nos mères ne seraient-elles plus capables de nous montrer comment cuire un œuf et nos copines ne pourraient-elles plus nous accompagner pour acheter une robe ? « *Les coachs sont le résultat de la perte du lien traditionnel dans l'anonymat des villes. Ils ont pris le relais des parents, des amis* », explique Samuel Lepastier, psychiatre et psychanalyste. « *Et le phénomène est le même pour la vie privée ou professionnelle* », continue-t-il.

Marie-Christine Deprund, *L'Express Styles*, 16/02/2008.

Doper son cerveau
Entraînez-le

Rien de tel que l'entraînement de votre cerveau pour le doper ! La stimulation intellectuelle, le travail de mémoire et l'apprentissage peuvent augmenter le nombre de connexions entre les neurones et les rendre plus efficaces. Alors un conseil : faites des exercices intellectuels ! Ils empêcheront votre cerveau de décliner.

◆ Offrez-vous la Nintendo DS qui vous permet de progresser tout en vous amusant avec *Le programme d'entraînement cérébral du Dr Kawashima : quel âge a votre cerveau ?* Ou bien le Cerebral Challenge. Ce jeu va droit à l'essentiel en proposant de travailler 5 critères bien définis que sont la logique, les maths, la mémoire, le visuel et l'attention. Ou encore le Cerebral Académie : répondez à une série de questions le plus vite possible dans un intervalle de 60 secondes et constatez vos progrès cérébraux lorsque le sympathique professeur Neurone vous annonce les résultats de votre performance.

◆ Si vous ne souhaitez pas investir dans une Nintendo DS, vous pouvez faire des jeux de réflexion : en ce moment les Sudoku cartonnent ! Différents modes de jeu sont disponibles : sur Internet ou sur papier. Les jeux de cartes constituent un bon entraînement mental car ils vous font creuser vos méninges et aiguisent la mémoire, la réflexion, les mathématiques. Adonnez-vous aux calculs mentaux sous forme de jeux et d'exercices pour tester vos compétences intellectuelles.

Psycho, 19/06/2008.

【 LE MICRO-TROTTOIR 】

Pensez-vous qu'on puisse se passer d'un professeur ?

| Le coach aide à trouver les vêtements qui mettent en valeur.

Découverte collective du dossier

1. La classe se partage les trois textes du dossier. Lisez votre texte en vous aidant des définitions suivantes :

• *Des cours de fac en ligne* : ensemble de moyens prévus pour un projet – à la mode, qui a du succès – sous la direction de… – une organisation – commencer
• *Jamais sans mon coach* : religieux à qui on avoue ses péchés – occuper un lieu – *(fam.)* arriver avant les autres – remplacer.
• *Doper son cerveau* : stimuler par des exercices ou en absorbant des excitants – *(fam.)* gagner – cerveau, intelligence – rendre pointu ou fin – pratiquer régulièrement.

2. Recherchez dans le texte :

– en quoi consiste la méthode d'apprentissage ;
– quels sont ses avantages (ce qui vous paraît utile, efficace) ;
– quels sont ses inconvénients (ses défauts, ses aspects négatifs).

3. Faites part de votre lecture et de vos réflexions à la classe.

🎧 Le micro-trottoir

Pour chaque intervenant, complétez le tableau.

	1
Arguments favorables à la suppression des professeurs	
Arguments contre la suppression des professeurs	Nécessité du contact humain
Opinion générale Favorable/favorable sous conditions Défavorable/défavorable avec réserves	

Aide à l'écoute :

• « *à la limite* » : expression très fréquente signifiant « à la rigueur », « on peut aller jusqu'à dire que ». Ici, Internet peut aussi permettre de revoir les cours.
• *récupérer* : obtenir des informations qu'on n'aurait pas dû avoir normalement.
• *un cours de rattrapage* : qui permet à un élève de faire le travail qu'il n'a pas fait en classe.

Tour de table

Qu'avez-vous appris facilement ? Grâce à quelle méthode ?
Faites part de vos expériences (connaissances, langue étrangère, musique, art, sport, technique, bricolage, etc.).

3 Ça se discute

Organiser un développement

❶ Les types de développement

Lisez le paragraphe 1 de l'encadré « L'organisation d'un texte », page 25.

Lisez les sujets de réflexion ci-contre. Ils ont été donnés à des étudiants de Terminale de lycée ou de BTS. Quel type de développement a, b, ou c choisiriez-vous pour traiter chaque sujet ?

Pour chaque type de développement a, b ou c, trouvez un autre sujet de réflexion.

❷ Le plan du développement

• **Lisez ci-dessous le début d'un travail d'étudiant.**
Quel est le sujet traité ?
Quel type de développement l'étudiant a-t-il choisi ?
Quelles sont les parties qui ont été traitées ?
Quelles sont celles qui manquent ?

• **Lisez le paragraphe 2 de l'encadré « L'organisation d'un texte ».**

❸ L'introduction d'un développement

a. Observez l'introduction du devoir d'étudiant.
Correspond-elle à ce qui est dit dans l'encadré ?
De quelle autre façon aurait-on pu introduire le sujet ?

b. Travail en petit groupe. Choisissez un sujet que vous avez envie de traiter.
Réfléchissez au plan que vous allez adopter.
Imaginez et rédigez l'introduction de votre travail.

Sujets de réflexion

1. Peut-on dire d'une civilisation qu'elle est supérieure à une autre ?

2. Qu'est-ce que la beauté ?

3. L'influence des nouvelles technologies sur notre vie quotidienne.

4. Doit-on avoir la liberté de tout télécharger gratuitement sur Internet ?

5. À quoi sert le travail ?

6. L'image de la famille dans le cinéma d'aujourd'hui.

7. Sommes-nous maître de notre avenir ?

8. Doit-on supprimer les départements ?

9. La société doit-elle contrôler nos modes de vie ?

10. Est-ce à la loi de décider de notre bonheur ?

❹ Le développement

a. Observez la partie du devoir qui a été traitée.
Quelle thèse veut défendre l'étudiant ?
Faites la liste de ses arguments.
Pourriez-vous ajouter d'autres arguments qui défendent la même idée ?

b. Relevez les moyens utilisés par l'étudiant pour intéresser son lecteur.
– information précise   – indication concrète
– comparaisons historiques   – etc.

En avril 2009, l'Assemblée nationale a voté une loi pénalisant les irréductibles du téléchargement illégal sur Internet. S'ils persistent après quelques avertissements, ces derniers verront leur accès à Internet coupé. Cette loi n'a pas fait l'unanimité, certains députés de la majorité y étant opposés tandis que des membres de l'opposition y étaient favorables. Ces hésitations reflètent un problème de fond : comment défendre en même temps la propriété intellectuelle et la liberté sur ce grand moyen de communication de masse qu'est Internet ?

Nous exposerons les données de ce problème en présentant d'abord les arguments des partisans du contrôle et de la répression et, dans un deuxième temps, ceux des défenseurs du téléchargement libre.

On est en droit de s'alarmer. Les distributeurs affirment qu'en dix ans les ventes de CD ont chuté de 30 % et les revenus de ces ventes de 50 %. Celles des DVD commencent aussi à être affectées. Les œuvres musicales se retrouvent en libre accès sur Internet contre la volonté de leurs auteurs et de leurs distributeurs. Ceux-ci sont donc beaucoup moins rémunérés. À terme, ils risquent de ne plus l'être du tout, ce qui signifie l'effondrement des maisons de disques et pour les musiciens l'absence de ressources en dehors des concerts publics.

Le problème est d'autant plus sérieux que la numérisation de la presse écrite et des livres avance à grands pas. Bientôt, on pourra lire le dernier Goncourt sans débourser un centime comme on peut déjà lire Le Monde ou Le Figaro sur le site de ces quotidiens.

Comment ne pas imaginer une profonde démotivation des auteurs et des artistes et, par conséquent, une baisse conséquente de la qualité ? Avant d'être célèbre Balzac a eu les moyens matériels d'écrire ses romans parce qu'ils étaient publiés sous forme de feuilletons dans la presse et donc rémunérés. Demain, il n'y aurait d'avenir que pour les créateurs totalement désintéressés.

Ne rien faire contre le téléchargement libre semble donc suicidaire pour la création culturelle.

c. Observez l'enchaînement des idées.
Quelles expressions l'étudiant aurait-il pu utiliser pour renforcer ses enchaînements ?
« D'une part… D'autre part…, etc. »

d. Lisez ci-dessous les notes utilisées par l'étudiant pour rédiger la deuxième partie de son travail. Complétez éventuellement son argumentation.

e. Rédigez une partie du développement. Vous pouvez choisir :
– la deuxième partie du travail de l'étudiant (à partir des notes ci-dessous et de vos propres arguments)
– la première partie du développement dont vous avez rédigé l'introduction dans l'exercice 3b.

5 La conclusion
Imaginez plusieurs conclusions possibles pour le développement de l'étudiant (téléchargement gratuit sur Internet).
(1) Ce que nous venons de démontrer prouve bien que…
(2) Les arguments des partisans du téléchargement sont loin d'être convaincants…
(3) Les intérêts des artistes et ceux des internautes ne semblent pas conciliables…
(4) Ce débat pose une question plus large que le simple problème du téléchargement…

NOTES

Pour le téléchargement libre

• Joël de Rosnay (scientifique, directeur de la Cité des sciences et de l'industrie à Paris) affirme qu'il n'a jamais autant vendu de livres que depuis qu'il les a mis en ligne sur Internet.

• Internet = espace de liberté. Outil d'échange et de communication. Il ne faut réglementer que ce qui est dangereux.

• Dans les années 1950, on disait que le magnétophone allait tuer le disque. Ce ne fut pas le cas.

• Télécharger = faire une copie privée. Or, le droit de la copie privée existe. On n'interdit pas les photocopies.

• Internet fait connaître des artistes. Moyen publicitaire gratuit pour eux.

• La baisse de ventes est aussi due au prix trop élevé des CD.

• Depuis qu'ils vendent moins de CD, les artistes font davantage de concerts. C'est mieux d'aller au concert que d'écouter de la musique en solitaire.

• Possibilité d'imposer une taxe sur l'abonnement à Internet qui serait redistribuée aux artistes.

L'organisation d'un texte

1. Les différents types de développement

a. Le développement thématique
C'est un développement de type encyclopédique qui consiste à regrouper des informations autour d'un sujet. Par exemple : les luttes sociales au XIXe siècle. C'est souvent l'organisation de l'exposé oral.

b. Le débat
Souvent appelé dissertation. Il s'agit d'argumenter « pour » ou « contre » une idée, un projet, une définition. On présente, en général, les arguments favorables à l'opinion exprimée dans le sujet (la thèse), puis les arguments contradictoires (l'antithèse). On conclut soit en faisant une synthèse (quand c'est possible), soit en prenant position.

c. L'analyse ou l'explication
Il s'agit ici d'expliquer un fait ou une idée, d'en analyser les causes et les conséquences (voir leçon 5).

d. Le commentaire de texte
Il consiste à analyser les idées et le style d'un texte et à leur donner un éclairage historique, sociologique ou idéologique. On distingue le commentaire littéraire (voir leçon 11) et le commentaire de texte d'information (voir leçon 4).

2. Le plan d'un développement

a. L'introduction
Elle doit justifier le développement à venir en l'inscrivant dans une problématique. Elle doit aussi capter l'attention du lecteur. On peut introduire un sujet par :
• un fait historique ou d'actualité ou une anecdote ;
• une idée générale ;
• une citation d'auteur.
À la fin de l'introduction il est souhaitable d'annoncer les grandes étapes du développement.
Dans une première partie nous aborderons…
Dans un deuxième temps…

N.B. – L'emploi de la première personne (*J'exposerai…*) est réservé à l'exposé oral.

b. Le développement
Son organisation varie selon le type de développement (voir les pages où les différents développements sont traités).

c. La conclusion
Elle peut comporter :
• une synthèse des idées contradictoires qui ont été exposées ;
• une réaffirmation de ce qui a été démontré ;
• une ouverture sur une nouvelle problématique.
Il est bon d'annoncer la conclusion :
En conclusion… En somme… Comme nous l'avons démontré… Comme on l'a vu…
et de la terminer par une phrase frappante ou une citation.

Débat : certains naissent-ils plus doués que d'autres ?

Le bon en maths, celle qui a toujours 19 sur 20 en expression écrite, celui qui possède l'art de convaincre les autres... ont-ils reçu ce don à la naissance ?
Ou bien leur capacité est-elle seulement le résultat du travail et de l'environnement familial ou social ?
Vous rechercherez des arguments pour défendre ou contester ces thèses.
Vous organiserez ensuite un débat sur le sujet.

Posez le problème

En 1797, dans l'Aveyron, des chasseurs capturent un enfant d'une douzaine d'années qui se comporte comme un animal sauvage. Il fuit les hommes, pousse des cris incroyables et se déplace avec une très grande agilité. Il est confié au docteur Itard qui est persuadé qu'il va pouvoir l'éduquer. Petit à petit, le jeune sauvage, à qui Itard a donné le nom de Victor, apprendra à s'habiller, à se nourrir et même à communiquer. Mais son niveau de langage n'atteindra jamais celui qu'il aurait eu s'il avait passé son enfance dans un environnement normal.

Le film *L'Enfant sauvage*, de François Truffaut

Peut-on avoir la bosse des maths ?

Je n'existe pas mais je suis visible. J'existe mais je suis invisible. Qui suis-je ? Ce pourrait être une définition qui irait comme un gant à la fameuse « bosse des maths ». Qui n'existe pas anatomiquement parlant, mais dont certaines personnes très douées sont de toute évidence pourvues. On peut être un « boss » sans avoir la bosse. Mais il faut pour cela bosser.

Le concept de bosse des maths est né au début du XIXe siècle. Deux drôles de fées se sont penchées sur son berceau : d'une part les démonstrations ahurissantes et « magiques » des calculateurs prodiges, d'autre part les premières tentatives pour comprendre le fonctionnement du cerveau.

Côté prodige, on peut citer, en 1811, ce jeune Américain de 7 ans, Zerah Colburn, qui pouvait répondre instantanément à des questions comme « Combien y a-t-il d'heures dans 7 ans, 14 jours et 40 heures ? » « 61 696. » « Combien y a-t-il de secondes en 25 ans ? » « 788 400 000. » Ou ce jeune berger italien âgé de 10 ans, Vito Mangiamele, qui fut interrogé en 1837, à Paris, lors d'une séance de l'Académie des sciences. Il parvint à résoudre des opérations

comme « Quelle est la racine cubique de 3 796 416 ? » En moins d'une minute, il trouva la bonne réponse, « 156 », et bien d'autres encore plus difficiles. Ce jeune Vito fut d'ailleurs au centre d'une grande bataille scientifico-médicale entre les tenants et les opposants d'une théorie appelée « phrénologie ».

« Art de reconnaître les instincts, les penchants, les talents et les dispositions morales et intellectuelles des hommes et des animaux par la configuration de leur cerveau et de leur tête. » Tout ou presque est dit dans le titre du livre de Franz Josef Gall (1757-1828), fondateur de la phrénologie qu'il appelait d'ailleurs à l'époque « cranioscopie ». Et il eut une influence très forte à Paris, car il vint s'y fixer. Et pas seulement dans les milieux médicaux, avec Broussais, Comte et de Broca, puisque Balzac, par exemple, fut « phrénologue ».

Gall eut la première idée de sa théorie en remarquant que ses étudiants qui avaient le plus de mémoire avaient les yeux les plus proéminents ! Donc l'organe de la mémoire devait se trouver derrière les yeux. Et l'idée était que, plus développée était telle ou telle capacité, plus grosse devait être la zone du cerveau où elle

résidait. Il cartographia ainsi plus d'une trentaine de protubérances pour l'amitié, la ruse, la finesse, la prévoyance, l'esprit métaphysique... Il alla jusqu'à mettre au point une méthode de diagnostic par palpation du crâne...

On sait aujourd'hui que tout cela est faux et archifaux. L'idée, tout aussi fausse, qu'être doué en mathématiques est un « don » de naissance est néanmoins encore fort répandue. Pourtant, mis à part quelques cas particuliers, toutes les études montrent que nous naissons égaux devant les maths et les autres matières. Les bébés, qui ont la notion des nombres dès leur septième mois, seront à l'aise en mathématiques si on leur en donne le goût très tôt.

Une autre idée reçue qui a du mal à disparaître est celle de la localisation unique, dans notre cerveau, de telle ou telle capacité. Ainsi, il y aurait un endroit bien précis pour le calcul, une espèce de « centre des maths ». Les plus récentes études du fonctionnement cérébral par imagerie médicale montrent le contraire. Plusieurs zones du cerveau sont mobilisées simultanément lors d'une tâche mathématique.

Plus étonnant encore, les différentes opérations de calcul ne s'effectuent pas aux mêmes endroits. Ainsi, pour une soustraction, ce sont les régions préfrontale et pariétale qui vont s'activer tandis que pour une multiplication, c'est le cortex pariétal inférieur qui va intervenir. [...]

On le voit, bien des mystères restent à résoudre pour comprendre le fonctionnement du cerveau. Le dernier en date provient de l'observation en imagerie médicale, au début des années 2000, du cerveau d'un prodige du calcul mental en action. Les zones du cerveau utilisées par tout un chacun pour un calcul ne sont pas plus développées ou actives chez le prodige. Ce qui le distingue des autres est qu'il fait appel à des zones cérébrales différentes du commun des mortels. En particulier celles qui concernent la mémoire à long terme.

Jean-Luc Nothias, *Le Monde*, 11/07/2007.

1 Lisez les lignes d'introduction au débat et la légende de la photo. Quel est le problème posé ?

2 Lecture découverte du texte

• *Paragraphe 1.* Trouvez les expressions familières qui signifient : très compétent – travailler.
Trouvez les jeux de mots.
Expliquez la première phrase.

• *Paragraphe 2.* Trouvez les mots qui signifient : une idée – étonnant – extraordinaire.
Exprimez en langage courant l'image : « deux drôles de fées se sont penchées sur son berceau ».

• *Paragraphe 3.* Relevez sous forme de notes les deux exemples qui sont donnés.

• *Paragraphes 4 et 5.*
Qu'est-ce que la phrénologie ? Qui l'a inventée ? Dans quelles circonstances ?
Trouvez les mots qui signifient : une tendance naturelle – une capacité naturelle – la forme – qui est plus gros que normalement et dépasse (2 mots) – toucher.

• *Paragraphe 6.* Quelle idée développe l'auteur ?

• *Paragraphes 7 à 9.* Trouvez les mots qui signifient : une croyance – technique d'exploration du cerveau – mettre en œuvre – au moment de... – se faire – zones du cerveau (au niveau du front – sur les côtés – partie externe).

3 Observez l'organisation du texte.

a. Retrouvez les parties du texte qui pourraient porter les titres suivants (une partie peut comporter plusieurs paragraphes).
• Les théories anatomiques
• Contre la croyance dans un don des maths
• Les prodiges
• Introduction et annonce du développement
• Contre l'idée de localisation des compétences dans le cerveau

b. Repérez la thèse et l'antithèse.

c. Imaginez une conclusion du texte en généralisant le problème posé.

4 Faites une synthèse des idées du texte en vous aidant des débuts de phrases suivants :
Dans cet article, Jean-Luc Nothias pose le problème de...
Cette croyance repose d'une part... et d'autre part...
Cependant... D'une part... D'autre part... Enfin...

5 Quels arguments ce texte apporte-t-il au débat ? Notez-les dans un tableau.
Vous compléterez progressivement ce tableau avec les arguments apportés par les autres textes et avec vos propres arguments.

Défense du don et des capacités innées	Critiques des capacités innées

Recherchez des arguments

L'avis d'un psychologue

Le psychologue Boris Cyrulnik a montré que, contrairement à certaines idées reçues, beaucoup d'enfants ayant subi des traumatismes (mort des parents, guerre, etc.) sont mieux armés que les autres pour affronter la vie.

Dans les milieux de la créativité, il y a bien plus d'orphelins que dans les grandes écoles et dans la population moyenne. Sur trente-cinq écrivains cités dans les livres scolaires de littérature française, dix-sept avaient subi la perte précoce d'un ou deux parents. [...]
Avec pourtant une ombre à signaler : quand on suit longitudinalement une population d'orphelins, on confirme qu'un grand nombre s'en sort mieux que les enfants du divorce, s'oriente plutôt vers les métiers de la création mais fournit aussi une bonne proportion de délinquants.

Cette proximité souvent constatée entre l'absence de structure, la créativité et la délinquance peut s'expliquer maintenant. L'excès de structure d'une famille prégnante[1] ou d'une société trop bien organisée sécurise l'enfant. Mais en le contraignant à se développer selon les directives prescrites par les parents ou les responsables sociaux, elle empêche sa créativité, puisqu'il ne peut apprendre qu'à reproduire les consignes. L'orphelin, que la tragédie familiale a libéré de ces contraintes, peut rencontrer une structure d'accueil qui accepte de l'écouter. Il se trouve alors en situation marginale, invité à exprimer son épreuve et à inventer une nouvelle manière de voir le monde.

Boris Cyrulnik, *Un merveilleux malheur*, © Odile Jacob, 1999.

1. Forte, organisée.

Paroles de surdoués

JACQUES ATTALI, ÉCONOMISTE ET ESSAYISTE

Le Point : Avez-vous toujours été le meilleur ?

Jacques Attali : Je suis devenu très bon assez tard. J'ai commencé à être loin devant tous les autres en première. Mais la vraie explosion a eu lieu à Polytechnique, où je ne suis pas entré en tête, mais où j'ai très vite pris la tête du classement pour sortir major.

Le Point : On dit que vous avez réalisé, à l'X, des scores inégalés ?

Jacques Attali : C'est exact. Ces résultats hors du commun avaient d'ailleurs des conséquences sur la perception que les autres avaient de moi. Un jour de composition de mathématiques, nous étions enfermés pour six heures dans un amphithéâtre. Le problème semblait insoluble dès la première question. Personne n'écrivait rien et certains regards étaient tournés vers moi, qui ne trouvais rien non plus. Mais au bout d'un quart d'heure j'ai éprouvé un sentiment de basculement et la solution m'est apparue. J'ai eu 19, le deuxième a eu 3. Cet état très particulier se manifeste parfois lorsque j'écris, lorsque je réfléchis, après avoir fourni un gros effort de travail. Ce n'est pas le fruit de la facilité.

Le Point : Avez-vous, par ailleurs, des dons particuliers ?

Jacques Attali : Non, pas vraiment. Je suis musicien depuis toujours, mais je n'ai pas l'oreille absolue. J'ai, en revanche, une excellente mémoire photographique. Par exemple, lorsque je dirige un orchestre, je tourne les pages de partition dans la tête.

LES FRÈRES BOGDANOV, IGOR ET GRICHKA

Igor se souvient qu'ils ont dialogué dès le berceau, devant la cheminée de leur chambre, dans le château familial de Saint-Lary. Grichka confirme : « Nous avions six mois et nous avions inventé un langage des signes rudimentaire pour dialoguer avec nos mains. Puis, vers un an, sont arrivés les premiers mots d'un langage cryptique où le son "cokel", par exemple, désignait à la fois une pintade et une cuillère. Il est vrai que nous avons été élevés par une grand-mère et une mère vraisemblablement surdouées, qui parlaient respectivement 13 et 6 langues. » À 3 ans, les jumeaux commencent à lire en allemand, puis en anglais et en français. Après un bref passage dans un pensionnat, pour voir à quoi ressemblent les autres, ils obtiennent leur bac à moins de 15 ans.

Le Point, 25/09/2008.

☐1 La classe se partage « L'avis du psychologue » page 27 et « Paroles de surdoués ».

Préparez une présentation orale des informations données dans ces textes.

a. L'avis du psychologue

Qui Boris Cyrulnik a-t-il étudié ?

Quelles observations a-t-il faites ?

Comment explique-t-il ces observations ?

b. Paroles de surdoués

Relevez les actes et les comportements extraordinaires de ces personnes.

Que semblent-ils prouver ?

☐2 🌐 Faites le travail d'écoute du document sonore.

☐3 Avec les informations que vous avez recueillies, complétez le tableau commencé pour l'exercice 5, page 27.

☐4 Enrichissez votre vocabulaire.

a. Partagez-vous les quatre rubriques de l'encadré de vocabulaire (p. 29). Recherchez des exemples d'emploi de ces mots.

b. Les façons familières de dire à quelqu'un : « Tu es bête » ou à propos de quelqu'un : « C'est un imbécile » sont très nombreuses. Identifiez chaque nom (animal, fruit, etc.).

C'est...

un âne	une andouille	une bécasse
une cruche	un cornichon	un gland
une gourde	une poire	une truffe

c. À quelle qualité ou à quel défaut correspondent les expressions suivantes ?

la bêtise – la distraction – l'erreur – l'érudition – l'intelligence – la naïveté ou l'aveuglement – la lenteur d'esprit – la simplicité d'esprit

(1) Il en a dans la tête.

(2) C'est une tronche.

(3) Il n'y voit pas plus loin que le bout de son nez.

(4) Il en tient une couche.

(5) Il est dans la lune.

(6) Il s'est mis le doigt dans l'œil.

(7) Il n'a pas inventé le fil à couper le beurre (*ou* la poudre).

(8) Ce n'est pas une flèche.

Organisez votre débat

• Choisissez de défendre ou de combattre la thèse du don à la naissance (des capacités innées). Regroupez-vous selon l'option choisie et recherchez d'autres arguments.

• Débattez. Chaque camp prend la parole à tour de rôle.

L'intelligence et la bêtise

• Le don

Un don – être doué pour la musique – avoir des dispositions (des prédispositions, des facilités) dans les matières littéraires
C'est un matheux, un littéraire, un scientifique.
Il a la bosse du commerce.
C'est un génie, un surdoué, un prodige.

• Les compétences

Une compétence innée / acquise – Il est compétent en mécanique, capable de réparer une machine – Elle a des capacités, des aptitudes pour être directeur – Elle est qualifiée pour...
En histoire du XIXe siècle ce professeur fait autorité.
Être incompétent, incapable, inapte

• L'instinct et la réflexion

Il a pris sa décision de manière spontanée, irréfléchie, machinale, intuitive, inconsciente. Il l'a fait d'instinct.
Elle a choisi son poste de manière réfléchie, pensée.
Elle a mûri sa réflexion, pesé le pour et le contre – Elle s'est concentrée en écoutant la conférence.

• La bêtise (être bête, stupide)

La bêtise – la stupidité – la lenteur d'esprit – l'imbécillité – la connerie (*vulg.*) (être con)
Il dit des bêtises, des âneries, des sottises.
Il est idiot (c'est un idiot). Dans un registre très familier : abruti, débile, demeuré, sous-développé, taré
C'est un incapable – un bon à rien, un nul. Il est déficient mental – Il a un déficit intellectuel.

[LE TÉMOIGNAGE]

**⓵ Écoutez le témoignage de Bertrand.
Dites si les affirmations suivantes sont vraies ou fausses.**

(a) Bertrand a fait deux métiers dans sa vie.
(b) Il a réussi au baccalauréat.
(c) Il a aussi un diplôme de communication (spécialité publicité).
(d) Il n'a pas eu de chance dans sa vie.
(e) Il est compétent en électricité.
(f) Il a fait une rencontre qui a changé sa vie.
(g) Avant il allait travailler chez les gens.
(h) Ça fait quinze ans qu'il ne le fait plus.

⓶ Complétez le récit de la rencontre que Bertrand a faite.

Un jour Bertrand est allé ...
Cet homme lui a dit qu'...
Bertrand lui a proposé de ...
Le lendemain, Bertrand ...
La proposition de Bertrand ...
Du coup ...

⓷ Après cette rencontre, qu'est-ce qui a changé dans la vie de Bertrand ? Qu'est-ce qui est resté identique ?

Le point sur...
l'esprit cartésien

Peut-être parce qu'ils ont tendance à être indisciplinés (*Ah, les grèves !*), brouillons (*Ces réunions où l'on n'est pas plus avancé à la fin qu'au début !*) et instables (*L'amour est un oiseau rebelle !*), les Français apprennent dès l'école maternelle à être cartésiens. Tous enfants de Descartes, ils cultivent l'esprit de géométrie dans leurs travaux scolaires comme dans les jardins de Versailles.

À l'école élémentaire, ils apprennent à écrire sur du papier balisé de lignes et d'interlignes entre lesquelles il faut tracer les lettres sans dépasser et selon des règles très précises : trois interlignes pour le « l », deux pour le « p » et pas un de plus.

Dans une dissertation, l'ordre et la symétrie sont de rigueur : la thèse ne saurait aller sans son antithèse et les deux sont obligatoirement encadrées par l'introduction et la conclusion. Conclusion qui se doit d'être une synthèse des points opposés. En politique aussi, la gauche ou la droite cherchent toujours à faire la synthèse des différents courants qui les composent tout en se posant comme antithèse absolue du parti adverse.

Dans l'explication de texte comme dans le commentaire, on applique la démarche du grand philosophe qui préconise de réduire les choses complexes en éléments plus simples et de les ordonner selon une démarche logique. Alors on décortique, on dissèque le texte comme un animal sous le scalpel, on soupèse la place des mots et glose à perte de vue sur le rapprochement de deux sonorités. Puis, on regroupe ces observations autour de deux ou trois idées fortes, pas une de plus sinon cela fait désordre.

Dans les années 1970, l'Éducation nationale tenta d'instaurer un système simple de notation des travaux d'élèves s'inspirant de celui des Anglo-Saxons. Les cinq lettres de A à E assorties éventuellement d'un + ou d'un – paraissaient amplement suffisantes. Mais ni les élèves ni les enseignants ne s'habituèrent à ce manque de précision. On revint donc aux notes de 0 à 20 nuancées par des demis, voire des quarts de point.

4 Un commentaire ?

LE DOSSIER DE PRESSE **Les articles les plus commentés**

POLITIQUE

L'écotaxe est une nouvelle taxe pour les poids lourds qui circulent sur les route gratuites, afin d'inciter les transporteurs à privilégier le transport ferroviaire et fluvial. Les camions sont contrôlés par des portiques installés sur les routes. En Bretagne, cette taxe a suscité un vaste mouvement de protestation.

Nouvelle opération commando musclée en Bretagne ce dimanche après-midi. Au lendemain de la destruction d'un portique écotaxe à Saint-Allouestre (Morbihan), un groupe de 50 à 100 manifestants a détruit vers 15 h 15 un nouveau portique ce dimanche, le premier dans les Côtes-d'Armor, sur la N12, à Lanrodec, entre Guingamp et Saint-Brieuc. Gendarmes et CRS ont coupé la circulation sur la quatre voies et dévié le trafic. Mais les forces de l'ordre ont peiné à atteindre le portique détruit. Ils ont été pris sous un tir de barrage de divers projectiles auquel ils ont répliqué par des jets de gaz lacrymogène.

Le maire de Carhaix, Christian Troadec (DVG), porte-parole des organisateurs de la manifestation de Quimper, samedi, a commenté cette nouvelle action en appelant le gouvernement à faire procéder de lui-même au démontage de tous les portiques. « *Il vaut mieux que le gouvernement démonte de lui-même les portiques. De toute façon, ils ne resteront pas* », a-t-il déclaré.

Selon *Ouest-France*, il ne reste plus que neuf portiques sur quatorze en Bretagne.

leparisen.fr, 03/11/2013.

VOS COMMENTAIRES

armor – L'écotaxe pénalise les Bretons. Un camion espagnol qui vient vendre ses légumes ici ne paie la taxe qu'une fois. Nous, c'est chaque fois que nous utilisons notre camion pour notre travail d'agriculteur.

yann 22 – Tout le monde est d'accord pour réduire les émissions de CO_2 qui sont responsables du dérèglement climatique. Il faut donc moins de camions sur les routes et transporter les marchandises par train ou par bateau. Cette taxe a été créée pour nous obliger à changer nos habitudes.

mélusine – En Bretagne, les routes ont toujours été gratuites. Je ne vois pas pourquoi elles seraient payantes aujourd'hui. Taxer davantage les producteurs et les industriels, c'est alourdir leurs charges. Or, ils sont déjà en difficulté à cause de la crise.

jeanne – Je condamne ces actes de destruction. Cette taxe a été votée légalement. Alors, il faut respecter la démocratie. On peut marquer son opposition à la loi par des moyens légaux.

SOCIÉTÉ

En 1989, Henry Quinson voit un avenir brillant s'ouvrir devant lui. Trader à la banque Indosuez, il est courtisé par les grands groupes internationaux. Il gagne tellement d'argent qu'il peut se permettre pour fêter ses 28 ans de louer une salle en plein Paris et d'y inviter 300 personnes.

C'est pourtant cette année-là qu'il se rend compte que sa vie n'a pas de sens. Il démissionne, entre dans une communauté trappiste (1) et décide de «travailler pour la gloire de Dieu et au service des hommes ». Il y a douze ans, il s'est installé avec trois autres moines dans une HLM de la cité Saint-Paul, dans les quartiers Nord de Marseille où vivent de nombreux déshérités. Il travaille à mi-temps au lycée Lacordaire et gagne les 1 200 € mensuels qui lui permettent de vivre. Le reste de son temps, il le passe à aider les gens de son quartier. On vient le voir pour l'aide aux devoirs des enfants, un coup de main administratif, des conseils. Il raconte son parcours dans un livre qui vient de paraître, *Moine des cités : de Wall Street aux quartiers Nord de Marseille*, éditions Nouvelle Cité, 2008.

(1) Ordre monastique, branche de l'ordre cistercien, fondé à La Trappe (Bassin parisien) au XVIIe siècle.

SCIENCES

Ouf, la Terre l'a échappé belle : le 2 mars, elle a été frôlée par un astéroïde de 40 mètres de diamètre, surgi de nulle part, qui aurait pu la heurter de plein fouet – avec un choc comparable à l'explosion de dix mille bombes d'Hiroshima. Aperçu depuis l'Australie dès le 27 février, l'objet est finalement passé au large, mais à 64 000 kilomètres seulement – une distance quasi nulle pour les astronomes. Provisoirement baptisé « 2009DD45 », il est venu s'ajouter à la liste des six mille et quelques « géocroiseurs » répertoriés – ces objets volants de masse respectable, qui flirtent avec l'orbite terrestre, et peuvent la recroiser un de ces jours – alors que, peut-être, par malheur, la Terre se trouvera juste au même point.

Le Nouvel Observateur, 26/03/2009.

INSOLITE

Guennadi Zaleski, un millionnaire ukrainien de 38 ans, voulait que sa demande de mariage à sa fiancée Victoria soit « *inoubliable et romantique* ». Il a donc versé 12 500 € à un théâtre de Zaporojie pour monter une représentation de la pièce *Les Romantiques*… avec lui dans le rôle principal, le visage dissimulé par un masque. Puis, se prétextant occupé ce soir-là, il a invité Victoria à passer une soirée au théâtre avec des copines. Arrive le moment de la pièce où Zaleski devait déclarer son amour à l'actrice principale. « *Non !* s'est-il écrié en arrachant son masque, *je ne vous aime pas ! La femme que j'aime s'appelle Victoria et elle est assise au sixième rang. Victoria, veux-tu m'épouser ?* » Inutile de préciser que la belle Victoria a craqué et a répondu « *oui* » sur-le-champ.

Marianne, 05/07/2008.

Surprise hier pour les promeneurs de la petite ville allemande de Paderborn quand ils ont découvert cet homme suspendu dans le vide… Il s'agissait en fait d'une nature morte appelée *Tarzan*, installée par l'artiste berlinois Johan Lorbeer.

[LES INFORMATIONS À LA RADIO]

Le début du journal de sept heures.

La rubrique politique

1. Lisez l'article et complétez la grille d'informations.

Que s'est-il passé ?	
Lieu	
Date	
Participants ou acteurs	
Causes	
Conséquences	

2. Donnez un titre à l'article.

3. Lisez les commentaires. Indiquez ce qui les rapproche et les différencie.

Lecture et commentaire des autres articles

1. Partagez-vous les trois autres informations. Pour chacune :
a. recherchez les circonstances de l'événement en complétant le tableau de l'activité précédente ;
b. trouvez un titre ;
c. recherchez des idées de commentaires à partir des pistes suivantes :
• comparez l'événement avec un événement du même type ;
• recherchez une explication à ces événements ;
• imaginez leurs conséquences ;
• formulez les impressions et les réflexions qui vous viennent à l'esprit.

2. Rapportez l'information à la classe en la reformulant. Présentez vos commentaires. Discutez.

Le journal à la radio

1. Trouvez un titre pour chaque information et indiquez à quelle rubrique elle appartient (politique intérieure, politique étrangère, sport, etc.).

2. Réagissez à ces remarques ou questions.
a. Il paraît que le Président n'a rien annoncé de nouveau dans sa conférence de presse.
b. Il y a combien de soldats français en République Centrafricaine ?
c. Que font les Français à l'Open d'Australie ?
d. En France, les ventes de voitures sont en baisse.
e. J'ai entendu dire qu'on jouait du Shakespeare…
f. Tu sais s'il va faire beau demain ?

Commenter des informations

Il est haut, le logo.
Faites votre pub dans les nuages !

Jusqu'où ira la folie du marketing ? En attendant l'espace, c'est le ciel qui devient le terrain de jeu privilégié des fils de pub. Après les antiques banderoles tirées par les avions, c'est au tour des nuages de servir de support de communication. Un entrepreneur américain a trouvé le moyen de créer une mousse qui s'apparente à la composition des nuages et à laquelle il peut donner la forme qu'il désire, capable de flotter à 6 000 mètres d'altitude et de filer sur près de 50 km avant de s'évaporer. Le nom de ce nouveau type de nuage publicitaire : *flogo*, contraction de *fog* (« brouillard ») et de *logo*. Ces communico-nimbus ont déjà attiré l'attention de Walt Disney, qui enverrait bien des têtes de Mickey flotter au-dessus de ses parcs d'attractions. Les collectifs anti-pub vont devoir se mettre au saut en parachute.

Marianne, 17/05/2008.

Commentaires

→ Ce projet est symptomatique du mépris que le monde du commerce peut avoir pour l'environnement. Ça donne à réfléchir.

→ Pour moi, c'est au contraire la preuve de l'imagination et de l'humour des publicitaires. Ça correspond à un besoin de fantaisie et c'est bien un signe de l'air du temps. D'ailleurs, l'article est rédigé avec humour.

→ Le sans-gêne des publicitaires pose un problème d'éthique. Jusqu'à quel point ont-ils le droit de s'imposer à nous dans des lieux où on ne les attend pas ?

→ Cette histoire me rappelle un voyage en Égypte. Je me faisais une joie de découvrir les Pyramides et je m'attendais à un choc poétique. En fait de choc, il y en a bien eu un. Ce jour-là, à la suite de je ne sais quelle fête, une montgolfière en forme de bouteille de Coca-Cola flottait au-dessus des monuments millénaires.

---

❶ Lisez l'article de presse.
Résumez l'information principale.
Lisez les commentaires de l'article. Faites la liste des mots et expressions qui permettent de relier l'information et son commentaire.
Ce projet est symptomatique de ...

❷ Commentez des faits. À partir des notes suivantes, rédigez des phrases de commentaires des faits évoqués. Utilisez les expressions entre parenthèses.
Exemple : La consommation importante de tranquillisants est le signe d'une société anxiogène...

• **Les Français consomment beaucoup de tranquillisants.**
→ société anxiogène
→ confiance dans la médecine
(être le signe de – témoigner)

• **Le chômage augmente.**
→ mauvaise santé de l'économie
→ manque d'anticipation de la demande d'emploi
(être symptomatique de – révéler)

• **Beaucoup de Français ont un animal domestique.**
→ solitude des gens
→ société de plus en plus égoïste
(refléter – être significatif de)

• **Il y a beaucoup de jeunes sans emploi.**
→ faillite du système éducatif
→ orientation insuffisante
(signifier – indiquer)

• Les jeunes sont sensibilisés au problème d'écologie.
→ prise de conscience politique
→ vote de lois pour la protection de l'environnement
(augurer – présager)

❸ Lisez l'encadré « Commenter », page 33.

❹ Pour chacune des informations suivantes, imaginez et rédigez trois phrases de commentaire.
Utilisez les expressions entre parenthèses.

• **Illustrer une idée**
Dans les années 1970, un philosophe atypique, Guy Debord, affirmait que la société dans laquelle il vivait était une société du spectacle. C'est certainement encore plus vrai aujourd'hui...
(se manifester par - s'illustrer par - se révéler dans - se traduire par)

• **Poser le problème**
Lors d'un match de football entre deux villes de France, des supporters de l'équipe invitée ont déployé une banderole sur laquelle figuraient des propos insultants à l'égard des habitants de la région.
(susciter des réflexions – poser un problème – remettre en question)

• **Donner une explication**
70 % des jeunes de 14 à 22 ans sont sur le site communautaire Facebook.
(correspondre à – se rattache à)

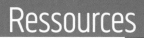
• Mettre en relation avec le passé

Avec les karaokés, beaucoup de gens se remettent à chanter ensemble.

(évoquer – rappeler – faire penser à – être comparable à)

⑤ Parlez du style et du ton d'un texte d'information. Le rédacteur en chef du journal donne des conseils à un journaliste. Formulez ces conseils en utilisant les mots de la liste.

avec circonspection – bienveillant – détaillé – documenté – emphatique – favorable – impartial – indulgent – lyrique – modéré – neutre – objectif – orné – précis – sérieux

Exemple : (1) Il faut qu'elles soient plus détaillées, plus...

(1) Vos informations sont trop lapidaires.

(2) Quand vous parlez du conseil municipal, vous êtes trop partial.

(3) Sur l'accueil des étrangers, vous vous laissez aveugler par vos préjugés.

(4) Quand vous racontez la discussion entre le maire et Mme Duchemin, vous exagérez.

(5) Vous écrivez des choses excessives.

(6) De plus, cette phrase est désobligeante pour Mme Duchemin.

(7) Certains pensent y voir de la malveillance.

(8) Et vous adoptez un ton de raillerie qui peut blesser.

(9) La fête des fleurs est une fête joyeuse. L'article que vous y consacrez est trop prosaïque.

(10) Il faut écrire ça dans un style moins plat.

⑥ Voici des titres de presse traitant de la même information. Caractérisez la façon d'annoncer l'information.

> Flambée des prix de l'immobilier

> Augmentation des prix des logements : 5 %

> Construction
> Les immeubles montent
> Les prix aussi

> LES PRIX DE L'IMMOBILIER DANS L'ANCIEN ONT AUGMENTÉ DE 4,91 % DEPUIS LE 1ER JANVIER

> Les prix de l'immobilier seraient en augmentation

Commenter

1. Passer des faits aux idées

• Les faits

Un fait – un événement – un incident – une aventure – les péripéties, les circonstances d'un événement

Une situation – un cas

• Démonstration

Les faits montrent (démontrent, prouvent, confirment) que le football incite à la violence.

Ce sont des arguments en faveur de la violence.

C'est une preuve que les matchs de football ne sont pas des spectacles comme les autres.

• Interrogations

Les déclarations du ministre suscitent des interrogations (des réflexions, des remarques).

Ces faits nous interpellent (nous posent des questions).

Ils méritent qu'on s'interroge – Ils donnent du grain à moudre à l'opposition.

• Révélations et signes

Les comportements de ces jeunes expriment (révèlent) un malaise. Ils mettent en lumière (ils éclairent) un problème actuel. Ils sont symptomatiques de...

On peut y voir le symptôme de... Ils témoignent de...

Ces comportements reflètent le malaise des jeunes d'aujourd'hui – Ils indiquent... Ils constituent des indications sur...

Ces comportements signifient que... Ils sont le signe de... Ils sont significatifs des difficultés qu'éprouvent les jeunes pour s'insérer dans la société.

• Problème

L'échec rencontré par ce film pose le problème des choix de la commission d'aide aux projets cinématographiques. Cet échec fait problème *(fam.)* – Il pose la question de savoir si on est capable de choisir de bons projets.

Il met en cause (il remet en question) le système des aides.

• Conclusion

Ces erreurs de gestion nous permettent de conclure que les dirigeants ont été inconséquents.

On peut en tirer la conclusion que... On peut en déduire que... Elles nous permettent d'établir les inconséquences des dirigeants.

2. Passer des idées aux faits

• Les idées

Une idée – un concept – une notion (l'idée de liberté – l'idée que la presse doit être libre)

Une réflexion – une pensée

• Manifestation

L'individualisme de notre société se manifeste par (se traduit par... se matérialise dans... s'incarne dans...) l'éclatement de la famille traditionnelle.

Cette idée prend corps (se réalise) dans...

• Exemple

Le climat de violence est illustré par...

Un exemple (une illustration, une preuve) de ce climat se trouve dans...

3. Relier des faits à d'autres faits

Cette pièce de théâtre correspond (se rattache, est liée) au courant du théâtre de l'absurde.

Elle me rappelle un spectacle...

On peut l'associer (la relier) à...

Un commentaire ?

Blog de réflexions

Aujourd'hui les blogs sont devenus des moyens d'expression qui peuvent avoir une influence sur l'opinion.

Grâce à un article ou à un document qu'il met sur son blog et qui sera ensuite amplifié par les grands médias, un simple particulier peut faire vaciller la réputation d'une personnalité politique, scientifique ou culturelle bien installée.

Vous commencerez un blog de réflexions personnelles sur les événements de l'actualité.

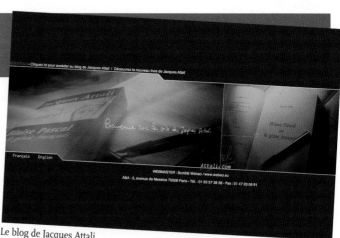

Le blog de Jacques Attali

Commenter la valeur d'une action

Lancée pour la première fois en 2007 à Sydney, Earth Hour s'est progressivement imposée comme LA manifestation mondiale en faveur de la lutte contre le dérèglement climatique. Avec une participation record de près de 2 milliards de personnes mobilisées dans plus de 7 000 villes réparties dans 152 pays, l'édition de l'année dernière a démontré sa capacité à fédérer très largement l'opinion publique mondiale. Comme chaque année, le WWF France[1] prend toute sa part dans cet événement majeur qui, cette année, réserve encore plus de surprises. Par le simple fait d'éteindre nos lumières durant 60 minutes, nous voulons aider les décideurs à faire le choix d'un monde qui endiguera les dérèglements climatiques. Le 23 mars, votons pour la planète, éteignons nos lumières pour réinventer le Temps des Lumières, le Temps du monde équitable pour l'ensemble du vivant !

À tous les hérauts du scepticisme qui diront que cela ne sert à rien, répondons que voir s'unir par ce geste symbolique, les femmes, hommes et enfants du monde entier sera un immense événement. Rappelons que l'objectif de Earth Hour n'est pas de réduire notre consommation d'énergie et les émissions de CO_2 durant une heure ! Il s'agit d'envoyer un message lumineux d'engagement. Nous ne voulons pas provoquer le black out, il n'est absolument pas recommandé de couper toute son électricité, on peut regarder la télévision, utiliser son ordinateur et son électroménager. Certaines lumières ne doivent d'ailleurs pas être éteintes pour des raisons de sécurité comme les éclairages des rues, les feux de circulation, les balises, etc.

Earth Hour réunira les individus, entreprises, groupes civils, gouvernements dans les principales villes du monde. Certains des monuments les plus célèbres seront éteints lors de Earth Hour tels que la tour CN à Toronto, le Golden Gate Bridge à San Francisco, l'Empire State Building ou encore le deuxième bâtiment le plus haut du monde, Taipei 101.

Votons pour la planète, soyons visibles, éteignons nos lumières ! Quoi que vous fassiez le samedi 23 mars, de 20 h 30 à 21 h 30, faites-le dans le noir ! Allumons nos consciences !

David Naulin, 4 mars 2013, cdurable.info

1. WWF : *World Wide Fund*, organisation internationale de protection de l'environnement

❶ Compréhension du texte

a. Qui a écrit ce texte ? Pour quelles raisons ? Donnez un titre et un sous-titre au texte.

b. Un(e) ami(e) vous pose les questions suivantes. Répondez-lui :

• Il paraît qu'il va se passer quelque chose le 23 mars au soir. Tu sais quoi ?

• Mais pourquoi veulent-ils faire cela ?

• Et tout le monde est d'accord avec cette idée ?

• Et toi, tu penses que ce sera utile ?

❷ L'action proposée par David Naulin et le WWF vous paraît-elle utile ? Rédigez votre opinion en quelques lignes sur votre blog.

Porter un jugement de valeur

1. Juger la valeur d'une action
• **Utilité.** Ce projet sera utile, profitable, valable, efficace – Il servira à quelque chose / il sera inutile, vain, superflu. Il ne servira à rien – Ce sera un coup d'épée dans l'eau – C'est un gadget.
• **Signification.** Cette action a du sens/elle n'a pas de sens – Elle signifie quelque chose/ elle ne signifie rien.
• **Effet.** Leur action a été efficace/inefficace – Elle a eu des effets, des résultats, des conséquences, un impact, une suite, des retombées / elle est restée sans effet, sans conséquence, etc. – Elle a eu une grande portée/ une portée limitée.

2. Porter un jugement moral
Son comportement est acceptable/inacceptable – normal/anormal – admissible/inadmissible – estimable/méprisable, immoral – compréhensible/incompréhensible – Il n'y a rien à redire / c'est critiquable, contestable – C'est en accord avec / c'est contraire à mes principes.

Porter un jugement moral

1 Lisez le titre. Faites des suppositions sur le contenu de l'article.

2 À l'aide de l'article, répondez aux questions suivantes :
a. Connaissez-vous des enfants qui sont devenus des stars ?
b. Quelles difficultés peuvent rencontrer les enfants stars ?
c. Comment peut-on résoudre ces problèmes ?

3 Si un de vos enfants a un talent et peut devenir célèbre, l'encouragerez-vous ?

4 Notez vos réflexions en quelques phrases sur votre blog.

Les enfants stars sont-ils heureux ?

Justin Bieber est trop jeune aujourd'hui pour répondre à ce genre de question idiote. Mais posée dans quelques années, la réponse des anciens enfants stars est invariablement la même : « *Le succès m'a volé mon enfance.* » Il témoigne ainsi d'une entrave dans la constitution de leur identité. Judy Garland, une fois adulte, est une immense star certes, mais malade, accro à l'alcool et aux médicaments, épuisée par le vedettariat. [...]

Pour vivre ce moment si important dans le développement, l'adolescent a besoin d'une dose d'intimité supérieure à la normale, comme le prouve les heures passées dans la salle de bains enfermé à double tour. Le psychisme, en plus d'avoir un goût d'inachevé, risque donc de se voir percer de multiples ouvertures.

Certains font le choix de tout arrêter ; ils se sentent assez forts pour vivre dans l'ombre et, de la sorte, décident aussi de sauver leur peau. On pense à Shirley Temple, immense vedette du cinéma des

années 1930 dès l'âge de 5 ans, célèbre pour sa jolie frimousse, ses 40 films et l'épidémie de bouclettes qu'elle provoqua chez les petites filles de l'époque. Contre toute attente, elle décide de mettre fin à sa carrière à l'âge de 20 ans !

Il faut nécessairement bâtir des barrières solides pour lutter contre ces attaques venant de l'extérieur, mais aussi pour ne pas succomber à celles venant de son propre intérieur, comme le syndrome de « la grosse tête » ou la dépression du « has-been ». Pour cela, le rôle des parents est primordial et leur rapport à l'argent et au succès déterminant. Les conflits financiers agitant de nombreuses familles d'enfants stars une fois le succès passé, sont là pour nous rappeler la difficulté à se protéger des effets de la célébrité, même pour des parents.

Une solution envisageable, comme un entre-deux, est de rester dans le métier, de profiter de sa notoriété et de son expérience, mais de la mettre au service de l'art et de la créativité, et non pas uniquement de son ego. C'est ce qu'a fait Ron Howard, le petit Richie de la série télé *Happy Days*, en prenant la casquette de réalisateur de films. Il se met derrière la caméra, refuse de montrer « son image », mais donne à voir « ses images », celles qui peuplent son monde intérieur. C'est tout à fait différent !

Par Éric Corbobesse, psychiatre,
leplus.nouvelobs.com

Commenter la validité d'une information

Recherche : la France est-elle victime d'une fuite des cerveaux ?

C'est une question récurrente : les conditions offertes en France aux chercheurs les contraignent-elles de plus en plus à l'exil ? Le concept journalistique de « *fuite des cerveaux* », souvent invoqué, est-il pertinent ? Les nombreux témoignages recueillis auprès des lecteurs du Monde.fr pourraient laisser penser qu'une hémorragie sévère est en cours : rareté des postes ouverts au concours, évolutions de carrière peu motivantes, poids des contraintes administratives, faiblesse des moyens matériels et financiers, et des rémunérations sont notamment invoqués par ceux qui se sont expatriés, de façon contrainte ou non, et qui sont nombreux à juger un retour en France difficile, sinon impossible.

Pour autant, la véritable portée de ces mouvements des cerveaux reste difficile à mesurer. D'abord parce que la science est un secteur mondialisé, caractérisé par une circulation intense des compétences, du Sud au Nord, mais aussi entre pays industrialisés. La crise a accentué ce mouvement des jeunes diplômés du Sud vers le Nord, même si l'absence de registre des populations rend difficile la mesure du phénomène concernant la France.

En outre, certaines nations investissent massivement dans la recherche et offrent des conditions intéressantes à des chercheurs jeunes ou seniors qui peuvent constituer autant un tremplin qu'une fin en soi avant un retour en France après quelques années.

Cela ne signifie pas que les « *vieilles nations* » comme la France ne conservent pas un pouvoir d'attractivité. Ses grands organismes de recherche témoignent de ce « *brassage des cerveaux* ». Au Centre national de la recherche scientifique (CNRS), par exemple, on comptait, en 2012, 1 749 étrangers parmi les 11 312 chercheurs. À l'Institut national de la santé et de la recherche (Inserm), le nombre était de 281 sur 2 153 chercheurs au total. À l'Institut Pasteur, la part des non-Français est plus importante encore, puisqu'ils sont 264 sur 622.

Bastien Bernela et Olivier Bouba-Olga (université de Poitiers) ont exploité des données issues des enquêtes génération du Centre d'études et de recherches sur les qualifications (Céreq). « *Nos données concernent trois générations de diplômés (2001, 2004 et 2007). On mesure le taux d'émigration par génération de diplômés, trois ans après l'obtention de leur diplôme,* indiquent-ils. *Pour l'ensemble des sortants du système éducatif et l'ensemble des trois générations, on observe que 81,4 % des personnes travaillent dans la région où ils ont obtenu leur dernier diplôme, 18,2 % travaillent dans une autre région française et seulement 0,4 % travaillent à l'étranger.* »

David Larousserie, *Le Monde.fr* | 09/07/2013.

❶ Lisez l'article ci-dessus. Quel est le but de l'auteur ? Repérez les paragraphes où l'auteur...

...expose une opinion partagée par un grand nombre de personnes

...donne des preuves chiffrées

...dit qu'il faut nuancer l'opinion communément partagée

...donne des arguments contre cette opinion

...donne des arguments pour cette opinion

❷ Donnez un titre à chaque paragraphe.

❸ Travail par deux. Chacun recherche des arguments pour défendre les points de vue suivants :

a. En France, nous n'aurons bientôt plus de scientifiques ni de chercheurs. Ils partent tous à l'étranger.

b. Il n'y a pas de fuite des cerveaux en France.

❹ Apprenez le vocabulaire qui sert à commenter la validité d'un fait.

a. Prenez sa défense. Dites le contraire.

« *C'est faux. Sa présentation était ... »*

J'ai entendu un spécialiste parler de la dangerosité des téléphones portables. Son exposé était bourré d'inexactitudes.

Ses chiffres étaient erronés. Il s'est trompé quand il a donné la fréquence des ondes.

Il a cité un cas totalement imaginaire.

Bref, j'ai trouvé sa démonstration très partiale.

b. Trouvez le sens des expressions familières soulignées.

Un homme jaloux

Zoé m'a encore raconté des histoires. Hier soir, elle m'a dit qu'elle allait à une réunion de femmes avocates mais j'ai retrouvé un billet de théâtre dans la poche de sa veste. Si elle croit que je vais prendre ses explications pour argent comptant, elle se met le doigt dans l'œil.

La semaine dernière déjà, elle était rentrée très tard et elle m'avait sorti de son chapeau qu'elle était allée voir un film avec une amie. Mais elle s'était plantée. Le film ne sortait que le lendemain.

❺ 🌐 Faites le travail d'écoute des témoignages (p. 37).

❻ Sur votre blog, rédigez un commentaire de ce que vous venez de lire et d'écouter.

Vérité – erreurs – mensonges

• L'objectivité et la subjectivité

Cet article sur l'immigration est objectif. Le journaliste a été impartial. Il a pris du recul, une position. Ses arguments sont fondés, démontrés, prouvés, sensés, incontestables.

Votre jugement est subjectif. Vous manquez d'objectivité. Vous êtes partial, plein de partis pris, d'idées préconçues, d'idées reçues.

• L'authenticité et la fausseté

Cette histoire est authentique, véridique. C'est une réalité – Ça s'est passé comme ça – Ça a eu lieu – Ça a existé. Je trouve cette histoire peu vraisemblable, peu crédible. Ces faits sont faux, inventés, imaginaires, sans fondement – Ce sont des contrevérités.

• L'exactitude et l'erreur

Ces chiffres sont justes, exacts – Il est fidèle à la réalité. Ces statistiques sont fausses, inexactes, erronées – L'ingénieur a fait une erreur (une bêtise) – Il s'est trompé – Il a fait fausse route.

• La sincérité et le mensonge

Ce témoin est sincère – Il dit la vérité – Il dit vrai – Il a parlé franchement.

Celui-ci dit des mensonges – Il ment – Son discours est hypocrite, truqué, falsifié.

[LES TÉMOIGNAGES]

Trois jeunes chercheurs français (Philippe Kiefer-Kwon, Hervé Seitz et Thibaud Lemarteleur) parlent de leurs conditions de travail et de leur avenir.

• Aide à l'écoute

– Post-doc : études après le doctorat.
– CNRS : voir ci-contre « Le point sur… ».
– Partir sans état d'âme : sans regret, sans se poser de problème ou que ce soit un cas de conscience.
– Un thésard : étudiant qui prépare une thèse.

• Écoutez les trois témoignages. Pour chacun d'eux, relevez quand c'est possible, les informations suivantes.

	1- Philippe	2-	3-
Quelles sont les activités présentes du chercheur ?			
Quelles seront ses activités futures ?			
Quels sont ses souhaits ?			
Quelles sont ses critiques à l'égard des conditions de recherche en France ?			
Quels avantages trouve-t-il à partir à l'étranger ?			

Le point sur… deux institutions

• Le CNRS, Centre national de la recherche scientifique, est le principal organisme français de recherche à caractère pluridisciplinaire et l'un des plus importants du monde. Ses 32 000 chercheurs et assistants de recherche (ingénieurs, techniciens) travaillent dans tous les champs de la connaissance scientifique, technologique ou sociale. Certains d'entre eux ont connu la célébrité avec le prix Nobel (Georges Charpak pour ses travaux de physique, Luc Montagnier, codécouvreur du virus du sida) ou la médaille Fields (Laurent Lafforgue pour ses travaux de mathématiques).

Le CNRS travaille en étroite collaboration avec les autres organismes de recherche, qu'il s'agisse des universités, des instituts publics spécialisés comme l'Institut Pasteur (biologie, médecine), l'Inra (recherche agronomique), le CEA (Commissariat à l'énergie atomique), le Cnes (Centre national d'études spatiales) ainsi que des centres de recherche privés. Il participe également à des programmes internationaux de coopération scientifique.

Il existe un débat récurrent sur la recherche en France. Les membres du CNRS comme les universitaires ont un statut proche de celui des fonctionnaires. Ils sont nommés à vie, progressent essentiellement à l'ancienneté et ne sont pas financièrement intéressés à leurs découvertes. Certains pensent que ces conditions de travail leur assurent la stabilité et l'indépendance face aux industriels. D'autres estiment qu'elles n'encouragent pas les bons chercheurs et que le CNRS est une lourde machine administrative qui pourrait être plus productive.

• L'Académie française.

Créée en 1635 par Richelieu, Premier ministre de Louis XIII, l'Académie française a pour mission de définir l'usage de la langue française et d'en rédiger le dictionnaire. Elle a, par ailleurs, une fonction de mécénat et décerne chaque année plusieurs prix littéraires dont le prix de la Francophonie. Elle fait partie de l'Institut de France qui comprend quatre autres académies (sciences, beaux-arts, inscriptions et belles-lettres, sciences morales et politiques). L'Académie française rassemble quarante membres élus par leurs pairs, surnommés les « Immortels » d'après la devise de l'Académie : « À l'immortalité ». Lors des séances importantes, ils portent « l'habit vert », uniforme spécifique et traditionnel. Être membre de l'Académie française est une distinction honorifique enviée, accordée à des personnes de différents horizons : romanciers, gens de théâtre, scientifiques, militaires, ecclésiastiques, etc. On peut regretter que les femmes y soient insuffisamment représentées.

Évaluez-vous

Répondez aux questions de cette évaluation. Corrigez vos réponses avec l'aide du professeur. Notez-vous selon le barème indiqué.

1 Compréhension de l'écrit

Lisez le texte et répondez.

1. Quels sont les buts de l'auteur de l'article ? .../1
Cochez les verbes correspondants.

❏ constater ❏ se plaindre ❏ avertir
❏ expliquer ❏ justifier ❏ défendre
(soutenir)
❏ raconter ❏ plaisanter ❏ commenter

2. Dans les trois premiers paragraphes : .../5
a. Quel est le phénomène décrit ?
b. Comment s'explique ce phénomène ? (Faites la liste des causes.)
c. Quels sont les risques pour le futur ?

3. Que représentent ces chiffres ? Mettez un titre aux groupes de chiffres (*b* et *c*). .../3

a. *Situation des langues dans le monde*
• De 7 000 à 8 000 : *nombre de langues parlées dans le monde*
• 6 000 : ...... • 3 000 : ...... • 1 500 : ......

b. ......
• 30 % : ...... • 3 % : ......

c. ......
• 1 400 : ...... • Entre 500 et 600 : ......
• 250 : ......

4. Dans les deux derniers paragraphes, quelle est l'intention de l'auteur (résumez-la en une phrase) ? Puis relevez ses arguments. .../4

5. Quelles sont les organisations et les personnes qui travaillent sur le problème évoqué par Marc Boujnah ? Que fait chacune d'elles ? .../4

6. Les remarques suivantes vous paraissent-elles justes ou fausses ? Si elles vous paraissent fausses, justifiez-vous. .../2
a. La moitié des langues parlées aujourd'hui dans le monde pourraient disparaître dans les cent prochaines années.
b. Ce phénomène affecte plus ou moins toutes les régions du monde.
c. Pour qu'une langue se maintienne, il faut que 30 % des enfants de la région où on la parle soient scolarisés dans cette langue.
d. L'unification linguistique est un facteur d'enrichissement mutuel.

7. Connaissance du vocabulaire. Remplacez ces mots pris dans le 1ᵉʳ paragraphe par un autre mot ou une expression. .../5
l. 3 : jadis – l. 4 : révolu – l. 6 : de surcroît
l. 8 : désormais – l. 14 : exhaustif
l. 19 : prendre la mesure – l. 20 : alarmant
l. 33 : gagner du terrain – au détriment de

8. Expliquez le titre de l'article. .../1

Total : .../25

Les langues ont-elles dit leurs derniers mots ?

On a peine à le croire mais entre sept mille et huit mille langues étaient jadis parlées sur la planète. Un passé révolu… Aujourd'hui on en dénombre environ six mille. Soit 20 % de moins en quelques siècles. De surcroît, la plupart de ces langages ne sont désormais utilisés que par de rares locuteurs : la moitié compte moins de dix mille pratiquants, et un quart moins de mille, selon les données de l'Unesco en alerte face à « cette désertification linguistique ». L'organisation, qui dresse l'inventaire aussi exhaustif que possible des langues en danger et enregistre les témoignages de leurs derniers usagers, a d'ailleurs publié un Atlas mondial des langues en péril qui permet de prendre la mesure de l'alarmant phénomène. Mais pas iné- dit : « *Des guerres, des catastrophes naturelles ou des épidémies ont rayé des langues de l'Histoire. Et si le latin, le grec ancien ou le sanskrit ont pu être artificiellement conservés, la plupart ont disparu* », explique l'Unesco. L'organisme constate néanmoins l'accélération du processus depuis environ trois siècles : « *Les langues dominantes,* imposées par les États dans l'éducation, les médias, les administrations, n'ont cessé de gagner du terrain au détriment des langues locales et minoritaires. » Un constat partagé par les spécialistes mondiaux, qui considèrent généralement qu'une langue est « menacée de disparition » lorsqu'elle n'est plus enseignée qu'à moins de 30 % des enfants et s'inquiètent de la possible extinction de 50 % des langues contemporaines d'ici à la fin du siècle. Les langues africaines, australes ou asiatiques semblent les plus touchées, « tant les langages occidentaux se sont imposés partout, au détriment d'autres dialectes, peu à peu abandonnés par leurs locuteurs eux-mêmes qui préfèrent utiliser une autre langue dans l'espoir de trouver un emploi et un statut social plus élevé », résume-t-on à la section du Patrimoine immatériel de l'Unesco. Cette dernière estime qu'à l'heure actuelle, au moins dix langues meurent chaque année dans le monde. Et en Australie ou à Taiwan, les taux d'extinction s'avèrent plus élevés encore, selon l'organisation non gouvernementale SIL International (Summer Institut of Linguistics – Société internationale de linguistique).

[…] Ainsi, le capital linguistique africain, l'un des plus riches au monde avec 30 % des langues mondiales (alors que l'Europe n'en compte que 3 %), fond comme neige au soleil. Selon l'atlas publié par l'Unesco, « sur les 1 400 langues parlées sur ce continent, entre 500 et 600 sont en danger et 250 risquent même de disparaître rapidement ». Le Cameroun pourrait même perdre dix-huit de ses langues dans les prochaines décennies et huit d'entre elles sont d'ores et déjà pratiquement éteintes… Idem en Europe où cinquante langues risquent de disparaître : en Scandinavie et dans le nord de la Russie, en Sibérie, où près des quarante langues locales se sont déjà éteintes… Le phénomène s'observe aussi en France concernant quatorze dialectes régionaux (alsa-

cien, catalan, flamand…) également en péril avéré.

Une perte inestimable en réalité. « La préservation des langues en voie de disparition est essentielle pour maintenir en vie l'héritage du patrimoine humain, diffuser la connaissance, le respect de notre passé et un lien invisible et tangible qui lie les communautés humaines au-delà des frontières de l'espace et du temps », affirme SIL International. Une approche également partagée par le CNRS qui contribue à la documentation et à la sauvegarde des langues en danger, et assure qu'une « société globalisée ne parlant qu'une seule

langue ne donnerait qu'une image appauvrie de la nature humaine et de ses potentialités ».

C'est dire si le sujet s'est logiquement érigé en préoccupation pour les linguistes et anthropologues du monde entier, mobilisés contre cette disparition progressive d'un des patrimoines intangibles, et néanmoins essentiels, de l'humanité. « Avec chaque langue, c'est un pan de notre culture mondiale qui s'incarne. Lorsqu'une langue s'éteint, la culture, l'art et l'histoire

de ses locuteurs disparaissent avec elle et il devient pratiquement impossible de lui redonner vie », confirme-t-on chez SIL International où l'on se documente sur les langues survivantes pour consigner par écrit celles en voie de disparition ou encourager leur usage et leur transmission par l'élaboration de dictionnaires ou la mise en place de programmes d'alphabétisation. En outre, de nombreux partenariats universitaires et gouvernementaux sont menés afin de former des acteurs locaux aptes à sauvegarder le capital linguistique d'une culture ou d'un État. Pour sa part, l'Unesco transcrit et codifie les langues en péril

« promouvoir pour l'humanité un autre horizon que celui de l'unilinguisme »

Élèves scolarisés en français sur l'île de Wallis

afin de produire des grammaires et des bases de données lexicales. En outre, l'organisation préconise le développement du plurilinguisme pour la préservation et la vitalité du capital linguistique mondial. À l'école notamment, via l'apprentissage de la langue maternelle, d'une langue de voisinage ou d'une langue internationale. Objectif de l'organisation : « promouvoir pour l'humanité un autre horizon que celui de l'unilinguisme ». ∎

Marc Boujnah, TGV Magazine, octobre 2005.

2  Compréhension de l'oral

Regardez la photo. Une personne qui était à la manifestation rencontre un ami qui lui pose des questions. Répondez en écoutant plusieurs fois le document.

1. Qui manifeste ? .../3

2. Ces personnes : .../1
- ❏ font une journée de grève
- ❏ sont en grève depuis quelques semaines
- ❏ manifestent mais ne font pas grève

3. La manifestation a lieu : .../2
- ❏ à Paris
- ❏ partout en France
- ❏ dans les grandes villes de France

4. Dans toute la France, il y a eu (indiquez le nombre de manifestants) : .../3
...... manifestants selon ......
...... manifestants selon ......

5. À Paris, il y a eu : .../4
...... manifestants selon ......
...... manifestants selon ......

6. Qui a organisé ces manifestations ? .../4

7. Pourquoi y a-t-il une manifestation ? .../1
- ❏ C'est pour s'opposer à un projet du gouvernement.
- ❏ C'est pour défendre un projet de l'opposition.

8. Qui défend ce projet ? .../1
- ❏ le président de la République
- ❏ la ministre Valérie Pécresse
- ❏ le député Daniel Fasquelle

9. Que souhaitent les manifestants ? .../6
- ❏ être plus payés
- ❏ avoir moins d'heures d'enseignement
- ❏ avoir plus de temps pour faire leur recherche
- ❏ que le président de l'université ait plus de pouvoir
- ❏ être plus indépendants
- ❏ être évalués par des chercheurs de leur spécialité
- ❏ que les jeunes professeurs aient moins de formation théorique
- ❏ que les stages des jeunes professeurs soient payés
- ❏ que le recrutement des professeurs se fasse plus tard
- ❏ que le gouvernement ne supprime pas de postes

Total : .../25

3 Production écrite

Vous rédigerez un commentaire de 400 mots environ de l'entretien avec Jean-Marie Colombani (voir page ci-contre : « Internet et la presse »). Dans cette production écrite :
- vous résumerez brièvement les idées de Jean-Marie Colombani ; .../10
- vous proposerez des arguments pour défendre cette idée et d'autres pour les critiquer ; .../5
- vous direz si ces idées formulées en 2007 sont toujours d'actualité ; .../5
- vous donnerez votre opinion personnelle sur le sujet. .../5

Total : .../25

Internet et la presse

Entretien avec Jean-Marie Colombani, directeur du quotidien *Le Monde*.

Le Point : *Internet, ce média de liberté absolue, affranchi de tous les pouvoirs, est-il, selon vous, en train de creuser le tombeau de la presse écrite ?*

Jean-Marie Colombani : Si cela a été la pensée dominante pendant un temps, une période durant laquelle on pouvait estimer que nos modèles économiques étaient morts, je suis convaincu aujourd'hui qu'Internet ne sera pas le tombeau de la presse écrite, mais, au contraire, l'un des éléments de sa renaissance. On nous a longtemps expliqué que la télévision tuerait le cinéma, que l'image détruirait l'écrit ou que le succès des radios musicales s'accompagnerait de la disparition des grandes stations généralistes : toutes ces prédictions se sont révélées fausses. Si l'on persistait à considérer que notre métier consiste à acheter le papier le moins cher possible pour y jeter un peu d'encre, espérer le vendre au prix le plus haut, nous pourrions mettre la clef sous la porte. Mais si l'on accepte, en revanche, que nous soyons d'abord les producteurs d'une information de qualité, délivrée à des rythmes distincts, sur des supports différents, le tout sous une marque ombrelle forte, telle que celle du *Monde*, alors l'avenir est devant nous.

Le Point : *N'est-il pas trop tard, quand on observe que des sites comme Yahoo ! News font des ravages ? Avec 23 millions de visiteurs uniques par mois aux États-Unis, celui-ci est devenu le premier site d'information de ce pays.*

Jean-Marie Colombani : Je pense depuis longtemps que le Net sera, à assez brève échéance, la source d'information préférée des individus ; c'est déjà le cas chez les plus jeunes et cela ira sans doute en s'accentuant. Il n'est pourtant pas interdit de penser – et c'est ma conviction – qu'une très large part du public continuera à faire le détour par nos journaux et par nos sites, parce que nous leur garantissons une information de premier ordre. C'est d'ailleurs tout le combat d'aujourd'hui du journalisme, qui est de se relégitimer quotidiennement. La grande caractéristique de la période actuelle réside dans le fait que les journalistes sont concurrencés par des citoyens qui se considèrent aussi bien – ou mieux – informés par le seul fait d'échanger des messages. À nous de leur démontrer que cet échange ne remplacera jamais le type d'information – puisée aux meilleures sources, contradictoire, conceptualisée – que peut produire quotidiennement une équipe comme celle du *Monde* ou, chaque semaine, celles de *Télérama* ou de *La Vie*.

Le Point : *Comment lutter ?*

Jean-Marie Colombani : En travaillant notre marque. Il n'est pas anodin de constater que la presse écrite, qui monte en puissance sur la Toile, devient peu à peu une concurrente de la télévision généraliste, dont l'audience va en se fragmentant.

Renaud Revel, *Le Point*, 17/05/2007.

---

4 **Production orale**

Préparez un commentaire oral du texte ci-dessous. Vous présenterez :
- le sujet de l'article et le point de vue de l'auteur ;
- les ressemblances et les différences avec la situation dans votre pays ;
- votre point de vue sur le sujet.

.../10
.../5
.../5

Total : .../25

L'enfant modélisé

Gare à l'enfant « trop ». Trop agité, trop sage, trop bon élève, trop cancre, trop solitaire, trop ci ou trop ça [...] Souvent, l'alerte commence à l'école. À la sortie d'un établissement scolaire du 15ᵉ arrondissement à Paris, un instit glisse à l'oreille d'une jeune mère que son fils Hadrien, « *oui, il se met bien à la lecture, il n'aura pas de problème en primaire, mais...* » La mère évidemment s'inquiète de ce « mais » qui menace. « *Mais quoi ?* » Qu'on juge de la gravité du cas du jeune Hadrien de la maternelle parisienne : « *Il ne sautille pas assez dans la cour de récréation, il ne chahute pas avec ses camarades.* » C'est grave ? Pas encore, mais il faudrait peut-être voir « quelqu'un ». Car un enfant de 6 ans « doit » sautiller dans la cour de récréation. C'est l'un des mille commandements non écrits de l'enfant moderne à « fabriquer » : cool, sociable, surdoué, artiste, sportif tu seras mon fils. Dans cet enfer de l'éducation, pavé de bonnes intentions, parents et enfants se sont transformés en damnés de la performance. Le timide d'autrefois devient l'« inhibé ». Le turbulent est catalogué « hyperactif » à soigner d'urgence. Quant à ceux qui ne se distinguent pas, il faut les stimuler. On trouve une flopée[1] de conseils pour les occuper le mercredi. Le « métier de parents » est devenu une rengaine[2] à la une des magazines spécialisés. Psys et coachs se sont mis sur le coup. Ces dernières années, on préfère parler de « coaching », qui fait moins peur que « psychothérapie ». Hadrien est allé voir un psy. On lui a conseillé de faire du judo. Il en fera une heure chaque mercredi après-midi. De là, il foncera au piano. Et sa mère se demande si le yoga ne serait pas une idée pour le rendre « *plus zen devant la vie* ».

Liliane Sichler, *Marianne*, 25/04/2008.

---

1. Grande quantité *(fam.)*.
2. Paroles que tout le monde répète.

Projet : la Nuit des Molières

Lors de la Nuit des Molières, qui réunit chaque année le monde du théâtre et qui est retransmise à la télévision, on attribue le prix de la meilleure comédienne, du meilleur comédien, de la meilleure création théâtrale, de la meilleure mise en scène, etc.

Vous organiserez une cérémonie des Molières. Avec un(e) ou deux étudiant(e)s, vous choisirez l'une des scènes suivantes ou une scène extraite d'une autre pièce de théâtre francophone. Vous en préparerez la mise en scène (projet de décor, déplacements et gestes des personnages, intonation). Vous la lirez ou la jouerez devant la classe. Vous choisirez ensuite les meilleures productions.

La comédienne Anne Alvaro, meilleure comédienne 2009

Cours de langue

Le Bourgeois gentilhomme, de Molière (1670)

Monsieur Jourdain est un bourgeois du XVIIe siècle qui s'est enrichi dans les affaires mais qui n'a reçu aucune éducation aristocratique. Il ne sait ni danser, ni s'habiller avec goût, ni tirer l'épée, ni exercer l'art du beau langage. Or, il rêve de devenir un « gentilhomme », c'est-à-dire un aristocrate raffiné, cultivé et élégant. Il décide donc de prendre des cours. La scène suivante est la fin de sa leçon avec son maître de philosophie qui lui a appris les lettres de l'alphabet.

M. Jourdain : Il faut que je vous fasse une confidence. Je suis amoureux d'une personne de grande qualité, et je souhaiterais que vous m'aidassiez[1] à lui écrire quelque chose dans un petit billet que je veux laisser tomber à ses 5 pieds.

Maître de philosophie : Fort bien.

M. Jourdain : Cela sera galant, oui ?

Maître de philosophie : Sans doute. Sont-ce des vers que vous lui voulez écrire ?

10 *M. Jourdain :* Non, non, point de vers.

Maître de philosophie : Vous ne voulez que de la prose ?

M. Jourdain : Non, je ne veux ni prose ni vers.

Maître de philosophie : Il faut bien que ce soit l'un ou l'autre.

15 *M. Jourdain :* Pourquoi ?

Maître de philosophie : Par la raison, monsieur, qu'il n'y a pour s'exprimer que la prose ou les vers.

M. Jourdain : Il n'y a que la prose ou les vers ?

Maître de philosophie : Non[2], monsieur : tout ce qui n'est 20 point prose est vers ; et tout ce qui n'est point vers est prose.

M. Jourdain : Et comme l'on parle, qu'est-ce que c'est donc que cela ?

Maître de philosophie : De la prose.

25 *M. Jourdain :* Quoi ? Quand je dis : « Nicole, apportez-moi mes pantoufles et me donnez[3] mon bonnet de nuit », c'est de la prose ?

Maître de philosophie : Oui, monsieur.

M. Jourdain : Par ma foi ! Il y a plus de quarante ans 30 que je dis de la prose sans que j'en susse rien, et je vous suis le plus obligé du monde de m'avoir appris cela. Je voudrais donc lui mettre dans un billet : *Belle marquise, vos beaux yeux me font mourir d'amour* ; mais je voudrais que cela fût mis d'une manière galante, que cela fût tourné 35 gentiment[4].

Maître de philosophie : Mettre que les feux de ses yeux réduisent votre cœur en cendres ; que vous souffrez nuit et jour pour elle les violences d'un…

M. Jourdain : Non, non, non, je ne veux point tout cela ; je
40 ne veux que ce que je vous ai dit : *Belle marquise, vos beaux yeux me font mourir d'amour.*

Maître de philosophie : Il faut bien étendre un peu la chose.

M. Jourdain : Non, vous dis-je, je ne veux que ces seules
45 paroles-là dans le billet ; mais tournées à la mode, bien arrangées comme il faut. Je vous prie de me dire un peu, pour voir, les diverses manières dont on peut les mettre.

Maître de philosophie : On peut les mettre premièrement comme vous avez dit : *Belle marquise, vos beaux yeux me*
50 *font mourir d'amour.* Ou bien : *D'amour mourir me font, belle marquise, vos beaux yeux.* Ou bien : *Vos yeux beaux d'amour me font, belle marquise, mourir.* Ou bien : *Mourir vos beaux yeux, belle marquise, d'amour me font.* Ou bien : *Me font vos*

yeux beaux mourir, belle marquise, d'amour.

55 *M. Jourdain :* Mais de toutes ces façons-là, laquelle est la meilleure ?

Maître de philosophie : Celle que vous avez dite : *Belle marquise, vos beaux yeux me font mourir d'amour.*

M. Jourdain : Cependant je n'ai point étudié, et j'ai fait cela
60 tout du premier coup. Je vous remercie de tout mon cœur, et vous prie de venir demain de bonne heure.

---

1. « Aider » à un temps qui n'est plus employé aujourd'hui : l'imparfait du subjonctif.
2. Ce « non » approuve la négation qui précède. Aujourd'hui on dirait « oui ».
3. « Donnez-moi ».
4. De manière élégante (à la manière d'un gentilhomme).

Michel Robin (M. Jourdain) et Jean-Pierre Michaël (le maître de philosophie) dans une mise en scène de Jean-Louis Benoît à la Comédie-Française

❶ Observez les particularités de la langue française à l'époque de Molière. Traduisez en français d'aujourd'hui :
– l'interrogation (l. 7, 8)
– les négations (l. 10, 39, 59)
– les verbes à l'imparfait du subjonctif (l. 3, 30, 34)
– les mots ou expressions : une personne de grande qualité (l. 2) – Cela sera galant (l. 7) – Par ma foi (l. 29) – Je vous suis le plus obligé du monde (l. 30).

❷ Dans cette scène recherchez :
– ce qui est particulier à l'époque de Molière ;
– ce qui est toujours d'actualité.

❸ Définissez le caractère et le comportement des deux personnages.

❹ Préparez votre mise en scène.

Laboratoire de recherche

Les Palmes de M. Schutz, de Jean-Noël Fenwick (1989)

En 1891, une jeune physicienne polonaise, Marie Sklodowska, arrive à Paris et devient en 1894 l'assistante du professeur Pierre Curie. Elle l'épousera et les deux scientifiques mèneront avec acharnement des recherches qui conduiront à des découvertes capitales. Ils recevront le prix Nobel de physique en 1903. Marie Curie sera reconnue par un prix Nobel de chimie en 1911.

En 1989, dans une comédie qui a rencontré un très grand succès, Jean-Noël Fenwick a su rendre étonnamment actuelle cette histoire célèbre.

Nous sommes à la fin du XIXᵉ siècle, dans un laboratoire où travaillent deux chercheurs, Pierre Curie et Gustave Bémont, surnommé « Bichro ». Schutz, le directeur du centre de recherche, entre.

Schutz (sec) : Bonjour, Bémont, bonjour, Curie.

Pierre : Bonjour, monsieur le directeur.

Schutz : Alors ces travaux, ça avance ?

5 *Bichro :* À grands pas !

Schutz : On peut espérer un communiqué ?

Bichro : Je suis sur le point d'aboutir.

Schutz : Et vous Curie, cet électromètre à quartz ?

10 *Pierre :* Je suis bloqué, monsieur le directeur.

Schutz : Bloqué ? Comment ça bloqué ?

Pierre : Il fonctionne parfaitement avec tous les métaux sauf un.

Schutz : Lequel ?

15 *Pierre :* L'uranium. Avec l'uranium, mon électromètre s'affole complètement.

Schutz : Il s'affole ! Vraiment ?

Pierre : Il semble mesurer plus de courant qu'il n'en est émis.

20 *Schutz :* Ce qui est impossible.

Pierre : Bien entendu.

Schutz : À quoi imputez-vous cela ?

Pierre : À un vice de conception de mon appareil.

Schutz : Lequel ?

25 *Pierre :* Précisément, je cherche.

Schutz : Eh bien, trouvez. L'État vous paie pour trouver, pas pour chercher.

Pierre : L'enseignement m'accapare, monsieur le directeur. Les étudiants me prennent un temps considérable.

30 *Schutz (sortant un papier) :* À ce propos, je tiens à vous signaler que l'étudiant Patenôtre dont vous persistez à relever la « bonne participation aux cours et aux expériences » a quitté l'école depuis trois mois, rappelé en province.

35 *Pierre :* Non, vraiment ? Je dois confondre en ce cas.

Schutz : Je le crois également. Quant à votre appareil, soit vous résolvez le problème et vous faites un communiqué, soit vous séchez et vous soumettez le problème à l'Académie. Assez piétiné.

40 *Pierre :* Je n'ai nul besoin d'aide, monsieur le directeur. Je vais trouver.

Schutz : Très bien ! Ensuite on passera à autre chose. Et vous, Bémont, je peux voir vos notes expérimentales de spectroscopie[1] ?

45 *Bichro :* M... Mes notes ? Elles ne... vous apprendraient rien, monsieur le directeur. En revanche, je me permets de vous rappeler que j'ai le plus grand besoin d'un interféromètre[2] plus perfectionné.

Schutz : Du matériel ! Toujours du matériel ! Vous 50 n'entonnez donc jamais que cette rengaine !

Bichro : On ne peut pas envisager de grandes découvertes sans matériel approprié !

Schutz : Ah ! Vraiment ? Et Archimède ? Et Copernic ? Et Galilée ? Et Newton ? ! Une simple pomme et paf : la 55 gravitation universelle ! Deux siècles après, on en parle encore. Ça, des pommes ou des poires, si vous en voulez, je vous fais livrer un cageot !

Bichro : Non... Mais... du charbon, ce ne serait pas de refus. Avez-vous remarqué la température qu'il fait dans
60 ce laboratoire ?

Schutz : Oui, il fait une température... tonique !

Bichro : Le froid fausse les appareils.

Schutz : Mais tonifie le cerveau !

Pierre : Monsieur le directeur, je crains que ce ne soit une
65 contrevérité physiologique. Au-dessous d'une certaine température, le froid engourdit.

Schutz : Voyez comme c'est bizarre ! Moi, vous commencez à m'échauffer !

Bichro : Je ne voudrais pas colporter des ragots[3] mais il
70 paraîtrait que vous nous coupez le charbon ?

Schutz : Absolument ! Je vous coupe le charbon. Parce que vous sabotez[4] mes efforts pour promouvoir cette École aux yeux de l'Académie !

Pierre : Je... Quoi ? Je sabote ?

75 *Schutz* : Oui, vous, Curie, vous vous obstinez à bricoler des inventions stériles, peut-être ingénieuses, mais dont tout le monde se fout en dehors des rats de laboratoire. [...]
Je suis venu vous dire deux choses. Primo : vous avez un mois et un seau de charbon pour me remettre chacun
80 un communiqué destiné à l'Académie faisant état de vos travaux. Secundo : je vous amène du renfort.

Quelques minutes plus tard le « renfort » arrive. Il s'agit de Marie Sklodowska.

Pierre : Entrez, vous êtes mademoiselle... ?

85 *Marie* : Sklodowska.

Pierre (volubile) : Mademoiselle Sklo... dowska, quand le professeur Schutz nous a appris à l'instant votre venue, je ne vous cache pas que notre premier mouvement a été hostile, il vous l'a peut-être dit. Mais, à la réflexion [...]

90 *Marie* : Pouvoirr... parrler... plus... lent ?

Pierre : *Do you speak english ?*

Marie : Je... pas... non.

Pierre : *Sprechen Sie Deutsch ?*

Marie : *Jawohl !*

95 *Pierre* : Oui, mais moi pas. *(À Bichro)* Et toi ?

Bichro : Non plus.

Marie feuillette un petit manuel franco-polonais de conversation courante.

Marie (avec application) : Je suis bien aise de fairre votre
100 connaisssance.

Pierre : Nous de même, mademoiselle.

Marie (le nez dans son manuel mais désignant la table) : À quelle heure part le prochain funiculaire ? *(Devant l'air ahuri des deux, elle corrige et change de phrase et de ligne.)*
105 Parrdon. Est-il permis de camper ici ?

Pierre : Mais certainement.

Marie : Étudiant Sklodowska pouvoirr utiliser potentiomètrre[2] pourr trravaux assignés parr professeurr Schutz ?

Pierre : Mais certainement.

110 *Bichro (inquiet)* : Euh, longtemps ? J'en ai besoin, moi, du potentiomètre ! Faites voir votre feuille de recherche ?

Marie : Pouvoirr parrler plus lent ?

Bichro (il lui arrache la feuille) : ANALYSE SPECTRALE ET ÉTUDE DE LA STRUCTURE ATOMIQUE DES MÉTAUX
115 NON FERREUX ! Mais... mais Schutz lui a donné comme à moi ! Il me fait doubler !

(Bichro montre la feuille de Marie à Pierre.)

Pierre : Voyons... *(il lit)* Ah ! Oui, indubitablement.

Bichro : Là, mon vieux, ça passe les bornes ! J'en ai plus rien
120 à fiche. S'il veut s'asseoir sur les acquis de ma recherche, ça le regarde mais, là, pour le coup, je vais le trouver. C'est elle ou c'est moi !

Pierre : Non, attends, je vais intercéder. Dire à Schutz de lui attribuer un autre champ de recherches.

125 *Bichro* : Trop tard. De toute façon on va se bouffer le nez et s'arracher les appareils. Trop c'est trop. C'est elle ou moi.

Il se dirige à grands pas vers la porte mais Marie, vive comme l'éclair, se campe en travers de la porte...

© L'Avant-Scène théâtre, 1989.

---

1. Analyse d'un corps par la lumière.
2. Appareil de mesure de l'électricité ou des ondes utilisé par les chercheurs physiciens.
3. Médire.
4. Empêcher volontairement.

❶ Quels sont les souhaits et les attentes :
– de Schutz ?
– de Pierre et de Bichro ?
Sont-ils compatibles ?
❷ Quel effet produit l'arrivée de Marie ? Comment réagissent les deux chercheurs ?
❸ D'après ce que vous avez appris dans l'introduction, imaginez la suite de la scène.
❹ Préparez une mise en scène de cette scène. Soulignez en particulier les effets comiques.

Les angoisses du créateur

L'Éloignement, de Loleh Bellon (1987)

Charles Meslier est un auteur dramatique. La veille a eu lieu la première représentation de sa cinquième pièce de théâtre.
Il est en train de prendre le petit déjeuner avec sa femme Denise et s'interroge : la pièce a-t-elle été un succès ou un échec ?
Charles trouve que le public n'a pas été enthousiaste.

Denise : Mais de quoi parles-tu ? De qui ? De quand ? Tu étais dans ton trou, caché au fond d'une loge, la porte fermée... Moi, j'ai vu Gérard. Il pouvait à peine parler tellement il
5 était ému !

Charles : Oui, mais Gérard ! Quand son chat est mort, il a pris le deuil pendant six mois.

Denise : N'empêche qu'il était bouleversé.

Charles : J'en ai croisé qui m'ont salué d'un air
10 entendu en murmurant des borborygmes... Je n'ai rien compris.

Denise : Tu as filé comme un rat ! En m'entraînant dans ton sillage.

Charles : Je ne pouvais plus.

15 *Denise :* Alors comment sais-tu ce qu'ils ont dit ?

Charles : Mais je m'en fous de ce qu'ils ont dit ! Ce qui compte, c'est ce que j'ai senti moi, cette peur, partout.

20 *Denise :* Et pour tout le monde. Les acteurs, le metteur en scène, le directeur...

Charles : La mienne me suffit, merci. *(Un temps.)* Les lumières s'éteignent, les conversations s'arrêtent, le rideau s'ouvre... Il n'y a plus rien à faire, qu'à être jugé. La pièce
25 commence... Tout me semble mauvais, rien ne passe. Je regarde, j'écoute. C'est moi qui ai écrit ça ? Je ne vois plus rien, je ne sens plus rien. Ces mots, ces gestes, ces silences, qui voulaient dire tant de choses ! Et là, ce soir-là, c'est comme un match de tennis où toutes les balles
30 tomberaient dans le filet.

Denise : Mais jusqu'à hier soir, tu y croyais ?

Charles : Comme dans certaines maladies. Celui qui va mourir est seul à ne pas connaître l'issue fatale.

Denise : Tu avais besoin de l'écrire, cette pièce.

35 *Charles :* Ce n'est pas parce que j'ai eu besoin de l'écrire qu'elle est réussie.

Charles : [...] Ce désert de silence ne présage rien de bon.

Carole Bouquet et Pierre Arditi
dans la pièce filmée pour la télévision

Denise : Ils pensent que tu t'es couché tard, ils ne veulent pas t'importuner.

40 *Charles :* Ça me rappelle quelque chose, pas toi ?

Denise : Quoi donc ?

Charles : Une pièce en costumes, qui se passe à Venise.

Denise : Les Foscari ? Ah non ! Pour *Les Foscari* on a su tout de suite !

45 *Charles :* Qu'est-ce qu'on a su ?

Denise : Eh bien que... que c'était un échec.

Charles : Pas du tout. Tu m'as tenu le même raisonnement. « C'est une pièce qui les trouble... Ils n'ont pas envie d'en parler... Ils ne veulent pas t'importuner... ». Ça, je dois le
50 reconnaître honnêtement, ils ne m'ont pas importuné le moins du monde. Ils n'ont importuné personne, d'ailleurs. Ni la caissière, ni les ouvreuses, ni les acteurs. Ils sont restés bien tranquillement chez eux et le théâtre a fermé au bout d'un mois.

Actes Sud Papiers, 1987.

---

1 Quels sont les traits de caractère des deux personnages qui se révèlent dans ce dialogue ?

2 Préparez une mise en scène de cette scène.

Unité 2

Comprendre et expliquer
le monde

Pour que vous puissiez **comprendre et produire** des explications organisées et argumentées dans les domaines personnel, éducatif ou professionnel, vous allez apprendre à :

Analyser
des comportements
ou des faits de société

Recul de la côte à Granville (Normandie).

Exposer les causes et les conséquences d'un phénomène à caractère naturel ou scientifique

Un lieu de vie utopique : le quartier d'Uzupis à Vilnius.

Décrire une organisation sociale ou politique

6 milliards d'Autres

En 2005, une équipe de reporters dirigée par Yann Arthus-Bertrand est partie à la rencontre de 5 000 personnes réparties dans 75 pays pour les filmer et recueillir leurs réponses à quelques questions fondamentales. Comme il l'avait fait pour les paysages de la Terre avec *La Terre vue du ciel*, Yann Arthus-Bertrand a voulu offrir un témoignage de l'incroyable richesse de l'humanité au début du XXIᵉ siècle. L'enquête a donné lieu à une exposition « 6 milliards d'Autres », à des films et à un livre dont voici quelques extraits.

Que représente la famille pour vous ?

Aron vit à Honk Kong

Je vis dans une maison où la famille compte quatre-vingts membres. La famille, c'est quelque chose de très important ! J'ai grandi avec mes cousins, mes oncles et mes tantes, mes frères et sœurs… Il y avait quarante chambres dans ma maison, et nous allions dans les chambres des uns et des autres comme si c'étaient les nôtres. Quel avantage ! Vous avez des liens importants avec des gens en dehors de votre sphère immédiate, cela vous donne une perspective différente de la vie.

Cristina vit en Italie

Je ne veux pas d'enfant. D'abord parce que je pense que c'est une responsabilité monstrueuse et éternelle, et tout ce qui est éternel me fait peur. Éternel dans le sens de toute la vie. Ensuite parce que j'ai un comportement égoïste. Le peu que j'ai, et surtout le peu d'argent que j'ai, la conjoncture internationale et nationale ne me permettent pas d'avoir une famille. Je ne veux pas me sacrifier. Je suis bien ainsi. Si j'avais un enfant, mon niveau de vie se détériorerait énormément. C'est un raisonnement très égoïste, mais je le suis et je l'accepte. Enfin, l'idée de la responsabilité me fait vraiment peur. Il est faux de penser qu'à trente ou quarante ans un fils est totalement indépendant ; s'il lui arrivait quoi que ce soit – mourir dans un accident, aller en prison… – moi, mère, je me sentirais responsable !

Quelle est votre plus grande peur ?

Marthin vit en Papouasie-Nouvelle-Guinée

J'ai peur de Satan. J'ai très peur d'aller en enfer et de rencontrer le diable ! J'essaie donc d'être quelqu'un de bien.

Anja vit en Suède

Si je me permets d'être un peu philosophe, c'est la peur elle-même que je crains, parce que dès qu'on la laisse s'installer, on perd le contrôle de soi, on ne voit plus d'espoir, on désespère.

Mark vit en Irlande

Pour être franc, l'une de mes plus grandes peurs et inquiétudes est de perdre mon emploi.

Esperanza vit à Cuba

Ma plus grande peur, c'est de rester toute seule dans le monde, sans ami, sans famille. Ça m'atterre, la solitude, ça me met dans un sale état. La solitude m'inquiète.

Que représente l'argent pour vous ?

Edward vit à New York, États-Unis

L'argent signifie qu'ils ne coupent pas l'électricité, l'argent signifie que je n'ai pas à emprunter à une autre personne, l'argent signifie que ma femme n'a pas à s'inquiéter, l'argent signifie que mes enfants n'ont pas à être inquiets, et l'argent signifie que je n'ai pas à vivre en étant sans cesse malade de peur.

Risma vit en Indonésie

Pour moi, aujourd'hui l'argent, ce n'est rien. Mais on a besoin d'argent. Mon frère est dans sa dernière année d'études et j'ai besoin d'argent pour réparer ma maison. Mais je ne veux pas me focaliser sur l'argent parce que si je travaille seulement pour l'argent, je perds mon cœur.

Kisean vit au Kenya

Pour nous, les Masaïs, l'argent n'est pas le plus important, le plus important, ce sont les vaches. Si vous avez des vaches vous n'avez pas besoin d'argent, l'argent est utile dans le cas où vous ne possédez pas de vaches.

Qu'est-ce que le bonheur ?

Yusuf vit en Turquie

Le soir, quand je rentre chez moi, je prends ma douche, je change mes vêtements, je m'assois sur mon balcon avec mes coussins, je m'appuie le dos ; s'il y a des fruits, je mange mes fruits, j'appelle mes enfants autour de moi, on discute, on rigole, on boit un thé, est-ce qu'il existe un bonheur plus grand que celui-là ?

Nuha, réfugiée irakienne, vit en Syrie

Le moment le plus heureux de ma vie, ce fut le jour où j'ai vu mon nom inscrit au département d'anglais sur la liste des candidats qui avaient réussi. Parce que mon amour pour la langue anglaise est incomparable. J'adore tout ce qui est en rapport avec les langues étrangères. C'était comme si on m'invitait pour un voyage sur la Lune ou vers les étoiles.

Pardonnez-vous facilement ?

Mamadou vit au Mali

Comment régler une querelle ? Parmi nous, il y a des anciens qui sont chargés de réconcilier les gens et de leur demander de se pardonner. Quand les gens se battent, même s'ils sont au nombre de vingt ou mille, si les anciens se lèvent, ils vont se réconcilier, ils vont demander pardon et se réconcilier.

Corinne vit à La Réunion, France

Non, je ne pardonne pas ou très peu. J'ai appris, il n'y a pas longtemps, que j'avais du sang sicilien, donc je comprends un peu mieux pourquoi. Quand on m'a fait une crasse, je n'oublie jamais, je suis plutôt rancunière. Et si je ne me venge pas, je n'oublie pas. Je n'ai pas la notion du pardon catholique. J'ai sans doute tort car, finalement, je sais qu'il y a autour de moi des gens à qui j'en veux terriblement, à qui je ne pardonne pas et qui continuent leur vie car ils n'en ont rien à faire. Au fond, je suis plus malheureuse qu'eux, parce que moi, j'ai toujours une dent contre eux, alors qu'ils sont passés à autre chose.

6 milliards d'Autres, © Éditions de La Martinière, 2009.
D'autres témoignages sur le site :
www.6milliardsdautres.org

[LE TÉMOIGNAGE]

Sophie, qui fait de fréquents voyages au Vietnam, parle de la société vietnamienne.

Les autres et nous

1. Partagez-vous les cinq questions. Lisez les réponses. Formulez les conceptions qui sont exprimées à propos de l'argent, du bonheur, de la famille, etc.

2. Qu'auriez-vous répondu à la question ?

Notez les différences avec votre conception.
Recherchez des explications à ces différences :
– dans la culture du pays de la personne qui répond ;
– dans sa personnalité ;
– dans la situation économique et politique de son pays.

3. Présentez votre analyse à la classe. Exposez votre analyse et donnez votre réponse personnelle à la question.

🎧 Le témoignage

Écoutez le document. Notez dans le tableau les différences culturelles entre le Vietnam et la France. Complétez la colonne « En France » avec vos propres connaissances.

Habitudes culturelles	Habitudes et significations au Vietnam	Habitudes et significations en France
• faire la bise ...	... ...	... ...

Tour de table

Vous connaissez des personnes qui ont des comportements surprenants.
Au cours de vos voyages, vous avez observé des habitudes, des façons de faire, des comportements qui vous ont étonné(e).
Décrivez-les et essayez de les expliquer.

Construire une explication

Le retour des femmes à la maison.
Les raisons d'un nouveau comportement

Les années 1960 ont vu l'amélioration de la condition des femmes. Le travail, source de toute libération, leur assurait une indépendance financière. Aujourd'hui, un certain nombre de femmes déclarent souhaiter arrêter de travailler pour s'occuper de leurs enfants et de leur maison. Comment expliquer une telle révolution ?

Soulignons tout d'abord que dans la moitié des cas la décision de ne plus travailler est provoquée par des difficultés économiques comme des dépenses supplémentaires de garde et de transport découlant de la naissance d'un enfant.

Par ailleurs, les femmes délaissent d'autant plus facilement leur activité professionnelle que celle-ci s'exerce dans des conditions difficiles. Elles savent en effet que le stress et la fatigue de la mère sont souvent à l'origine de problème de santé chez le bébé et source de retard dans son développement.

Mais ces changements de comportement résultent aussi d'une idéologie écologiste. Puisque le lait de l'industrie agroalimentaire n'est pas bon, les mères devront allaiter leur bébé et comme la nourriture des cantines n'est pas sûre, leurs enfants prendront leurs repas à la maison.

Enfin, le retour au foyer est aussi dû au manque de temps, lui-même causé par la volonté de moins consommer et de consommer mieux. Aller chercher ses légumes chez le producteur, faire soi-même son pain et les vêtements des enfants, cela prend du temps…

❶ Lisez le texte ci-dessus. Recherchez et classez dans le tableau les mots qui expriment l'idée de cause. Formulez différemment cette idée de cause.

Noms et expressions nominales	Verbes	Conjonctions
Les raisons ...	...	...

Recherchez une phrase où la cause est exprimée de manière implicite (sans mot exprimant l'idée de cause).

❷ D'autres façons de poser la question « Pourquoi... ? ».
Reformulez les phrases suivantes en utilisant les mots de la liste à la place de « pourquoi ».
a. Pourquoi Myriam n'est-elle pas encore rentrée du travail ?
b. Pourquoi le propriétaire de l'appartement que je loue est-il entré chez moi en mon absence ?
c. Pourquoi devrais-je venir à cette manifestation ?
d. Pourquoi le directeur général nous invite-t-il à déjeuner ?
e. Pourquoi Dubois a-t-il reçu une augmentation de salaire et pas moi ?
f. Pourquoi partir en vacances à l'autre bout du monde alors qu'il y a de si belles choses à voir près de chez nous ?
g. Pourquoi est-on heureux ? Il suffit de peu de choses.

À quoi bon
À quoi ça tient
À quel titre
Au nom de quoi
Comment se fait-il
D'où vient que
De quel droit
En quel honneur

3 Exprimer la cause par un nom. Complétez avec certains noms de la liste.

Dans une entreprise

• Carla t'a donné ...... de son absence ?

– Officiellement elle est malade mais la vraie ...... c'est qu'elle est allée voir un avocat.

• Pour quelle ...... ?

– Elle veut attaquer Jallaud, son chef de service. À ...... de sa décision, il y a leur dispute de mardi. Mais cette décision était en ...... depuis longtemps. Le ...... du problème, c'est l'autoritarisme excessif de Jallaud.

• C'est un despote. Il ne sait pas que l'écoute des autres est ...... d'une autorité acceptée. Cela dit, l'incompétence du directeur est aussi ...... de mauvaise ambiance dans l'entreprise.

un agent	l'origine
la cause	le point de départ
un facteur	la racine
le fondement	la raison
(le fond)	la source
le germe	
le motif	

4 Exprimer la cause par un verbe. Complétez avec certains verbes de la liste (ou avec leur participe passé).

Commentaires après le match de football

a. Un orage ...... plusieurs arrêts de jeu.

b. L'échec de notre équipe ne doit pas être ...... au gardien qui a fait le maximum.

c. Cet échec ...... à la faiblesse de notre défense.

d. Elle ...... aussi par la blessure de Digou à la 30ᵉ minute.

e. L'expulsion de Norman ...... de son geste agressif sur Agami.

f. Le jeune Reza ...... plusieurs occasions de but.

g. Tous les problèmes de notre équipe ...... du changement d'entraîneur en janvier dernier.

h. Le manque de combativité de l'équipe ...... au manque de charisme de cet entraîneur.

causer	résulter de
créer	s'expliquer (par)
découler de	produire
être dû à	provenir (de)
être lié à	provoquer
imputer	

5 Lisez l'encadré « Quelques façons d'exprimer la cause ». Reformulez les phrases en remplaçant les expressions soulignées par *par*, *pour*, *à* ou *de*.

Dans l'entreprise, on a recruté Legal <u>parce qu'</u>il était compétent en informatique. Mais il a fallu le réprimander <u>parce qu'</u>il avait passé des heures à faire des téléchargements illégaux.

Ce jour-là, il était vert <u>parce qu'</u>il avait honte.

<u>Quand</u> on voyait les heures qu'il passait devant son ordinateur, tout le monde s'en doutait.

C'est <u>parce qu'</u>il est sympathique au directeur que celui-ci ne l'a pas renvoyé.

6 Rédiger une explication. À partir des notes suivantes et de vos propres réflexions, rédigez une explication des causes du phénomène de Facebook.

Problème : le succès extraordinaire des réseaux sociaux sur Internet de type Facebook.

Causes :

(1) Solitude des adolescents et des jeunes aujourd'hui (changements fréquents de lieu de résidence – divorce – on fréquente peu les gens de l'immeuble ou du quartier) → besoin de rencontres, de constituer un réseau de connaissances

(2) Maintien du réseau des connaissances (qui ne sont pas de vrais amis)

(3) Effet de mode – Désir des jeunes de ressembler à leurs pairs

(4) Besoin d'une image positive de soi-même → ressembler aux stars qui connaissent beaucoup de monde

(5) Insécurité (délinquance – chômage) : réseau d'amis → aide et assistance en cas de besoin

Quelques façons d'exprimer la cause

• **D'autant (plus/moins/mieux) que...**

S'utilise pour ajouter une cause à une autre. La cause introduite par « d'autant... » renforce la précédente.
Marie est très compétente. Elle est appréciée de ses collègues. D'autant qu'elle est aussi très gentille. Elle travaille d'autant mieux que tout le monde l'apprécie.

• **La forme «** *faire* **+ verbe à l'infinitif »**
Le médicament a fait tomber la fièvre.

• **La préposition *pour***
– Quand la cause est une qualité ou un défaut.
Il est apprécié pour sa gentillesse.
– Dans le langage administratif, la cause est introduite sans déterminant.
Cette employée a été renvoyée pour faute grave.
– Quand la cause est une action passée.
Elle a été renvoyée pour avoir volé de l'argent dans la caisse.

• **La préposition *par***
Quand la cause est un sentiment.
Elle a refusé un poste à l'étranger par amour pour son compagnon.

• **La préposition *de***
Dans des expressions où la cause est une émotion ou un état.
Il est rouge de honte.

• **La préposition *à***
Quand la cause est un comportement.
À son regard fuyant, j'ai compris qu'il avait fait une bêtise.

Conseils d'ami

Séparation, enfants difficiles, conflits de voisinages, difficultés au travail... la vie n'est pas toujours facile et on a quelquefois besoin de se confier à quelqu'un.

Inversement, vos meilleurs amis mais aussi un étranger que vous rencontrez par hasard peuvent vous faire des confidences et vous demander conseil.

Pour vous préparer à ces situations, **vous analyserez la lettre d'une personne qui vous fait part de ses problèmes. Vous lui répondrez.**

De : Sylvie Plantier
À : Mireille Rouaud

Ma chère Mireille,

Déjà Noël. Cette année encore, prises chacune par nos activités, nous n'avons pas eu l'occasion de nous voir ni même de nous écrire. Je crois même que j'ai laissé passer ton anniversaire. Il faut dire que l'année n'a pas été franchement passionnante. Oh, rien de grave ! Tout le monde est en bonne santé. Cyril et Clémentine ont encore pris 10 cm et ils ont d'excellentes notes au lycée. Nicolas est toujours gentil mais, et c'est là le problème, j'ai l'impression qu'il n'est jamais là. J'ai d'ailleurs l'impression que personne n'est jamais là et que je ne suis plus que l'intendante de cette maison.

Depuis qu'il a eu son poste de chef de projet, Nicolas est devenu un accro du boulot. Il l'a toujours été mais je ne pensais pas que ça puisse prendre de telles proportions ! Il rentre le soir pour s'affaler devant Soir 3, passe la plupart de ses week-ends à travailler dans son bureau. Finies pour nous les sorties au cinéma ou les randonnées du dimanche. Ses sujets de conversation se limitent à son travail. C'est devenu une obsession au point de négliger totalement ses enfants.

D'ailleurs, eux aussi sont ailleurs. Cyril passe son temps devant son ordinateur à jouer en réseau ou à communiquer avec de soi-disant amis que je ne vois jamais. Ce qui m'inquiète. Pourquoi ne rencontre-t-il pas plus souvent ces amis pour faire du sport ou d'autres activités ?

Quant à Clémentine, elle sort plus souvent mais elle a carrément viré gothique. Eh oui, la jolie petite fille blonde que tu as connue s'habille de noir, se maquille comme pour jouer dans un film de Dracula, tapisse sa chambre de posters à te donner le cafard et s'est fait faire un piercing et un tatouage. Aux dernières nouvelles, elle voulait adopter un rat.

Voilà le tableau. Cette famille n'est plus que le lieu de cohabitation de quatre personnes qui n'ont plus rien à se dire. J'avoue que si ça continue, j'ai peur de craquer. Qu'est-ce que tu en penses ? Crois-tu que je pourrais faire quelque chose ?

Heureusement que j'ai mon travail...

Faire part de ses problèmes

1 Lisez le message de Sylvie. Au cours d'un cocktail, vous rencontrez une personne qui vous parle d'elle. Réagissez à ses remarques.

a. Sylvie n'est pas heureuse avec Nicolas.

b. Ça ne va pas fort entre eux.

c. Je crois qu'il la trompe.

d. Son fils est un paresseux qui passe ses journées à jouer.

e. Sylvie a honte de sa fille.

f. Ces enfants sont malheureux.

2 Répartissez-vous les trois personnes décrites dans cette lettre. Caractérisez leur comportement. Recherchez des explications à ce comportement.

3 Ces types de comportement se rencontrent-ils dans votre pays ? De quels autres types de comportement pourrait se plaindre un membre d'une famille ?

Expliquer un comportement psychologique

1 Résumez en deux phrases le sujet et le but de l'extrait du livre du Docteur Lowenstein, « Drogués au travail ».

2 Les adjectifs suivants peuvent-ils caractériser les « workaholiques » :

aveugle – qui manque d'assurance – débordé – anxieux – courageux – fragile – esclave – excessif

3 Recherchez les causes de ce comportement.

Causes profondes	Buts conscients ou inconscients recherchés par les workaholiques

Ces causes permettent-elles d'imaginer des solutions ?

Drogués au travail

Ils ne connaissent pas les week-ends, ni les jours fériés. La perspective des vacances provoque chez eux des angoisses, quant au mot RTT (récupération du temps de travail) il est, depuis longtemps, banni de leur vocabulaire. Ces gens-là travaillent sans compter et se déplacent en permanence avec un ordinateur, un téléphone portable ou un dictaphone. Rien ne peut les arrêter. Ils sont drogués au travail et trouvent aujourd'hui leur place en médecine des addictions sous le nom de workaholiques.

Ce néologisme inventé dans les années 90 par un Américain, Wayne Oates, fusionne les termes *work* (travail) et *alcoholic* (alcoolique). [...]

Afin de mieux supporter ses périodes de congés, Mathilde planifiait ses journées, de façon à ne jamais rester inactive : « Je me levais à 7 heures tous les matins, je faisais du sport, puis je lisais au moins deux gros bouquins dans la même journée et lorsqu'il me restait du temps, j'allais visiter les monuments du coin sans oublier la pile de dossiers qui m'attendait dans la chambre d'hôtel. »

Le but (conscient ou inconscient) recherché par ces hyperactifs demeure, en général, toujours le même : travailler, occuper leurs mains ou leurs neurones pour éviter de penser. L'inactivité, en effet, laissant libre cours aux sentiments, aux émotions et surtout à la cogitation, provoque chez les workaholiques une peur panique du vide. Le travail devient alors une fuite, une échappatoire à leurs angoisses existentielles. Ils quittent leur bureau le plus tard possible, et encore à regret, et tentent de se consoler avec l'idée qu'ils y reviendront le plus tôt possible. [...]

En règle générale, le workaholique souffre d'une faille narcissique[1] qui le pousse dans une quête désespérée de reconnaissance. En effet, nous ressentons tous le besoin d'être aimés, regardés, valorisés. Plus ou moins, selon les témoignages d'amour reçus pendant l'enfance. Si nous avons le sentiment de ne pas avoir été suffisamment aimés et considérés, nous grandirons avec l'idée que nous ne valons pas grand-chose et que nous ne sommes pas aimables (au sens premier du terme). Nous n'aurons qu'une obsession : « réparer », chercher dans le regard des autres l'admiration, l'estime dont nous avons manqué. L'hyperactivité professionnelle devient alors l'autothérapie, la solution idéale pour acquérir une image gratifiante, surtout dans une société comme la nôtre pour laquelle la valeur de l'individu est intimement liée à sa réussite. En travaillant davantage que ses collègues, en se fixant des challenges et des objectifs de plus en plus élevés, le futur workaholique suscitera l'attention et l'approbation de tous.

Docteur William Lowenstein,
Ces dépendances qui nous gouvernent. Comment s'en libérer ?
© Calmann-Lévy, 2005.

---

1. Le narcissisme est l'admiration excessive de soi-même. Souffrir d'une faille narcissique signifie qu'on ne s'estime pas soi-même, qu'on ne s'aime pas.

---

4 **Enrichissez votre vocabulaire. Lisez l'encadré « Problèmes psychologiques », page 55.**

**a. À quelle tendance de la personnalité correspondent les expressions imagées suivantes ?
Dans quelles situations pourrait-on les prononcer ?**

(a) Elle a gardé la tête froide.	(1) Quelques minutes avant le début d'un examen.
(b) Il est sur les charbons ardents.	(2) Quand le voisin met la musique à fond.
(c) Elle a les nerfs à vif.	(3) Quand on est agressé par un voleur dans la rue.
(d) C'est une petite nature.	(4) Quand on ne répond pas aux lettres de l'ex-amoureux qu'on a quitté.
(e) Il a les boules.	(5) Il a pleuré après avoir été réprimandé par son directeur.
(f) C'est un cœur de pierre.	(6) Un rien le blesse.
(g) C'est un écorché vif.	(7) Surtout ne le (la) contredisez pas. Il (Elle) risque de tout casser.

**b. Les expressions familières et imagées synonymes de « fou » sont extrêmement nombreuses.
En voici quelques-unes. Retrouvez le sens originel de ces mots.**

Exemple : allumé : une lampe ou la télévision sont allumées → le fou a souvent des visions.

Il est dérangé, désaxé, fêlé, égaré, frappé, atteint, timbré, allumé, ravagé, tordu, givré, marteau.	Elle n'a pas sa tête. Elle a perdu un boulon. Elle a pété les plombs. Elle a une case en moins.

5 **En vous appuyant sur les explications du Docteur Lowenstein, commencez votre réponse au message de Sylvie. Expliquez-lui simplement le problème de Nicolas et donnez-lui des conseils.**

Le retour du surnaturel

Le goût du surnaturel revient. Chaque année des millions de touristes arpentent la forêt de Paimpont en Bretagne pour y retrouver les lieux mythiques de la quête du Graal. On peut y faire un stage avec un druide qui vous initie à « respirer la lumière avec les esprits du vent », chasser le fantôme la nuit au détour d'un bosquet ou communiquer avec les elfes. Sur Internet les sites d'astrologie ne se comptent plus et en Provence on vous apprend le maniement du pendule ou de la baguette de sourcier non seulement pour trouver de l'eau mais aussi pour détecter les énergies de la terre qui vous aideront à prendre les bonnes décisions. Frédéric Granier explique ce phénomène.

Cocasse ? Ridicule ? Cet engouement pour l'occulte est en tout cas confirmé par les enquêtes d'opinion. Alors que les Français savent se montrer cartésiens lorsqu'il s'agit de critiquer les grandes religions (seulement 55 % des Français croient en Dieu, contre 66 % en 1947), ils font un triomphe au surnaturel : 42 % croient aux miracles et 26 % affirment avoir vécu une expérience paranormale (source Ifop). Même analyse du côté du Cevipof (Centre d'études de la vie politique française) : nous sommes 21 % à croire à la sorcellerie, 35 % aux rêves prémonitoires et 33 % à l'astrologie. Hallucinations, expériences mystiques, superstitions…

Derrière ce retour du surnaturel se cacherait surtout une revanche de la pensée magique sur la toute-puissance de la raison, à une époque où les repères religieux et idéologiques sont ébranlés et où la crise économique attise toutes les craintes… Signe des temps : on voit apparaître aujourd'hui les premiers « médiums pour entreprises », grassement payés pour conseiller les multinationales lors d'un placement risqué ou de l'embauche d'un cadre supérieur. En France, le code du travail aurait certainement son mot à redire, mais aux États-Unis, les dirigeants de la société américaine Seagate, spécialisée dans les microprocesseurs pour consoles de jeux, ont été visiblement ravis du travail mené par une « coordinatrice intuitive » sans diplôme particulier… Une vague de l'irrationnel sur laquelle elle n'est pas la seule à surfer : « Recevoir un chèque par la poste grâce à la seule action de la pensée », c'est en substance le message du livre *Le Secret*, qui aurait pu rester à l'état de mauvaise blague s'il n'était pas devenu le plus grand succès de librairie depuis *Da Vinci Code* (tiens, tiens…). Avec plus de cinq millions d'exemplaires écoulés outre-Atlantique, l'ouvrage est déjà épuisé en France malgré une promotion quasi nulle.

Frédéric Granier, *TGV Magazine*, novembre 2008.

Expliquer un comportement social

1 🎧 Faites le travail d'écoute du document sonore.

2 Inspirez-vous des explications du psychologue pour continuer votre réponse au message de Sylvie. Expliquez-lui le comportement de Cyril et donnez-lui des conseils.

3 Lisez l'article « Le retour du surnaturel ». Quelles sont :
– les manifestations de ce phénomène ?
– ses causes ?

4 Inspirez-vous de cet article pour conseiller Sylvie à propos du comportement de Clémentine.

Problèmes psychologiques

1. Les tendances de la personnalité

• L'émotivité. Être émotif, hyperémotif, hypersensible – Cet enfant est fragile, vulnérable. Il est trop impressionnable.
Cette personne est dure, insensible – Elle se contrôle – Elle reste imperturbable – Rien ne l'atteint.
• La nervosité. Être nerveux, excité, surexcité, agité, énervé par le retard du train – Il ne tient plus en place. Il est irritable, susceptible, agressif, colérique, brusque, violent – Elle est à bout de nerf.
Cette personne est calme, sereine, impassible – Elle est maîtresse d'elle-même – Elle sait se modérer, se contenir.
• La tension. Être tendu, stressé, hypertendu, sous pression.
Cette personne est détendue, décontractée, relaxée.

2. Les troubles psychologiques

• La perte de repères. Être perdu, déboussolé – Il n'a plus de repère – Il ne sait plus où il est – Il est désocialisé.
• La dépendance. Être dépendant de l'alcool, accro aux jeux – une dépendance, une accoutumance.
• L'obsession. Être obsédé par son travail – avoir une idée fixe – faire une fixation sur son poids – être un maniaque de la propreté.
• La paranoïa. Être paranoïaque, se croire persécuté, manquer de confiance en soi.
• La mythomanie. Être mythomane, affabulateur – délirer, raconter n'importe quoi.

[LE DOCUMENT SONORE]

Voici l'extrait d'une conférence sur la cyberdépendance (la dépendance à Internet) donnée par un psychologue.

❶ Les signes de la cyberdépendance. Complétez les informations.
– Nombre d'heures passées devant l'ordinateur
– Signes sociaux
– Signes physiques

❷ Les causes de la cyberdépendance. Cochez les causes données par le psychologue :
❑ histoire familiale douloureuse
❑ difficultés scolaires ou professionnelles
❑ laxisme des parents
❑ problèmes relationnels

❸ Les types de cyberdépendance. Complétez le tableau.

Types de cyberdépendants	Caractéristiques du comportement
Le compilateur	

Le point sur… l'aide aux personnes en difficulté

Liberté, égalité, fraternité. Sur ce troisième mot de la devise de la République française repose l'idée que toute personne, quelle qu'elle soit, doit bénéficier de droits fondamentaux : la santé, le logement, la nourriture, les vêtements, etc.

Pour les personnes normalement insérées dans le système social, **les différentes branches de la Sécurité sociale** obligatoire (assurances maladie, chômage, vieillesse, aide aux familles, au logement, etc.) permettent de faire face aux coups durs et aux aléas de la vie. D'autant que le système s'applique non seulement à celui qui travaille (ou qui est à la retraite) mais aussi à ses **ayants droit** : le conjoint, les enfants et, grâce au **Pacs** (pacte civil de solidarité), toute personne qui partage la vie du bénéficiaire.

Mais de nombreuses personnes sont exclues de ce système : ceux qui n'ont jamais travaillé ou qui n'ont plus droit au chômage, les personnes en détresse psychologique ou économique qui sont volontairement ou involontairement sorties du système, les SDF (sans domicile fixe), les demandeurs d'asile, ceux qui sortent de prison, etc. Pour eux, l'État, les collectivités locales et de nombreuses associations ont mis en place des organismes d'aide :

• Dans le domaine de la santé, la **CMU** (couverture maladie universelle) permet à tout résident en France de bénéficier de soins gratuits. Les hôpitaux publics ont par ailleurs un devoir de dispenser des soins aux démunis.

• Toute personne qui a plus de 25 ans (ou moins s'il a des enfants) et qui est sans ressource touche le **RMI** (revenu minimum d'insertion).

• Pour leur vie quotidienne, les personnes en difficulté peuvent disposer de **différentes prestations gratuites** : bains-douches (une vingtaine à Paris), produits alimentaires et restaurants (distribution de sacs repas aux SDF, Restaurants du cœur (photo), épiceries sociales), vestiaires (pour les SDF), billets de spectacle et entrées à des salles de sport.

• Un problème demeure néanmoins : le logement. Certes, la protection des locataires incapables de payer leur loyer a été renforcée. Il existe de nombreux centres d'hébergement pour les sans-abri mais ces derniers hésitent à les fréquenter car beaucoup ne s'y sentent pas en sécurité et les centres sont trop éloignés des centres-villes.

Le climat de la Terre se réchauffe. C'est un fait. Mais faut-il s'en alarmer ? Devons-nous changer nos modes de vie et mettre en péril notre économie ? Ou bien cette évolution climatique n'est-elle qu'un phénomène naturel et nous devons nous y adapter ?

Le climat
et l'histoire

La Camargue

Quand apparaît l'homme de Cro-Magnon*, le froid règne sur l'Europe (il fait environ 10 °C de moins qu'aujourd'hui). Le niveau de la mer est de 120 mètres au-dessous du niveau actuel, la température de l'océan oscille entre 6 °C et 7 °C, la glace de mer descend jusqu'à l'Écosse et on peut aller à pied de France en Grande-Bretagne. Le paysage est celui de la toundra ; l'homme chasse surtout le renne, mais on trouve aussi des chevaux, des bœufs sauvages, des rhinocéros laineux, des mammouths. C'est dans ces conditions climatiques difficiles que l'homme peint, il y a environ 17 000 ans, la grotte de Lascaux. Cette civilisation disparaît avec la fin de la glaciation. [...] Il y a 6 000 à 8 000 ans, le climat passe par une phase plus chaude : la température estivale est supérieure de 2 °C à 3 °C à celle que nous connaissons. Ce climat très chaud de l'hémisphère Nord provoque des pluies abondantes, des moussons, sur le Sahara, la Mésopotamie, le sud de l'Arabie, qui deviennent des régions verdoyantes. Les

peintures rupestres du Tassili n'Ajjer dans le sud de l'Algérie témoignent de ce que la vie a pu être quand le Sahara était recouvert de prairies... On a retrouvé des ossements d'éléphants, de girafes, et même d'hippopotames, pourtant avides d'eau. Ces pluies ont alimenté la nappe phréatique qui irrigue aujourd'hui les oasis.

Les conditions météorologiques changent brutalement il y a 4 000 à 5 000 ans : ces régions redeviennent désertiques ; les populations sont refoulées vers les terres cultivables, en particulier près du Nil. L'essor de la civilisation égyptienne a peut-être été favorisé par cette avancée du désert.

Les changements qui suivent sont beaucoup plus modestes mais affectent pourtant considérablement le mode de vie des humains.

Il y a un petit optimum climatique aux alentours du IVe siècle avant Jésus-Christ, dont bénéficie la Grèce et que chante Platon. Les hivers sont doux et les étés pas trop caniculaires.

Après une période relativement froide, la douceur revient en Europe vers les années 900 et dure jusqu'au XIIIe siècle. C'est l'époque où le Groenland, littéralement « terre verte », est colonisé par les Vikings d'Éric le Rouge. Aux alentours de l'année 1300 commence le petit âge glaciaire (PAG). Ce PAG sera particulièrement rigoureux au XVIIe siècle. [...] Il va durer jusqu'en 1850, et prend fin quand commence l'essor de la société industrielle.

Depuis, nous sommes à nouveau dans une période moins froide, mais pour la première fois depuis que la Terre existe l'action de l'homme fausse la donne. Le réchauffement exceptionnellement rapide de la planète est sans doute provoqué par les gaz à effet de serre additionnels qui piègent le rayonnement solaire.

Françoise Laborde, *Le mauvais temps n'existe pas*
Éditions du Rocher, © 2005

* Du nom du site préhistorique de la Dordogne où ont été trouvés des ossements humains vieux de 30 000 ans.

L'avis d'un statisticien

Bjorn Lomborg[1] brosse les sociétés occidentales et les pays pauvres qui aspirent à ne plus l'être dans le sens du poil[2] : il ne nie pas qu'il y ait réchauffement climatique, mais il conteste les conséquences que prévoit la communauté scientifique. Il souligne que la planète a déjà été aussi chaude avec une proportion aussi élevée de gaz carbonique ; les glaciers ont déjà été aussi raccourcis dans la longue vie de la planète et le Groenland, comme son nom l'indique, était une « terre verte ». Les pollutions des villes étaient plus importantes dans les années 50 qu'aujourd'hui, assène-t-il, et si certains affirment que les réserves de pétrole s'épuisent, c'est uniquement pour faire monter les cours... Et voilà poindre l'argument majeur : l'économie.

Toute la théorie de Bjorn Lomborg tend à démontrer que renoncer au progrès et à la croissance afin de réduire les gaz à effet de serre pour un résultat aléatoire peut être plus dangereux pour la survie de l'espèce humaine que leur augmentation dans l'atmosphère. Le coût de l'arrêt de la croissance risque d'être plus difficile à supporter que le changement climatique lui-même. Coût économique, coût humain aussi. Les pays pauvres ont besoin d'investissements économiques pour s'en sortir ; c'est à ça que doit servir l'argent plutôt qu'à limiter les émanations de gaz carbonique...

Françoise Laborde, *Le mauvais temps n'existe pas*, Éditions du Rocher, © 2005.

1. Statisticien danois.
2. Brosser dans le sens du poil : approuver, dire ce que les autres ont envie d'entendre.

Inondation au Bangladesh

L'INTERVIEW

Notre journaliste interroge Frédéric Denhez, ingénieur en environnement, auteur de *L'Atlas de la menace climatique* (éditions Autrement).

L'histoire du climat

1. Lisez « Le climat et l'histoire ». Faites un tableau clair et simple des étapes de cette évolution.

Période de l'histoire	État du climat	Conséquences
17000 av. J.-C.		
Entre 8000 et 6000 av. J.-C.		

2. Présentez à tour de rôle ces différentes étapes.

L'interview

1. Préparation à l'écoute. Assurez-vous de la compréhension des mots nouveaux.

un phénomène d'envergure – une canicule – enrayer une évolution – l'inertie d'un système – l'irrémédiable – un hêtre – exacerber un problème

2. Écoutez le document.

a. Quelle est l'idée principale développée par Frédéric Denhez à propos du réchauffement climatique ?

b. Notez les détails de ses prévisions sur l'évolution du climat. Aidez-vous de la carte p. 187.

Zone géographique	Évolution
La région de la Loire	Climat...

c. Quelles seront les conséquences de l'évolution du climat sur la vie des hommes ?

L'avis du statisticien

Lisez le passage consacré à Bjorn Lomborg. Voici des remarques à propos des idées de ce scientifique. Dites si elles sont justes. Nuancez-les et argumentez.

(a) Lomborg affirme que le climat de la Terre ne se réchauffe pas.
(b) Il dit que ce phénomène est normal et qu'il n'aura pas de conséquence importante.
(c) Pour lui, tout cela est de la désinformation qui profite à certains.
(d) Ralentir l'économie en consommant moins serait pire que de continuer.

Discussion

1. Au vu des pièces du dossier que vous venez de découvrir, répondez à la question posée en introduction.

2. Le climat peut-il expliquer certains événements de l'histoire ?

3. Que feriez-vous en cas de changement du climat de votre région ?

6 Quelles sont les conséquences ?

Décrire une évolution

La crise économique de 2008 :
un enchaînement de causes à effets

Tout est parti de la confiance excessive que l'on a accordée au système du crédit immobilier. La hausse constante des prix des logements devait permettre des taux de crédit très bas. Or, les prix ont commencé à baisser, ce qui a entraîné l'augmentation des taux de sorte que certains nouveaux propriétaires ont été incapables de payer leurs traites. De ce fait, leurs maisons ont été saisies et vendues. Mais l'augmentation de l'offre de logements sur le marché a eu pour conséquence l'accélération de la baisse des prix, provoquant un effondrement du marché immobilier. C'est la raison pour laquelle les banques qui avaient trop investi dans des titres immobiliers se sont retrouvées en faillite, suscitant une panique générale et des retraits massifs. Le résultat de cette crise financière fut une crise économique. Seule l'intervention des États allait pouvoir ramener la confiance. ■

1 **Lisez le texte ci-dessus.**

a. Reconstituez la suite des événements qui ont produit la crise économique.

Baisse des prix de l'immobilier → ...

b. Relevez et classez les mots qui expriment l'idée de conséquence.

Verbes	Noms	Autres expressions

c. Formulez différemment ces conséquences en utilisant les mots suivants :
• créer – déterminer – aboutir (à) – causer – déboucher (sur) – avoir pour effet – avoir pour conséquence
• si bien que... – à tel point que...
• en conséquence... – du coup...

2 **Faire un état des lieux. Complétez avec les mots de la rubrique 1 de l'encadré « Décrire une évolution ».**

Le directeur du laboratoire se plaint

« Cette année, notre budget a diminué de 20 %.

À cause de ces ...... budgétaires, nous ...... de matériel.

J'ai été ...... du scanner que j'espérais obtenir.

Des ordinateurs de dernière génération ......

Actuellement nous ...... de masques de protection et je n'ai pas d'argent pour en acheter.

Bref, ce laboratoire est très ......

En revanche, le laboratoire de mon collègue qui travaille sur le nouveau virus a été ...... d'un nouveau microscope.

Ce collègue ...... de trois assistants très compétents. »

3 **Décrire une évolution. Quels verbes de la rubrique 2 de l'encadré utiliseriez-vous pour décrire les évolutions suivantes ?**

a. La maison a été abandonnée : les portes et les fenêtres ont été détériorées, les vitres ont été cassées...

b. Un enfant devient adolescent...

c. Un étudiant participe à un stage intensif...

d. C'est la fin d'un régime dictatorial...

e. Un fait divers est rapporté par un journaliste malhonnête et médisant...

f. L'équipe n'était pas efficace mais un nouveau directeur est arrivé...

4 **Expression de la relation de conséquence. Formulez les relations de conséquence (→) en utilisant les formes de l'encadré.**

L'évolution de la pêche dans le monde

• Publicité autour de la valeur nutritive du poisson → augmentation de la demande

• Modernisation des méthodes de pêche → augmentation des rendements

• Rendements plus élevés → diminution du nombre des poissons dans les mers et les océans

• Raréfaction des poissons sauvages → développement des élevages de poissons

• Rejets industriels dans les fleuves → pollution des mers → raréfaction des poissons

Le port de Guilvinec en Bretagne

Décrire une évolution

1. L'état des lieux

• **Le manque :** l'absence – la pénurie – des restrictions – une carence
Cette région manque d'eau – L'eau fait défaut – Elle est privée d'eau, dépourvue de réservoirs – Les habitants sont démunis face à la sécheresse.
• **L'existence :** il existe (on trouve) des puits dans cette région – Elle a été dotée (pourvue) d'équipements modernes.
Les habitants disposent de l'eau courante.

2. L'évolution

• **Le changement :** changer – varier – évoluer – (se) modifier – bouleverser – révolutionner.
• **La transformation :** (se) transformer – (se) changer en… – (se) métamorphoser – (se) muer en…
• **L'amélioration :** (s')améliorer – (se) perfectionner – (se) développer.
• **Le renouvellement :** (se) renouveler – (se) réformer – rénover.
• **La détérioration :** (se) détériorer – (se) dégrader – (s')abîmer.
• **L'altération :** (s')altérer – (se) dénaturer.

On peut utiliser les formes :
• **devenir + adjectif :** Il est devenu raisonnable ;
• **verbe formé avec un adjectif et les suffixes** *-ir* **ou** *-ifier* (rouge → rougir – simple → simplifier).

Quelques expressions introduisant des conséquences

• ***Donc… Par conséquent… De ce fait…***
Les crédits ont baissé. De ce fait, on ne recrutera pas de nouvel assistant.

• ***Voilà pourquoi… C'est pourquoi… C'est pour cela que… D'où…*** (introduit une idée déjà formulée)
Notre secteur n'est pas prioritaire. Voilà pourquoi les crédits ont baissé. (D'où la baisse des crédits)

• ***Aussi*** (suivi d'une structure interrogative avec inversion du pronom sujet)
Aussi les syndicats ont-ils décidé une journée de grève.

• ***Du coup*** (introduit plutôt une conséquence rapide)
Un syndicat a décidé de faire grève. Du coup les autres syndicats ont suivi.

• **Nom mis en tête de phrase sans déterminant** (avec tous les synonymes de « conséquences ». Voir ex. 5)
Résultat de cette discussion : le pays a été paralysé.

5 **Effets et conséquences. Complétez avec un mot de la liste.**
Les conséquences de la crise financière
(1) Cette crise financière a eu des … considérables.
(2) Elle a eu des … sur l'économie.
(3) Les entreprises ont subi les … de la crise.
(4) Les difficultés des entreprises ont eu des … sur l'emploi.
(5) La … du gouvernement a été immédiate.
(6) L'annonce du porte-parole a eu un gros … sur l'opinion.
(7) Malheureusement, les mesures gouvernementales n'ont pas eu un … immédiat.
(8) Ce qui a eu pour … des sondages favorables à l'opposition.

un contrecoup
un effet
un impact
une portée
une réaction
une répercussion
un résultat
une retombée
une suite

6 **À l'aide des notes suivantes, rédigez ou exposez oralement les conséquences de l'exploitation excessive des nappes souterraines d'eau et de leur pollution.**

Les risques de pénurie d'eau dans le monde
Cause n° 1 : exploitation excessive des nappes souterraines (par : grandes villes, industries, agriculture intensive) → baisse de 3 mètres depuis quelques années

Cause n° 2 : rejet des pesticides et engrais (← agriculture industrielle) et déchets (industries et particuliers)
→ pollution des nappes phréatiques et des cours d'eau
→ présence dans les produits agricoles irrigués par cette eau (légumes, fruits, céréales, nourriture donnée au bétail)
→ passage dans l'organisme humain

Conséquences :
(1) Raréfaction de l'eau potable (d'ici à 2025 diminution de moitié de la quantité disponible)
→ famines → guerres → migrations
(2) Augmentation de l'eau polluée → maladies – augmentation de la mortalité infantile

Défense du patrimoine

Un quartier typique de votre ville est à l'abandon. Un monument pas très spectaculaire mais témoin émouvant du passé n'est pas très entretenu et tombe en ruine.

Le coin de forêt où vous avez l'habitude d'aller pique-niquer va être défiguré par la construction d'une usine...

Vous choisirez un élément du patrimoine en péril, vous prendrez sa défense dans un document (tract, article de presse ou blog, page Internet, etc.) que vous rédigerez. Vous y exposerez :

• l'état des lieux ;
• ses causes et ses conséquences ;
• la valeur culturelle, historique, esthétique, environnementale du lieu ;
• la nécessité de le sauver.

Faites l'historique et l'état des lieux

Compte à rebours pour sauver Lascaux

Classée au patrimoine mondial de l'humanité, la grotte de Lascaux lutte pour sa survie. Après une première invasion de champignons blancs – *Fusarium solani* –, elle est aujourd'hui envahie de taches noires qui s'avèrent jusque-là indélébiles. Quatorze peintures, datant de 17 000 ans avant notre ère, considérées comme les plus belles d'Europe, forcément rares et fragiles, sont désormais touchées, parfois littéralement mouchetées.

Aujourd'hui le compte à rebours est lancé : on ne sait pas comment sauver Lascaux, joliment surnommée la chapelle Sixtine de la préhistoire. En 1940, quatre adolescents se promènent en Dordogne, sur les terres du comte de La Rochefoucauld. C'est leur chien qui découvre une cavité, dans laquelle un d'entre eux se glisse. Ils veulent découvrir un trésor, comme tous les enfants bercés par la lecture de Stevenson : ils trouvent bien plus que cela. Sur plus de 100 mètres,

1 963 gravures et peintures rupestres, datant de la période magdalénienne[1], s'étalent sous leurs yeux. Réalisées avec des ocres orange et rouges, du manganèse, du charbon minéral pour le noir, du kaolin pour le blanc, elles sont en parfait état. Ces groupes de bisons, ces taureaux de cinq mètres de long, ces cerfs, ces bovins, et même ce chasseur à terre feront dire à Picasso, accouru dès 1940, que « rien n'a été inventé depuis ».

Le succès populaire est immédiat : certains jours, près de 1 800 personnes s'y pressent. Mais il ne fait pas toujours bon remuer le passé. La chaleur humaine crée de la condensation et des gouttes d'eau. Des algues apparaissent. « En 1963, Malraux[2] a pris une décision très impopulaire : il a fait fermer la grotte, raconte Jean Clottes, président de la Fédération internationale d'art rupestre. Et il a fallu tout son courage politique ainsi que celui de De Gaulle pour imposer cela à la région et aux touristes. »

Un système de circulation d'air est mis au point, ainsi que des règles drastiques de fréquentation : seul un groupe de cinq personnes est autorisé à entrer chaque jour, et pour vingt-cinq petites minutes. Pendant près de quarante ans, le site mène une vie de reclus. En 1983, on construit un fac-similé, Lascaux II, qui accueille à nouveau les curieux. Près de 250 000 s'y rendent depuis chaque année. Dans la vraie grotte, « c'est le calme plat », témoigne Jean-Philippe Rigaud, conservateur du site entre 1972 et 1992.

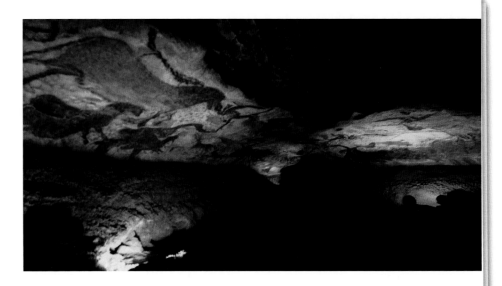

En 2000-2001, une première alerte, sous forme de filaments blancs, est donnée. *Fusarium solani* est éradiqué, parfois manuellement. Mais en 2004, des taches noires apparaissent. Les champignons responsables contiennent de la mélanine, un composant extrêmement difficile à retirer. Des biocides et des fongicides sont appliqués. Dans un premier temps, ils donnent des résultats. Mais, trois ans plus tard, il faut recommencer l'opération car les taches s'étendent à nouveau, sur la voûte du Passage, de l'Abside, de la Nef et à proximité du champ orné[3]. Des constellations sont désormais visibles sur la célèbre vache rouge, entre les bois du cerf à l'entrée, et sur les cornes de la vache noire dans la Nef. « Aujourd'hui, la grotte est une grande malade dans un état de rela-

tive stabilité, affirme Marc Gauthier, président du comité scientifique. On voudrait que le malade se reconstruise et se rééquilibre de lui-même. » Le mal semble pourtant incurable.

Dans le doute, la grotte a d'ailleurs été totalement fermée : même les scientifiques ne peuvent plus y accéder et seul un contrôleur climatique est autorisé à faire ses relevés hebdomadaires. Ces derniers ont d'ailleurs indiqué qu'il n'y avait plus de circulation d'air, ce qui est catastrophique, car cela risque de créer une autre attaque de champignons.

Claire Bommelaer, *Le Figaro*, 27/02/2009.

1. Période de la préhistoire – 2. Ministre de la Culture de 1958 à 1969 – 3. Il s'agit des différentes cavités de la grotte.

1 **D'après le titre, faites des hypothèses sur le contenu de l'article.**

2 **Lisez l'article en vous aidant des définitions suivantes pour la compréhension des mots difficiles.**
• *Introduction* : qu'on ne peut pas effacer – couvert de petites taches.
• *Paragraphe 1* : compte à l'envers (en allant vers zéro) – qui se trouve sur les parois des rochers – éléments naturels utilisés comme colorants.
• *Paragraphe 2* : transformation de la vapeur d'eau en gouttes d'eau.
• *Paragraphe 3* : radical, dur – isolé – une copie.
• *Paragraphe 4* : en forme de fils – supprimer totalement.

3 **Quelle est l'information principale donnée par l'article ?**

4 **Partagez-vous les trois recherches suivantes. Pour chacune prenez des notes.**
a. Reconstituez l'histoire de la grotte de Lascaux.
– 17000 avant J.-C.
– ...
b. Relevez tout ce qui permet de décrire la grotte.
Situation ... Époque ... Type de peintures ...
c. Relevez tout ce qui concerne le problème qui se pose aujourd'hui.

5 **Exposez oralement vos recherches.**

Des grottes bien à l'abri

Que faire pour que la grotte Chauvet[1] conserve intactes ses peintures rupestres, vieilles de 30 000 ans et découvertes un beau soir d'hiver 1994 ? Peut-on agrandir sans risques l'entrée, exiguë et souterraine, du site pour le rendre accessible aux spécialistes de la préhistoire ?

C'est au laboratoire de Moulis, plateau technique de la Fédération de recherche en écologie toulousaine, que le ministère de la Culture a tout d'abord posé ces questions et qu'il a ensuite confié la surveillance du lieu. Dix ans après avoir formulé ses premières préconisations – maintenir le confinement de la grotte et veiller à son équilibre thermodynamique –, l'équipe du laboratoire, associée au bureau d'études « Géologie, environnement, conseil », confirme ses choix. Car « une grotte, c'est avant tout une usine chimique très complexe et dynamique, creusée dans le massif calcaire », explique Alain Mangin. La particularité de ce milieu ? Une impressionnante stabilité des températures, de l'humidité et de la teneur en gaz carbonique (CO_2).

« C'est le cas à Chauvet, où, poursuit le physicien, l'air affiche invariablement 12,9 °C, avec toutefois des variations de quelques centièmes de degré. » Ce que cela signifie ? Que la moindre variation trahit un déséquilibre du système ! Or, c'est l'état d'équilibre qui garantit l'exceptionnelle conservation des peintures préhistoriques.

Les chercheurs ont calculé les perturbations artificielles : la chaleur d'un visiteur – 55 kilocalories en moyenne émises en une heure – et celle de l'éclairage. Ces

> « l'accès du public à des grottes-patrimoines ne pourra jamais être possible »

données leur ont servi à déterminer le seuil au-delà duquel la grotte n'assimile plus les changements : 109 visiteurs par jour sur une durée d'une heure mais 38 seulement si ceux-ci stationnent une heure au même point lors d'une descente de deux heures. Autres éléments de réponse nécessaires à l'aménagement de la grotte : ne pas modifier la couverture végétale extérieure, qui protège contre l'infiltration des eaux. Ensuite, limiter l'agrandissement de la chatière d'entrée à 0,70 m de haut et 0,30 m de large, ce qui laisse la possibilité de passer à quatre pattes tout en maintenant le débit d'air initial à 30 L/s.

Bref, l'ensemble reste d'une telle complexité que l'on ne peut le modéliser. Par ailleurs, pour Alain Mangin, « il est illusoire de vouloir traiter une paroi car on ne peut l'isoler du massif rocheux. De même toute intervention pour modifier le milieu semble dangereuse. » On a pourtant déjà entrepris de pomper le CO_2 en excès à Lascaux. Mais sans connaître l'état naturel de la cavité, cela peut avoir des effets pervers. Au final, tous les indices scientifiques confirment que l'accès du public à des grottes-patrimoines ne pourra jamais être possible.

Magali Sarazin,
Le Journal du CNRS n° 198-199,
juillet-août 2006.

1. La grotte Chauvet (du nom de son découvreur) se trouve en Ardèche, près de Vallon-Pont-d'Arc.

Recherchez les causes, les conséquences, les solutions

1 🌐 Faites le travail d'écoute du document sonore.

2 Lisez l'extrait du Journal du CNRS.

a. Complétez la fiche ci-dessous.

Auteur de la recherche : ...
Objet de la recherche : ...
Détails de la recherche et résultats : ...
Conclusion : ...

b. Les résultats de cette recherche permettent-ils de choisir une des solutions proposées par le scientifique que vous avez écouté dans l'activité 1 ?

c. Faire un tour de table. Chacun donne son opinion sur les conclusions de la recherche du laboratoire de Moulis.

Rédigez et présentez votre document

1 Déterminez comment vous allez présenter votre dossier « Défense du patrimoine » : lettre ouverte, tract, pétition, dossier de presse, blog, affiche, diaporama...

2 Rédigez votre argumentation. Choisissez parmi les idées de développement suivantes celles qui vous paraissent les plus pertinentes.

historique du lieu – état des lieux – causes du problème – conséquences – idées de solutions – valeur historique ou esthétique du lieu – nécessité de le conserver ou de le restaurer

3 Faites une présentation orale de votre travail.

Construit pour l'exposition universelle de 1900 et témoin d'une période prestigieuse de l'histoire de Paris où triomphait l'Art Nouveau, le Petit Palais a été récemment restauré.

Détérioration – réparation – protection

1. La détérioration

• **La dégradation** : abîmer, endommager, déglinguer *(fam.)* une machine – La maison se dégrade, se détériore – Le vêtement s'use.
Le distributeur est hors service – bon pour la casse – foutu *(fam.)* – nase *(fam.)*.

• **La destruction** : détruire – démolir – démanteler – ravager – anéantir – arracher
(se) casser – (se) briser – (se) fissurer – (se) détraquer.

• **La décomposition** : le cadavre se décompose, se putréfie – Le fruit pourrit.

2. La réparation

réparer, arranger, rafistoler *(fam.)* une machine – restaurer, retaper, remettre à neuf, remettre en état la vieille maison – ravaler une façade – réhabiliter un vieux quartier – refaire (une réfection) – recoller.

3. La conservation et l'entretien

• **L'entretien** : la maintenance – entretenir, contrôler, réviser une voiture.

• **La conservation** : conserver un tableau en bon état, le préserver de la dégradation – le mettre à l'abri protéger, défendre, sauvegarder un monument garder, perpétuer une tradition.

[LE TÉMOIGNAGE]

Un scientifique explique les causes de la détérioration de la grotte de Lascaux.

Àide à l'écoute

– Un micro-organisme : bactérie ou champignon microscopique.
– La chaux vive : produit blanc utilisé pour stériliser.
– Une copie en 3D : une image en trois dimensions.
– La mélanine : pigment brun.
– Une fresque : procédé de peinture murale à l'eau.

❶ Le phénomène de détérioration affecte :
❏ Lascaux I ❏ Lascaux II

❷ Les personnes suivantes sont-elles responsables de ces détériorations ? Dites pourquoi.
❏ le ministère ❏ les photographes
❏ la direction du site ❏ les archéologues
❏ les techniciens de la climatisation
❏ le personnel de la conservation
❏ les visiteurs ❏ les techniciens du traitement

❸ Reconstituez l'enchaînement des causes de la détérioration.
« La détérioration des peintures est due à... qui a été causé par... »

❹ Faites la liste des solutions proposées par le scientifique.

Le point sur...
La protection du patrimoine

Aujourd'hui, il ne viendrait à personne l'idée de contester le budget alloué à la restauration de la Maison Carrée de Nîmes ou à la sauvegarde du site du Mont-Saint-Michel. Cela n'a pas toujours été le cas. Il a fallu attendre 1794 pour qu'en réaction contre les abus de certains révolutionnaires trop zélés, la Convention[1] crée la première commission d'inventaire du patrimoine.

Le XIXe siècle romantique aime les ruines et veut les préserver. Sous l'impulsion de Prosper Mérimée, commissaire aux monuments historiques, et de l'architecte Viollet-le-Duc, on entreprend de conserver et de restaurer les vestiges du passé selon une doctrine qui nous étonne aujourd'hui. Pour retrouver à Vézelay la basilique du Moyen Âge, on n'hésite pas à détruire les modifications faites au XVIIe siècle et, faute de documents précis, on laisse aller son imagination. C'est ainsi que la vieille ville de Carcassonne se retrouve avec des toits d'ardoise alors que le sud de la France utilisait la tuile romaine. Aujourd'hui, la restauration est affaire de scientifiques, aidés par des milliers d'associations qui veillent jalousement sur la vieille tour de leur village ou la petite chapelle perdue au milieu des champs. La notion de patrimoine s'est

aussi considérablement élargie. Elle englobe :
– *le patrimoine monumental* (environ 14 000 monuments classés et 27 000 inscrits dont 50 % appartiennent à l'État ou aux collectivités locales) ;
– *le patrimoine des musées* ;
– *le patrimoine industriel, scientifique, technique et commercial* (bâtiments et sites industriels, navires à voiles, phares, anciennes mines, écomusées) ;
– *le patrimoine naturel* (jardins et parcs historiques, sites naturels, parcs et réserves naturelles) ;
– *le patrimoine ethnologique* (langues, traditions, costumes, etc.).
Les lois qui protègent le patrimoine se sont multipliées et sont devenues de plus en plus contraignantes : interdiction de construire en dehors d'espaces bien définis, réglementation des types de construction, du choix des couleurs lorsque l'habitation se trouve dans un secteur sauvegardé.

1. Gouvernement républicain pendant la Révolution (1792-1795).

INNOVATIONS

Ces innovations
qui vont changer notre vie

SANTÉ La bio-révolution

D'ici à quelques années, nous connaîtrons beaucoup mieux notre génome. Certains tests existent déjà. Ils permettent de détecter les prédispositions à certaines maladies. Mais on ira plus loin. Un dépistage génétique et régulier des cancers se fera par simple prise de sang. Des expérimentations réussies ont déjà eu lieu en laboratoire. Des plate-formes portables vont permettre à chacun d'entre nous de diagnostiquer une quinzaine de pathologies (diabète, pneumonie, déficit en calcium, apnée du sommeil, etc.).

La connaissance des fragilités génétiques des patients va permettre non seulement d'anticiper les risques de maladies, mais aussi d'intervenir pour corriger ou remplacer ce qui ne fonctionne pas ou serait susceptible de ne plus fonctionner dans chacun de nos organismes. Et on ne parle pas ici de médecine fiction : des scientifiques savent déjà fabriquer de la peau à partir de cellules modifiées. Le Pr Wayne Morrison, de Melbourne, a reconstruit un muscle cardiaque avec des cellules souches embryonnaires.

ALIMENTATION Tout se mange

Une glace à la vanille enrobée d'une peau de chocolat et vendue dans une coque en résidu fibreux de canne à sucre. Un gaspacho servi dans une pellicule à base de tomates ou encore un jus d'orange mis en bouteille dans un pochon à l'orange... Le dernier Salon de l'alimentation (Sial) a donné un avant-goût de notre assiette de demain. Temps de crise oblige, elle sera économe et durable. Halte au gaspillage et au suremballage. Rien ne se perd, tout se mange, le contenu et le contenant. Les emballages WikiCell en sont des prototypes prometteurs. Ils sont conçus à partir de particules naturelles... Toutes les combinaisons de parfums sont possibles. L'ensemble, gélifié, crée une sorte de peau qui enveloppe l'aliment, protégé de surcroît par une coque biodégradable et comestible, composée d'algues ou de bagasse. Les WikiCell se lavent à l'eau et se conservent, selon le fabricant, plusieurs jours, voire plusieurs semaines.

ROBOTIQUE Les robots s'installent dans notre région

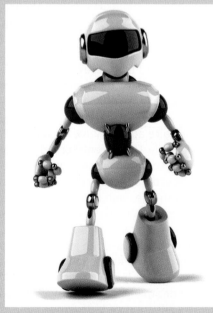

Taille : 1,40 mètre. Poids : 45 kilos... Roméo n'a pas les mensurations d'un top-modèle, mais c'est ainsi que la société Aldebaran, déjà à l'origine du petit Nao, imagine le futur robot français d'aide à la personne. Roméo sera programmable et intégrera des applications à la demande comme un vulgaire smartphone. Il dialoguera avec son interlocuteur, lui rappellera son agenda du jour. Il lira des livres ou des journaux en se connectant à Internet, appellera vos amis ou l'épicier pour passer commande, racontera *Le Petit Chaperon rouge* à vos petits-enfants et deviendra l'ordinateur de la maison. Mais Roméo développera en outre une réelle capacité physique d'action : il pourra porter des charges de quatre à cinq kilos et assister une personne ayant du mal à se lever ou à se déplacer. Dans les cas extrêmes, comme une chute, Roméo va même interagir avec son propriétaire... Il vous aidera et agira en fonction de la gravité de la situation en alertant la personne adéquate ou un service de secours.

COMMUNICATION Mobile à tout faire

Le nouveau système d'exploitation des BlackBerry a été conçu pour automatiser toutes les fonctions de la vie quotidienne, comme fermer la porte et baisser le chauffage en quittant la maison, afficher les news sur l'ordinateur en arrivant au bureau et, pourquoi pas, lancer la machine à café. Tout cela, sans intervention humaine. Enfin, grâce aux connexions 4G (déployées actuellement par Orange et SFR), les vitesses de chargement seront réduites à néant, ouvrant la voie à l'ère du cloud mobile (toutes les données sont stockées sur des serveurs sécurisés). Étonnamment, ces services sont presque tous disponibles aujourd'hui. Reste à les faire converger pour que, demain, notre vie entière tienne dans un mobile.

TRANSPORT Sur la route, l'auto devient autonome

Scène de la vie ordinaire d'un automobiliste en 2020. À l'heure de se rendre à son travail, l'homme se dirige vers la porte de son parking. Tel Zorro sifflant son cheval, il utilise son smartphone pour donner l'ordre à sa voiture de le rejoindre…

Sur la route du bureau, l'électronique embarquée continue d'assister le conducteur comme le ferait un véritable copilote. Bardée de capteurs de type laser, infrarouge et ultrasons, la voiture douée d'une intelligence artificielle est à l'affût du moindre danger. Elle prend en compte la signalisation, surveille l'attitude des piétons, des cyclistes et contrôle le comportement des autres véhicules. En cas d'urgence, sans réaction de son conducteur, elle peut déclencher seule un évitement ou un freinage.

Le conducteur déstressé se dit qu'il en profiterait bien pour regarder ses mails mais, prudent, il préfère attendre d'être arrivé… sur l'autoroute! Là, il intègre un convoi routier.

Le Figaro 08/02/2013, lefigaro.fr
Par Thierry Étienne, Martine Batti-Cusso, Pascal Grandmaison, Christophe Doré, Jean-Marc Gonin

[**L'INTERVIEW**]

Notre journaliste interroge des personnes qui aimeraient faire des voyages dans l'espace.

Découverte des innovations

1. La classe se partage les parties du dossier. Lisez l'article que vous avez choisi et complétez la fiche.

- Secteur d'activité : la santé
- Nom de l'innovation : …
- Intérêt général : …
- Exemple d'application : …
- Votre opinion personnelle sur cette innovation : …

2. Présentez votre innovation à la classe.

3. Dans l'article que vous avez lu, relevez le vocabulaire technique. Mettez en commun vos réponses.

L'interview

1. Écoutez le document. Quels témoignages apportent les personnes suivantes ?
Thomas Garnier
Jean-François Clairevoy
Jean-Luc Wibeaux

2. Relevez les informations concernant l'appareil qui va effectuer des voyages dans l'espace.
Nom : …　　Constructeur : …
Durée du vol : …　　Altitude : …
Commercialisation des vols : …

3. En quoi un vol à 80 kilomètres d'altitude est-il extraordinaire ?

Pistes de recherche

1. Regroupez-vous autour d'un des secteurs suivants. Faites des suggestions de recherche pour les chercheurs et les inventeurs.

les loisirs – la nourriture – les tâches domestiques – les transports – le travail – la santé

Exemple : les transports → des voitures qui ne pourraient plus entrer en collision avec un mur, un arbre ou une autre voiture grâce à un système optique qui arrêterait le véhicule dès qu'il y a un risque.

2. Présentez vos suggestions à la classe et discutez-en.

Relater une expérience

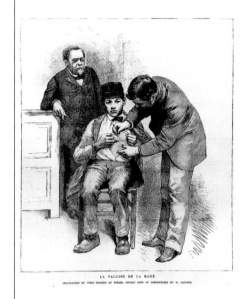

LA VACCINE DE LA RAGE.
INOCULATION DE VIRUS RABIQUE AU BERGER JUPILLE DANS LE LABORATOIRE DE M. PASTEUR.

Louis Pasteur découvre le vaccin.

Jusqu'à la fin du XIXᵉ siècle, l'origine et le traitement des maladies infectieuses a constitué une énigme pour les scientifiques. Louis Pasteur avait eu connaissance des expériences de l'Anglais Jenner qui immunisait les individus contre la variole en leur inoculant du pus de vache atteinte de cette maladie. Pasteur avait aussi prouvé l'existence des microbes et soupçonnait qu'ils avaient un rôle important dans le déclenchement de certaines maladies. Cette idée faisait toutefois encore débat dans la communauté scientifique. En 1879, Pasteur constata qu'en inoculant à des poules des germes microbiens de choléra provenant de vieilles cultures, il les immunisait contre cette maladie. Il fit alors l'hypothèse qu'en inoculant à un individu l'agent atténué d'une maladie infectieuse, on renforcerait les défenses immunitaires de cet individu. Il imagina aussi que si le germe avait eu cet effet, c'est parce que, provenant d'une vieille souche, il était peu virulent. Supposons qu'il n'ait pas suivi son intuition, il n'aurait pas inventé le premier vaccin produit en laboratoire.

Le savant pensa alors qu'il était possible que sa découverte puisse être applicable à l'homme. C'est ce qu'il démontra en vaccinant avec succès un enfant atteint de la rage.

1 **Lisez le texte ci-dessus. Relevez les verbes et expressions qui peuvent compléter le tableau.**

Verbes et expressions qui indiquent qu'un fait est réel et sûr	
Verbes et expressions qui indiquent qu'un fait est imaginé ou incertain	

Observez le mode et le temps de ces verbes.

2 **Lisez les rubriques 2 et 3 de l'encadré page 67. Complétez avec les verbes présentés dans ces rubriques.**

Espionnage scientifique
Le professeur Bourdaloue a publié une recherche sur le rôle du magnésium. C'est étonnant car c'est le professeur Dumas qui travaille sur ce sujet. Dumas avait ...... que le manque de magnésium était à l'origine de certaines maladies.
Ses recherches lui avaient permis d'...... que le magnésium renforçait les défenses immunitaires.
Je ...... qu'il y a six mois, Bourdaloue a recruté un chercheur de l'équipe de Dumas.
Je ...... qu'il ne l'a pas engagé par hasard.
Je ...... Bourdaloue de lui avoir soutiré des informations sur les recherches de Dumas.
Je ...... que Dumas va comprendre qu'il a été pillé.
Je ...... que Dumas va faire un procès à Bourdaloue.
Grâce à ses expériences, Dumas ...... sa légitimité.

3 **Possibilité ou impossibilité. Lisez la rubrique 4 de l'encadré de la page 67. Utilisez ces expressions pour dire si les projets suivants vous paraissent possibles, impossibles, vraisemblables, etc.**

Projet de conquête spatiale :
• créer une station sur la Lune

• établir des colonies humaines sur la Lune
• envoyer une mission humaine vers Mars
• organiser des voyages touristiques sur la Lune et sur Mars
• atteindre une autre galaxie (à des millions d'années-lumière)

4 **Lisez la rubrique 5 de l'encadré. Présentez les suites de faits suivants sous forme d'hypothèses/déductions. Variez les façons de formuler ces hypothèses.**

a. Hypothèse présente ou future
« Si la médecine continuait à progresser... Supposons qu'on vive beaucoup plus longtemps... »
Progrès de la médecine :
→ allongement de la durée de vie
→ impossibilité de payer les retraites pendant de longues années
→ diminution du montant des retraites
→ nécessité de travailler jusqu'à 80 ou 90 ans
→ développement de l'économie

b. Hypothèse passée
« Si on avait développé la voiture électrique il y a trente ans... Supposons que... »
Première voiture électrique créée en 1990 :
→ généralisation des voitures électriques dès 1990
→ suppression des moteurs à essence
→ rues plus silencieuses et moins polluées
→ augmentation du nombre des accidents à cause des voitures silencieuses
→ utilisation du klaxon

⑤ Complétez les phrases.

a. Pierre voudrait que nous fassions le repas de famille dans le jardin mais nous sommes en mars. Le temps est ...... Les journées ensoleillées sont tout à fait ......
b. Au poste de police, le suspect a raconté une version des faits qui n'est pas ...... Il n'est pas ...... qu'il se soit trouvé au café pendant le vol alors que personne ne l'a remarqué.
c. Pour expliquer son retard, il a raconté qu'il y avait des embouteillages. Ce n'est pas une explication ...... J'ai pris le même itinéraire que lui à la même heure. Ça circulait très bien.
d. Elle pense qu'elle va avoir une augmentation de salaire. Vue la situation difficile dans laquelle se trouve l'entreprise, c'est tout à fait ......

> aléatoire
> concevable
> hypothétique
> incertain
> plausible
> vraisemblable

⑥ Décrivez des expériences d'après les notes suivantes.

Problème	*Circulation automobile : nombreux accidents au croisement à cause du feu rouge.*	*Bibliothèque nationale : difficulté de stockage des livres.*
Constatation	Les voitures arrivent trop vite au croisement.	Dizaines de milliers de livres nouveaux édités chaque année.
Hypothèse	Création d'un rond-point → ralentissement, trafic plus fluide.	Numérisation des ouvrages → meilleure conservation, facilité de stockage.
Expérience et nouvelle constatation	Construction du rond-point → les véhicules abordent le rond-point très vite → embouteillage et accidents.	Les données numérisées se dégradent au bout de vingt ans si elles ne sont pas réactivées.
Conclusion	Rajout de feux de signalisation au rond-point.	Nécessité de recopier les données tous les dix ans.

Raisonner par hypothèses et déductions

1. Poser un problème
Le nouveau virus pose (soulève) un problème – C'est une énigme (un mystère) pour les scientifiques
On s'interroge sur sa provenance – Ce problème interroge (interpelle) les scientifiques – Il suscite un débat (il fait débat) – On se pose la question de savoir si...

2. Faire une hypothèse ou une supposition
Je fais l'hypothèse (je suppose, j'imagine, je pressens, je présage, j'ai l'impression, je présume, je me doute) que ce virus est dangereux.
N.B. Concordance des temps : voir p. 159.
Je le soupçonne d'être dangereux – Je me doute de sa virulence
En 2002, les scientifiques ont fait l'hypothèse que le virus H5N1 avait muté. *(passé traduit par le plus-que-parfait)*
... qu'il pouvait produire une pandémie. *(présent traduit par l'imparfait)*
... qu'il y aurait beaucoup de morts. *(futur traduit par le conditionnel)*

3. Faire une constatation
• observer – constater
• trouver – découvrir
• prouver – démontrer – établir

4. Exprimer le degré de réalité ou d'existence d'un fait
Il est possible/impossible, concevable/inconcevable, imaginable/inimaginable, improbable, invraisemblable qu'il soit inoffensif *(subjonctif)*.
Il est probable, vraisemblable qu'il est dangereux *(indicatif)*.
• Ce virus est inoffensif. C'est probable, plausible, etc.

5. Enchaîner une hypothèse et sa déduction
• **L'hypothèse est au passé**
Si le virus avait muté...
Supposons (admettez, imaginez qu'il ait muté...)
En supposant qu'il ait muté...
Dans l'hypothèse où le virus aurait muté...
... il se serait transmis à l'homme.

• **L'hypothèse est présente ou future**
Si le virus mutait...
Supposons (admettez, imaginez) qu'il mute...
En supposant qu'il mute...
Dans l'hypothèse où le virus muterait...
... il se transmettrait à l'homme.

• **L'hypothèse est une simple supposition**
Si le virus mute (En supposant qu'il mute), il y aura beaucoup de morts.

6. Autres expressions
Il ne faut pas craindre ce virus **pour autant que** le vaccin soit disponible (si le vaccin est disponible, bien sûr).
Il ne faut pas s'alarmer **si tant est qu'il** y ait des motifs de s'alarmer (je n'y crois pas beaucoup).

Débat : faut-il avoir peur de la science ?

La science a toujours eu ses défenseurs et ses détracteurs.

Au XVIIIᵉ siècle, les ouvriers des usines de textile de Lyon détruisaient les métiers à tisser qui venaient d'être inventés sous prétexte qu'ils allaient supprimer des emplois et causer des accidents. Aujourd'hui encore, une partie de la population s'inquiète du retour de l'énergie nucléaire comme énergie non polluante ou des ondes électromagnétiques émises par tous les appareils de communication.

Et ils n'ont peut-être pas tort. Tel médicament qui permet de soulager une douleur articulaire s'est avéré avoir des effets secondaires désastreux.

Faut-il avoir peur de la science ? Vous rechercherez des arguments pour ou contre cette idée et vous organiserez un débat.

La renaissance des mammouths

Des chercheurs ont réussi à décrypter le génome (le code génétique) d'un mammouth qui vivait il y a 20 000 ans et qui a été conservé dans la terre gelée de Sibérie.

Si les chercheurs s'évertuent à décrypter le génome[1] du mammouth, c'est d'abord, expliquent-ils, pour y trouver, à la manière des archéologues, des informations sur l'histoire de l'animal, ses origines, ses particularités... Oui, mais : une fois le génome décrypté, rien n'empêche d'imaginer que l'on puisse l'utiliser pour modifier les informations génétiques d'un embryon d'éléphant – qui est très proche – pour créer un mammouth.

« Tant qu'il s'agit de clonage[2] d'animaux, cela ne me pose pas réellement de problème, explique Marylène Patou-Mathis. *Ma limite personnelle, c'est Néandertal[3]. »* On attend en effet dans les mois qui viennent la publication du génome complet de l'homme des cavernes. Or, le reconstituer à partir d'embryons humains serait sans doute plus simple encore que de fabriquer un mammouth à partir d'un éléphant. *« Là, je serais une farouche adversaire ! [...] ».*

« Les verrous technologiques ne cessent de sauter au fil des années. Cela fait dix ans qu'on dit qu'il faut en parler, pour ne pas nous retrouver devant le fait accompli sans savoir ni quoi dire ni quoi faire, confie Catherine Hänni, paléogénéticienne qui travaille à Lyon sur l'ours des cavernes. *Si on peut cloner le mammouth demain, on pourra cloner Néandertal après-demain, et les morts dans les cimetières dans la foulée... Jusqu'ici la bioéthique a beaucoup légiféré sur le clonage du vivant, mais il n'y a pas de* réponses pour le clonage d'êtres disparus. » Quand Catherine Hänni a commencé à se poser ces questions, elle s'est tournée vers le comité opérationnel d'éthique du CNRS dans les sciences du vivant : elle n'a obtenu que des interrogations. Du coup elle a rejoint le comité... Et cherche encore les réponses.

« Le séquençage de l'ADN est la plus formidable avancée de l'histoire des sciences ! "Faut-il cloner ?" n'est plus une question parce qu'il n'y a aucun doute que cela se fera. La seule question est : "Comment ?" Comment en faire quelque chose de bien ? » Depuis l'Utah où il vit et travaille, l'écologiste Josh Donlan est un des animateurs les plus enthousiastes du « Pleistocene Rewilding », une branche de la biologie de la conservation qui cherche à réintroduire en Amérique du Nord des espèces qui ont disparu « de la main de l'homme » il y a treize mille ans. Il ne s'agit pas là de curiosité scientifique mais de réintroduction écologique, à l'instar

demain, répond à cet objectif : reconstituer la « steppe à mammouth » qui jadis protégeait ces sols dont la fonte inquiète tant les climatologues : ils redoutent en effet de voir s'en échapper des quantités de gaz à effet de serre retenus prisonniers dans la glace, accentuant à leur tour le réchauffement climatique.

Ainsi Zimov espère-t-il réenclencher un cercle vertueux où cette terre nourrira à son tour les nombreuses espèces qui la fertiliseront. Évidemment Zimov n'est pas idiot : qu'est-ce qui fait rêver les Occidentaux – et peut les pousser à investir à Tcherski – à part les mammouths ? La lutte contre le dérèglement climatique...

Laurent Carpentier, *Le Monde*, 03/04/2009.

du loup en Chartreuse ou de l'ours dans les Pyrénées. « *Or*, explique Josh Donlan, *ces animaux disparus d'Amérique, comme les lions ou les éléphants, étaient proches de ceux qui existent encore aujourd'hui en Afrique ou en Asie, et sont à leur tour menacés. Partout où l'homme est apparu, les grands mammifères ont peu à peu été exterminés. Toutes les études nous montrent qu'ils avaient un rôle essentiel dans la dynamique des écosystèmes. Le mammouth peuplait l'Amérique autrefois. Si on peut le réintroduire, pourquoi ne pas le faire ?* »

En Sibérie, le jeune chercheur Serguei Afanassiewitch Zimov a une théorie. La toundra qui recouvre le permafrost[4] est une terre moussue et humide, bien fragile, alors qu'il y a dix mille ans ces territoires étaient recouverts de vastes étendues d'une terre sèche et protectrice, plantée de hautes herbes. Dans cette steppe, le mammouth tenait la vedette, avec ses 180 kg d'herbe avalés chaque jour et son pitoyable appareil digestif qui lui faisait produire de riches déjections, essentielles dans le réensemencement de cette terre végétale. Or, Serguei Zimov a une théorie : la végétation d'un lieu est déterminée par les animaux qui la peuplent et non le contraire. L'introduction de rennes et d'élans hier, de bœufs musqués aujourd'hui, de mammouths et de rhinocéros laineux

1. Le génome est l'ensemble des gènes qui caractérisent une espèce. Ils peuvent être décryptés et séquencés (identification, localisation et détermination de leur fonction).
2. Reproduction artificielle d'un individu à partir de ses gènes que l'on implante dans une cellule d'un animal ou d'un être humain. Ainsi l'implantation de gènes de mammouth (animal disparu) dans une cellule d'éléphant produira un mammouth vivant.
3. Néandertal est le premier homme fossile différent de l'homme actuel. Il occupa l'Europe et le Proche-Orient il y a 120 000 ans pour disparaître vers 28 000 ans. Il précède l'apparition d'*Homo sapiens* qui s'installe en Europe aux environs de 40 000 ans. Certains scientifiques considèrent que Néandertal est plus proche des singes que de l'homme.
4. Sol perpétuellement gelé des régions arctiques.

Recherchez des utilisations perverses de certaines inventions

1 **Lisez l'article « La renaissance des mammouths ». Recherchez les informations suivantes :**

a. Découvertes :

déjà effectuées – proches

b. Application pratique de ces découvertes

c. Opinions sur ces applications pratiques

Auteur de l'opinion	Lieu d'exercice Fonction	Opinion ou projet

2 **Relevez le vocabulaire relatif aux végétaux ou aux animaux.**

Lieux	Animaux	Végétaux
Chartreuse (Alpes) ...	loup	

3 **Rédigez une synthèse de cet article en quatre phrases.**

Les chercheurs ont découvert...
Ces découvertes vont permettre...
Toutefois il y a un risque...
Néanmoins...

4 **Recherchez les conséquences perverses ou négatives des techniques ou innovations suivantes :**

l'automobile – la fission nucléaire – la climatisation – le téléphone portable

Recherchez les avantages et les inconvénients d'une invention

FAUT-IL AVOIR PEUR DES NANOS...

Nanosciences… Nanotechnologies… Ces mots ont fait leur entrée dans le vocabulaire – et dans l'imaginaire – du grand public.

Le préfixe *nano* fait référence à l'échelle à laquelle travaillent les chercheurs : un nanomètre, c'est un milliardième de mètre, ce qui est vraiment très, très petit (un cheveu a un diamètre d'environ 1 000 nanomètres). Les nanosciences et les nanotechnologies, appelons-les « les nanos », s'intéressent à des phénomènes qui se passent à l'échelle de 1 à 100 nanomètres.

Les nanos, nous dit-on, vont révolutionner de nombreux domaines de la recherche, de la science et de la technologie. On va pouvoir construire des matériaux ou même des machines (des nanomachines) en travaillant directement avec des molécules. Les nanotubes de carbone, pour ne citer que les applications les plus connues, devraient changer l'électronique et les technologies de l'énergie. La médecine devrait aussi bénéficier grandement de ces nouvelles recherches – on imagine par exemple des nanorobots qui pourraient patrouiller dans le corps pour l'entretenir ou le réparer. [...]

Et plusieurs s'inquiètent. D'abord, sur le danger des nanoparticules. Elles sont si fines qu'elles peuvent facilement traverser la membrane des cellules. Et franchir la barrière hémato-encéphalique qui protège le cerveau. Dans les modèles animaux, on a vu qu'elles peuvent éventuellement se rendre jusqu'au noyau des cellules. Quels sont les risques pour ces « animaux de laboratoire » bien particuliers, et pas toujours bien protégés, que sont les chercheurs et les étudiants ? On estime qu'au Québec seulement, de 1 000 à 2 000 personnes travaillent dans le domaine des nanos. Mais il y a plus. Plus troublant en tout cas. Les nanos remettent en question les limites entre l'inanimé et le vivant. La réalité pourrait en effet rapidement dépasser la fiction. D'où les questions éthiques, juridiques et philosophiques qui ne manquent pas de se poser. Pourtant, les choses vont si vite dans les laboratoires qu'on n'aura peut-être pas le temps d'y répondre à temps.

Yanick Villedieu, 27/02/2009,
© Société Radio-Canada.

ET DE LA BIOLOGIE SYNTHÉTIQUE ?

La biologie synthétique crée de nouveaux organismes vivants en modifiant des gènes déjà existants. Les pistes d'application de cette nouvelle technologie scientifique sont nombreuses et attirent des capitaux privés. Ainsi des chercheurs européens ont mis au point une bactérie qui transforme la lumière du soleil en énergie. Un laboratoire italien a créé un micro-organisme capable de produire de l'insuline. De quoi résoudre les problèmes des diabétiques. Les Anglais travaillent sur un ordinateur du futur dont les microprocesseurs seraient remplacés par des cellules vivantes plus petites et plus rapides. Mais ces recherches présentent des risques. Elles pourraient permettre aussi à des terroristes ou à des États en guerre de fabriquer des virus inconnus, de déclencher des pollutions gigantesques de micro-organismes devenus incontrôlables une fois lâchés dans la nature.

L'Express, 12/07/2007.

❶ Partagez-vous la lecture des deux textes ci-dessus. Pour chacun recherchez :
– en quoi consiste la nouvelle science ou technique,
– quels sont ses avantages,
– quels sont ses inconvénients.

❷ Recherchez les avantages et les inconvénients des avancées techniques suivantes :
– les éoliennes,
– la chirurgie esthétique,
– les barrages pour l'énergie hydroélectrique.

❸ Découvrez les emplois figurés du vocabulaire des sciences. Lisez l'encadré de la page 71.

a. Remplacez chaque mot ou expression soulignés par un synonyme.

Dans notre <u>boîte</u>, nous avons un nouveau chef de service. Entre lui et moi, <u>le courant ne passe pas</u>. Chaque fois que je le vois, j'ai l'impression qu'il <u>émet des ondes négatives</u>.

Comme il tarde à répondre à mes questions, je <u>court-circuite</u> la hiérarchie pour les dossiers importants. La semaine dernière, parce qu'il avait laissé traîner un dossier, l'entreprise a perdu un marché important. Le chef de service a accusé Cécile Raynaud. Du coup, c'est elle qui a servi de <u>fusible</u>. Elle a reçu une engueulade du directeur et n'a pas su se défendre. Résultat : elle a complètement <u>disjoncté</u> et a eu un arrêt maladie de trois jours.

b. Remplacez les mots soulignés par des noms de la rubrique « La physique » (ou un mot dérivé de ces noms).

Charlène avait réussi à son examen. Elle avait envie de <u>se relaxer</u>. Elle se rendit alors à un *speed dating*, une pratique qui était <u>en plein développement</u>.

Elle éprouva une vive <u>attirance</u> pour le premier garçon qu'elle rencontra. Au fil de la conversation, elle s'aperçut qu'<u>ils avaient les mêmes idées</u>. Quand il fallut le quitter pour rencontrer un autre garçon, elle eut des difficultés <u>à fixer son attention</u> sur lui.

Les sciences

• L'électricité et le magnétisme
une prise électrique – un fil – un branchement –
un disjoncteur – un fusible
le courant – la tension – un court-circuit
une onde (électromagnétique) – émettre des ondes –
un émetteur – un récepteur, un capteur – un signal
le rayonnement (magnétique, lumineux, etc.)

• La chimie
un produit chimique – un corps – un élément –
une molécule – un atome
une réaction chimique – distiller – synthétiser –
combiner – se décomposer – un catalyseur

• La physique
la concentration / l'expansion, la dilution, la dispersion
– l'attraction / la répulsion – la compression /
la décompression – la dilatation / la rétraction –
la liquéfaction / la solidification – la convergence /
la divergence – l'évaporation / la condensation
une réaction nucléaire – la fusion – la fission de l'atome
– la désintégration – la radioactivité (être irradié)

• La biologie
un organisme – une cellule – un noyau – un chromosome
– un gène – le génome (le code génétique, le patrimoine
génétique) – une manipulation génétique – une mutation
génétique (muter)
une bactérie, un microbe, un virus, un gène – le virus
attaque / l'organisme se défend, résiste – les défenses
immunitaires

[L'INTERVIEW]

Notre journaliste interroge la diététicienne Perrine Maison.

❶ Approuvez ou corrigez les affirmations suivantes :
a. Un alicament est un médicament auquel on a ajouté un produit nutritif.
b. Ce complément nutritif est nécessaire.
c. Un alicament est avant tout un produit commercial.
d. Beaucoup de plats préparés industriellement ne sont pas équilibrés.
e. Certains produits ajoutés peuvent être dangereux.

❷ À quels aliments cités par la diététicienne a-t-on ajouté :
– des ferments lactiques   – du sucre
– des oméga 3   – du sel
– des matières grasses

❸ Résumez les principales recommandations de la diététicienne.

Le point sur…
les Français face aux risques scientifiques et technologiques

Quand on leur demande s'ils pensent que les sciences et les nouvelles technologies amélioreront la qualité de vie des générations futures, les Français sont seulement 69 % à répondre oui alors que les Polonais (91 %) et les Espagnols (79 %) sont beaucoup plus optimistes. Les chiffres sont encore plus bas quand les questions sont plus précises. 68 % estiment que la science a des effets favorables sur la santé mais on descend à 52 % pour l'alimentation et à 42 % pour l'environnement. Selon le sociologue Gérard Mermet[1], de nombreux Français ont aujourd'hui le sentiment que la qualité de la vie s'est détériorée au cours des dernières décennies. Ils sont plus nombreux à penser que la société est en déclin qu'à être convaincus qu'elle est en progrès. Ce sentiment de peur se manifeste de trois manières.

• Le risque est de moins en moins accepté. Les gens jugent inacceptables les risques liés à la présence d'usines chimiques ou de centrales nucléaires, à l'industrialisation de l'alimentation et même aux catastrophes naturelles qui, selon eux, devraient être prévues.

• Les médias se nourrissent de ces peurs en les amplifiant. Les émissions scientifiques ont quasiment disparu des programmes de télévision au profit d'émissions où les dangers sont mis en avant. Si d'aventure quelqu'un met en doute ces risques, un autre ne manque pas de rappeler qu'en 1985 les autorités avaient affirmé que le nuage radioactif de Tchernobyl s'était arrêté aux frontières de l'Hexagone. Ce qui était évidemment faux.

• La résistance à la modernité s'organise à travers des associations de consommateurs, des comités de défense et de vigilance, des partis politiques altermondialistes mais aussi des courants qui traversent tous les partis politiques.
L'État a répondu à cette demande sécuritaire. Chaque centre de recherche possède son *comité d'éthique* qui s'assure que les critères de sécurité sont respectés. L'autorité suprême en la matière étant le Comité consultatif national d'éthique.
En 1995 a été inscrit dans la loi *le principe de précaution*. Au nom de ce principe, le fait qu'un risque ne puisse être prouvé ne doit pas empêcher l'adoption de mesures destinées à le prévenir.

1. Gérard Mermet, *Francoscopie 2007*, © Larousse 2006.

| DOSSIER |

Imaginer **la ville**

La population des villes ne cesse d'augmenter. Montpellier, qui comptait 98 000 habitants en 1960, en a aujourd'hui 400 000. Et la population du Grau-du-Roi, petit village de pêcheurs, a été multipliée par cinq. Comment faire pour que ces villes qui deviennent mégalopoles et ces villages qui se transforment en villes restent des lieux de vie agréables et humains ?

Euromed II : **à Marseille un modèle méditerranéen de quartier durable**

Autour d'une coulée verte de 15 hectares, le parc des Aygalades et son traitement « humide » (avec deux étangs artificiels et la mise en valeur du ruisseau du même nom), Euromed II utilisera les spécificités du climat pour bâtir un modèle de développement durable méditerranéen, en se servant, par exemple, des 300 jours de soleil par an, des 80 jours de mistral intense, de la concentration des pluies dans le temps... et de la présence toute proche de la mer. Une « boucle à eau de mer » est actuellement à l'étude pour générer la production de froid et de chaud à partir de la géothermie de la mer. L'ensemble du nouveau quartier va remettre en question toutes les idées reçues sur les caractéristiques urbaines essentielles : la typologie des habitats, l'organisation de l'espace public, le système de transports en commun, la place de la voiture, l'utilisation des énergies renouvelables locales, la mixité des usages et des fonctions urbaines ou la conception bioclimatique des bâtiments. En effet, à côté de l'emploi des technologies nouvelles (panneaux photovoltaïques ou éoliennes), il faudra peut-être renouer avec les recettes de construction des anciens : exposition par rapport au soleil, ventilation naturelle des logements, ombres et protections solaires extérieures, isolation forte des murs...

L'équipe d'urbanistes retenue après appel d'offres européen pour mener à bien le projet (François Leclercq, Rémy Marciano et Jacques Sbriglio) prévoit une approche environnementale poussée avec la construction d'une ferme énergétique à Cap Pinède, l'utilisation de l'énergie hydraulique, la création d'un centre de tri des déchets ménagers sur le site avec une collecte par réseau pneumatique et un traitement approprié de la pollution. L'aménagement final prévoit la création de 14 000 logements, 500 000 m² de bureaux et d'activités, 100 000 m² de commerces, 100 000 m² d'équipements publics pour près de 20 000 emplois nouveaux créés et près de 50 000 habitants accueillis dans le périmètre du nouveau quartier.

Site officiel de la ville de Marseille.
marseille.fr

Redonner vie aux vieux quartiers

Les années 1960 et 1970 ont été marquées par la construction de nouveaux quartiers à la périphérie des villes. Autour de Paris ont poussé des « villes nouvelles » comme Évry et Marne-la-Vallée. Les centres-villes ont alors été négligés et ont eu tendance à se paupériser. En réaction, à partir des années 1980, dans toutes les villes de France, des campagnes de réhabilitation des quartiers du centre, souvent des quartiers historiques, ont été lancées. Une population de gens aisés s'est réinstallée dans les centres-villes, participant à leur entretien et à leur embellissement.

Le quartier Saint-Jean à Lyon

S'inspirant d'un projet de Léonard de Vinci, l'architecte italien David Fisher a conçu cette tour dynamique pour Dubaï. Chaque étage pivote sur lui-même et ses habitants peuvent suivre la progression du soleil. La tour produit aussi sa propre énergie.]

Et les **tours** ?

Après la construction de la tour Montparnasse en 1973, on a dit que les tours et les gratte-ciel ne correspondaient plus aux besoins de l'homme moderne en matière d'environnement.
Pourtant aujourd'hui, partout dans le monde fleurissent des tours spectaculaires, toujours plus hautes de Dubaï à Guangzhou en passant par Londres et Moscou. L'architecte François Grether donne son avis sur la question.

« Le premier avantage des tours, vues de l'extérieur, est qu'elles marquent un repère dans le paysage. Et de l'intérieur, elles offrent des vues sur la ville. Leur avantage foncier[1] n'est pas toujours évident : si l'emprise de ces bâtiments au sol est réduite, ils demandent aussi un certain dégagement, apportent des ombres... D'ailleurs, les villes les plus denses ne sont pas forcément les plus hautes. Je ne suis pas sûr non plus que les tours constituent forcément une catastrophe environnementale : tout dépend de leur contenu – bureaux ou logements – et de leur conception... Leur surface d'exposition à l'extérieur est plus grande et pose des problèmes particuliers d'isolation. La ventilation naturelle est plus complexe à cause de la hauteur. Mais certains projets récents sont particulièrement innovants du point de vue du développement durable. Les tours nécessitent aussi des systèmes particuliers de sécurité contre les séismes, les incendies, avec des équipes permanentes qui ont un coût économique. Quant aux réticences des gens à y habiter, je crois que c'est une erreur. En France, on les assimile aux logements sociaux souvent mal construits des années 1960-1970, mais si l'on interrogeait ceux qui vivent aujourd'hui dans des tours de meilleure qualité, mieux situées, on aurait un avis plus positif. »

François Grether,
Propos recueillis par Sabine Gignoux, *La Croix*, 28/05/2008.

---

1. Qui se rapporte au sol, aux terrains.

[L'INTERVIEW]

Éric Quénard, premier adjoint au maire de Reims, explique sa politique de rénovation des quartiers construits dans les années 1970.

Euromed II

1. Vous travaillez pour une agence immobilière et vous êtes chargé(e) de produire un argumentaire pour vendre les futurs logements d'Euromed II.
Lisez l'article et sélectionnez les informations qui pourront vous servir à créer un document publicitaire.

2. Mettez vos recherches en commun.

Les tours

1. Lisez l'article et définissez l'opinion de François Grether :
– très favorable aux tours,
– totalement opposé,
– favorable selon les cas,
– opinion nuancée.

2. Relevez les arguments favorables et défavorables à la construction des tours.

L'interview

1. Comment la municipalité de Reims prépare-t-elle la rénovation des quartiers ?

2. Quelles précisions Éric Quénard apporte-t-il à propos des éléments suivants ?
– les logements : ...   – les commerces : ...
– les loisirs : ...   – les transports : ...
– les espaces publics : ...
– la production d'énergies : ...

3. Notez les différences de conception de la ville :
– dans le passé,
– aujourd'hui.

Débat

1. À tour de rôle, répondez à la question posée dans l'introduction du dossier : comment organiser le développement des villes ? Développez la solution qui a votre préférence. Dites pourquoi les autres solutions ne vous paraissent pas idéales.

2. Discutez les opinions que vous entendez.

Faire un développement descriptif

La Cité radieuse
à Marseille

Construite de 1945 à 1952, la Cité radieuse est un immeuble d'habitations imaginé par l'architecte d'origine suisse Le Corbusier selon une organisation à laquelle il réfléchissait depuis longtemps.

Située au cœur de Marseille, donnant sur un grand boulevard et adossée à un parc, cette construction comporte 337 logements de 23 types différents dans lesquels peuvent loger 1 600 personnes.

Le bâtiment est organisé comme un village avec ses unités d'habitations de trois niveaux depuis lesquelles on peut apercevoir la campagne marseillaise et qui donnent sur de larges couloirs. L'édifice est doté d'une rue intérieure commerciale bordée de magasins et de services ainsi que d'un toit terrasse, lieu de rencontre où l'on peut faire du sport et sur lequel s'ouvrent le gymnase et l'école maternelle.

Le Corbusier a conçu un ensemble original pouvant accueillir beaucoup de monde mais dans lequel on se sent bien car il est silencieux, éclairé par le soleil et adapté à la vie familiale.

1 Observez la construction et l'organisation de la description ci-dessus, et complétez le tableau.

Mots ou expressions qui représentent la Cité radieuse ou ses différentes parties	Informations données	Forme grammaticale de cette information
La Cité radieuse Immeuble d'habitations	Construite de 1945 à 1952 ...	Proposition participe ...

2 Lisez la rubrique 1 de l'encadré page 75. Vous devez décrire les personnes ou les objets suivants. Quels mots ou expressions utiliseriez-vous pour éviter des répétitions ?

Exemple : Louis XIV → le roi, le monarque, l'homme le plus important du pays...
• Votre école
• Charles de Gaulle
• *Les Misérables* de Victor Hugo
• La CGT
• *Le Monde*
• Le Quartier des temps durables (p. 72)

3 Reliez les parties à l'ensemble.

Exemple : les services d'une administration

les services   d'un programme de travaux
les pièces   d'un discours
les branches   d'une administration
les données   d'un parti politique
les chapitres   d'un dossier
les composantes   d'une politique
les courants   d'un secteur professionnel
les éléments   d'un livre
les tranches   d'une cuisine
les parties   d'un problème

4 Décrivez d'après les notes et en utilisant les expressions de la rubrique 3 de l'encadré.

Exemple : *Le Monde* est un quotidien qui se caractérise par...
• Le quotidien *Le Monde*. *Caractéristiques* : sérieux de l'information – peu de photos et de couleurs – parution en milieu de journée.
• Le Centre Georges-Pompidou. *Fonctions* : médiathèque – démocratisation de la culture – tous publics. *Caractéristiques* : architecture originale.
• La gendarmerie. *Fonction* : police en milieu rural et sur les routes. *Appartenance* : service de police – ministère de la Défense.

5 Lisez la rubrique 2 de l'encadré.

a. Dans les notes suivantes, ajoutez la deuxième information au mot souligné en utilisant une construction avec pronom relatif (*auquel – duquel – lequel*).

Les jardins ouvriers
J'habite un <u>immeuble</u>. À côté de cet immeuble il y a des jardins ouvriers.
La <u>mairie</u> prête ces jardins à des employés ou à des personnes en difficulté. Ces jardins appartiennent à la mairie.

Ces jardins sont très bien entretenus. Les utilisateurs y tiennent beaucoup.

Ces petits carrés de terre leur permettent de se nourrir à bon marché. Ils y cultivent des fruits et des légumes.

Ces jardins sont apparus au XIXᵉ siècle et sont réhabilités aujourd'hui. Grâce à ces jardins, certaines personnes retrouvent le goût du travail.

b. Reliez les deux phrases en employant le pronom relatif *dont*.

Les squares de Paris

À Paris, il y a beaucoup d'espaces verts. Parmi eux, le bois de Vincennes et le bois de Boulogne.

Les squares de Paris sont très nombreux. Leur surface atteint 1 000 hectares.

Ces squares sont des lieux de convivialité. Leurs espaces de jeux font la joie des enfants.

Ces espaces sont les poumons verts de Paris. On en a besoin pour s'oxygéner et se reposer.

Il est interdit de marcher sur les pelouses. L'herbe de ces pelouses est soigneusement entretenue.

Je vais souvent au Jardin des Plantes. Je suis amoureux du Jardin des Plantes.

6 **Voici des informations sur le musée Rodin. Regroupez-les en trois phrases de façon à rédiger une brève présentation de ce musée.**

« Le musée Rodin, qui est situé… »

Le musée Rodin

• Le musée Rodin – Lieu attachant de la capitale – Dans le 7ᵉ arrondissement de Paris – Accès par la rue de Varennes.

• Il est situé dans un hôtel particulier du XVIIIᵉ siècle – Dans cet hôtel, Rodin vécut et travailla de 1908 à sa mort – Ce musée expose les principales œuvres du sculpteur ainsi que celles de son élève (et maîtresse) Camille Claudel.

• Les œuvres importantes sont exposées dans le jardin – Le charme de ce jardin est indéniable – *Le Penseur* et *Les Bourgeois de Calais* sont aussi exposés dans le jardin – Ils impressionnent le visiteur.

Le développement descriptif

1. Conseil pour la description

• **Variez les mots qui nomment la personne ou l'objet que l'on décrit afin d'éviter les répétitions.**
Pour parler d'un « parc », utilisez des mots ou expressions équivalents : « l'espace vert », « ce cadre naturel », « ce lieu de verdure » et, bien sûr, les pronoms (*il, celui-ci, ce dernier*, etc.).

• **Concentrez plusieurs informations dans une seule phrase.**
Par exemple, les informations suivantes :
« *Le parc de Versailles a été endommagé par la tempête de 2002 – Le parc de Versailles a été réalisé par Le Nôtre – Le Nôtre était le jardinier de Louis XIV - Le parc de Versailles reçoit un million de visiteurs par an…* »
…peuvent être regroupées
→ *Réalisé par Le Nôtre, jardinier de Louis XIV, le parc de Versailles, qui reçoit un million de visiteurs par an, a été endommagé par la tempête de 2002.*

• **Variez les constructions qui permettent de rattacher les informations à l'objet décrit.**

2. Rappel des constructions descriptives

• **les différentes constructions de l'adjectif**
Catastrophique pour le parc, la terrible tempête de 2002 fut inattendue.

• **le complément du nom**
les arbres du parc – le parc aux essences variées

• **les propositions participes (passé et présent)**
Situé à l'arrière du château, le parc s'étend sur 815 hectares.
Le parc ayant été endommagé, il a fallu replanter.

• **les propositions relatives**
Ce parc qui s'étend sur 815 hectares.
… que Le Nôtre a conçu…
… où est construit le Trianon…
… dont les arbres étaient centenaires…
… auquel l'État consacre un budget important…
… dans lequel se trouve le Hameau de la reine Marie-Antoinette…
… au milieu duquel coule un canal …

> **N.B.** *Dont* peut être :
> – complément d'un verbe construit avec la préposition *de* (*J'ai acheté le livre dont tu m'as parlé*) ;
> – complément du nom ou d'un adjectif (*Le bâtiment dont on aperçoit le toit est le château de Chambord*). Il peut alors indiquer une partie d'un tout (*Nous avons reçu un colis de livres dont trois étaient endommagés*).

3. Façons de décrire…

• **la fonction.** Cet organisme sert à subventionner…
– Ce document est utilisé (employé) pour…
Le rôle (la fonction) de cette société est de…
Elle est destinée à… – C'est un outil de…
Pour obtenir une aide, on a recours à cette société.

• **l'appartenance.** Ce jardin appartient à (dépend de) la municipalité – Il fait partie des espaces verts – Ce service est rattaché à l'entretien des espaces verts – Il relève de…

• **les caractéristiques.** Ce parc se caractérise par de nombreuses espèces exotiques – Il a pour particularité… Il se définit par… La spécificité de ce parc est…

Une société parfaite

De l'Anglais Thomas More dans son *Utopie* aux consommateurs du Café du commerce, les hommes ont toujours aimé refaire le monde et imaginer une société idéale où régneraient la liberté, la justice et l'égalité.

Vous découvrirez des expériences utopiques et des systèmes politiques ou culturels différents des vôtres.

Vous imaginerez une société idéale et vous en décrirez l'organisation.

Au temps d'Harmonie, Signac (1893) peint une société juste et parfaite que le peintre croit possible grâce aux progrès de la science qui libèrent l'homme du travail pénible.

Découvrez une expérience utopique

Auroville : une société idéale

Inaugurée en 1968, Auroville, située en Inde à 10 km au nord de Pondichéry, est une expérience née de la rencontre entre la philosophie hindoue de l'ashram[1] et les rêves libertaires et communautaires occidentaux de l'époque. L'étonnant est que quarante ans plus tard il y ait encore des Aurovilliens qui tentent de réaliser leur rêve d'une société idéale.

Ce n'est pas la volonté qui manque aux 1 600 personnes de toutes nationalités qui font vivre Auroville et qui s'accrochent âprement à cette terre. Et c'est vrai que, loin de toute doctrine fumeuse, les gens essaient de vivre un peu autrement. On n'y a pas rencontré d'allumés embrigadés[2], comme certains aiment à le raconter. […] Les enfants vont à l'école, dont les cours sont dispensés en anglais.

En 1988, une loi, l'« Auroville Foundation Act », est votée, stipulant que tous les biens d'Auroville se trouvent regroupés au sein d'une fondation administrée par un conseil d'administration de sept membres. […]

Actuellement, la population d'Auroville se compose pour moitié d'Indiens (beaucoup de Tamouls), à 35 % de Français, puis des Allemands, Canadiens et autres nationalités occidentales et asiatiques. Chacun vit dans une communauté dont le nom prête parfois à sourire : Aspiration, Existence, Fraternity, Courage, Gratitude, Hermitage, Espace, Aurogreen, Adventure, Forecomers (« Nouveaux arrivants »)… On y travaille selon ses compétences. Il y a des petites entreprises (les Aurovilliens, s'ils sont proches de la nature, ne rejettent en rien les avancées technologiques), d'autres travaillent dans l'agriculture (bio), dans les nombreux ateliers (cuir, poterie, bijoux, confection) ou dans les services (*Financial Centre*, école, centre d'accueil…).

Chaque communauté s'autogère, et une partie des revenus de chacun (on ne paie pas de loyer) est réintégrée aux besoins de la

communauté dont il fait partie (c'est variable selon les gens et les communautés). Une autogestion parfois bien délicate : comment faire quand la communauté ne dispose que de très peu d'argent et qu'il faut creuser un puits, qu'il faut faire des plantations ou entreprendre des réparations ? Les idées, aussi généreuses soient-elles, se heurtent en permanence à des problèmes de gestion pratique et bêtement matérielle. Les plus fortunés (qui arrivent avec un peu de sous de côté) se construisent une belle maison au milieu d'une végétation luxuriante (certaines sont absolument superbes) et participent également à la mise en valeur de la communauté dont ils font partie. Ceux qui décident de devenir Aurovilliens à part entière doivent passer une période de test de 1 à 2 ans, à l'issue de laquelle ils pourront être acceptés ou pas dans la communauté d'Auroville. On peut parfaitement changer de communauté et échanger un lieu de vie avec quelqu'un d'autre. On peut aussi ficher le camp si on en a marre, tout simplement !

On entend parfois parler de multinationale déguisée ou carrément de secte, ce qui nous semble réducteur et abusif, même si on peut trouver l'expérience erronée sur le fond ou tout simplement vaine, car peu en phase avec la profonde nature humaine, ou avec les réalités de ce monde. Ce qui est certain, c'est que cette expérience « dérange ».

Texte extrait du *Guide du Routard Inde du Sud*, édition 2009, avec l'aimable autorisation d'Hachette Tourisme.

1. Hermitage en Inde où des disciples vivent auprès d'un maître à penser.
2. Mystique un peu fou qui fait partie d'une secte (*fam.*).

1 Lisez le texte sur Auroville. Réalisez une fiche descriptive de cette ville.

- Situation et aspect de la ville
- Origine, buts, philosophie
- Population
- Organisation sociale et administrative
- Activités économiques

2 Commentez ces réflexions sur Auroville.

(a) Les Aurovilliens, c'est une secte.

(b) Ils sont totalement coupés du monde et de la réalité.

(c) C'est une communauté où règne l'égalité absolue.

(d) À Auroville, chacun est libre de faire ce qu'il veut.

3 Observez le style du *Guide du Routard*.

Trouvez des exemples qui montrent que ce guide :

– veut être sérieux et documenté ;

– veut établir une relation simple et familière avec ses lecteurs.

4 Donnez votre avis sur l'expérience d'Auroville.

Recherchez des moyens d'améliorer l'économie

« Un autre monde est possible » avec le Système d'échange local en Conflent[1]

Quatre ans après sa création, le Système d'échange local (SEL) du Conflent est toujours là. Et bien là. Il recense à l'heure actuelle 240 adhérents. Son champ d'action s'étend à tous les villages situés dans un rayon de 20 kilomètres autour de Prades. Sa raison d'être ? Permettre à ses membres d'échanger services, savoir-faire, outils ou encore DVD de manière équitable, grâce à un système de bons : les fameux « grains de sel »[2]. Le principe est bien simple. Soixante « grains de sel » représentent une heure de service. *« Quand j'ai besoin d'un coup de main pour ranger mon bois, je lance un appel sur Internet ou par téléphone*, résume l'une des adhérentes du SEL, Marie Labesse. *Une fois le travail terminé, je donne à ceux qui ont accepté de venir m'aider les 'grains de sel' correspondant au temps qu'ils y ont passé. Ils peuvent ensuite utiliser ces 'grains de sel' comme bon leur semble. »*

Pour faciliter les échanges, le SEL du Conflent édite un catalogue virtuel répertoriant l'ensemble des services proposés et les coordonnées de chaque membre. *« Ça peut aller des gardes d'animaux à la traduction de textes, en passant par le prêt de matériel de jardinage »*, explique une autre membre du SEL, Juliette Letendre. *« Moi, je fais aussi des dépannages et des initiations à l'informatique »*, renchérit son collègue séliste[3] Giro Andolfo. Mais au-delà des nombreux services disponibles, le SEL, c'est aussi, et peut-être surtout, un état d'esprit. *« Il s'agit d'un système qui permet de valoriser le non-recours à l'argent*, souligne Juliette Letendre. *On essaie de donner la priorité à l'entraide. Ça nous oblige à mieux nous connaître et à développer la solidarité et la convivialité. »*

Afin d'accroître cette dimension conviviale qui est, selon les habitués du SEL, une condition essentielle au bon fonctionnement du système, l'association organise chaque mois une activité commune (grillade, sortie, etc.).

La dimension conviviale du SEL fait par ailleurs tout le succès de la structure auprès des nouveaux arrivants, pour qui elle constitue un moyen de s'intégrer en un temps record à la vie locale. Une belle initiative.

L'Indépendant de Perpignan, le 01/09/2013, par Arnaud Andreu

1. Vallée des Pyrénées orientales où se trouvent de nombreux villages.
2. Il s'agit non pas d'un grain de sel réel, mais d'une unité de mesure du travail. La plupart du temps, c'est l'heure.
3. Celui qui utilise le système SEL.

---

1 Lisez l'article ci-dessus. Utilisez les informations de cet article pour rédiger une définition du mot SEL pour un dictionnaire encyclopédique.

« SEL : sigle qui signifie… »

2 Selon que vous êtes plutôt favorable ou défavorable aux SEL, recherchez des arguments qui renforcent votre opinion (dans le texte et par votre propre réflexion).

Débattez avec un(e) étudiant(e) qui a un avis opposé.

3 Recherchez des idées pour améliorer l'économie de votre pays. Votre recherche peut porter sur :

– la hiérarchie dans l'entreprise,

– l'organisation du travail dans le temps (horaires, congés…),

– la répartition du travail,

– la propriété des entreprises,

– l'impôt sur les revenus du travail,

– etc.

Modifiez l'organisation sociale

www.comores-online.com

Femmes et hommes dans la société comorienne

Situé près de Madagascar dans l'océan Indien, l'archipel des Comores a été aux XIXe et XXe siècles un protectorat français. Lors du référendum pour l'indépendance en 1974, l'une des îles, Mayotte, a souhaité rester française. Elle fait aujourd'hui partie des départements français.

Dès la naissance, la fille comorienne suscite l'attention de tout son entourage aussi bien masculin que féminin (père, mère, frères et oncles). Elle doit répondre aux attentes de sa famille et aux exigences d'une société dans laquelle le moindre dérapage peut compromettre son avenir. Elle doit faire la preuve qu'elle

sera une bonne épouse, une bonne mère. Ce poids familial et cette pression sociale auraient comme objectif inavoué la satisfaction d'une partie de la population, les hommes. De ce fait, sa situation socio-familiale fait d'elle un « bien précieux » qu'il faut à tout prix préserver.

Contrairement à la plupart des femmes musulmanes[1], la Comorienne est propriétaire de la résidence familiale. [...] Cette situation qui donne à la femme comorienne un pouvoir implicite de divorce – étant donné que c'est elle qui garde le foyer conjugal en cas de divorce – place celle-ci dans un rôle on ne peut plus confortable. La résidence conjugale est un souci familial dès qu'un enfant de sexe féminin naît. Un devoir qui incombe au frère, à l'oncle maternel, à défaut du père. Le nombre impressionnant de maisons en cours de construction à l'intérieur ou autour des villes et villages en témoigne. L'anthropologue française Sophie Blanchy affirme sans exagération que « *ces murs qui s'élèvent sont autant de fillettes qui grandissent* ».

Les garçons doivent se débrouiller à l'âge de 8, 11 ans pour se construire une maison (un *vala*) avec deux ou trois de leurs camarades. Ils sont alors sous la protection de leur oncle. Ils ne pourront faire fortune que grâce à leur travail personnel ou en réussissant un « grand mariage » avec une femme plus riche.

1. La majorité de la population des Comores est de religion musulmane.

❶ **Lisez le texte ci-dessus. Relevez les caractéristiques du statut des femmes et des hommes dans la société comorienne.**

Selon vous, aux Comores, quels sont les avantages et les inconvénients à être : une femme – un homme ?

Faites des comparaisons avec l'organisation de la famille dans votre pays.

❷ **Réflexion collective. Répertoriez les types d'organisation familiale que vous connaissez.**

• les conceptions patriarcales (l'homme possède le pouvoir et l'argent)

• ...

❸ **Décrivez votre conception idéale de l'organisation familiale et sociale.**

Choisissez votre organisation politique

❶ 🌐 Faites le travail d'écoute du document sonore.

❷ Lisez le texte « Le point sur l'Union européenne ».

a. Donnez un titre aux différentes parties du texte.

b. En recherchant des informations dans le texte, réagissez aux remarques suivantes :

– L'Europe est une idée nouvelle.

– L'Union européenne est un simple marché commun.

– Les petits pays sont très mal représentés.

– Ce sont des fonctionnaires qui prennent les décisions. Les gens ne sont pas consultés.

c. Si vous êtes un Européen ou une Européenne, donnez votre opinion sur les problèmes exposés à la fin du texte.

❸ Lisez l'encadré de vocabulaire.

a. Trouvez un exemple concret pour chaque type de régime politique (1er §).

b. Quelles réalités représentent ces divisions du territoire ?

– la province : en France ? – au Canada ?

– le canton : en France ? – en Suisse ?

– la communauté : en Belgique ? – en France ?

Présentez votre société idéale

Administration et politique

• Les régimes politiques

une république (un régime parlementaire, présidentiel)
– une monarchie (absolue, constitutionnelle, parlementaire) – une dictature (avoir les pleins pouvoirs)
le Parlement – l'Assemblée législative – le Sénat
un régime libéral, totalitaire, militaire, capitaliste,
communiste

• Les divisions du territoire

une commune – une agglomération – un canton –
une circonscription – un département – un district –
une région – une province – une collectivité
un État – une nation – une patrie
une fédération – une confédération – une union –
un empire – une colonie – un territoire

• Gouverner et légiférer

diriger un pays – gouverner – conduire une politique
de rigueur – gérer les affaires du pays
s'occuper de – prendre en charge – se charger de –
faire face à la crise
désigner – nommer
préparer, faire voter, promulguer (prendre) une loi,
un décret, un texte législatif
se prononcer sur un texte – voter pour / contre –
approuver / rejeter un texte (à la majorité absolue, par
60 % des voix)

[L'INTERVIEW]

Le journaliste Sylvain Besson, correspondant à Paris
du quotidien helvète Le Temps, présente l'organisation
politique et administrative de la Suisse.

Représentez sous forme d'un tableau les différentes informations données par Sylvain Besson :
– l'organisation administrative de la Suisse ;
– les différents pouvoirs politiques (type, attributions,
mode d'élection) ;
– les systèmes de prises de décisions.

**De quels autres pays l'organisation politique de la Suisse
est-elle proche ?**

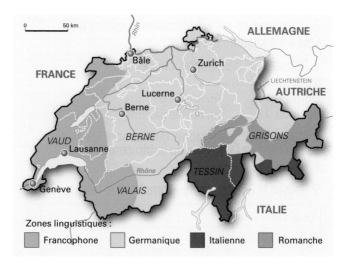

Le point sur…
l'Union européenne

Le rêve d'une Europe unie n'est pas nouveau. Rome, les
Habsbourg d'Autriche, Napoléon Ier, Hitler tentèrent de
soumettre ou d'unifier les peuples qui la composent.
Mais ce n'est qu'au lendemain de la Seconde Guerre
mondiale que le projet démocratique se concrétisa par
un premier accord entre l'Allemagne, la Belgique, la
France, l'Italie, le Luxembourg et les Pays-Bas. En 1957,
le traité de Rome instituait la Communauté économique
européenne (CEE), marché de 180 millions de personnes
qui devait stimuler et réguler le développement agricole,
industriel et commercial de ces six pays.
Progressivement, au fil des traités (Maastricht, 1992 –
Amsterdam, 1997 – Nice, 2000 – Lisbonne, 2007), cette
entité supranationale va susciter de nouvelles adhésions et étendra ses prérogatives à différents domaines :
finances (création de l'euro en 2002), sécurité, défense,
environnement.
En 2010, l'Union européenne comprend 27 pays.

Elle est gouvernée par trois institutions principales qui
siègent à Bruxelles ou à Strasbourg :
• **le Parlement européen**. Ses députés sont élus au suffrage universel. Il vote le budget et a un rôle législatif ;
• **la Commission européenne** qui prépare les directives
et les lois en collaboration avec le Parlement ;
• **le Conseil européen** qui regroupe les chefs d'État et de
gouvernement et fixe les grandes orientations.

Deux débats animent les conversations sur l'avenir de
l'Europe :
• celui qui oppose les **eurosceptiques** ou « **souverainistes** »,
partisans d'une Europe où chaque nation conserve ses
prérogatives fondamentales (notamment en matière de
défense), et les « **fédéralistes** » pour qui l'intérêt commun
doit prévaloir sur celui des États, ceux-ci ne devant pas
disposer d'un droit de veto ;
• celui sur **l'existence et la définition d'une identité et de
frontières européennes**. Selon que l'on estime que cette
identité est déjà construite ou qu'elle est à construire,
selon l'importance que l'on accorde aux valeurs qui
la composent (héritage du droit romain, des valeurs
du christianisme et des idées des Lumières, droits de
l'homme, laïcité, etc.), on sera favorable ou défavorable
à l'adhésion de nouveaux pays.

Évaluez-vous

Répondez aux questions de cette évaluation. Corrigez vos réponses avec l'aide du professeur.
Notez-vous selon le barème indiqué.

1 Compréhension de l'écrit

1. Lisez le texte. Cochez la phrase qui correspond à l'idée qu'il développe. .../1

❏ Les chefs-d'œuvre du patrimoine de la France sont en péril.
❏ La France n'a plus les moyens d'entretenir la totalité de son patrimoine.
❏ La France néglige son patrimoine architectural et naturel.

2. Qu'entend-on par « patrimoine » aujourd'hui ? Cela a-t-il toujours été le cas ? .../1

3. Relisez le 1er paragraphe. Classez les opinions formulées dans la citation. .../1

Opinion 1 : ...   formulée par ...
Opinion 2 : ...   formulée par ...

4. D'après ce 1er paragraphe, quelles sont les étapes de l'histoire de la gestion du patrimoine ? .../1

1. ...   2. ...   3. ...

5. Relisez le 2e paragraphe. Complétez le tableau. .../4

Que s'est-il passé ?	...
Pour quelles raisons ?	...
Où ?	...
Quand ?	...
Quelle conclusion en tire l'auteur ?	...

6. Relisez les autres paragraphes. Notez comme dans l'exemple les idées et les informations principales qui sont développées. .../7

Paragraphe 3 (3 idées)
– Désir des petites communes de protéger leur patrimoine

– Mais ...
Paragraphe 4 (2 idées) ...   Paragraphe 5 (1 idée) ...
Paragraphe 6 (1 idée) ...   Paragraphe 7 (1 idée) ...

7 L'auteur approuve-t-il les remarques suivantes ? Réagissez selon son point de vue. .../5

a. « La France a énormément de vestiges de son histoire et de sites naturels qu'elle souhaite protéger. »
b. « En France, tout le patrimoine appartient à l'État. C'est à l'État de s'en occuper. »
c. « Tout ce qui fait partie du patrimoine est réglementé. »
d. « Ces lois sont toujours appliquées. »
e. « On a classé dans le patrimoine des choses qui ne le méritaient pas. »
f. « Notre société a tendance à considérer le patrimoine comme un produit commercial. »
g. « L'État n'est pas capable de s'occuper seul du patrimoine. Il faut faire appel aux capitaux privés. »

8 Connaissance du vocabulaire. Formulez différemment les mots ou expressions suivants : .../4

– Paragraphe 1 : un article incendiaire – un processus inéluctable
– Paragraphe 2 : remettre 3 millions au pot – un référendum
– Paragraphe 3 : les retombées touristiques – les grandes vedettes bichonnées – une ribambelle de monuments
– Paragraphe 4 : la loi est parasitée par un nombre indéfini de dérogations
– Paragraphe 5 : saluer avec ferveur
– Paragraphe 7 : les mécènes

Total : .../25

Le patrimoine : une valeur si peu rentable

1. Comme il est loin le temps où Victor Hugo écrivait son article incendiaire « Guerre aux démolisseurs ! » et où Maurice Barrès[1] dénonçait « la grande pitié des églises de France ». Apparemment donc, le patrimoine se porte bien. Trop bien même, si l'on en croit ceux qui, comme l'historien Pierre Nora, critiquent la « sacralisation » du patrimoine, ou qui, comme Régis Debray[2], parlent d'« abus monumental ».
Pourtant nous sommes déjà entrés dans un processus inverse, inéluc- table et irréversible, de dépatrimonialisation. Plusieurs affaires récentes émettent des signaux inquiétants qui vont dans le sens de ce pronostic pessimiste et paradoxal. [...]

2. Dimanche 26 avril, les électeurs de Saint-Chamond ont eu à se prononcer par référendum sur la nécessité d'engager des frais de rénovation pour leur Notre-Dame. La « petite cathédrale », comme on appelle cet édifice à Saint-Chamond, bâtie à la fin du XIXᵉ siècle, est fermée depuis cinq ans pour raisons de sécurité. En très mauvais état, elle a déjà coûté 4 millions d'euros au cours des dix dernières années. Or, il faudrait remettre plus de 3 millions au pot pour une rénovation complète. D'où la consultation des Couramiauds³. [...] Une grosse majorité des électeurs (80 %) s'est finalement prononcée pour la réhabilitation, donc la sauvegarde de l'église, mais moins du tiers ont jugé bon de se déplacer. Et le maire qui a pris l'initiative du référendum a dit qu'il ne s'agissait que d'un avis. Ça sent le sursis...

3. Une petite commune rurale a intérêt, pour des raisons symboliques et matérielles, comme les retombées touristiques, à prendre soin de son patrimoine et à le faire connaître. Mais il en va en matière de tourisme comme en matière de spectacle et de sport : derrière les grandes vedettes bichonnées, il y a une ribambelle de monuments que seuls quelques curieux iront voir, et ils se chiffrent par milliers, voire par dizaines de milliers. Pour peu qu'ils soient situés assez loin d'une curiosité majeure (au moins deux étoiles au Guide Michelin), leur avenir est grandement compromis. Les chiffres, donc la rentabilité, sont impitoyables. D'autant que, en dehors du classement (au sens patrimonial cette fois) et de l'inscription, l'État n'a pas autant de richesses et de pouvoirs qu'on ne l'imagine : il faut savoir que les particuliers et les communes se partagent (à peu près à égalité) 90 % du patrimoine monumental français et que l'État n'en détient que 5 % (en font partie les cathédrales et presque tous les grands châteaux, donc les stars de l'architecture, mais ils ne forment qu'une minorité dans l'ensemble).

Chapelle en Bretagne

4. Certes, le patrimoine français est protégé par un arsenal juridique méticuleux, l'un des plus stricts au monde, mais lorsque la loi est violée – le propriétaire passant outre, par exemple –, le petit nombre de contrôles et la lenteur des procédures ajoutés à la relative légèreté des sanctions finiront par donner raison au fait accompli. On sait par ailleurs qu'en France la loi est parasitée par un nombre indéfini de dérogations (il n'est que de lire le code des impôts...). Lorsqu'un pouvoir influent entre en jeu – qu'il soit politique, économique ou médiatique –, les coups de canif sont tolérés : ainsi de Valéry Giscard d'Estaing, qui fit bâtir le parc de loisirs Vulcania en plein parc naturel des volcans d'Auvergne. [...]

5. Mais des raisons autres que financières travaillent aussi dans le sens de la dépatrimonialisation. Une valeur, et l'idée de patrimoine en est une, peut mourir de bien des façons. Ceux qui ont salué avec ferveur l'élargissement de la notion – de monumental qu'il était, le patrimoine a été étendu aux sites naturels, puis au domaine de la culture tout entière (les coutumes, la cuisine...) – n'ont pas vu que derrière cette apparente promotion se cachait une réelle dissolution. Car dès lors où tout peut devenir patrimonial – principe démocratique d'égalité élargi aux choses –, plus rien ne l'est vraiment.

6. En un temps (le nôtre) qui accorde au présent une importance presque exclusive, il n'est pas facile de garder intacte la valeur de respect sans laquelle la notion de patrimoine disparaît. Dans une société où une voiture de dix ans, un ordinateur de cinq ans et un téléphone portable de trois ans font figure de vieilleries, que signifie le maintien en l'état d'un bâtiment vieux de plusieurs siècles, qui ne sert plus à rien et auquel personne ne s'intéresse ?

7. L'idée selon laquelle l'État est le problème et non la solution a gagné de larges pans de la politique culturelle. Pourtant, la crise actuelle montre ce qu'il en coûte de laisser aux initiatives privées (aveugles et sourdes au long terme) le soin de protéger le patrimoine de la nation. Le Metropolitan Museum of Art (Met) et le Museum of Modern Art (MOMA) de New York subissent en ce moment une baisse de 10 % de leurs dotations. Résultats : ils suppriment des postes et ferment des boutiques. D'autres institutions culturelles américaines viennent d'annuler de grandes expositions prévues : les mécènes ne donnent leur argent que lorsqu'ils en ont trop. La soumission du bien culturel commun aux lois du marché est incompatible avec la notion de patrimoine. Nos responsables tentés par le désengagement de l'État et la promotion du mécénat privé devraient y réfléchir à deux fois.

Christian Godin, *Marianne*, 16 mai 2009.

1. Écrivain (1862-1923) défenseur des traditions.
2. Intellectuel et essayiste né en 1940.
3. Habitants de Saint-Chamond (Loire).

2 Production orale

Après avoir lu le texte ci-dessous, préparez une présentation orale des informations qu'il donne.

Vous commenterez ensuite ces informations. Vous pourrez donner votre opinion sur : l'utilisation des animaux de laboratoire ; les spectacles fondés sur la souffrance des animaux (corridas de taureaux, combats de coqs, de chiens, etc.) ; les actions de l'ALF.

Ces écoterroristes qui inquiètent l'Europe

L'incendie s'est produit entre 1 heure et 3 heures du matin, le samedi 28 juin. Le laboratoire Charles River, 325 salariés à Saint-Germain-sur-l'Arbresie (Rhône), a vu partir en fumée trois véhicules utilitaires et une partie de ses locaux. Au sol, un sigle, en guise de signature : ALF, Animal Liberation Front.

Filiale d'un groupe américain, Charles River est l'un des premiers éleveurs d'animaux de laboratoire. L'incendie ayant été provoqué par des explosifs – une bouteille de gaz et un dispositif « original » de mise à feu –, le dossier a atterri à la section antiterroriste du parquet de Paris. [...]

Les actions du Front de libération des animaux (ALF en anglais) sont revendiquées sur Bite Back,

un site Internet très militant qui recense, pays par pays, toutes les manifestations d'écologie radicale. Dans le cas de Charles River, des photos ont été publiées, dont l'une montre, de nuit, l'incendie, assortie, comme toujours, d'un commentaire violent, en anglais et en français, et d'une menace : « Nous n'en avons pas fini avec vous… »

Apparu en Grande-Bretagne dans les années 1970, le phénomène s'est répandu aux États-Unis, puis en Europe, et de plus en plus en Russie. Cette « menace émergente » a mobilisé les services de police de nombreux pays ces dix dernières années. En 1999, un journaliste anglais avait été brièvement enlevé et marqué au fer rouge des lettres ALF dans le dos. [...] « Le FBI considère l'écologie radicale

comme la deuxième menace terroriste la plus importante après le fondamentalisme islamique », expliquait alors l'écrivain [Jean-Christophe Rufin].

Jusqu'ici, la France, habituée aux campagnes de Brigitte Bardot, s'estimait relativement épargnée. Mais elle a désormais rejoint, selon un enquêteur, « le peloton de tête » des pays concernés. « Ça prend de l'ampleur », admet Christian Dupouy, chef du bureau de la lutte antiterrorisme à la direction générale de la gendarmerie nationale. Le pic a été atteint en 2007 avec 53 actions revendiquées, dont 25 périples (actions plus ou moins coordonnées mais simultanées).

Le Monde, 25 juillet 2008.

Total : .../25

3 Production écrite

Vous avez assisté au débat qui est annoncé et détaillé dans le document ci-dessous.
Vous rédigerez un article pour le journal de votre école.

Dans cet article, vous prendrez position pour ou contre le revenu universel d'existence.
Vous défendrez votre opinion en tenant compte des arguments adverses.

> Débat – Jeudi 20h30 à la salle Polyvalente
>
> FAUT-IL INSTAURER UN REVENU UNIVERSEL D'EXISTENCE (RUE) ?
>
> Dans le monde, de nombreux économistes, dont le prix Nobel d'économie français Maurice Allais, plaident pour le versement d'un revenu universel à tous les individus dès leur naissance, quelles que soient leurs ressources, leur situation familiale ou professionnelle. Ce revenu pourrait être égal aux 2/3 du Smic et serait insaisissable sur le compte bancaire.
>
> Les partisans de cette mesure sont de plus en plus nombreux et se situent aussi bien à droite (Christine Boutin, Alternative libérale) qu'à gauche (Yves Cochet et les Verts, certains membres du parti socialiste).

POUR OU CONTRE L'INSTAURATION D'UN REVENU UNIVERSEL D'EXISTENCE (RUE)

Arguments favorables	Arguments contre
• permet l'indépendance des plus jeunes • assure plus de dignité humaine – les pauvres ne sont pas obligés de demander, de faire la queue au bureau de poste pour toucher le RMI, d'aller se nourrir dans les Restaurants du cœur, etc. • plus de liberté individuelle – possibilité de ne pas travailler à certains moments de sa vie ou même toute sa vie » conséquence : davantage d'offres d'emploi • aujourd'hui on a des situations absurdes : certains chômeurs refusent des emplois car ils perdraient leur aide sociale. Le RUE supprime ce problème • augmentation des activités bénévoles • suppression de toutes les aides aux particuliers (RMI, allocation logement, etc.) et de certaines aides aux entreprises (incitation à l'embauche) • Calcul fait par les Allemands : un RUE coûterait moins cher que toutes les aides sociales • plus grande égalité de chance (les étudiants pauvres ne seraient pas obligés de travailler)	• le revenu n'est plus automatiquement lié au travail. C'est une incitation à la démotivation et à la paresse • possibilité de ne pas travailler = rester en marge de la société = renforcement de l'égoïsme • développement du sentiment d'être assisté • élargissement de la cassure sociale : une classe d'oisifs pauvres face à une classe d'actifs plus riches • certains parents ne détourneraient-ils pas l'argent attribué à leurs enfants ? • problème de financement de ce RUE : augmentation des impôts • pourquoi donner ce RUE aux riches ?

Total : .../25

---

4 Compréhension de l'oral

Écoutez et répondez.

1. Qui parle ? .../1

2. Quel est le sujet ? .../1
❏ une catastrophe écologique
❏ une recherche scientifique
❏ une innovation scientifique

3. Qui est à l'origine de cette information ? .../2
❏ des Allemands ❏ des Australiens
❏ des Français ❏ des Indiens
❏ des Anglais ❏ des Américains

4. D'après ces informations, le rayonnement solaire : .../1
❏ augmente
❏ diminue
❏ reste stable

5. Dans quels pays ou dans quelles régions du monde ce phénomène est-il important ? .../4

6. Quelle est la cause de ce phénomène ? .../3

7. Quelles sont ses conséquences ? .../3

8. Ces conséquences ont pu être vérifiées dans un cas précis : .../4
Lieu : ...   Date : ...
Événement qui a permis l'observation : ...
Conséquences observées : ...

9. Les scientifiques cités dans le document prévoient que le climat de la Terre : .../1
❏ se réchauffe   ❏ reste stable
❏ se refroidit

10. Rédigez la conclusion des informations que vous aurez entendues en complétant les phrases suivantes : .../5
Les scientifiques ont découvert que la pollution provoquait ...
Donc si ..., la conséquence serait ...
Mais si, à l'inverse ..., la conséquence serait ...

Total : .../25

Projet : de la réalité au roman

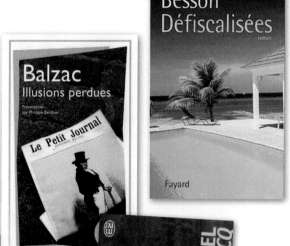

« Si tu veux être philosophe, écris des romans », disait Albert Camus et *L'Étranger*, réflexion sur l'absurdité de la condition humaine, est la parfaite illustration de cette idée.

Comme les romans de Balzac nous permettent de comprendre la société de la première moitié du XIXᵉ siècle, beaucoup d'ouvrages actuels nous éclairent sur un monde que nous ne savons pas ou ne voulons pas voir.

Vous découvrirez quelques-uns de ces romans qui nous donnent à réfléchir sur le comportement et la société d'aujourd'hui.

Vous rechercherez des situations que vous avez vécues ou dont vous avez été témoin et qui pourraient figurer dans un roman.

Choc des cultures

Au pays, Tahar Ben Jelloun[1]

Mohamed est un émigré marocain qui est venu en France avec sa femme dans les années 1960. Homme simple, réservé, musulman pratiquant, ouvrier consciencieux et travailleur, il a élevé cinq enfants. À l'approche de la retraite, il fait le bilan de sa vie. Il se souvient des vacances qu'il allait passer chaque année au Maroc, en famille, dans le « bled », le village de sa jeunesse.

Chaque retour était un événement dans le bled. Une fois arrivé, il oubliait qu'il détestait les bagages encombrants. Il aimait cette atmosphère, cette joie sur les visages des enfants qui attendaient des cadeaux, il aimait ces retrouvailles avec les vieux, avec les membres d'une immense famille qui le regardait avec des yeux pleins d'envie. La famille c'était la tribu. De l'extérieur, elle apparaissait comme une glu envahissante. Les portes des maisons ne fermaient pas. De toute façon, si on verrouillait les portes les gens de la tribu rentreraient par les fenêtres ou à partir de la terrasse. La tribu ne respectait pas les limites, elle était chez elle partout dans le village. Non seulement tout le monde se connaît, mais les uns interviennent dans les affaires des autres. C'est une grande famille organisée de manière archaïque, gouvernée par les traditions et les superstitions. Mohamed n'y pouvait rien, c'était inscrit dans le sang : on n'échappe pas aux origines. Il n'était même pas gêné par le comportement de certains membres de la tribu. Son neveu avait construit une maison sur un terrain lui appartenant. Il ne le réclama pas. C'était cela la famille. Mourad, son fils aîné, avait protesté. Il le fit taire en lui rappelant que la famille c'est sacré, qu'on ne se dispute pas pour un bout de terre… Le fils répliqua : il faut se battre quand on vous prend votre bien ; neveu, cousin ou frère, si on me pique mon terrain, je ferai tout pour le récupérer, je ne comprends pas ce genre de solidarité à sens unique, tu crois que lui t'aurait laissé t'emparer de son bien ? J'en doute. Mohamed était faible devant la tribu. Il savait que ses protestations n'aboutiraient à rien. On ne se bat pas contre des siècles d'habitudes. Ses enfants étaient loin de tout ça. Et puis personne ne comprendrait pourquoi Mohamed n'était pas content. La tribu c'est la tribu. On ne discute pas. On ne la critique pas. Nous ne sommes pas des Européens. La famille, c'est sacré ! C'est comme ça et puis c'est tout. Il s'arrêta un instant et se mit à réfléchir à voix haute : mais les Européens aiment leurs familles ; ils font la fête à Noël, se réunissent, se parlent, chantent. J'ai passé une fois la soirée de Noël chez Marcel[2]. Mais ils boivent trop et, ça, je n'aime pas, tout le monde boit, les enfants boivent et se saoulent avec leurs parents. Je n'ai rien dit, mais j'avais peur que mes petits deviennent un jour comme ceux de Marcel. Ils ont leurs habitudes, nous avons les nôtres ; nous ne sommes pas obligés de faire tous la même chose. La France c'est mon lieu de travail, l'usine, les odeurs de plastique, du pétrole et de la peinture dont je m'occupais sur la chaîne de la taule[3]. Mon père sentait la sueur et la poussière de la terre travaillée. Moi je sentais de la chimie, quelque chose de métallique et en même temps de suffocant. Je m'étais habitué à cette odeur.

© Éditions Gallimard, 2009.

1. Tahar Ben Jelloun est né en 1944 au Maroc. Il vit et travaille en France depuis 1971. Ses romans explorent l'univers des traditions et des cultures marocaines. Il a reçu le prix Goncourt en 1987 pour *La Nuit sacrée*.
2. Collègue de travail de Mohamed.
3. La prison *(fam)*. Ici, « l'usine ».

❶ Lisez l'introduction puis lisez le texte. Faites la liste des différentes scènes qui se succèdent dans cet extrait.
(1) Arrivée de Mohamed et de sa famille dans le village marocain de sa jeunesse.
(2) …

❷ Relevez quelques phrases qui expriment :
– les pensées de Mohamed ;
– les paroles de Mohamed ;
– les réflexions ou les remarques de l'auteur Tahar Ben Jelloun.

❸ Commentez et expliquez les mentalités et les comportements des gens du village de Mohamed.

Quelles sont les différences et les ressemblances avec ceux de votre pays ?

❹ Caractérisez la mentalité de Mohamed, émigré marocain arrivé en France dans les années 1960.
D'après vous, ses enfants auront-ils la même mentalité ?

❺ Avez-vous ressenti un choc culturel :
– en voyageant dans un pays étranger ?
– dans votre propre pays en fréquentant un milieu social ou culturel différent ?
Connaissez-vous des livres, des films qui abordent ce sujet ?
Notez vos expériences.

Profession : chasseur de tête

Chasse à courre, Clémence Boulouque[1]

Le premier extrait est le début du roman.
Le second se situe quelques pages plus loin.

– Je vous entends mal, madame. Je vous appelle de mon mobile, je suis dans la rue.

Je ne laisse pas le temps à mon interlocutrice de glisser un mot, et poursuis, au bord des larmes, d'une voix tremblante :
– S'il vous plaît, je suis le neveu de Christophe et ma mère vient d'être hospitalisée d'urgence. J'ai besoin de son numéro de portable. Pour le prévenir.

Je la sens hésiter. Elle se méfie peut-être. Et si Christophe Helan n'avait pas de famille ?
– Allô, monsieur ?
Sa voix est celle d'une femme entre deux âges. Je ne réponds pas. Le silence fait monter la tension, je le sais.
– Vous m'entendez ? Monsieur, allô ?
– Oui, oui. Mon portable risque de couper. Les batteries sont...
– Vous pouvez noter son numéro ?
Je prends garde à la faire répéter une fois, deux fois, à lui faire croire que la communication saute sans cesse. La fenêtre de mon bureau est grande ouverte. S'y engouffrent les bruits de circulation de la rue Saint-Honoré, en travaux et en embouteillages, en klaxons.
La secrétaire de Christophe Helan a cru à mon désarroi, à ma parenté avec lui. Elle raccroche sur un mot gentil :
– Bon courage, je lui dis de vous rappeler si je l'ai en ligne avant vous. Il a votre numéro ?
– Mon numéro ? Oui, il l'a.

Je ferme la fenêtre, retourne à mon bureau, y pose mon téléphone portable, m'effondre sur une chaise. Je vais griller en enfer. Cette femme, si douce. Je l'ai dupée, pour un numéro de téléphone. Mon regard plonge – le sous-main en cuir noir fait vulgaire, sur l'acier du bureau.

– Tu as réussi à avoir Helan ?
Paul surgit. Ma porte est toujours ouverte, c'est la règle du cabinet : « *Open door policy* », a précisé la directrice en me présentant la firme, lors de mon entretien d'embauche.
– Je viens de récupérer son numéro de portable. Je l'appelle tout de suite.

Clémence Boulouque
Chasse à courre

folio

On apprend progressivement que le narrateur, Frédéric Marquez, travaille pour un cabinet de chasseurs de têtes qui recherche des cadres de haut niveau pour des sociétés. Frédéric se rend ensuite dans un restaurant où il a fixé rendez-vous à une jeune femme, Catherine Darbel, opératrice sur les marchés financiers.

Autour de moi, les créatures sont fines, en pantalon moulant, petit haut noir. Des chaînes argentées ceinturent leur taille. Elles ont le regard méprisant, absent, des beautés qui se savent implacables.

Celle que j'attends aujourd'hui a trente-deux ans. Vit à Londres depuis sept ans, trader spécialiste des dérivés exotiques en salles des marchés. A fait une école d'ingénieur suivie d'une école de commerce. Les banques proposent les montages les plus inventifs à leurs magiciens des marchés financiers – pour éviter que leurs salaires ne soient trop poncés par les impôts[2]. Elle doit être résidente britannique, malgré sa nationalité française, pour échapper au fisc français.

J'ai appelé Catherine Darbel en misant sur son âge. Sur mon écran d'ordinateur, son *personal statut* indiquait célibataire, *single*. À cet âge, elle et ses congénères[3] commencent à sentir sur leur peau le picotement des crèmes pour être plus belles, plus longtemps.

Leurs jeunes saisons, elles les ont passées à froisser les feuilles grises de statistiques et de graphiques, bilans de sociétés à évaluer, présentations et chiffres clés à projeter au client. Et maintenant leurs regards se posent, plus aigus, sur les très jeunes enfants, dans la rue. Sur les femmes enceintes. Bientôt, il sera presque trop tard. Les Anglo-Saxons les désignent d'un de ces acronymes qui laminent[4] : SINK, pour Single Income No Kids. Salaire unique, pas d'enfant. *Sink* signifie « évier ». *To sink*, le verbe, veut dire « couler ». Alors, quand un client me demande de chercher des candidats prêts à accepter une baisse de salaire, je fais une recherche parmi les femmes qui vont bientôt couler. J'entre dans la base de données les paramètres suivants :

âge : plus de trente ans
salaire annuel : à six chiffres
situation familiale : célibataire
sexe : féminin

Je connais l'heure des choix de vie. Ceux des femmes se font avant trente-cinq ans. Je les écoute se cacher, se dévoiler – avouer qu'elles préfèrent leur carrière ou qu'elles donnent encore une chance à leur vie privée. Certaines refusent de choisir entre leur famille et leur profession ; lors de nos entretiens, j'entends quelque chose battre à leurs tempes : ces pulsations rapides, les pensées qui cinglent, parasites – la nounou, les vacances, les oreillons du second. Elles vivent avec des mémos, « ne pas oublier », qui parsèment tous les endroits où elles passent. Leurs agendas sont épais – elles y glissent ces papillons multicolores, et les dessins de leur fils aîné. Ma proie du jour est brillante et, normalement, devrait commencer à s'interroger sur les inflexions à donner à sa vie. Trente-deux ans, et cinq minutes de retard.

© Éditions Gallimard, 2005.

1. Clémence Boulouque est née en 1977. Elle est journaliste, critique littéraire et romancière.
2. Qu'ils ne soient pas trop diminués par les impôts.
3. Celles qui ont choisi la même voie.
4. Sigle cruel et dégradant.

❶ Découverte du début du roman par dévoilement progressif du texte. À faire collectivement ou en petit groupe.
Cachez le texte et dévoilez successivement chaque phrase. Au fur et à mesure, faites des hypothèses sur les éléments de la situation (Qui est le narrateur ? Qui appelle-t-il ? Où se trouve-t-il ?...).

❷ Lisez la deuxième partie du texte.
Où se trouve Frédéric ?
A-t-il déjà rencontré Catherine Darbel ?
Comment l'imagine-t-il ?
Pourquoi l'a-t-il contactée ?

❸ Frédéric et Catherine Darbel sont deux personnages du milieu de la haute finance.
Les mots suivants peuvent-ils les caractériser ? Pourquoi ?
ambitieux – cruel – cynique – fragile – hésitant – implacable – lucide – nostalgique – qui a des regrets

❹ Expliquez le titre du roman : *Chasse à courre.*

❺ Connaissez-vous des milieux professionnels qui pourraient servir de cadre à un roman ? Pourquoi ? (personnages, activités, etc.)

Lutte des classes

La Préférence nationale, Fatou Diome[1]

Jeune Sénégalaise émigrée à Strasbourg, la narratrice est obligée de travailler pour payer ses études de lettres. Elle fait des ménages chez des petits bourgeois, les Dupire, qui lui ont donné le surnom de Cunégonde[2]. Elle ne leur a pas dit qu'elle était étudiante.

Je consacrais mes journées sans ménage à mes études. Et comme le samedi matin je n'avais ni ménage ni cours, je me rendais à la bibliothèque. C'était un rituel paisible qui me tenait à cœur. Je pouvais y rencontrer mes camarades de faculté et me sentir un peu étudiante. La bibliothèque était la bulle étanche où la javel ne pouvait venir chatouiller mes narines, où les hapax[3] de monsieur Dupire se rectifiaient d'eux-mêmes et où mon cœur, au lieu de se refermer sur lui-même pour résister, allait s'épanouir dans la lumière mystérieuse irradiant des livres. Mais parfois les bulles crèvent, et c'est ce qui arriva à la mienne un samedi matin. Alors que je sortais de la salle de lecture des microfiches, une voix familière m'interpella :

– Vous, ici ? Mais que faites-vous ici ?

C'était monsieur Dupire qui me dévisageait, la moustache dressée, les yeux exorbités. Je me composai une sérénité et lui répondis d'une voix calme :

– Comme vous monsieur, je cherche des livres.

– Mais enfin, dit-il, pour qui, pourquoi ?

– Pour moi, monsieur, pour les lire, lui dis-je.

– Mais enfin, dit-il, seriez-vous étudiante ?

– Oui, répondis-je.

– En quoi, continua-t-il ?

– En lettres modernes.

– Oui, mais en quelle année, ajouta-t-il, saisi d'un besoin soudain de m'évaluer.

– En DEA, lui dis-je.

– Mais, mais, bafouilla-t-il, vous ne m'aviez pas dit que...

– Non, lui coupai-je sa phrase, celle qui vient chez vous, on lui demande juste d'être une bonne femme de ménage, et c'est ce que je suis, je crois.

Il inspira un grand coup et poursuivit :

– Vous auriez dû me dire que...

– ... que ? repris-je gaiement, qu'avant de laver des écuelles sur le bord de la Propontide, Cunégonde aimait écouter les leçons du professeur Pangloss, ou que la serpillière dessèche le carrelage et non le cerveau ?

Ses épaules s'affaissèrent, ses traits déformés se figèrent et son visage rouge semblait contenir tout le mauvais vin qu'il avait ingurgité dans sa vie peu raffinée. Il était coloré par la gêne. L'ayant crucifié de mes yeux pendant quelques instants, je lui ai envoyé mon grand sourire de femme de ménage avant de partir avec mes livres sous le bras. Il me suivit du regard sans bouger. Cette fois, il ne considérait ni ma croupe ni mon décolleté, mais l'étendue de sa bêtise. Dupire venait de comprendre qu'aucune de ses goujateries n'avait échappé à ma cervelle de femme de ménage qu'il supposait peu élastique.

Le dimanche après-midi, mon téléphone sonna.

– Allô, dit une voix féminine, c'est madame Dupire ; je voulais vous dire que pour les semaines à venir, nous n'aurons plus besoin de vos services ; mais ne vous en faites pas, nous vous recontacterons...

– Bien, soit, madame, dis-je ; puis après une seconde de réflexion, j'ajoutai : Cunégonde vous sera toujours dévouée. Les Dupire ne m'ont jamais rappelée. J'attends encore leur coup de fil et les cent soixante francs qu'ils me doivent pour mes quatre dernières heures de ménage dans leur appartement.

© Présence africaine, 2001.

---

1. Fatou Diome est née au Sénégal en 1968. Elle est arrivée en France à l'âge de 22 ans. Son premier recueil de nouvelles est très autobiographique.

2. Personnage féminin du conte de Voltaire *Candide*. Après avoir eu la meilleure éducation grâce à son précepteur Pangloss, cette princesse est enlevée par l'armée bulgare. Ballottée par le destin, elle se retrouve un jour sur les bords du Bosphore (la Propontide), esclave d'un prince détrôné.

3. Phrase humoristique que monsieur Dupire était le seul à comprendre.

1 Recherchez des indices qui permettent de deviner comment se comportent M. et Mme Dupire chez eux avec leur femme de ménage.
Expliquez la réaction de M. Dupire et la décision de Mme Dupire.

2 Recherchez des situations où deux classes sociales s'opposent.

Vivre ses loisirs

Pour **organiser** et partager vos loisirs,
vous allez apprendre à :

Exprimer vos émotions
et vos sentiments lors
d'un événement

Comprendre les programmes
de loisirs et les commentaires
des rubriques culturelles
des médias

Parler d'un livre,
d'un film, d'une pièce de
théâtre ou d'une œuvre d'art
plastique, les **décrire**,
les **raconter**, les **commenter**

Leur jardin secret

Elles ont un mari, des enfants, un travail, des copines…
mais cela ne suffit pas à remplir leur vie. Elles ont aussi un jardin
secret, une passion qui leur permet de s'épanouir davantage.

CORINNE V., 43 ans

La chute crée l'équilibre

« Je fais des journées de travail de dix à onze heures. Si je n'avais pas ma passion, je ne sais pas comment je gérerais mon stress au quotidien : à 180 km/h en chute libre, tous vos soucis s'envolent ! Mon truc à moi, c'est le vol relatif, une discipline qui consiste à réaliser, à plusieurs, des figures en chute libre. Je fais environ deux cents sauts par an. Autant dire que la plupart de mes week-ends entre mars et novembre, je les passe la tête dans les nuages. Sauter dans le vide est une sensation unique : on a l'impression de surfer sur un coussin d'air. Et après vingt ans de pratique, l'adrénaline est toujours au rendez-vous. Une fois dans l'avion je change de monde. Les gens qui m'ont vue dans cet état de concentration extrême n'en reviennent pas : certains me trouvent à peine reconnaissable. Il faut croire que je vis à fond une autre part de moi-même ! »

MARION K., 56 ans

Cultiver son jardin

« Quand je débarque dans mon potager après une semaine à Paris, c'est la jubilation : j'ai l'impression de changer de peau, comme le rat des villes qui se transforme en rat des champs. D'ailleurs la première chose que je fais, c'est d'enfiler un vieux pantalon et des bottes en caoutchouc. Finis les regards extérieurs, je ne suis plus dans un rôle de composition. Seuls mes bons amis connaissent l'existence de cette propriété dans le Berry. Je n'y vais jamais en bande, c'est un endroit qui se déguste seul ou en compagnie d'un être cher. Ce que j'aime le plus : quand je suis avec quelqu'un qui me laisse vaquer à mes occupations en silence. C'est un peu la prolongation de mon enfance : j'y vais depuis que j'ai trois ans, j'ai vu ma grand-mère s'y affairer, puis mes parents, et maintenant c'est mon jardin secret à moi. Quand je retourne à Paris, je continue de me nourrir de mon potager, au sens propre comme au sens figuré. J'en ai même transplanté un bout sur le rebord de ma fenêtre dans le Marais : j'y fais pousser de l'oseille… et même un petit cerisier du Berry ! »

MATHILDE K., 29 ans

Chanter pour se (re)trouver

« Éditrice…, je coordonne beaucoup de choses à la fois, ma journée est très éclatée. Le soir, je saute sur mon scooter pour vite retrouver mon mari et mon fils de six mois. Autant dire que les moments de tête-à-tête avec moi-même sont extrêmement rares. Mes cours de chant à l'heure du déjeuner sont d'autant plus précieux à mes yeux. Ce sont des heures hors du temps où je peux enfin me recentrer sur moi, un peu comme lors d'une analyse. J'ai compris l'importance qu'avaient ces instants l'année où j'ai dû arrêter le chant à cause d'un souci au niveau des cordes vocales. Quelle frustration ! J'avais de l'énergie à revendre mais je ne pouvais pas l'exprimer. J'étais presque jalouse de voir d'autres chanter dans des concerts… Depuis trois semaines, j'ai repris des cours particuliers avec une coach vocale qui est géniale. Mes collègues s'en sont immédiatement aperçus : maintenant j'entre à nouveau dans le bureau en chantant ! Ce n'est qu'une petite heure par semaine, mais c'est une vraie coupure, qui me donne de l'énergie pour toute la journée. Je sais très bien que je n'en ferai pas mon métier, je n'ai d'ailleurs aucune prétention : c'est pour moi que j'y vais, pas du tout pour prouver quelque chose aux autres ! »

STÉPHANIE L., 34 ans

Le yoga, un autre « moi »

« Dans mon métier, il m'arrive d'enchaîner des nuits blanches, de sauter des déjeuners… Mais quelle que soit l'heure à laquelle je me couche, je rate rarement ma séance de yoga. J'en fais presque tous les jours depuis dix ans, souvent matin et soir. C'est un vrai jardin secret que je protège jalousement : j'aime bien aller seule à mes cours, j'en parle rarement à d'autres. Deux fois par an, je participe même à des stages de yoga en Inde, aux États-Unis, à Majorque… Pendant cette parenthèse, il m'arrive de complètement oublier mon « moi professionnel ». Qu'on ne se méprenne pas : j'adore mon travail. Mais j'ai besoin de cet espace complémentaire à moi, c'est vital. Le yoga m'a permis non seulement d'explorer d'autres facettes de moi-même, mais aussi d'étendre mon cercle relationnel au-delà des anciens des grandes écoles de commerce. Il m'a aussi ouverte à d'autres activités : je me suis mise à peindre, à méditer… J'ai même suivi un stage de silence de deux semaines en Inde. Au début, c'était dur : je suis habituée à faire 36 000 choses à la fois, alors, quand on vous dit de faire le vide… Mais à force de pratiquer, j'y arrive. Ce que je tire de cette séance ? De l'énergie, que j'emporte toute la journée avec moi. Aujourd'hui, je suis plus patiente, moins impulsive. Je fais une chose à la fois, je m'affole rarement, même en période de grand speed ! »

Atmosphère, février 2008.

[L'INTERVIEW]

Caroline a une passion : la couture.

Leur jardin secret

1. Partagez-vous les quatre documents. Lisez celui que vous avez choisi et complétez le tableau.

Personne interrogée	Corinne, 43 ans
Informations sur sa vie professionnelle	Fait des journées de 10 à 11 heures – travail stressant
Informations sur sa vie familiale	aucune
Passion – jardin secret	
Intérêt de cette activité pour la personne interrogée	
Émotions ressenties, sensations, impressions	
Suppositions sur sa personnalité	

2. Présentez le document que vous avez choisi au reste de la classe. Faites ensuite une lecture du document à voix haute. Avec l'aide du professeur, répondez aux questions de compréhension du vocabulaire.

 ## L'interview

Commentez, corrigez, nuancez les affirmations suivantes :
a. La passion de Caroline est née grâce à sa famille et à ses activités de loisirs.
b. La mère de Caroline était couturière professionnelle.
c. Pour son mariage, elle s'était fabriqué une robe identique à la robe de mariée de la princesse de Monaco.
d. Caroline a toujours fait de la couture.
e. Elle aime faire des vêtements qui sortent de l'ordinaire.

Tour de table

Vous avez (ou vous avez eu) une passion ou un jardin secret… ou bien vous connaissez quelqu'un qui a une passion (autre que professionnelle). Vous **la décrivez.**
Comment est-elle née ? Quelles émotions vous procure-t-elle ? Etc.

9 Quelle émotion !

Exprimer des émotions

Football – 19 novembre 2013

FRANCE : 3 – UKRAINE : 0

Après un match aller catastrophique, l'équipe de France réussit l'impossible et se qualifie pour la Coupe du monde qui se déroulera au Brésil.

Vos réactions

- Je suis heureuse de cette victoire. J'avais eu un peu honte de notre équipe au match aller.

- Cette équipe nous avait déçus. Elle nous enthousiasme. Je m'en réjouis. J'espère qu'elle continuera.

- J'éprouve un grand soulagement, mais j'ai un peu peur de ce qui va se passer au Brésil.

- On a été finalement qualifié. Ça me fait plaisir. Mais le manque de préparation de notre équipe m'inquiète.

1 Dans les phrases ci-dessus, recherchez les mots qui expriment des sentiments et des émotions. Classez-les dans le tableau selon leur construction grammaticale.

Le sujet de la phrase éprouve le sentiment		Le sujet de la phrase est la cause du sentiment	
Le sentiment est exprimé par un verbe	Le sentiment est exprimé par un adjectif ou un nom	Le sentiment est exprimé par un verbe	Le sentiment est exprimé par une autre forme
Je m'en réjouis…			

2 Lisez l'encadré « L'expression des sentiments et des émotions ».

a. Reformulez les phrases suivantes en utilisant les constructions de la rubrique 2 de l'encadré, page 93.

Exemple : La conférence de Julien m'a déçu(e).

Un mauvais conférencier

- J'ai été déçu(e) par la conférence de Julien.
- Le public a été ennuyé par ce discours trop abstrait.
- J'ai eu honte de cette prestation.
- Mais j'ai eu pitié de Julien. Je lui ai posé des questions.
- Il a repris confiance grâce à ces questions.
- Le public a été enthousiasmé par ses réponses brillantes.
- Julien a été heureux des applaudissements du public.

b. Reformulez les phrases suivantes en utilisant les constructions de la rubrique 1 de l'encadré. Commencez les phrases par « je ».

Exemple : J'ai éprouvé du plaisir à passer cette soirée chez Diane.

Après la soirée

- Cette soirée chez Diane m'a fait plaisir.
- La rencontre avec ses amis australiens m'a ravie.
- Leurs récits de voyages m'ont enthousiasmée.
- Le repas m'a comblée.
- Les retrouvailles avec Pierre m'ont mise en joie.
- Savoir qu'il était marié et père de deux enfants m'a rendue heureuse.
- Mais l'annonce de la mort de sa mère m'a rendue triste.

3 Voici des mots qui désignent des sentiments.

l'abattement – l'amertume – l'aigreur – le bien-être – la bonne humeur – le chagrin – la distance – la dépression – l'engouement – l'exaltation – l'entrain – la frustration – la gaieté – la passion – la réserve – la sérénité – la tranquillité

a. Classez ces mots selon qu'ils expriment…

- l'enthousiasme : …
- la joie : …
- la méfiance : …
- l'équilibre : …
- la déception : …
- la tristesse : …

b. Exprimez ces sentiments en utilisant les expressions de l'encadré et en les variant. Que disent-ils ? Que peut-on dire d'eux dans les situations suivantes ?

- Paul et Lucie ont quitté la ville pour s'installer à la campagne. *Ils sont… Ils éprouvent…*
- Il va enfin faire le stage de voile dont il a toujours rêvé.
- Au jardin du Luxembourg, elle a rencontré un type bizarre qui veut la prendre en photo.
- C'est la quatrième fois qu'il échoue à son examen.
- Ça fait un an que Lucas sort avec Marion. Elle vient de le quitter sans lui donner d'explications.
- Julien était stressé par son travail mais depuis quelque temps il s'est mis au yoga.

4 **Imaginez la suite en exprimant le sentiment entre paren-thèses et en utilisant une expression verbale de la rubrique 2b de l'encadré.**

(1) Mathilde est arrivée crevée à la soirée mais elle a bu une coupe de champagne … (*euphorie*)

(2) Les Verdeil étaient invités chez des amis avec leur fils. Celui-ci s'est très mal conduit … (*honte*)

(3) Jérémy est amoureux de Flore mais Flore ne s'intéresse pas à lui … (*folie*)

(4) Après un début d'année scolaire difficile, Fanny a eu d'excellentes notes … (*courage*)

(5) Pierre m'a envoyé un mél pour mon anniversaire … (*plaisir*)

(6) J'ai appris que Cyril et Laure divorçaient … (*peine*)

(7) Mireille devait rentrer à 20 h. Elle est très en retard … (*souci*)

5 **À quel sentiment correspondent les expressions suivantes ?**

l'écœurement – l'enthousiasme – l'équilibre – l'inquiétude – la déception – la déprime – la joie – la jubilation – la tristesse – le courage – les ennuis, les soucis – les tracas

(1) Elle broie du noir.

(2) Elle s'est mise dans de beaux draps !

(3) Elle en a gros sur la patate.

(4) Elle se fait des cheveux blancs.

(5) Elle est aux anges.

(6) Elle est bien dans sa peau.

(7) Elle a le cafard.

(8) Elle boit du petit-lait.

(9) Elle est tout feu tout flamme.

(10) Elle est tombée de haut.

(11) Ça lui a donné du cœur au ventre.

(12) Elle n'est pas dans son assiette.

L'expression des sentiments et des émotions

1. Le sujet de la phrase éprouve le sentiment

a. Expression avec un verbe

Je regrette de ne pas venir (les deux verbes ont le même sujet → verbe + *de* + infinitif)

Je regrette que tu ne viennes pas (les deux verbes ont des sujets différents → verbe + *que* + subjonctif)

b. Autres formes

• *être* + **adjectif** : *je suis triste, content, déçu*

• *avoir* + **nom sans article** (dans quelques expressions seulement) : *j'ai honte, peur, pitié*

• *avoir* (*éprouver, sentir, ressentir*) + **nom** (avec *du, de la, des*) : *j'ai de la pitié pour cet homme – J'éprouve des regrets.*

Quand le sentiment est caractérisé → article indéfini : *J'éprouve une joie profonde – J'ai ressenti un grand bonheur*

Expressions familières : *j'ai la honte – J'ai la haine.*

2. Le sujet de la phrase est la cause du sentiment

a. Expression avec un verbe

Cette idée m'inquiète, me surprend, m'attriste, m'enthousiasme, etc.

b. Autres formes

• *rendre* + **adjectif** : *cette nouvelle m'a rendu triste* (causer)

• *donner* + **nom** (avec *du, de la, des*) : *son comportement me donne du souci – ses encouragements m'ont donné du courage.*

Quand le sentiment est caractérisé → article défini : *ses conseils me donnent un espoir.*

• *faire* + **nom** (sans article) : *cette idée me fait peur* (honte, pitié, plaisir, etc.).

• **forme adverbiale** : *il s'est comporté courageusement* (avec courage).

• **caractérisation de la cause du sentiment** : *une journée triste – un comportement honteux.*

6 **Reformulez la lettre ci-dessous de façon à exprimer les sentiments indiqués dans la marge. Variez les constructions.**

Cher Olivier,

Honte → Je n'ai pas répondu à tes vœux de Nouvel An. Excuse-moi.

Joie → Je pensais te voir au mariage de Delphine.

Regrets → Mais tu n'as pas pu venir.

Plaisir → Je vais pouvoir me rattraper. Je t'annonce que je suis à Lausanne pour une conférence le 6 mars.

Espoir → Est-ce qu'on pourra se voir ?

Fierté → Pour moi, tout va bien… Mon dernier article a été publié dans la revue Nature.

Déception → J'ai refusé le poste qu'on me proposait au Muséum d'histoire naturelle de Paris.

Les conditions de travail n'étaient pas satisfaisantes.

Excitation → J'ai obtenu un poste au CNRS. En avril, je pars en mission en Alaska !

À cœur ouvert

Après des années de travail, une amie a réussi ce qu'elle avait entrepris. Vous l'aviez encouragée. Il faut maintenant la féliciter chaleureusement...

Une autre vous apprend que son compagnon est atteint d'une grave maladie. Vous cherchez les mots justes pour lui dire votre peine...

À la sortie d'une exposition qui vous a ému(e), on vous demande d'écrire quelques mots sur le livre d'or.

La vie est jalonnée d'événements à propos desquels il faut savoir exprimer ses émotions et ses sentiments. Tantôt avec véhémence, tantôt avec retenue, tact et sincérité.

Ces pages vont vous y préparer.

Vivez vos loisirs avec intensité

❶ Lisez le texte de la page 95. Pour la compréhension des mots difficiles, aidez-vous des définitions suivantes :

• *1er paragraphe* : une terre fertile – convenir – partie du corps (entre le cou et la ceinture) – qui n'a pas de goût – argent ou objet que l'on met en jeu – un exploit – ce qui crée la motivation – modifier légèrement.

• *2e paragraphe* : concentrer sur un objectif spirituel – ressentir avec émotion – critiquer – devenir blanc de colère – une défaite – bruyamment – un enthousiasme – marqué par – exagéré – atténué.

❷ Recherchez si ces affirmations reflètent la pensée de l'auteur. Modifiez-les ou nuancez-les le cas échéant.

(a) Un match de football est le reflet de la vie.

(b) C'est un spectacle total comparable au théâtre.

(c) Le spectateur y est aussi acteur.

(d) Pour apprécier un match il faut être impartial.

(e) Le vrai supporter s'implique corps et âme.

(f) Avant, pendant et après le match, un supporter, quel qu'il soit, ne se comporte pas tout à fait normalement.

❸ Dans le 2e paragraphe, relevez et classez les comportements des supporters.

• Comportements physiques : ...

• Émotions : ...

• Comportements verbaux : ...

❹ L'analyse de Christian Bromberger permet-elle d'expliquer :

• la violence de certains supporters (insultes, dégradations, bagarres) ?

• le fait que le football est plutôt un sport et un spectacle d'hommes ?

• les sommes mirobolantes gagnées par certains joueurs ?

❺ Choisissez l'un des sujets d'expression suivants :

(a) Vous avez assisté à un spectacle qui vous a frappé(e) (film, pièce de théâtre, compétition sportive, cirque). **Exprimez les émotions que vous avez ressenties (sensations physiques, sentiments et impressions).**

(b) Vous avez vu une exposition, vous avez visité un lieu (monument, jardin, etc.) qui vous a frappé(e). **Vous exprimez vos impressions sur le livre d'or.**

La passion du football

En un peu plus d'un siècle, le football est devenu une passion planétaire, un élément essentiel d'une culture mondiale masculine, compris par tous et transgressant la diversité des régions, des nations et des générations. Le sociologue Christian Bromberger analyse ce phénomène.

Cette « footballisation » de la société s'enracine sans doute dans un terreau propice. Ce sport d'équipe et de contact offre, en effet, un éventail de propriétés athlétiques, dramatiques et esthétiques qui se prêtent tout particulièrement à la spectacularisation et aux symbolisations les plus diverses. Si l'on entre si volontiers dans cette histoire de ballon, de pieds, de torses et de tête, c'est que le match, à l'instar des grands genres, fait éprouver, en quatre-vingt-dix minutes, toute la gamme des émotions que l'on peut ressentir dans le temps long et distendu d'une vie : la joie, la souffrance, la haine, l'angoisse, l'admiration, le sentiment d'injustice… Mais pour éprouver pleinement ces émotions, encore *faut-il être partisan*. Quoi de plus insipide, en effet, qu'une rencontre sans « enjeu », où l'on ne passe pas du « ils » au « nous », où l'on ne se sent pas soi-même acteur ? On admirera sans doute la qualité technique de la partie, la beauté du jeu, les prouesses des athlètes mais on ne ressentira pas le piment et la plénitude dramatique du spectacle. Si la recherche d'émotions (« *the quest for excitement* », selon les termes de Norbert Elias*) est un des ressorts essentiels du spectacle sportif, la partisanerie est la condition nécessaire pour assurer un maximum d'intensité pathétique à la confrontation. Elle est également indispensable pour éprouver pleinement le sentiment d'être acteur d'une histoire incertaine qui se construit sous nos yeux et dont on pense, dans les gradins, pouvoir infléchir le dénouement par une intense participation vocale et corporelle. Contrairement au film ou à la pièce de théâtre, les jeux ne sont pas ici déjà faits avant la représentation.

Tous les supporters expriment, à travers leurs propos comme à travers leurs comportements, l'intensité de cette expérience émotionnelle et corporelle. Les plus fervents se disent « pris » quelques jours avant un match important. Ils dorment mal la veille de la rencontre. Ils mangent peu ou jeûnent avant la partie et se rendent au stade concentrés, tendus et recueillis. Pendant le match, ils « vibrent » au diapason des exploits de leur équipe, commentent le jeu par le geste et la parole, encouragent les leurs, discréditent les autres, se révoltent contre l'injustice et le sort, blêmissent en cas de revers, manifestent leur joie par des accolades à des voisins inconnus – à qui ils diront à peine au revoir au coup de sifflet final –, expriment tapageusement leur liesse et leur « soulagement » une fois la victoire acquise, mais écrasent furtivement une larme, ont « les jambes coupées », « l'estomac qui fait des nœuds » si le destin s'est montré défavorable ; dans ce cas ils gagneront rapidement leur domicile, leur sommeil sera ponctué de cauchemars et ils se réveilleront de mauvaise humeur. Bien sûr, tous les passionnés n'éprouvent ni n'affichent avec la même intensité cette gamme d'émotions ; l'âge, le sexe, le milieu social, le degré de ferveur accusent ou atténuent les sentiments et les démonstrations partisanes. Mais, qu'il soit exacerbé ou euphémisé, extériorisé ou intériorisé, le supporterisme est, pour tous, une expérience corporelle.

Christian Bromberger (*et al.*), *Passions ordinaires*,
© Bayard Éditions, 1998.

* N. Elias et E. Dunning, *Quest for Excitement. Sport and Leisure*, Oxford, Basil Blackwell, 1986.

9 Quelle émotion !

Réagissez à un événement agréable ou désagréable

❶ Chers collègues, cher Jacques Durand… Je suis très ému des mots que Jacques a prononcés à mon sujet et suis très flatté des propos élogieux qu'il a tenus. Je voulais vous dire d'abord que j'ai été très heureux de travailler dans cette entreprise…

❷ Cyril… je suis désolée de répondre encore une fois par la négative à ton invitation. Je crois qu'il faut que tu te rendes à l'évidence : les sentiments que j'avais pour toi ne sont plus ce qu'ils étaient. Je sais que cela va te faire de la peine mais je suis maintenant persuadée que je ne fais pas d'erreur en m'éloignant de toi. Nous avons passé quelques années heureuses ensemble mais nous ne pourrons jamais revivre ces moments-là.

❸ Je suis vraiment très touché par votre gentillesse. Ce petit cadeau me fait énormément plaisir et il restera un souvenir de la semaine que je suis très heureux d'avoir passé en votre compagnie. J'espère qu'elle aura été aussi enrichissante pour vous que pour moi. Ce n'est pas pour vous faire plaisir que je dis cela mais, très sincèrement, j'ai sans doute autant appris de vos réflexions que vous avez appris, vous, de mes interventions. Et je voulais vous remercier d'avoir partagé avec moi votre expérience mais aussi votre enthousiasme …

❹ J'ai été très attristée d'apprendre que Louis nous avait quittés. Comme tout le monde je l'aimais beaucoup.
Nous garderons toujours le souvenir de sa gentillesse, de son humour et de son enthousiasme communicatif.
Je partage votre peine et je vous assure de ma profonde sympathie.

❺ Bonjour Agnès… Voilà trois mois encore nous étions, toi, moi, Cédric et Adrien, les meilleurs amis du monde. En tout cas, j'en avais l'impression. On se recevait, on passait des week-ends ensemble. Et puis brusquement, Adrien et moi, nous avons senti que vous cherchiez à nous éviter. Il y a sans doute une raison mais laquelle ? Je voulais simplement m'assurer que nous n'avons pas commis de gaffe, que nous ne vous avons pas blessés sans nous en rendre compte. Adrien est parfois un peu brusque dans ses jugements. Cela dit, je comprends tout à fait que vous soyez lassés de nous voir…

❶ Lisez les documents ci-dessus. Pour chacun complétez le tableau.

	1
Type de document	Discours oral
Qui écrit ? Qui parle ?	
À qui ?	
Dans quelle situation ?	
Quels sont les sentiments et les émotions exprimés ?	

❷ Dans quel document ci-dessus pourraient figurer les phrases suivantes :

(a) Nous aimerions bien avoir une explication.
(b) Je ne t'aime plus.
(c) Il n'est plus de ce monde.
(d) Je suis bouleversé.
(e) J'en garde un excellent souvenir.
(f) Si c'est le cas, veuillez nous excuser.
(g) Il faut m'oublier.
(h) Je vous présente mes condoléances.
(i) Cela aura été pour moi un moment très fort et très important.

❸ Comment réagissez-vous, que dites-vous, que faites-vous dans les situations suivantes ? Comparez vos réponses avec celles des autres étudiant(e)s.

(a) Vous n'aviez rencontré Caroline et Charles qu'une fois. Ils vous ont invités. Vous avez passé une excellente soirée.
(b) Un(e) de vos collègues de travail ne vous adresse plus la parole.
(c) Votre compagne (votre compagnon) invite souvent un(e) collègue de travail. Ils passent beaucoup de temps ensemble.
(d) Vos amis souhaitaient depuis plusieurs années avoir un enfant. Ils ont enfin une petite fille.

❹ 🌐 Faites le travail d'écoute du document sonore.

❺ Lisez l'encadré « La peur », page 97.

Quelle sorte de peur éprouve-t-on dans les situations suivantes ? Décrivez ses manifestations physiques. Que disent-ils sur le moment ou quand ils racontent leur aventure ?

(a) Un artiste va entrer en scène.
(b) Il vit sous un régime tyrannique.
(c) Elle aperçoit une forme étrange dans son grenier.
(d) En promenade dans la campagne, il entend un cri soudain et prolongé.
(e) Le cinéma est en feu. Il n'y a pas d'issue de secours.
(f) Il regarde un reportage sur un pays où sévit la famine.
(g) Elle attend les résultats d'un examen médical.
(h) Il a fait un affreux cauchemar.
(i) Il roule à 150 km/h. Il aperçoit les gendarmes dans son rétroviseur.

La peur

1. De l'anxiété à la terreur

• **la peur** – **la crainte**. Il a peur de (Il craint) l'avenir – L'avenir lui fait peur.
Il a peur (il craint) que nous (n')ayons un accident. (subjonctif)

• **l'appréhension** – **l'inquiétude**. La perspective de son entretien d'embauche l'inquiète (l'angoisse) – Il appréhende les questions du recruteur – Il a le trac (il stresse – il panique) – Il est dans les affres de l'attente.

• **l'affolement** – **la panique**. Un incendie s'est déclaré dans l'hôtel. Les clients sont affolés (paniqués).

• **la frayeur** – **l'effroi** – **la terreur** – **l'épouvante**. Les oiseaux sont effrayés par le chat – Dans ce film d'horreur, il y a des scènes qui terrorisent (épouvantent, glacent d'effroi).

Expressions familières : il a la trouille – il flippe.
Paul est peureux, craintif, d'un naturel inquiet, timoré.
Ce spectacle est effrayant, épouvantable, horrible.

2. Les manifestations de la peur

• sursauter – tressaillir
• trembler – frissonner – frémir – avoir la chair de poule – claquer des dents
• pâlir – blêmir – verdir (être vert de peur) – être livide
• avoir le souffle coupé (la gorge sèche)
• bégayer – être muet de terreur
• transpirer – suer – avoir des sueurs froides

[LE TÉMOIGNAGE]

En vous aidant du schéma ci-dessous, faites une chronologie des événements de cette histoire. À chaque moment, précisez :
– la position du véhicule,
– leur direction,
– ce que font les conducteurs,
– les sentiments et les impressions éprouvés par les conducteurs.

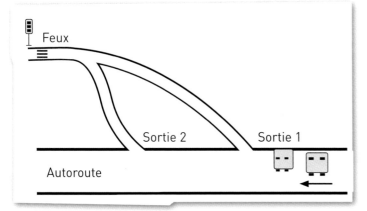

Le point sur...
les comportements émotionnels

Il y a quelque temps, une enquête demandait à un groupe d'étudiants, composé pour moitié d'Américains et pour moitié de Français, quelles seraient leurs réactions si, lors d'une séance de cinéma, les personnes assises devant eux n'arrêtaient pas de bavarder à voix haute. Les Américains répondirent en exposant des sentiments (*Je serais en colère – Je me fâcherais*) et leurs phrases comportaient une forte proportion de « je » et de « moi ». Les Français répondirent par des actions (*Je leur dirais de se taire – J'irais m'asseoir un peu plus loin*) en utilisant des formes impersonnelles (*Il est évident que... Il me semble qu'il y a...*). L'étude concluait que les Américains exprimaient plus facilement leurs émotions verbalement que les Français.

Même si ces observations sont justes, il convient de ne pas en généraliser la conclusion et de la nuancer selon les individus, les situations et les sentiments exprimés. Un Français qui reçoit un cadeau l'ouvre immédiatement, s'extasie longuement à voix haute afin que tout le monde l'entende, embrasse son donateur ou lui serre la main avec chaleur. Un Britannique ou un Japonais se comporteraient de manière moins expansive.
En revanche, apprenant une mauvaise nouvelle, le Français se fait discret. Son éducation lui a appris ici à ne pas montrer ses sentiments. Lorsqu'on se rend aux obsèques d'une personne qui ne faisait pas partie de vos intimes, on serre la main des proches en disant : « Je vous présente mes condoléances » ou « Toutes mes condoléances ». On pourra ensuite téléphoner ou envoyer un petit mot exprimant sa sympathie.

Par ailleurs, les manifestations de colère sont plus facilement admises en France que dans d'autres pays. Si, dans une entreprise française, un employé a un brusque accès d'humeur et « pète les plombs » en jetant violemment son dossier à terre, on ne lui en tiendra pas trop rigueur. Aux États-Unis, un tel comportement serait interprété comme un signe de faiblesse.

Autre singularité : dans une soirée réunissant des plus de trente ans déjà installés dans la vie, des groupes se forment selon la profession ou les activités de loisirs. On a tendance à négliger le nouveau s'il ne s'impose pas. Les étrangers taxent alors les Français de froideur et d'arrogance alors qu'il s'agit davantage de timidité et d'excès de discrétion.

Le meilleur des séries télé

« Les Experts », « NCIS » et autres « Desperate Housewives » n'ont qu'à bien se tenir. Les séries françaises ont le vent en poupe. Il est courant de dire que les téléfilms américains sont rythmés, forts et captivants alors que les fictions françaises seraient lentes et bavardes. Pourtant, chaque soir, à 20 h, près de 6 millions de téléspectateurs délaissent les journaux télévisés de TF1 et France 2 pour regarder « Plus belle la vie » sur FR3. Et quand deux séries sont en compétition, la française fait souvent un score très honorable. Quel est donc le secret de ces téléfilms bien de chez nous ?

Boulevard du Palais

Ici, pas de course-poursuite, sirènes hurlantes, dans les rues de Paris, ni de pistolets à tout moment tendu à bout de bras comme des lampes torches, ni de jeunes héros au paroxysme permanent de l'excitation. Tout se passe dans les couloirs feutrés du Palais de justice de Paris où officie la juge d'instruction Nadia Linz (Anne Richard), la trentaine apparemment fragile et naïve mais toujours déterminée. Elle travaille en collaboration avec la police qui opère de l'autre côté du boulevard du Palais, au célèbre quai des Orfèvres où plane l'ombre de quelques figures tutélaires du roman policier comme Jules Maigret. L'interlocuteur privilégié de Nadia n'a rien de fringant. À l'âge de la retraite, le commissaire Gabriel Rovère (Jean-François Balmer), alcoolique et dépressif, jette un regard désabusé sur le monde qui l'entoure. Sombre et pessimiste mais toujours lucide et opiniâtre, il progresse avec calme dans la recherche de la vérité.

L'originalité de « Boulevard du Palais » consiste à nous montrer des affaires en cours car un juge d'instruction intervient quand un suspect ou un présumé fautif a été désigné. Chaque épisode est l'occasion de nous plonger dans un univers social différent, à la lumière des doutes et des certitudes des deux partenaires. C'est aussi le choc de deux personnalités complexes, humaines, attachantes comme le sont aussi les rôles secondaires de la greffière et du médecin légiste.

Plus belle la vie

Le cadre est un quartier imaginaire de Marseille qui rappelle le quartier populaire et bien réel du *Panier*. Là, vit ce que les instituts de sondage appellent « un échantillon représentatif de la société française ». Des gens de tous âges, de toutes conditions familiales, sociales, professionnelles, culturelles : le jeune étudiant qui veut s'émanciper, l'officier de police abandonné par sa compagne et en désaccord avec sa hiérarchie, le serveur de bar homosexuel, l'homme d'affaires véreux.

Ils concentrent à eux seuls tous les problèmes du monde et sans doute est-ce le sens du titre de la série : la vie n'est qu'une succession de tracas, de difficultés, d'obstacles et de conflits qu'on parvient à surmonter grâce aux autres et à la part d'humanité qui se cache au fond de chacun.

Tous les personnages de cette mythologie moderne se croisent ou se rencontrent au café du Mistral, tenu par Roland et par son fils Thomas, à l'hôtel Select, dans la boutique de fringues de Luna et bien souvent au commissariat du capitaine Castelli. Là se nouent et se dénouent des amitiés, des intrigues amoureuses, des affaires plus ou moins importantes, plus ou moins louches, plus ou moins criminelles. « Plus belle la vie » jongle avec les genres comme avec les intrigues et on passe du sentimental au crapuleux avec une grande facilité. Les histoires se chevauchent et s'entremêlent à chaque épisode, obligeant le téléspectateur à n'en manquer aucun et à rester collé à son écran.

Il y a quatre ans, la critique ne donnait pas cher de cette histoire jouée par des inconnus et tournée avec des moyens réduits. Aujourd'hui, force est de reconnaître que c'est le plus grand succès jamais rencontré par un téléfilm français. Chaque soir, 6 millions de téléspectateurs le regardent, chacun y trouvant l'écho de ses propres préoccupations.

Joséphine, ange gardien – Louis la brocante

Tous deux sont des incarnations inattendues du héros justicier de série télévisée. Tous deux, à chaque épisode, sont amenés à recoudre des déchirures sentimentales et à jouer les redresseurs de torts sans arme ni violence par le seul fait de leur gentillesse et de leur générosité.

Le premier, c'est Joséphine, un ange gardien qui a les pouvoirs, entre autres, de se rendre invisible et de se téléporter. Mais quand une mission lui est assignée par le Ciel, elle use davantage de sa débrouillardise et de sa sensibilité que de ses pouvoirs surnaturels. Elle se glisse dans tous les milieux, se fait passer pour un marin pêcheur ou un cuisinier sans en avoir les compétences et réussit néanmoins à résoudre des problèmes qui s'enracinent aussi bien dans des conflits sentimentaux que dans le racisme ou l'alcoolisme.

Le second, c'est Louis, brocanteur de son état, qui sillonne la région lyonnaise au volant de son fourgon Citroën des années 1970, à la recherche de vieux meubles et d'objets insolites. Louis a le don, à chacune de ses sorties, de tomber sur des gens désemparés face à une situation inextricable. Il va alors aider un vieil aristocrate ruiné à retrouver un tableau de famille, régler un conflit entre des travailleurs saisonniers et leur patron, permettre à un adolescent de retrouver sa mère biologique. Cela malgré les obstacles que mettent sur sa route son ex-femme ou la gendarmerie locale.

Les interprètes ne sont pas pour rien dans le succès de ces séries familiales. Tous deux attirent la sympathie. Mimi Mathy par sa petite taille, son énergie infatigable, son humour. Victor Lanoux par sa sagesse, sa force tranquille ou ses coups de gueule face à l'autorité stupide.

[**L'ENTRETIEN**]

Mattéo, 29 ans, est un fan de séries télévisées.

Sélection d'une série télé

Vous devez choisir une série télévisée pour la télévision de votre pays ou pour votre école.

1. Lisez l'introduction de l'article. Partagez-vous les trois parties du document. Recherchez :
• le genre de la série (ou des séries),
• les lieux principaux où se déroule l'histoire,
• les personnages principaux et leurs caractéristiques,
• les types d'intrigue.
Recherchez le sens des mots qui vous paraissent difficiles.

2. Présentez votre recherche à la classe. Répondez aux questions sur le texte et sur le vocabulaire.

3. Chaque étudiant indique son choix (il peut ne choisir aucune de ces séries) et l'explique.

L'entretien

Aide à l'écoute :
– *La Commune*, série télévisée ayant pour cadre une banlieue défavorisée.
– *Mafiosa*, série mettant en scène le milieu délinquant corse.
– *Indigènes*, film sur l'engagement des Africains dans l'armée française pendant la guerre de 1939-1945.
– *La Bataille d'Alger*, film italo-algérien (1966) relatant un épisode de la guerre d'Algérie.

Écoutez l'entretien. Cochez les bonnes réponses.

a. Matteo
❏ connaît bien les séries télévisées françaises et américaines.
❏ préfère les séries françaises.
❏ trouve les séries américaines de meilleure qualité que les séries françaises.

b. Quand il compare les séries américaines et françaises, il aborde les sujets suivants :
❏ les moyens financiers
❏ les sujets, les intrigues
❏ le choix des acteurs
❏ la mise en scène (la réalisation)

Dans chaque sujet abordé, notez les éléments de comparaison.

Votre série télé préférée

Chaque étudiant présente sa série télévisée préférée (ou explique pourquoi il n'en regarde pas). Précisez ce qui vous plaît chez les personnages, dans les intrigues, etc.

Extrait de *Carmen*,
nouvelle de Prosper Mérimée (1845)

Don José raconte son histoire à Prosper Mérimée. Militaire d'origine basque, il a été chargé de garder l'entrée de la manufacture de tabac de Séville où sont employées des jeunes filles. Pour passer le temps, il fabrique une chaîne avec un fil de métal.

… J'étais jeune alors ; je pensais toujours au pays, et je ne croyais pas qu'il y eût de jolies filles sans jupes bleues et sans nattes tombant sur les épaules. D'ailleurs les Andalouses me faisaient peur ; je n'étais pas encore fait à leur manière : toujours à railler, jamais un mot de raison. J'étais donc le nez sur ma chaîne, quand j'entends des bourgeois qui disaient : Voilà la gitanilla ! Je levai les yeux et je la vis. C'était un vendredi, et je ne l'oublierai jamais. Je vis cette Carmen que vous connaissez, chez qui je vous ai rencontré il y a quelques mois.

Et prenant la fleur de cassie[1] qu'elle avait à la bouche, elle me la lança, d'un mouvement de pouce, juste entre les deux yeux. Monsieur, cela me fit l'effet d'une balle qui m'arrivait… Je ne savais où me fourrer, je demeurais immobile comme une planche. Quand elle fut entrée dans la manufacture, je vis la fleur de cassie qui était tombée à terre entre mes pieds ; je ne sais ce qui me prit, mais je la ramassai sans que mes camarades s'en aperçussent et je la mis précieusement dans ma veste. Première sottise !

---

1. Fleur semblable au mimosa.

En regardant à la télévision un extrait de Carmen, *opéra de Georges Bizet (1875) d'après la nouvelle de Prosper Mérimée.*
Carmen : « Sous les remparts de Séville, chez mon ami Lilas Pastia… »
Un téléspectateur : Il se situe quand cet air dans l'histoire ?
Deuxième téléspectateur : Quand Carmen est prisonnière de Don José. Il vient d'y avoir une dispute entre les ouvrières de la manufacture et Carmen a blessé l'une d'entre elles. Elle a été arrêtée et on l'a conduite au poste.
Quelques minutes auparavant, les ouvrières avaient fait une pause. Elles étaient sorties dans la cour. Carmen avait repéré Don José et lui avait jeté une fleur.

1 ▸ **Lisez le tableau de la page 101. Dans les textes ci-dessus, observez les différents systèmes du récit et étudiez l'emploi des temps. Classez les verbes dans le tableau ci-dessous.**

Moment de référence et actions principales	États – pensées – commentaires des actions	Actions antérieures à l'action de référence
… J'entends des bourgeois	J'étais jeune	…

2 ▸ **À partir des notes suivantes, racontez un épisode marquant de l'histoire du XIXᵉ siècle : la Commune de Paris. Utilisez les différents systèmes du récit. Prenez les moments en gras comme moment de référence.**

« *Depuis 1851, la France était dirigée…* »
• **Depuis 1851** – France dirigée par Napoléon III – Régime dictatorial – Développement des idées républicaines et socialistes
• **Juillet 1870** – Napoléon déclare la guerre à l'Allemagne de Bismarck (conflit à propos des territoires frontaliers)

• **2 septembre 1870** : capitulation française à Sedan – Napoléon III est fait prisonnier
• **4 septembre 1870** : **les Parisiens proclament la République**
• Formation d'un gouvernement provisoire – Création d'une nouvelle armée – Poursuite de la guerre – L'armée allemande encercle Paris
• **Octobre 1870** : **capitulation de l'armée française**
• **Janvier 1871** – Élection d'une Assemblée nationale formée en majorité de monarchistes conservateurs. Les Parisiens et l'armée n'acceptent ni la capitulation ni la nouvelle Assemblée
• **26 mars** : **le peuple de Paris allié à l'armée élit un Conseil municipal (la Commune) qui prend le pouvoir dans la capitale** et rejette l'autorité de l'Assemblée.
• **Avril 1871** : l'Assemblée obtient de Bismarck le retour rapide des soldats prisonniers en Allemagne. Avec eux, elle forme une nouvelle armée (les Versaillais)
• **21 avril 1871** : **l'armée versaillaise attaque celle de la Commune** – Terrible répression – Guerre civile
• **28 mai 1871** : chute de la Commune (entre 20 et 30 000 morts en une semaine)

3 Voici des notes sur la biographie de Mozart. Rédigez-les en utilisant l'information en italique comme moment de référence et en employant les formes en gras.

• après ... auparavant

1756 – Naissance de Mozart

1761 – Début de l'apprentissage du clavecin et du violon

1762 – *Départ en tournée en Europe*

• après ... avant que ...

1762-1766 – Triomphe de ses exhibitions de jeune prodige

1766 – *Retour en Autriche*

1767 – Composition de son premier opéra

• après que ... alors que ...

1778-1779 – Séjour à Paris

1789 – Mozart installé à Vienne dans la pension de Mme Weber. *Il épouse Constance, la fille de Mme Weber.*

4 Voici ce que dit l'auteur d'une pièce de théâtre. Réécrivez ce texte deux fois en imaginant :

a. que la première du spectacle a déjà eu lieu.

« Je me souviens, c'était le 1er août. Ce jour-là a eu lieu... »

b. que la première aura lieu dans 8 jours.

« Dans 8 jours aura lieu... »

« *Aujourd'hui* a lieu la première de ma pièce de théâtre *Les Cerisiers en fleur*. *Hier,* la répétition générale s'est très bien passée. *Ce matin,* j'ai eu peur car il a plu. Mais le beau temps est revenu dans l'après-midi et nous avons une soirée douce et étoilée. Le public a rempli la salle. Les comédiens sont excellents. *Dans deux heures* ce sera fini. Les applaudissements retentiront et nous irons faire la fête. »

Le récit d'événements passés

Un récit peut se faire au **passé composé** (système courant à l'oral comme à l'écrit), **au présent** (à l'oral et à l'écrit pour rendre le récit plus expressif) ou **au passé simple** (à l'écrit et à l'oral jusqu'au XIXe siècle – aujourd'hui à l'écrit seulement, dans les textes à caractère littéraire ou historique).

Deux ou trois systèmes peuvent alterner dans un même texte.

Le tableau ci-dessous précise l'emploi des temps dans chaque système.

Systèmes de récits Moment de référence	États, commentaires Actions vues dans leur déroulement ou habituelles	Actions ou états antérieurs non subordonnés	Actions antérieures subordonnées (dans une même phrase)
Récit au présent Paul arrive	Il est fatigué (présent)	Il a fait ses courses (passé composé)	... après avoir fait ses courses (infinitif passé) ... après qu'il a fait ses courses (passé composé)
Récit au passé composé Paul est arrivé	Il était fatigué (imparfait)	Il avait fait ses courses (plus-que-parfait)	... après avoir fait ses courses (infinitif passé) ... quand il a eu fait ses courses (passé surcomposé)
Récit au passé simple Paul arriva	Il était fatigué (imparfait)	Il avait fait ses courses (plus-que-parfait)	... après avoir fait ses courses (infinitif passé) ... après qu'il eut fait ses courses (passé antérieur)

L'emploi des temps et des adverbes de temps varie selon le moment de référence.

Moment de référence	Au moment de référence	Antériorité	Postériorité
Présent	Aujourd'hui, maintenant, ce matin, cette semaine, ce mois-ci Pierre arrive	Tout à l'heure, ce matin, hier, avant-hier, la semaine dernière, il y a dix jours... il a fait des courses	Tout à l'heure, dans cinq minutes, demain, après-demain, la semaine prochaine, dans huit jours... il partira en vacances
Passé	Ce jour-là, cette semaine-là, à ce moment-là Pierre est arrivé	Une heure auparavant (avant), le matin, la veille, l'avant-veille, la semaine précédente, dix jours avant (auparavant) il avait fait ses courses	Une heure après, le soir, le lendemain, le surlendemain, la semaine suivante il partirait en vacances (conditionnel)
Futur (même adverbe que pour le moment passé)	Ce jour-là... Pierre arrivera	Le matin... il aura fait ses courses	Le soir... il partira en vacances

Une vie, une œuvre

Exposé, conférence, petit discours de réception, conversation amicale... les occasions ne manquent pas où nous sommes amenés à parler de la vie d'une personnalité et des œuvres qu'elle a réalisées.

Vous préparerez un exposé sur la vie et l'œuvre (ou l'une des œuvres) d'une personnalité de votre choix (écrivain, artiste, scientifique, politique, etc.).

Simone Veil
Une vie
Stock

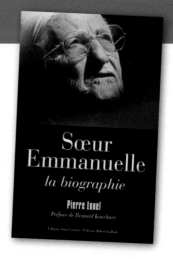

Sœur Emmanuelle
la biographie
Pierre Lunel
Préface de Bernard Kouchner

CINÉMA

Marion Cotillard : Piaf réincarnée

César du meilleur second rôle en 2004 pour *Un long dimanche de fiançailles* de Jean-Pierre Jeunet, son talent d'actrice de composition éclate aujourd'hui dans une extraordinaire interprétation d'Édith Piaf. *La Môme*, mélodrame d'Olivier Dahan. Avec Marion Cotillard, Sylvie Testud, Pascal Greggory, Emmanuelle Seigner, Jean-Paul Rouve, Gérard Depardieu, Jean-Pierre Martins, Catherine Allégret, Marc Barbé. Durée : 2 h 20

« Piaf est une étoile qui se dévore dans la solitude du ciel. » C'est ainsi que Jean Cocteau, en poète, définissait son amie Édith Piaf, cette chanteuse populaire de légende qui galvanisait la foule de sa voix sensuelle, profonde, déchirante comme un cri, comme une plainte intérieure. Rien donc de plus difficile que d'interpréter celle qui a chanté l'amour avec des sanglots et la passion du désespoir tout en brûlant la vie par les deux bouts.

Dans *La Môme* d'Olivier Dahan, le récit mélodramatique des épisodes les plus marquants de l'existence de Piaf, un véritable roman populiste[1] à la Hector Malot, Marion Cotillard joue le rôle-titre. *A priori*, l'actrice ne ressemble pas physiquement au personnage, ce petit bout de femme d'un mètre quarante-sept à l'apparence chétive, disparue prématurément à 47 ans, usée par l'alcool, la drogue et les amours intenses à répétition. Elle est grande, longiligne, le visage lisse, le regard clair, l'air serein et bien dans sa peau. Mais, à force de travail et après quatre heures trente de

maquillage, l'illusion est parfaite. Marion Cotillard, c'est Édith Piaf réincarnée.

Tout commence donc à Belleville[2]. C'est là que naît, le 18 décembre 1915, à 5 heures du matin, sur un trottoir, en pleine rue, la petite Édith Giovanna Gassion. Son père, Louis Alphonse Gassion (Jean-Paul Rouve), est contorsionniste-antipodiste[3]. Sa mère, Anetta Maillard (Clotilde Courau), une ancienne vendeuse de nougat, chante dans les caf'conc'[4] pour améliorer l'ordinaire. Louis Alphonse Gassion reparti pour le front, Anetta, qui n'a pas la fibre maternelle, confie son bébé à sa mère d'origine kabyle, ancienne artiste de cirque en Algérie. [...] Édith, squelettique, vit deux ans dans ce taudis dans un manque total d'hygiène. Son père la conduit alors chez sa mère (Catherine Allégret), qui tient une maison de tolérance à Bernay, en Normandie. Choyée par les prostituées – par Titine (Emmanuelle Seigner) tout particulièrement – qui l'entourent d'affection, Édith s'épanouit.

Mais le malheur continue à la poursuivre. À six ans, une double kératite est en train de la rendre aveugle. Titine l'emmène à Lisieux[5] en pèlerinage, à la basilique Sainte-Thérèse. Le miracle opère. Édith recouvre la vue. Elle gardera jusqu'à sa mort une dévotion à sainte Thérèse. Quelque temps après, son père la ramène à Paris. Elle fait la manche dans les rues où son père se produit. Elle chante aussi *La Marseillaise* ou *L'Internationale* pour récolter davantage d'argent. Elle découvre alors l'impact de sa voix sur les passants qui s'arrêtent pour l'écouter. À 15 ans, avec Momone (Sylvie Testud), sa compagne de misère, elle arpente les rues de la capitale pour pousser la chansonnette. C'est ainsi qu'au coin de la rue Troyon, Louis Leplée

(Gérard Depardieu), le patron d'un cabaret chic (il sera assassiné le 6 avril 1936), la remarque, l'engage et lui trouve son nom de scène : la môme Piaf. Sa carrière commence, jalonnée de rencontres – la com-

positrice Marguerite Monnot, Raymond Asso, son mentor (Marc Barbé), Louis Barrier (Pascal Greggory) –, de succès en France et outre-Atlantique, et d'histoires d'amour passionnées, comme avec Marcel Cerdan (Jean-Pierre Martins) et Théo Sarapo, son dernier mari, qui l'aimera jusqu'à sa mort, le 10 octobre 1963.

« J'ai découvert la chanson réaliste lorsque j'avais 18-20 ans, explique Marion Cotillard. J'écoutais Fréhel, Yvette Guibert, Aristide Bruant. Et bien sûr Édith Piaf. Je connaissais par cœur « L'Hymne à l'amour », « La Foule » et « Les Amants d'un jour ». On y parlait sentiments purs, radicaux, absolus. Cela me bouleversait [...]. Afin de coller parfaitement à son personnage, Marion Cotillard s'est beaucoup documentée. Elle a lu de nombreuses biographies consacrées à Édith Piaf. Elle a visionné ses spectacles pour enregistrer ses gestes, sa démarche, sa manière de se tenir en scène. Elle a analysé de nombreuses interviews pour tenter de percer le mystère, de mieux percevoir le tempérament de Piaf. Elle a rencontré Georges Moustaki et Ginou Richer, des amis intimes d'Édith Piaf, qui lui ont révélé les aspects cachés de sa personnalité [...]

Brigitte Baudin, *Le Figaro*, 14/02/2007.

1. Romans de la période 1850-1950 qui s'inspirent de la vie des gens du peuple.
2. Quartier populaire du nord-est de Paris.
3. Acrobate.
4. Le café-concert. Beaucoup de cafés proposaient des spectacles où se succédaient chansons et numéros de cirque.
5. Ville de Normandie.

Racontez la vie d'une personne

1 Lisez l'article.

a. Présentez-le en complétant les phrases suivantes :
L'article de Brigitte Baudin porte sur ...
Ce film intitulé ... est inspiré de ...
C'est un film de ... Le rôle principal est tenu par ...

b. Relevez les épisodes marquants de la vie d'Édith Piaf.
1915 – Naissance à Paris dans le quartier de Belleville
...

c. Donnez un titre à chaque paragraphe.

d. Approuvez ou nuancez ces remarques d'un spectateur du film.
❏ Marion Cotillard est le sosie d'Édith Piaf.
❏ Elle a su parfaitement rendre le personnage de la chanteuse.

❏ Elle a beaucoup travaillé pour préparer le rôle.
❏ À l'occasion du film, elle a découvert la chanson réaliste.

e. L'article vous permet-il de répondre aux questions suivantes ?
❏ Pourquoi le titre du film est-il La Môme ?
❏ Édith Piaf est-il le vrai nom de la chanteuse ?
❏ Quel style de chanson interprétait-elle ?
❏ Qu'est-ce qui a fait sa célébrité ?
❏ Qui étaient Jean Cocteau ? Hector Malot ? Fréhel, Yvette Guibert et Aristide Bruant ?

2 Choisissez une personne dont vous souhaiteriez présenter la biographie et l'œuvre.
Documentez-vous sur sa biographie. Sélectionnez les moments importants.
Préparez une présentation orale de cette biographie.

REPRISE

La Cantatrice chauve

*I*l y a quinze ans l'auteur de théâtre Jean-Luc Lagarce mettait en scène *La Cantatrice Chauve*, d'Eugène Ionesco. Dix ans après sa mort, son assistant François Berreur reprend ce spectacle en tentant de le rendre aussi proche que possible de sa forme originale. Il est ainsi parvenu à réunir les comédiens qui furent de l'aventure, à retrouver le décor miraculeusement intact et à reproduire les costumes, lesquels avaient disparu dans un incendie. Pour ce qui est de la mise en scène tirée au cordeau, chacun a rassemblé ses souvenirs. Disons-le tout net, cette *Cantatrice* franchit brillamment la barrière du temps. M. et Mme Smith se tiennent devant leur coquet cottage au milieu d'une pelouse d'un vert éclatant. Lui est affalé dans un fauteuil et vêtu d'un costume gris, d'une chemise jaune et d'une cravate orange ; perchée sur des talons dont la hauteur lui donne des allures de géante, elle porte un tailleur genre Chanel et un chapeau rouge qui fait d'elle une reine d'Angleterre. Au cours d'une conversation sans queue ni tête, le couple s'extasie au souvenir d'un voisin qui fut « le plus beau cadavre de Grande-Bretagne ». Ils s'emmêlent les pinceaux en évoquant les membres d'une même famille portant tous le même nom. Arrivent les Martin qui portent des vêtements identiques à ceux de leurs hôtes et tiennent eux aussi des propos savoureusement absurdes. La seule différence entre ces gens est de taille, puisque Mme Martin est un tout petit bout de femme. Survient un capitaine de pompiers… La réunion amicale se termine par une bagarre sémantique généralisée. Mise en scène pour la première fois par Nicolas Bataille en 1950, *La Cantatrice chauve* fut d'abord accueillie par des sarcasmes. Elle a été reprise sept ans plus tard au Théâtre de la Huchette, à Paris, où elle est d'ailleurs toujours à l'affiche. Le public du Théâtre national de Rennes, où elle est donc recréée dans la version de Lagarce, était composé en majeure partie d'adolescents, qui l'ont acclamée. Ionesco, en qui l'on vit autrefois une sorte d'Attila ravageur des scènes de théâtre, est manifestement en phase avec la jeunesse d'aujourd'hui, qu'enchante son goût des situations loufoques. Si Jean-Luc Lagarce, qui a su décaper avec tant de férocité feutrée l'image du cercle familial, a choisi de monter la pièce la plus déjantée d'Ionesco, c'est qu'il savait comme personne faire voler en éclats et le monde petit-bourgeois et le langage.

Joshka Schidlow, *Télérama*, 14/10/2006.

Parlez d'une œuvre

❶ Lisez l'article ci-dessus.

a. À quoi correspondent les dates suivantes :

1950 : …   1957 : …   1991 : …   2006 : …

b. Relevez les détails qui permettent de décrire et de caractériser la pièce *La Cantatrice chauve*.

L'auteur : …   Le lieu : …
Les personnages : …   L'histoire et les scènes : …
Le ton (voir vocabulaire p. 105) : …
Les idées (ou les intentions) de l'auteur : …

c. Relevez les détails qui permettent de décrire et de caractériser la mise en scène de cette pièce.

d. Une personne qui n'a pas vu la pièce vous pose les questions suivantes. Répondez-lui dans la mesure du possible.

(1) Il paraît qu'il faut aller voir *La Cantatrice chauve* au Théâtre national de Rennes. La mise en scène est totalement nouvelle…
(2) On dit que c'est une suite de situations absurdes.
(3) Il paraît que l'accueil du public a été enthousiaste.
(4) On dit que les décors et les costumes sont vifs et colorés.
(5) Mais je crois bien que *La Cantatrice chauve* est une pièce qui a vieilli.

❷ 🎧 Faites le travail d'écoute du document sonore.

❸ Préparez une présentation orale de l'œuvre de la personne que vous avez choisie (ou d'une de ses œuvres).

Présentez à la classe la vie et l'œuvre de la personne que vous avez choisie

Le théâtre

• **Une pièce comique,** drôle, cocasse, loufoque – L'auteur se moque de... (ridiculise... tourne en dérision, en ridicule... caricature...) – On rit aux dépens du vieil avare

• **Une situation dramatique,** grave, sérieuse, tragique, angoissante – un personnage inquiétant, cruel

• **Une pièce réaliste** – une peinture de la société bourgeoise – L'auteur critique, dénonce les comportements (les habitudes, les travers)

• **Une situation absurde,** extravagante, dérisoire, folle, saugrenue, insensée – un personnage décalé (déjanté)

• **Une scène poétique,** émouvante, touchante

• **Une pièce à thèse** qui suscite des réflexions, des interrogations – une pièce qui remet en question notre façon de voir

Le scénariste Alain Le Henry, auteur notamment des scénarios des films *Subway* (1985), *Indochine* (1992) et *Un héros très discret* (1996) évoque la spécificité de son métier.

Un ami qui aime écrire vous pose les questions suivantes. Répondez-lui en utilisant les informations données par Alain Le Henry.

a. J'ai écrit une nouvelle de 20 pages. Je suis sûr que ça pourrait faire un film. Que dois-je faire pour qu'elle ressemble à un scénario.

b. Quand j'aurais écrit le scénario, qu'est-ce que je dois faire ?

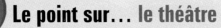 ## Le point sur... le théâtre

En France et dans les pays francophones, le théâtre est extrêmement vivant. Paris compte une centaine de salles publiques ou privées et une petite ville de 100 000 habitants peut disposer de quatre ou cinq lieux, animés à la fois par des professionnels ou par des amateurs. La plupart de ces théâtres reçoivent des aides des pouvoirs publics (État, région, municipalité). En été, bien que les scènes parisiennes continuent à donner des représentations, l'attention se focalise sur les festivals. Le plus célèbre est celui d'Avignon où plus de 100 spectacles sont donnés chaque année.

Le public français a une prédilection pour la comédie. À Paris, le théâtre de boulevard a toujours du succès. Les pièces de Feydeau (1862-1921), de Labiche (1815-1888) ou de Sacha Guitry font toujours salle comble. Des comédies plus récentes comme *Oscar* de Claude Magmer, *Boeing-Boeing* de Marc Camoleti, *La Cage aux folles* de Jean Poiret sont restées plusieurs années à l'affiche et sont reprises régulièrement. Ce théâtre utilise les éternels ressorts de la jalousie, de l'adultère et de l'ambition pour créer des quiproquos et des effets de surprise dans des scènes cocasses et délirantes. Dans une autre veine, plus proche de la tradition de Molière, Yasmina Reza (*Art, Trois Versions de la vie*) ou Philippe Claudel (*Parlez-moi d'amour*) se moquent des modes et des conventions sociales.

Le répertoire classique, qui va des pièces de Corneille (*Le Cid*) à celles du théâtre de Ionesco (*La Cantatrice chauve, La Leçon, Rhinocéros*) et de Beckett (*En attendant Godot*), est constamment revisité et revivifié par des metteurs en scène dont la notoriété égale celle des auteurs. Il faut avoir vu *Le Misanthrope* d'Antoine Vitez, *La Dispute* de Marivaux par Patrice Chéreau ou *Le Cid* de Francis Huster. La Comédie-Française, dont la mission

La salle de la Comédie-Française

est de faire vivre ce répertoire national, est redevenue un lieu de création. Des comédiens qui doivent leur célébrité au cinéma (Isabelle Huppert, Carole Bouquet, Gérard Depardieu) n'hésitent pas à participer à cette renaissance des classiques. Le public s'aperçoit que Corneille, Molière, Marivaux, Hugo peuvent nous aider à comprendre le monde d'aujourd'hui.

Le public ne boude pas pour autant le théâtre de réflexion. Au milieu du XXᵉ siècle, Sartre et Camus mettaient en scène leurs idées sur l'absurdité du monde, la liberté de l'individu, la valeur de l'engagement. Aujourd'hui, Jean-Claude Grumberg nous parle de notre histoire tragique (*L'Atelier*), Bernard-Marie Koltès explore les relations humaines et le problème de la drogue (*Dans la solitude des champs de coton*), Éric-Emmanuel Schmitt réfléchit sur la morale sexuelle (*Le Libertin*) et Wajdi Mouawad sur l'immigration (*Littoral*).

Il existe aussi un public pour le théâtre d'innovation et de recherche. Celui-ci s'oppose radicalement aux genres qui viennent d'être évoqués. Avec Valère Novarina, il explore avec jubilation les pouvoirs d'un langage en liberté et, dans les spectacles provocateurs du Belge Jan Fabre, il piétine allègrement la morale et la bienséance en exprimant son dégoût de notre époque.

MÉDIA : TROP C'EST TROP !

Les humoristes vont-ils trop loin ?

« Je me presse de rire de tout de peur d'être obligé d'en pleurer », disait Figaro dans *Le Barbier de Séville* de Beaumarchais quelques années avant la Révolution. Signe des temps, aujourd'hui les humoristes ont envahi le paysage audiovisuel et se sont emparés de tous les sujets, même les plus graves. Dans *Le Monde*, Sandrine Blanchard et Raphaëlle Rérolle analysent ce phénomène.

« La chose excitante c'est de flirter avec la ligne jaune, explique Christophe Alévêque qui a connu un de ses premiers grands succès, en 2002, avec un spectacle où il était question des attentats du 11 septembre 2001. *L'interdit est jubilatoire et les humoristes sont des gamins. »* Il y a de quoi faire : selon lui, l'époque est au *« couvre-feu moral »* depuis une bonne dizaine d'années. [...] Chacun a ses propres frontières. Pour Didier Porte, la Shoah en est une. *« On a le droit de parler de tout, en fonction de ses interdits personnels. Les limites sont subjectives, on a tous notre sur-moi. Sur la Shoah, je n'ai pas envie de rigoler. En revanche, on m'a forcé à aller à la messe jusqu'à 15 ans, alors c'est facile d'attaquer ceux qui m'ont emmerdé ! »*
Du côté de Claudia Tagbo, les barrières sont bien plus sévères : rien qui blesse, pas de méchanceté sur scène, jamais. *« Dans ma salle, je ne veux que de l'amour*, affirme-t-elle. *À la rigueur des vannes, mais comme je me moque*

Tous les matins, un peu avant 9 h, sur les principales stations de radio, des humoristes commentent l'actualité. Les plus écoutés sont ceux qui imitent les voix des politiques et des célébrités, notamment Laurent Gerra sur RTL et Nicolas Canteloup sur Europe 1 (notre photo).

d'abord de moi-même, elles sont bien acceptées. Je ne veux pas de polémiques. » Dans le milieu, les femmes sont nombreuses mais les « méchantes » extrêmement rares. [...]
« On peut rire de tout, estime pour sa part Jérémy Ferrari, qui s'est fait connaître grâce à l'émission « On ne demande qu'à en rire », sur France 2. *La seule limite, c'est : qui est l'humoriste ? Tient-il les mêmes propos en dehors de la scène ? »*

Le Monde, 24 janvier 2014.

Le grand déballage

Avec la télévision, fini l'anonymat : on livre désormais ses secrets à des millions de téléspectateurs. Andy Warhol l'avait prédit dès 1968 : « À l'avenir, chacun de nous aura son quart d'heure de célébrité. » Nous y sommes. Depuis 1983 et le *Psy Show* de Pascale Breugnot, les émissions fondées sur les témoignages d'hommes et de femmes, inconnus ou célèbres, ont envahi l'écran. « Cette évo-

lution a également pénétré le documentaire, constate la sociologue Dominique Mehl. On n'expose plus des bribes de vie pour illustrer une démonstration. À présent, la parole du profane a remplacé celles de l'expert et du journaliste. »
Simples spectateurs, avides de « tout savoir », ou acteurs, prêts à « tout dire », les Français en redemandent. *Ça se discute*, l'émission de Jean-Luc Delarue

sur France 2, a fêté son 13ᵉ anniversaire. Mireille Dumas, reine de la téléconfession depuis le début des années 1990, avec *Bas les masques* et *La vie à l'endroit*, produit et anime depuis 2000 *Vie privée, vie publique*. Un succès : 3,5 millions de téléspectateurs en moyenne.
Cette curiosité pour la vie des autres n'épargne donc plus le monde politique. À présent, les Français attendent de ceux qui les dirigent une once d'âme

et d'émotion. « Notre société fonctionne à l'empathie, observe Jean-Claude Kaufmann. Nous avons besoin de nous reconnaître, de trouver des repères dans la vie des personnages publics pour que l'adhésion émotionnelle opère. » Cette fois encore, les intéressés ne se font pas (trop) prier : rares sont ceux qui résistent à l'envie de mettre en scène leur vie de famille.

Anne Vidalie, *L'Express*, 27/07/2007.

Les dérapages de l'information spectacle

Les médias, et la télévision en particulier, privilégient l'émotion au détriment de l'analyse. Lors d'un reportage sur une inondation, la caméra s'attarde sur les visages en larmes des personnes démunies, sur les conséquences du sinistre, mais le commentaire passe rapidement sur le fait que la maison était construite en zone inondable et que le dispositif de protection n'était pas au point. Les informations sont souvent scénarisées. Lors d'une arrestation de terroristes, aucun journaliste n'était présent. Qu'à cela ne tienne, en s'appuyant sur quelques images – la maison du suspect, un gros plan sur des mains menottées, un fourgon de police qui démarre –, on en reconstitue l'histoire.

Cette spectacularisation de l'information conduit les médias à s'intéresser avant tout au détail qui va avoir un impact fort sur le téléspectateur. D'un débat d'une heure et demie entre deux hommes politiques à la veille d'une élection, on ne retient que le passage de quelques secondes où les deux hommes s'invectivent, le premier répondant aux propos injurieux de l'autre en évoquant son implication dans une affaire judiciaire. Le plus grave, c'est quand, pour gagner quelques parts d'audience, on n'hésite pas à diffamer une personne sans défense ou à bafouer la présomption d'innocence. Un homme et son fils sont soupçonnés d'être liés aux attentats de Madrid de 2004. Leur arrestation a lieu sous l'objectif d'une caméra de France 2 et d'un photographe de l'AFP. Malgré les doutes émis par la famille et le voisinage, on révèle quasiment tout des deux suspects : prénoms, première lettre du nom de famille, âge, employeurs, lieu de résidence. Très rapidement les deux hommes seront disculpés mais dans l'esprit de gens qui pensent qu'il n'y a pas de fumée sans feu, ils resteront des terroristes dont on n'a pas pu prouver la culpabilité.

Henri Girard

[DOCUMENT SONORE]

À la radio, le journal du 13 juillet 2013.

Réflexions sur l'information

1. La classe se partage les trois textes. Chaque équipe prépare une présentation de son texte en répondant aux questions suivantes.

a. « Les humoristes vont-ils trop loin ? »
• Comparez l'opinion des quatre humoristes. Quelle limite chacun se fixe-t-il ? Quel est selon vous le plus provocateur ?
• Donnez votre avis sur le sujet en évoquant la situation dans votre pays.

b. « Le grand déballage »
• Résumez en une ou deux phrases le phénomène décrit par Anne Vidalie.
• Précisez :
– le début de ce phénomène ;
– son évolution et son ampleur ;
– comment on peut l'expliquer.
• Donnez votre avis personnel sur ce phénomène. Faites-vous partie des personnes qui cherchent à se montrer à la télévision ?

c. « Les dérapages de l'information spectacle »
• Faites la liste des séquences de journal télévisé ou de reportage qui sont évoquées dans cet article. Pour chacune, notez l'analyse de l'auteur.
Inondation → les images montrent les dégradations et la souffrance des gens mais n'explique pas…
• Faites la synthèse des idées d'Henri Girard.
• Donnez votre opinion sur l'information spectacle.

2. Présentez votre texte, vos analyses et vos opinions à la classe. Discutez.

Le journal à la radio

Aide à l'écoute. Brétigny : petite ville proche de Paris – Limoges : ville de 140 000 habitants située dans le nord-ouest du Massif central – SNCF : Société nationale des chemins de fer français

1. Donnez un titre à chaque information.

2. Confirmez ou corrigez les affirmations suivantes en donnant des arguments.

a. Le train qui a déraillé à Brétigny allait trop vite.
b. Le déraillement du train à Brétigny a eu de graves conséquences.
c. D'après les résultats du bac, le niveau des lycéens progresse.
d. Le jour de la fête nationale, le président de la République va faire un discours pour expliquer sa politique.
e. Le constructeur automobile Peugeot espère conquérir le marché chinois.
f. Le Britannique Mark Cavendish a gagné le Tour de France devant son compatriote Froome et l'Espagnol Contador.
g. La figure de Nelson Mandela inspire les artistes sud-africains.
h. L'épouse du prince William va bientôt accoucher.

Analyser des représentations et des significations

Les Mariés de la tour Eiffel, Chagall

« Ce tableau de Chagall a été réalisé en 1939, année qui correspond au départ du peintre pour les États-Unis. Il représente un couple de jeunes mariés précédé d'un coq à plumes blanches qui semble s'élever au milieu de figures emblématiques. L'œuvre fait penser à un rêve. Que signifie-t-elle ? Est-il possible de l'interpréter ?

Nous allons voir que cette peinture évoque la vie de Chagall et qu'elle révèle ses états d'âme.

Par exemple, plusieurs éléments comme les toits à coupole, les violons et les chandeliers rappellent ses origines russes et juives. Le jeune homme qui lit symbolise sa jeunesse et le petit couple sous la tente est le rappel de son mariage avec Bella Rosenfeld.

En 1939, Chagall était préoccupé par la situation politique. Son inquiétude se traduit dans le symbolisme des couleurs. Le rouge du soleil qui se communique à la tour Eiffel matérialise le drame proche... »

La représentation

• Cette image représente, évoque, figure, exprime la tristesse du peintre.
Le coq symbolise la France.
La couleur rouge est l'expression, l'image, la représentation de l'énergie ou du sang.
Ce personnage incarne, personnifie la passion absolue.
La rencontre entre les deux personnages est le symbole, la figure, l'emblème, l'archétype du coup de foudre.

• La douleur du poète est représentée, évoquée, figurée, symbolisée par...
Les préoccupations politiques de l'écrivain se matérialisent dans..., se concrétisent dans son dernier roman.
La nostalgie se traduit par les sonorités tristes.
La volonté de puissance s'incarne dans le personnage de Titus. Elle est très bien rendue par le monologue de la scène 2.

• Les images évoquées dans ce tableau donnent une impression de bonheur – Elles font penser à...
Elles suggèrent..., rappellent la jeunesse du peintre.

• L'œuvre dissimule..., cache les préoccupations de l'artiste. Elle recèle des symboles cachés.
L'impression de légèreté masque (voile, déguise) une angoisse profonde.
L'œuvre dénote la blessure enfouie dans le cœur du poète.

• L'image obsédante des toits à coupoles révèle (trahit, témoigne de, manifeste, prouve, atteste) l'attachement du peintre pour son pays natal : la Russie.
Celle de la tour Eiffel met en lumière son amour pour Paris.

1 Observez le tableau et lisez le texte ci-dessus. Relevez les mots qui expriment les idées :
a. de représentation   b. de signification

2 Le vocabulaire de la représentation. Complétez avec une expression de l'encadré.
a. Utilisez le 1er paragraphe de l'encadré.
• Le célèbre tableau de Picasso *Guernica* ...... un épisode de la guerre civile espagnole. Mais le peintre ne ...... pas la guerre d'une manière réaliste.
Il veut surtout ...... un sentiment d'horreur.
Dans ce tableau, l'image du taureau ...... la bestialité humaine.
La nudité et la déformation des personnages ...... le côté tragique de la condition humaine.
Cette idée est surtout ...... par l'enchevêtrement des lignes.
b. Utilisez le 2e paragraphe de l'encadré.
• Le roman de Victor Hugo *Notre-Dame de Paris* n'est pas seulement une œuvre d'imagination.
Les préoccupations profondes de l'auteur ...... dans cette œuvre.
Le scandale de l'injustice humaine ...... dans le personnage de Quasimodo.
Son incapacité à communiquer avec les autres ...... par sa surdité.
L'attirance pour le mal ...... par le personnage de Frollo.
La beauté et la bonté ...... par Esméralda.

c. Lisez les trois derniers paragraphes de l'encadré page 108. Complétez ces phrases.

• Ce petit musée de province recèle …

• Le maire a perdu les élections. Derrière son sourire, il dissimule ……

• La brièveté de son discours a trahi ……

• Dans cet article sur la Mongolie, la précision des descriptions atteste ……

• Dans cette lettre, les fautes d'orthographe et de syntaxe dénotent ……

❸ Complétez avec un verbe de l'encadré ci-dessous.

• Que … le mot espagnol *movida* ?

– Littéralement ça …… « ambiance ». Mais on peut traduire par « renouveau culturel ». C'est un mot qui …… à la période des années 1980.

• Ce panneau …… que la vitesse est limitée à 90 km/h. Or, mon compteur …… 110 km/h. Je dois donc ralentir.

• Ses tremblements et sa nervosité …… un manque de confiance en soi.

❹ Reformulez la phrase soulignée en utilisant le mot entre parenthèses.

Exemple : (a) Il a fait un signe de la tête.

(a) Il est d'accord. Il a hoché la tête (*signe*).

(b) Le navigateur est en détresse. Il a tiré une fusée (*signal*).

(c) Elle a de la fièvre. Elle a la grippe (*symptôme*).

(d) Il est coléreux. Ça fait partie de sa personnalité (*caractéristique*).

(e) Elle m'a fait un cadeau. C'est sympathique (*marque*).

(f) Il veut bien m'aider. Il est plein de bonne volonté (*manifestation*).

(g) Il pleut beaucoup. C'est comme ça dans les régions tropicales (*caractéristique*).

❺ Lisez ci-dessous le poème « Après trois ans » de Paul Verlaine. Commentez-le en indiquant ce qu'il décrit, évoque, traduit, etc.

Recherchez les sensations évoquées par le poème (forme, couleurs, bruits, odeurs).

Recherchez ce qui permet de traduire les impressions suivantes :

– fragilité   – permanence
– vie   – humanité

Significations et relations

1. Le sens

Ce mot signifie… Il veut dire…

Le mot « pièce » peut avoir différents sens (acceptions, significations).

« Tête » a un sens propre (littéral) et des sens figurés : « la tête du lit ».

« Mobilier » a un sens concret (les meubles) et un sens abstrait (les valeurs mobilières).

« Liberté » a un sens strict (le voleur est en liberté) et un sens large (la liberté de parole).

2. Le signe

Ce panneau signale (marque) qu'on n'est plus sur une route prioritaire. Il implique qu'il faut faire attention.

Un signe – un signal – une marque – une caractéristique – un trait – un indice – un symptôme – une manifestation

3. La relation

Ce poème se rattache (est lié, se rapporte) à un épisode de la vie du poète – Il correspond à sa première rencontre amoureuse – On peut le mettre en relation avec cet épisode – Il y a un lien entre la rencontre et le poème.

On peut rapprocher ce poème et celui de Victor Hugo. Pour comprendre le poème, il faut se référer à la solitude du poète.

Après trois ans

Ayant poussé la porte étroite qui chancelle,
Je me suis promené dans le petit jardin
Qu'éclairait doucement le soleil du matin,
Pailletant chaque fleur d'une humide étincelle.

Rien n'a changé. J'ai tout revu : l'humble tonnelle
De vigne folle avec les chaises de rotin[1]…
Le jet d'eau fait toujours son murmure argentin
Et le vieux tremble[2] sa plainte sempiternelle.

Les roses comme avant palpitent, comme avant
Les grands lis orgueilleux se balancent au vent,
Chaque alouette qui va et vient m'est connue.

Même, j'ai retrouvé debout la Velléda[3]
Dont le plâtre s'écaille au bout de l'avenue,
Grêle[4], parmi l'odeur fade[5] du réséda.

Paul Verlaine, *Poèmes saturniens*, 1866.

1. Végétal souple avec lequel on fabrique des sièges et des petits meubles.
2. Arbre de la famille des peupliers dont les feuilles bougent (« tremblent ») au moindre souffle de vent.
3. Statue d'une prêtresse gauloise.
4. Fin et fragile.
5. Sans goût.

Programmation culturelle

Vous élaborerez en petit groupe **la programmation de l'animation culturelle d'un lieu de votre choix.**

Vous réaliserez cette programmation à partir de manifestations culturelles que vous avez vues ou dont vous avez entendu parler (expositions, pièces de théâtre, concerts, films, mimes, etc.). Chaque membre de votre équipe présentera une manifestation de façon à composer une animation variée et équilibrée du lieu.

Choisissez votre lieu

1 Lisez l'article ci-contre et répondez.
a. De quel lieu parle-t-on ?
b. Que sait-on sur l'histoire de ce lieu ?
c. Que peut-on y faire aujourd'hui ?

2 Choisissez un lieu et exposez les raisons pour lesquelles vous envisagez de l'animer.
Exemples :
– Un vieux bâtiment (château, usine, etc.) que vous souhaitez voir rénover.
– Une gare ou une station de métro que vous voulez rendre plus vivante et conviviale.
– Une école ou une université dans laquelle vous organisez une fête de fin d'année.
– Une école ou un centre de formation que vous souhaitez promouvoir.

Programmez une exposition

1 Lisez l'article de la page 111. Notez les informations que vous pouvez trouver sur les sujets suivants :

Type de manifestation : ...   Lieu : ...
Date : ...   Auteur : ...
Détails sur la manifestation : ...
La signification de l'œuvre : ...

2 D'après le contexte, que pouvez-vous dire sur les personnes suivantes ?
– Jean-Jacques Aillagon   – Christine Albanel
– Jeff Koons   – Charles Le Brun
– Marcel Duchamp   – Andy Warhol
– André Malraux   – Marc Chagall
– André Masson   – François Pinault

3 Relevez les opinions formulées sur la manifestation. Indiquez l'origine de cette opinion sans oublier l'auteur de l'article.

Auteur de l'opinion	Opinion
Jean-Jacques Aillagon	Cette exposition aurait plu à Louis XIV. Elle est donc appropriée au site de Versailles.

Visitez l'espace culturel des 26 Couleurs

Un séduisant patchwork de couleurs reproduisant la collection 1926 des papiers peints Leroy, conservés au musée des Arts décoratifs à Paris : c'est ce que découvre le visiteur en entrant à l'espace culturel des 26 Couleurs à Saint-Fargeau-Ponthierry. Un joli clin d'œil à l'usine de fabrication de papiers peints qui occupa les lieux de 1912 à 1982. Une « usine modèle » selon le magazine *L'Illustration* en 1926. Sur place se trouve une salle de cinéma et de spectacles vivants de 220 places (c'est la salle Catherine Deneuve, en hommage à l'actrice venue l'inaugurer le 24 juin 2011)... À côté, une grande salle polyvalente de 250 m^2 au volume impressionnant, accueille expositions et associations. Enfin, petit bijou du site, le « Lieu de mémoire », ou salle des machines électriques de l'usine, qui présente notamment la fameuse machine à imprimer 26 couleurs inscrite à l'inventaire des Monuments historiques en 2003. Elle a attiré 3 639 personnes durant la saison dernière. À l'étage subsiste une salle dédiée à des ateliers pédagogiques.

Le Parisien, publié le 19/07/2013.

4 Trouvez les mots dont voici les définitions :
- *Paragraphe 1* : celui qui occupait votre poste avant vous – Louis XIV – esthétique utilisant des éléments considérés comme étant de mauvais goût.
- *Paragraphe 2* : adoré – vente au plus offrant – attribué au plus offrant – une succession – tenir dans ses bras.
- *Paragraphe 3* : arrivée de quelqu'un ou de quelque chose qui n'est pas désiré – folie absurde – énerver (2 expressions) – provenir.
- *Paragraphe 4* : débat où l'on s'oppose vivement et longuement – produit qu'on met dans les armoires contre les mites.
- *Paragraphe 5* : qui critique les traditions – opposant.

5 Recherche collective d'idées. Recherchez la signification de l'œuvre de Jeff Koons.

6 Choisissez l'exposition que vous allez programmer dans le lieu que vous avez retenu. Il peut s'agir d'une exposition artistique (peinture, sculpture, photos, etc.) ou documentaire.

Rédigez une brève présentation de cette exposition :
- l'auteur des œuvres ou l'origine des documents ;
- les œuvres ou les documents. Indiquez leurs caractéristiques générales ;
- l'intérêt de l'exposition.

De l'art ou du homard ?

Lobster
dans le salon de Mars
Coll Mickaël et B.Z. Schwatz,
Studio Jeff Koons

Jeff Koons
Versailles.
Château
de Versailles
(Yvelines).
Du 10 septembre
au 14 décembre.

Louis XIV aurait-il aimé recevoir Jeff Koons en son château ? Oui, si l'on en croit Jean-Jacques Aillagon. Le président du domaine de Versailles, ancien directeur du Centre Pompidou et prédécesseur de Christine Albanel au ministère de la Culture, a ouvert le palais du Roi-Soleil au kitschissime Américain, fils spirituel de Duchamp et de Warhol.

Jeff Koons, 53 ans, l'un des artistes les plus médiatiques du moment, adulé des collectionneurs milliardaires et champion olympique des enchères (*Balloon Flower*, une fleur en ballon de baudruche, a été adjugé 16 millions d'euros par Christie's, en juin dernier), a donc installé 15 de ses sculptures monumentales dans l'enfilade des grands appartements. *Lobster*, son homard géant en aluminium polychrome, a été accroché dans le salon de Mars, à la place d'un lustre, tandis que *Rabbit*, le lapin d'acier, et *Pink Panther*, une panthère rose de porcelaine enlaçant une femme blonde, trônent respectivement dans les salons de l'Abondance et de la Paix.

L'intrusion des loufoqueries koonesques dans les décors de Charles Le Brun porte certains nerfs à vif. C'est prévisible. Au cœur de l'été, avant même le début de l'exposition, ce choc des cultures avait déjà provoqué quelques poussées d'adrénaline et Christine Albanel a reçu une pétition assassine, émanant de l'obscure Union nationale des écrivains de France, exigeant son annulation. La Société des amis de Versailles, forte de 6 000 membres, refuse, elle, de participer à la polémique, mais attend néanmoins avec quelque appréhension les réactions du public. « Préserver le patrimoine ne signifie pas le plonger dans la naphtaline », rétorque Jean-Jacques Aillagon, qui note des affinités entre l'univers baroque de Jeff Koons et l'exubérance de la résidence royale. « L'art déteste les préjugés et les catégories », poursuit-il, vantant les mérites du dialogue entre les époques et rappelant que Malraux lui-même avait commandé des plafonds peints à Chagall pour l'Opéra Garnier et à André Masson pour le théâtre de l'Odéon.

Cette argumentation séduira sans doute les iconoclastes, mais a peu de chances de convaincre les détracteurs, qui ne peuvent s'empêcher de glisser qu'avant d'être nommé à Versailles Jean-Jacques Aillagon fut directeur du Palazzo Grassi, à Venise, propriété de l'industriel François Pinault, grand collectionneur de… Jeff Koons.

Annick Colonna-Césari,
L'Express, 04/09/2008.

www.cotespectacle.com

Forum côté spectacles

Partagez vos avis

Marco Polo

Avec son nouveau spectacle *Marco Polo*, la danseuse et chorégraphe Marie-Claude Pietragalla offre deux heures et demie d'images magiques et de surprises musicales.

Guidé par une femme mystérieuse, le célèbre Vénitien tente de retrouver le monde qu'il a autrefois découvert. Il entreprend alors un voyage dans un monde à la fois futuriste et initiatique à travers l'eau, la terre, l'air et le feu. Sur des musiques qui font alterner le style classique, l'opéra et le rock, le spectacle mêle danse, chant et images d'animation et nous donne à voir quelques scènes extraordinaires comme celle où les danseurs semblent se mouvoir dans l'eau.

Canteloup

Un conseil. Si vous passez vos vacances à proximité d'un point de chute de la tournée de Nicolas Canteloup, allez voir notre meilleur imitateur humoriste du moment. Sa performance est époustouflante. Il imite une centaine de voix de célébrités du monde de la politique et du show business avec des textes originaux, hilarants, plus moqueurs et taquins que méchants ou provocateurs. On sent qu'il aime ses modèles et un courant de sympathie s'installe entre l'imitateur, le modèle et le public. Quelques grands moments parmi d'autres : la parodie de l'émission de télévision « Faites entrer l'accusé » et les questions aux hommes politiques. Un spectacle d'où l'on sort détendu et qui devrait être remboursé par la Sécu.

Les Jeux de l'amour et du hasard

Sylvia, la fille d'un aristocrate du XVIIIᵉ siècle, va être présentée à Dorante, le fils d'un ami de son père qu'on lui destine comme mari. Afin de mieux l'observer, elle échange ses vêtements et son identité avec sa servante Lisette. Mais ce qu'elle ne sait pas, c'est que Dorante a eu la même idée et qu'il arrive dissimulé sous l'habit de son valet Arlequin… Cette pièce de Marivaux a tout pour plaire aujourd'hui : la langue est superbe et accessible et elle pose des questions d'une éternelle actualité. Comment savoir si celui que j'aime m'aime et si je l'aime vraiment ? Peut-on aimer quelqu'un qui est très différent par son origine sociale ou géographique ? La mise en scène d'Yves Leclerc au théâtre de la Salamandre signale lourdement cette modernité : ordinateur qui trône au milieu du salon, tableaux abstraits au mur, vêtements branchés… Était-ce bien nécessaire ? Les acteurs sont excellents. On sent la fragilité sous l'apparente énergie de ces jeunes qui sortent à peine de l'adolescence. Ils pouvaient sans accessoires faire passer l'universalité du texte de Marivaux.

Programmez un spectacle

1 Lisez les messages du forum « Côté spectacles ».

a. Identifiez les types de spectacle.

Marco Polo → …

b. Dites si les éléments suivants sont commentés.

	Marco Polo	Canteloup	Les Jeux…
Le sujet, l'histoire, l'intrigue	+		
Le texte, le style			
La mise en scène			
Le décor			
Les éclairages			
Le jeu des acteurs			
Les costumes			

c. À propos de quel(s) message(s) peut-on dire :

(1) Son auteur est plein d'enthousiasme.

(2) Il est écrit dans un style familier et communicatif.

(3) Il donne la durée du spectacle.

(4) Il émet quelques réserves.

(5) Il analyse bien la signification du spectacle.

2 Lisez l'encadré de vocabulaire de la page 113. Voici des opinions à propos d'une comédie musicale. Formulez les avis contraires.

Exemple : (1) L'intrigue est passionnante…

(1) L'intrigue est ennuyeuse. Elle traîne en longueur.

(2) La mise en scène est sans surprise.

(3) La musique est monotone.

(4) Les éclairages sont sans relief.

(5) Les costumes sont tristes et indigents.

(6) L'acteur principal en fait des tonnes.

(7) La chanteuse fait des fausses notes dans les aigus.

(8) Le décor est minimaliste.

(9) Les dialogues sont plats.

3 Choisissez le spectacle que vous allez programmer pour animer le lieu que vous avez retenu.

Rédigez une brève présentation de ce spectacle en décrivant et en caractérisant ses éléments essentiels.

À propos d'un spectacle

Pour caractériser un texte théâtral, une mise en scène, une interprétation musicale, un décor, les éclairages, etc.
• **L'originalité** – une interprétation originale, neuve, novatrice, hardie, osée, provocante / banale, conformiste, sans surprise, plate, rebattue – un cliché
une interprétation riche, complexe / simpliste
• **Le rythme** – un rythme rapide, vif, soutenu / lent, qui traîne en longueur – un rythme régulier / irrégulier – un bon tempo – avoir le sens du rythme
• **Les effets** – un effet dramatique – un décor qui fait de l'effet – une scène qui produit un effet de surprise, une interprétation qui produit une forte impression – une scène spectaculaire, frappante
• **L'harmonie** – le décor s'harmonise (est en accord) avec l'atmosphère de la pièce
Il chante juste / faux – une fausse note – une discordance – une dissonance
• **Le jeu** – efficace / sans caractère – nuancé / sans nuance – fort, puissant / discret, mesuré
• **La couleur** – un costume coloré, vif / terne – un ton chaud / froid – une couleur claire / foncée, vive / pastel

[LE MICRO-TROTTOIR]

En 2009, à l'Espace 12 Madeleine à Paris se tenait une exposition, « Our body. À corps ouvert », dévoilant les mystères de l'anatomie et montrant de véritables corps et organes humains. Notre journaliste a interrogé des visiteurs.

Les réactions des visiteurs permettent-elles de justifier les affirmations suivantes ?

L'exposition « Our Body » est :
• choquante : ...
• digne d'admiration : ...
• effrayante : ...
• étonnante : ...
• impressionnante : ...

Cette exposition :
• mérite le respect : ...
• suscite des réflexions : ...
• provoque le scandale : ...

Le point sur... quelques courants artistiques et littéraires

La Renaissance. En France, la Renaissance des arts et des lettres a lieu au XVIe siècle, plus tardivement qu'en Italie et dans le reste de l'Europe. Le français devient langue officielle du droit et de l'administration (édit de Villers-Cotterêts, 1539). On s'inspire de l'Italie et du monde antique pour construire des châteaux au bord de la Loire où se développe un art de vivre né de la libération des corps et des esprits. Les romans de Rabelais remettent en question les valeurs du Moyen Âge, valorisent le savoir, la recherche et les voyages. Les poèmes de Ronsard et de Du Bellay chantent l'amour et la vie en accord avec la nature.

Le classicisme. La période troublée des guerres de religion entre catholiques et protestants (partisans d'une réforme religieuse) débouche sur un régime de monarchie absolue qui instaure une véritable culture d'État. Ces aléas de l'histoire expliquent sans doute pourquoi l'art baroque ne s'est jamais pleinement épanoui en France hormis dans quelques œuvres comme la décoration intérieure de Versailles ou la pièce de Corneille Le Cid. Les maîtres-mots de ce qu'on appelle le classicisme et qui correspond au règne de Louis XIV sont ordre, régularité, équilibre. L'époque développe un idéal formel fondé sur le vraisemblable et l'exaltation des sujets nobles ou moraux ainsi que sur des règles comme celles des unités de temps, de lieu et d'espace au théâtre. Ces contraintes n'empêchent pas de fortes personnalités de produire des chefs-d'œuvre (tragédies de Corneille et de Racine, comédies de Molière, fables de La Fontaine).

Le romantisme. Le romantisme français qui domine dans la première moitié du XIXe siècle s'inspire des idées et de l'esthétique qui se sont développées en Allemagne et en Angleterre et prolonge les idéaux de la Révolution. Les poésies de Lamartine, Hugo et Musset exaltent les émotions et l'intimité du moi. Les romans de Balzac et de Hugo brossent de grandes fresques sur des destins personnels ou des moments de l'Histoire. L'artiste défend un idéal de liberté et de justice et valorise les cultures nationales. Les toiles de Géricault et de Delacroix, la musique de Berlioz et les opéras de Gounod font écho à ces préoccupations.

Le réalisme. Il se développe dans la deuxième moitié du XIXe siècle en réaction contre les excès d'imagination du romantisme et en accord avec la philosophie positiviste de l'époque. Il s'agit de décrire la réalité telle qu'elle est. Les romans de Stendhal recherchent la vérité psychologique des personnages. Ceux de Zola s'intéressent aux milieux ouvrier et paysan jusque-là négligés par la littérature. Les opéras de Bizet (Carmen) et de Massenet (Manon) sont influencés par ces exigences de vérité.

Le surréalisme. En réaction contre la guerre de 14-18 et les valeurs bourgeoises qui l'ont cautionnée, le surréalisme se veut une libération totale des formes et de l'imaginaire. Il réalise ce projet dans les arts plastiques (Marcel Duchamp, Salvador Dali, Magritte, Max Ernst) et en poésie (Paul Eluard).

Haute couture
Dior et ses beautés venues du Nord

Finis le bling-bling[1], les défilés spectacles, les décors de rêve… Et si c'était la fin d'une époque ? Lundi 26 janvier, la maison Dior a ouvert la semaine des défilés parisiens de haute couture printemps-été 2009 dans un esprit de quasi-austérité, avec des beautés froides venues du Nord, inspirées par l'école flamande et les tableaux de Vermeer.

Que l'on s'entende bien. La collection n'était pas ratée, loin de là. Mais c'est comme si la haute couture était ramenée à ses fondamentaux : des vêtements savamment élaborés, où seuls comptent la bonne facture de l'ouvrage, des savoir-faire ancestraux et une magie des couleurs.

La griffe Christian Dior avait habitué ses spectateurs à des « shows » spectaculaires dans des décors fastueux, et elle avait entraîné ces dernières années nombre de ses rivaux dans une escalade de la démesure. Il y a tout juste un an (haute couture du printemps-été 2008), le podium traçait son chemin autour d'une pièce d'eau, sous une tente dressée au Polo de Paris, à Bagatelle ; précédemment, un jardin romantique à la française, comme abandonné aux ronces, avait été érigé en guise de décor.

Cette saison, sous une tente au musée Rodin se trouvait un bête podium, façon présentation de prêt-à-porter. « Je croyais que la haute couture échapperait toujours au poids du quotidien », a glissé une spectatrice visiblement chagrinée […].

Après avoir débuté avec des gouvernantes façon siècle dernier, plutôt collet monté dans leurs tailleurs enveloppants aux cols châles en macramé, le défilé Christian Dior par John Galliano s'est clôturé dans un feu d'artifice lumineux, de soie bleu ciel, rose pâle, melon ou corail. Les jupes aux métrages extravagants, les tourbillons de volutes gracieuses, et plusieurs rangs de perles autour du cou, évoquent les aristocrates flamandes peintes par Van Dyck. Dans le public, des personnalités aussi diverses que Marion Cotillard, Dita Von Teese, Elsa Zylberstein ou Ivana Trump ont applaudi à ce nouvel exercice sans faute, intitulé « Plus Dior que Dior », du créateur britannique.

Véronique Lorelle, *Le Monde*, 28/01/2009.

1. Signe voyant de richesse.

LES PUCES DE SAINT-OUEN

Après Disneyland, le Louvre et la tour Eiffel, le marché aux puces de Saint-Ouen[1] est le lieu le plus fréquenté de France. Les étrangers nous l'envient. Avec 2 500 marchands répartis sur 7 ha, un chiffre d'affaires officiellement de 400 millions d'euros, les puces offrent le plus grand marché d'antiquités du monde. Contrairement à l'idée que tout s'y vend cher, il y en a pour toutes les bourses, et dans tous les domaines : vêtements, bibelots, tableaux, meubles… Savoir chiner exige certes un peu de savoir-faire… Dénicher la bibliothèque de ses rêves demande du temps, de l'imagination. Car, même un peu défraîchie, elle aura plus de cachet qu'un meuble de colle et bois aggloméré arrivé en kit d'un grand magasin d'origine scandinave.

Savoir chiner, c'est d'abord se lever tôt pour aller au déballage. On appelle ça « aller au cul du camion ». Prévoir de l'argent liquide – au pays des puces, la carte de crédit n'est pas entrée dans les mentalités ! Plus délicat, avoir l'œil, savoir isoler l'objet

•••

●●● convoité, l'imaginer chez soi. Être souriant, de bonne humeur et ne marchander que si l'on est vraiment intéressé. Attention à ne pas proposer un prix farfelu, le marchand, pas stupide, verra tout de suite que vous manquez de sérieux. Éviter de proposer la moitié du prix demandé ! En revanche, de 20 à 30 % peuvent se concevoir. À chacun de trouver les bons arguments. La valeur, bien sûr, entre en jeu, mais le juste prix d'un objet, c'est celui que l'on est prêt à payer pour l'emporter. Et ne jamais oublier qu'une bonne négociation est… celle qui aboutit ! Dernier conseil : ne jamais avoir l'air trop intéressé par l'objet convoité, au risque de voir se rétrécir la marge de manœuvre. Fort de ces recommandations, n'importe qui peut s'aventurer aux puces de Saint-Ouen, porte de Clignancourt.

Antoine Damagnez, *Marianne*, 01/03/2008.

1. Au nord de Paris. En 1884, le préfet Poubelle impose aux Parisiens de mettre leurs ordures dans des récipients, au grand dam des chiffonniers qui s'installent alors à la périphérie de la ville. Saint-Ouen, ses baraques de marchands, son petit vin blanc et ses guinguettes attirent les Parisiens. En 1885 naît officiellement le marché de Saint-Ouen.

[L'INTERVIEW]

Gastronomie
Yvan, un cuisinier, parle d'un de ses plats : les coquilles Saint-Jacques.

Lecture rapide

1. Lisez les deux textes sans vous arrêter aux problèmes de vocabulaire. Dans quel(s) texte(s) peut-on trouver :
– la relation d'un événement ?
– des conseils ?
– un historique ?

2. Répartissez-vous les textes.

Analyse et présentation

1. Préparez une présentation de une à deux minutes du contenu de votre texte.
• Haute couture : l'originalité de la collection Dior printemps-été 2009.
• Bonnes affaires : le marché de Saint-Ouen – ce qu'on peut y trouver – comment acheter.

2. Préparez-vous à répondre aux questions de la classe sur le vocabulaire difficile.
Utilisez le dictionnaire et demandez conseil au professeur.

3. Présentez votre texte. Répondez aux questions posées par la classe.

L'interview

Aide à l'écoute :
– *une endive, un chicon* : pousse blanche qu'on prépare crue en salade ou cuite.
– *une julienne* : préparation de légumes qu'on a émincés.
– *ébarber* : nettoyer, enlever les parties non comestibles.
– *le corail* : ici, partie orange de la coquille Saint-Jacques.
– *du fumet de poisson* : sauce à base de poissons.

1. Écoutez le début du document. Qu'est-ce qu'une coquille Saint-Jacques ? D'où vient ce nom ?

2. Notez les détails de la préparation des coquilles Saint-Jacques par Yvan.
• ingrédients
• préparation des chicons
• préparation des coquilles Saint-Jacques
• présentation de l'assiette

C'est le spectacle le plus étonnant, le plus extraordinaire, le plus époustouflant qu'on ait pu voir cette année au Zénith. Les superlatifs ne manquent pas pour qualifier le concert de Cali.

Rien de plus sportif que la performance du chanteur de Perpignan. De tous ceux qui se produisent sur une scène c'est celui qui bouge le plus, saute, court, se jette dans le public qui le tient à bout de bras. Bref, c'est le chanteur le plus acrobatique qu'il ait jamais été donné de voir. Un spectacle qui est loin de laisser indifférent d'autant que l'homme a une âme généreuse et des musiques toniques.

Rien d'étonnant s'il en est à son sixième prix des Victoires de la musique. C'est le chanteur de l'année.

❶ Lisez le texte ci-dessus. Relevez et classez toutes les formes qui permettent de mettre en valeur, d'amplifier ou de donner de l'importance aux faits et aux idées.

Le plus étonnant → forme superlative
Étonnant, extraordinaire, époustouflant → ...

Lisez l'encadré de la page 117.

❷ Reformulez les phrases suivantes. Mettez en valeur le mot souligné en utilisant une construction superlative (encadré 1.a).

Exemple : (a) – C'est la plus belle robe que j'aie jamais vue.
Essayage
(a) Cette robe est <u>belle</u>. Je n'en ai jamais vu d'aussi belle.
(b) Tu as beaucoup de robes mais celle-ci te va <u>très bien</u>.
(c) J'ai déjà payé un <u>prix élevé</u> pour une robe mais comme pour celle-là, jamais.
(d) Oui, mais tu la mets <u>souvent</u>.
(e) Tes amis <u>admirent</u> cette robe.
(f) Elle est <u>longue</u>. Tu n'en as jamais porté d'aussi longue.

❸ Reformulez les phrases suivantes. Mettez en valeur les mots soulignés en utilisant l'article défini ou indéfini (encadré 1.b).

Exemple : (a) OSS 117, c'est **le** film de la semaine.
(a) Il y a un <u>film</u> à voir cette semaine, c'est OSS 117. Jean Dujardin est un acteur <u>comique</u>. J'ai vu ce film hier soir. Il y avait beaucoup de <u>monde</u>.
(b) Arielle est très <u>intelligente</u>. Elle a une <u>mémoire</u> d'éléphant. De plus elle est <u>bosseuse</u>.
(c) Tu ne connais pas « Le Bambou » ? C'est une <u>boîte</u> très branchée. Il y a une <u>ambiance</u> super. Et son show vers minuit est très <u>drôle</u>.

❹ Reformulez en caractérisant le mot souligné par la négation du contraire (encadré 1.c).
(a) La région des Ardennes est intéressante.
(b) Elle a beaucoup de charme.
(c) Le temps y est agréable.
(d) Les gens sont particulièrement accueillants.

❺ Voici des verbes qui expriment une idée d'augmentation :

augmenter – empirer – gagner (en) – grossir – (s')accroître – (s')aggraver – (s')alourdir – (s')améliorer – (s')élargir – (s')élever – (s')étendre – (s')étirer – (se) consolider – (se) développer – (se) hausser – (se) perfectionner – (se) prolonger – (se) rallonger – (se) renforcer – (se) répandre

a. Classez les verbes ci-dessus selon leur sens.
Exprime une augmentation de :
quantité : ...   surface : ...
qualité : ...   valeur : ...
longueur : ...   temps : ...
largeur : ...   poids : ...
hauteur : ...   solidité : ...

b. Reformulez les parties soulignées en utilisant un verbe de la liste ci-dessus.
Exemple : (a) Il a demandé aux électeurs de prolonger son mandat de six ans.
Promesses électorales
(a) Le maire est à nouveau candidat aux prochaines élections. Il veut que les électeurs <u>lui donnent un nouveau mandat de six ans</u>.
(b) <u>Il a fait un discours qui était bien meilleur que les précédents</u>.
(c) Il a promis que <u>les impôts ne seraient pas plus lourds</u>.
(d) Il veut aussi <u>que la sécurité soit plus forte</u>.
(e) Il souhaite aussi <u>que les aides sociales soient plus importantes</u>.
(f) La population de la ville <u>sera plus importante dans les années qui viennent</u>.
(g) Il faut donc <u>que les zones urbanisées soient plus étendues</u>.
(h) Le maire a dit aussi que le boulevard Victor-Hugo <u>serait plus large</u> et qu'il <u>irait bientôt jusqu'à l'aéroport</u>.
(i) La ville <u>doit atteindre le niveau d'une capitale régionale</u>.

6 Confirmez. Rendez votre réponse plus expressive en utilisant une expression familière de la liste.

adopter un profil bas – avoir la trouille – faire poireauter
– passer l'éponge – passer un savon – sauter au plafond
– sortir par les yeux

Convoquée par le directeur
• Tu n'as pas été surprise quand le directeur t'a fait appeler ?
– Si, j'ai sauté au plafond.
• Avoue que tu avais peur. – Oui, ...
• Tu ne l'apprécies pas beaucoup ce directeur ? – Non, il ...
• Il t'a fait attendre ? – ... 20 minutes.
• Alors, tu t'es fait engueuler à propos du temps que tu passes sur Internet ? – Oui, il ...
• Et tu l'as écouté en silence ? – Oui, j'ai ...
• Finalement il t'a pardonnée ? – Oui, il ...

7 Reformulez les phrases suivantes en mettant en valeur les mots soulignés. Employez les formes de la rubrique 1 de l'encadré ci-contre.

Vacances à Porquerolles
• Vous devriez passer vos vacances sur l'île de Porquerolles.
• C'est une île très intéressante de la côte méditerranéenne. Je n'en connais pas d'autres.
• Cette île est très calme.
• Elle est surtout calme parce que les véhicules à moteur y sont interdits.
• Elle est petite. On peut en faire le tour à pied.
• Dans ses fonds marins on peut admirer beaucoup d'espèces de poissons. Plus qu'ailleurs.

**8 Vous êtes rédacteur en chef d'un magazine qui comporte une rubrique « Gastronomie ». Un stagiaire a écrit l'article suivant à propos du restaurant Alexandre.
Vous trouvez que l'article ne met pas assez en valeur le restaurant. Vous le réécrivez en utilisant les formes de l'encadré.**

Alexandre (route de Rochefort, à 3 km)
À trois kilomètres sur la route de Rochefort, Roselyne et Gérard Poirier ont aménagé une ancienne abbaye du XVIIIe siècle pour en faire un restaurant. C'est le seul trois étoiles de la région. Il dispose de belles salles voûtées et d'une terrasse calme et ombragée par des arbres centenaires. Elle domine la campagne environnante et permet d'apercevoir la mer.
Ce couple de chefs – c'est rare dans la profession – sert une très bonne salade aux truffes et d'excellentes coquilles Saint-Jacques.
Les vins, tous de la région, sont de très bonne qualité.
On a apprécié le personnel, compétent, discret et stylé.
Pour une soirée tout entière dédiée aux plaisirs du palais.

Mise en valeur et expression de l'importance

1. Constructions qui permettent de mettre en valeur des faits ou des idées

a. La construction superlative. Quand on caractérise une action ou une quantité, seule la construction « *c'est* + pronom relatif » est possible.
La région de Biarritz est la plus intéressante pour surfer.
C'est la région où l'on trouve le plus de surfeurs.
C'est là que je surfe le mieux.

b. L'article défini ou indéfini
Aujourd'hui Lyon, c'est la ville qui a de l'avenir.
Paul est la gentillesse même. C'est le type même du gentil.
Cette pièce était d'une nullité ! Le décor était d'un triste ! Ce n'est pas la pièce de l'année.

c. La négation du contraire
Ce film n'est pas triste = il est très amusant
Il est loin d'être bête.
Le moins qu'on puisse dire, c'est qu'il ne laisse pas indifférent.

d. La gradation des mots
Drôle, amusant, hilarant
On sourit, on rit, on s'esclaffe parfois.

e. Construction avec « Rien ne... »
Rien n'est plus drôle que la scène de la piscine.
Rien n'est plus amusant que ce film.

f. Construction avec « d'autant plus / moins ... que »
L'humoriste Canteloup est très drôle. D'autant qu'il sait imiter les voix de toutes les célébrités.
Il est d'autant plus drôle que ses textes se moquent des personnages politiques et médiatiques.
Autant il est expansif sur scène, autant il est discret dans la vie courante.

2. Exprimer l'importance

• Un événement important, de première importance, majeur, essentiel, capital
Un fait d'une portée (d'un poids, d'une dimension) considérable
Un fait marquant, qui compte, qui fait date, qui va faire grand bruit, qui fait couler beaucoup d'encre, qui est à marquer d'une pierre blanche
• Il importe (il est capital) de prendre en compte ces faits.
Il convient de souligner (de mettre l'accent sur) leur importance.
Il faut les prendre au sérieux – Ces événements méritent d'être pris en considération.

12 C'est une découverte

Propos de table

Pour un Français comme pour un Belge ou un Québécois, les repas sont des moments importants. C'est autour d'une table que se prennent les grandes décisions, que s'entretiennent les amitiés et que se célèbrent les moments importants de la vie.
Et à table, bien sûr, on parle. La conversation vogue au hasard de l'actualité et des événements personnels mais le sujet récurrent reste la nourriture. On adore parler de ce que l'on mange, de ce que l'on a mangé et de ce que l'on mangera.
Parler de nourriture meuble la conversation, la ravive car le sujet est inépuisable ou calme les esprits échauffés par un débat trop vif.
Il faut donc s'y préparer !

Découvrez les bonnes tables (p. 119)

❶ Lisez la présentation des restaurants. Trouvez dans quelles régions ils sont situés.

– Aquitaine   – Auvergne
– Languedoc   – Pays de la Loire

❷ Dans quel restaurant les emmèneriez-vous ?
(a) Tu connais un restaurant avec vue sur la mer ?
(b) J'en ai assez de la cuisine française.
(c) J'aimerais essayer une cuisine vraiment créative.
(d) J'ai envie d'un bon plat du terroir.
(e) Tu connais un petit restau simple et sympa.
(f) J'ai plutôt envie de poissons et de crustacés.
(g) Emmène-moi dans un endroit où il y a de l'ambiance.
(h) Je déteste avoir des kilomètres à faire après un bon dîner.

❸ Classez les différents plats proposés dans ces restaurants selon leur produit de base.
a. viandes et volailles – **b.** poissons – **c.** coquillages et crustacés – **d.** légumes et autres végétaux – **e.** fruits – **f.** pâtisseries
Pour chaque plat :
– soulignez les aliments d'accompagnement ;
– entourez les mots qui donnent une indication sur la préparation.
Exemple : ‖Cappuccino‖ de <u>cèpes</u> et queues de langoustines ‖poêlées‖.

❹ Par deux, choisissez le restaurant où vous aimeriez aller dîner. Présentez-le à la classe en précisant :
– le cadre   – l'accueil et le service
– le type de cuisine   – le plat qui vous tente

Sachez décrire un plat

❶ Apprenez le nom des préparations.
a. Reliez la préparation et sa définition.

farci   •   • (1) trempé plusieurs heures dans un mélange d'aromates et d'huile ou de vin
frit   •   • (2) coupé en morceaux, passé dans une tige (broche) et cuit au feu de bois
gratiné   •   • (3) évidé et rempli de viande ou de légumes hachés
grillé   •   • (4) cuit à la poêle dans l'huile très chaude
mariné   •   • (5) cuit au four après avoir été recouvert de chapelure ou de gruyère râpé
poché   •   • (6) enveloppé dans un papier et cuit au four ou à la vapeur
sauté   •   • (7) cuit à la poêle ou à la cocotte à feu vif et en remuant
en brochette   • • (8) plongé dans un liquide bouillant
en papillote   • • (9) cuit au gril

b. Trouvez des exemples de ces préparations avec les produits suivants :
Exemple : les aubergines farcies, un gratin d'aubergines
les aubergines – le bœuf – les courgettes – les gambas – les petits légumes – les poivrons – les œufs –
les poissons – les petits poissons – les pommes de terre – la soupe à l'oignon – les tomates – le veau

Bonnes tables

BOURGES (Cher)

D'antan Sancerrois

50, rue Bourbonnoux. Tél : 02 48 65 96 26

Nous sommes accueillis dans un cadre chaleureux et rustique, paré de poutres apparentes et de vieilles pierres. On apprécie les petites tables recouvertes de carreaux de faïence et de bois. En découvrant les plats inscrits sur les tableaux noirs, la seule évocation des mets donne l'eau à la bouche. Le ton du chef est sincère et exprime avec subtilité la cuisine de notre terroir. Tous les sens sont en éveil, et le plaisir de la bouche est garanti. Un petit aperçu : cappuccino de cèpes et queues de langoustines poêlées, duo chaud-froid de foies gras de canard, pot-au-feu de homard et cabillaud bouillon corsé et légumes de cuisson, pigeonneaux rôtis en cocotte figues fraîches et céleris fondants, et, cerise sur le gâteau, la poire pochée au miel épices Arlette craquante et mousse légère au thé.

> ## PLATS DU JOUR
>
> ### MILLEFEUILLE D'AUBERGINES ET DE TOMATES
>
> ### PAUPIETTE DE SAUMON
>
> ### CROUSTILLANT DE FILETS DE ROUGETS
>
> ### CARRÉ D'AGNEAU EN CROÛTE
>
> ### SUPRÊME DE PINTADEAU
>
> ### MAGRET DE CANARD AU XÉRÈS

VICHY (Allier)

Restaurant Jacques Decoret

15, rue du Parc. Tél : 04 70 97 65 06

Jacques Decoret est un artiste qui aime emmener ses clients dans son univers en sollicitant tous leurs sens. Dans sa cuisine, les pommes de terre deviennent dessert et les huîtres milk-shake. Il y met de la poésie, de l'humour, du bon sens : amuse-bouche en deux services et beaucoup d'inventivité. Laissez-vous envoûter par ses compositions comme l'eau limpide de tomate associée aux figues fraîches glacées et le foie gras de canard des landes servi froid […]. Le filet de canette Miéral fumé au bois de pommier puis rôti doucement avec feuilles de choux, un quartier de pomme reinette, grains de raisin et jus de quinine… Et un splendide dessert, une texture légère de chocolat dans un tube craquant garni de café et d'un concentré de lait glacé. Sa cuisine est un exercice époustouflant de haute voltige, tout n'est qu'équilibre, rythme et audace.

NÎMES (Gard)

O'Flaherty's

21, boulevard Amiral-Courbet. Tél : 04 66 67 22 63

Un cadre chaud et accueillant, à l'irlandaise, un personnel plus que sympathique, bref une adresse à connaître et surtout à retenir. Ici le saumon est livré frais, deux fois par semaine, et vous est proposé fumé maison, en carpaccio, à l'oseille, en tourte, enfin, en mille et une façons de le déguster. Un menu avec plat unique et des formules pour toutes les bourses. Une autre spécialité, le bœuf à la Guinness ou le magret de canard aux myrtilles avec frites… maison ! Les amateurs de soirées animées (les nombreuses bières ou whiskies aideront les plus récalcitrants !) apprécieront autant le cadre et son ambiance que le contenu de leurs assiettes.

SOULAC-SUR-MER (Gironde)

Hôtel des Pins L'Amélie.

Tél : 05 56 73 27 27

Quelques clics sur le site Internet de l'établissement et ses vues panoramiques attrayantes : on s'y voit déjà… À une centaine de mètres de la plage, cet hôtel est un enchantement. Le décor, l'environnement (forêt, dunes et océan) et l'amabilité exceptionnelle de Mme Moulin donnent à cet établissement une âme chaleureuse et familiale. Dans la salle du restaurant les fauteuils sont confortables, les tables soignées et bien mises, avec de la vaisselle de qualité et un bouquet de fleurs. La cuisine est aussi engageante et on a l'embarras du choix : salade tiède de Saint-Jacques, terrine de foie gras à la gelée de sauternes, homard tout droit sorti du vivier, lamproie à la bordelaise, sole dorée au citron, nougat glacé. Et la carte des vins de Bordeaux sélectionnée par M. Moulin est de grande renommée et constitue un accord impeccable avec les mets ici servis.

Guide des meilleurs restaurants de France, 2008/2009, © Le Petit Futé.

2 Apprenez le nom des plats de viande.

a. Classez les viandes suivantes dans le tableau :

l'agneau – le bœuf – la caille – le canard – le chevreuil – le coq – la dinde – la grive – le lapin – le lièvre – le mouton – le perdreau – le pigeon – la pintade – le porc – le poulet – le sanglier – le veau

	Animaux d'élevage	Animaux sauvages (gibier)
Volailles et oiseaux		
Bovins et ovins		
Autres		

b. Associez les morceaux ou préparations suivantes avec un nom du tableau.

l'aile – la bavette – le bifteck – le blanc – la blanquette – la côtelette – la cuisse – l'entrecôte – l'épaule – le filet – le gigot – le râble – le ragoût – le rôti – le rumsteck (ou romsteck)

3 Apprenez le nom des fromages. Pouvez-vous identifier les fromages du plateau ?

le camembert – le cantal – le chèvre – l'emmental – le morbier – le munster – le pont-l'évêque – le roquefort – la tomme des Pyrénées – la tomme de Savoie

4 Lisez « Le goût des terroirs » page 121. Observez comment on peut expliquer les spécialités locales par la géographie et le climat.

Pouvez-vous expliquer de la même manière l'existence de quelques plats typiques de votre pays ?

Sachez apprécier un vin

1 Lisez « Pour goûter un vin ». Faites la liste des sensations qu'on peut avoir en goûtant un vin. Associez ces sensations à un autre produit.

Exemple : l'acidité … d'un citron ou d'un fruit vert

2 Faites l'exercice d'écoute du document sonore.

Pour goûter un vin

*I*dentifier un vin et le décrire exigent une longue habitude et un savoir qui peut s'acquérir lors de stages organisés par des œnologues. Voici seulement quelques conseils qui vous permettront de dire que vous

appréciez le vin qui a été servi ou au contraire qu'il est imbuvable et que le sommelier doit changer la bouteille. Observez d'abord rapidement la couleur. Les blancs et les rosés doivent être clairs, les rouges ont des teintes rubis ou grenat. Une couleur trouble, trop sombre ou violacée est un mauvais signe. Avant de boire, sentez les arômes. Si le vin a du bouquet, vous pourrez, peut-être, percevoir des parfums de fruits rouges (framboise, fraise…), de banane, de miel, etc. Buvez ensuite une petite gorgée en la gardant quelques secondes dans la bouche. Votre palais pourra facilement détecter les caractéristiques suivantes :

- **L'état de conservation du vin**. S'il a été mal bouché ou mal conservé le vin aura un goût de bouchon. On dit qu'il est bouchonné. Il peut aussi avoir un goût aigre, on dit qu'il a un goût de vinaigre. Il peut, enfin, avoir mal vieilli et s'être madérisé. Son goût s'est dénaturé et fait penser au vin de Madère. Dans ces trois cas, il ne faut pas hésiter à refuser la bouteille.
- **L'acidité**. Un vin trop jeune est dit « vert ». Si l'acidité est liée à un faible degré d'alcool, c'est de la piquette.
- **Le fruité**. Les arômes de fruits sont quelquefois plus perceptibles au goût.
- **Le sucre**. Un vin blanc peut être sec, doux ou moelleux (c'est le cas des Sauternes). Le champagne peut être sec, demi-sec, brut ou rosé.
- **Le tanin**. C'est le goût un peu boisé provenant de la vinification des vins rouges. On peut ne pas aimer un vin trop tannique. Le préciser quand on choisit la bouteille.
- **Le boisé**. C'est le goût donné par la conservation en fûts de chêne. On peut ne pas apprécier un vin trop boisé.
- **Le degré d'alcool**. Un degré alcoolique trop élevé masque le goût et les parfums. Les bons vins font en général 12 ou 13°.
- **La longueur en bouche**. Le goût d'un bon vin ne doit pas s'effacer rapidement.

Plats et préparations culinaires

• Un plat – un mets (*langue soutenue*) – une préparation – l'accompagnement – un plat à base de riz – un filet de bœuf servi avec des pommes de terre vapeur

un produit frais, bio, surgelé, en conserve, lyophilisé – une préparation industrielle

• Une viande grillée, braisée, rôtie, en sauce

une viande cuite bleue (*quelques secondes*), saignante, à point, bien cuite

une viande tendre / dure – Ce steak, c'est de la semelle ! – une viande maigre / grasse – Je n'aime pas le gras.

• Un poisson grillé, frit, au four, au court-bouillon, en sauce, en papillote, à la vapeur

un poisson frais / pas frais – la chair est ferme / elle se délite

• Un légume cru, râpé, bouilli, à la vapeur, en sauce, sauté, en gratin, en beignet, en purée

• Un fruit vert / mûr, trop mûr, pourri

• Un fromage au lait cru / au lait pasteurisé – un fromage sec / frais, moelleux, coulant – un fromage pas assez fait - Ce camembert, c'est du plâtre ! – trop fait

 Le point sur...
le goût des terroirs

« Comment voulez-vous gouverner un pays qui a 246 variétés de fromages ? » aurait dit le général de Gaulle pour évoquer la mosaïque d'opinions qui composent l'électorat français. Il en est des autres produits alimentaires comme du fromage. La géographie variée et les climats de l'Hexagone ont façonné de multiples terroirs qui ont chacun leurs traditions et leurs spécialités.

Ainsi, la culture de l'olivier qui s'est développée depuis l'Antiquité dans la région méditerranéenne a conditionné la cuisine à l'huile dans la moitié sud du pays alors que le Nord utilise plutôt le beurre et la crème. Par ailleurs, bien que les fruits et les légumes soient disponibles aujourd'hui sur tous les marchés, les tomates, aubergines et courgettes s'invitent plus souvent sur une table du Sud que du Nord où l'on sera plus naturellement porté à préparer pommes de terre et choux.

Sur la façade ouest, on trouvera des poissons, des crustacés (homard à l'armoricaine) et des coquillages (moules marinières et huîtres d'Arcachon). Le lait des vaches normandes donne d'excellents fromages (camembert, livarot) et les pommes produisent le cidre. Les crêpes au froment et les galettes de sarrasin sont des spécialités bretonnes.

Dans le Sud-Ouest, on élève des volailles et des porcs avec lesquels on prépare le foie gras, le confit de canard et les saucisses de Toulouse qui entrent avec les haricots blancs dans la préparation du cassoulet. Les truffes du Périgord et les pruneaux d'Agen parfument ou accommodent les plats.

Cochez la phrase juste ou répondez.

• L'article porte principalement sur :
  ❏ les grands crus prestigieux de bordeaux.
  ❏ les petits bordeaux.
• Quels grands crus sont cités ?
• La production des petits bordeaux est :
  ❏ plus importante   ❏ moins importante
  que celle des grands crus prestigieux.
• La production des petits bordeaux constitue :
  ❏ plus de 50 %   ❏ moins de 50 %
de la production totale des bordeaux.
• Les petits bordeaux s'exportent :
  ❏ mieux   ❏ aussi bien   ❏ moins bien
  que les grands bordeaux ?
• Pour quelles raisons ?
• Quelles sont les caractéristiques :
– des vins appréciés par les nouveaux consommateurs ?
– des vins de Bordeaux ?

Remettez dans l'ordre la progression des goûts des consommateurs.

– vins rouges de garde   – vins rosés ou blancs fruités
– rouges légers fruités

Le Nord et l'Est ont été influencés par les cuisines belges et allemandes. On y apprécie les charcuteries, le chou (choucroute alsacienne), les pommes de terre (moules frites des ports de la Manche), les tartes salées (quiche lorraine) ou sucrées (tarte aux mirabelles de Lorraine, tarte alsacienne).

Le Sud-Est cuisine les ressources de la Méditerranée (les rougets, la dorade et la baudroie entrent dans la préparation de la bouillabaisse marseillaise). Les légumes sont à la base de nombreuses préparations (salade niçoise, ratatouille, pissaladière, anchoïade, soupe au pistou) qu'on assaisonne des produits locaux (huile d'olive, ail, thym, laurier, basilic, fenouil).

Enfin, **les régions montagneuses** où se pratique l'élevage font un ample usage du fromage (fondue savoyarde à base d'emmental, raclette, aligot du sud-ouest du Massif central).

Évaluez-vous

Répondez aux questions de cette évaluation. Corrigez vos réponses avec l'aide du professeur.
Notez-vous selon le barème indiqué.

1 Compréhension de l'écrit

1. Lisez l'article et répondez. …/2
a. Qui est interviewé ?
b. Pour quelle(s) raison(s) le journaliste l'a-t-il interviewé ?

2. Relevez les informations biographiques …/4
sur Marc Ladreit de Lacharrière.
a. Origines   **b.** Valeurs
c. Fonctions professionnelles
d. Activités philanthropiques

3. Caractérisez Marc Ladreit de Lacharrière …/3
par trois adjectifs.
Il est …

4. Cochez la meilleure définition du « mécène ». …/1
a. Personne qui aime les arts et aide les artistes.
b. Chef d'entreprise qui se lance bénévolement dans une activité culturelle.
c. Personne ou entreprise qui consacre une partie de son budget à une cause désintéressée culturelle ou humanitaire.

5. Approuvez, désapprouvez, nuancez ou précisez …/7
ces réflexions sur le mécénat en France.
a. Dans le monde, le mécénat a existé à toutes les époques.
b. La France n'a pas une longue tradition de mécénat.
c. Dans le passé, l'État interdisait le mécénat.
d. Depuis quelques années, le mécénat se développe.
e. Les Français comprennent difficilement qu'une personne ou une entreprise riches soient généreuses et désintéressées.
f. Jusqu'en 2008, le système français du mécénat était différent du système américain.
g. Cette situation n'a pas vraiment progressé.

6. Complétez ces informations sur la fondation …/6
Culture et Diversité.
Nom : …   Date de création : …
But de la fondation : …   Lieux d'intervention : …
Partenaires : …   Actions concrètes : …

7. Quels obstacles Marc Ladreit de Lacharrière …/2
a-t-il rencontrés dans ses réalisations
philanthropiques ?

Total : …/25

Interview
d'un mécène

Longtemps négligé, voire suspecté, le mécénat d'entreprise connaît désormais en France un envol spectaculaire. 30 000 mécènes, de toutes tailles, ont apporté l'an dernier 2,5 milliards d'euros. Environnement, humanitaire, recherche, sport… Aucun secteur n'échappe à la « bienveillance » des entreprises, mais le premier de tous reste la culture, il est vrai portée par la loi Aillagon de 2003, qui défiscalise les dons à hauteur de 60 %. […]
Marc Ladreit de Lacharrière, président du groupe international de systèmes financiers Fimalac, s'est engagé dans un mécénat d'exception : sa fondation *Culture et Diversité*, qui fêtait la semaine dernière ses trois ans d'existence au Théâtre du Rond-Point, ouvre l'univers et les métiers de la culture aux jeunes issus de l'immigration.

Pourquoi cet engagement de longue date dans le mécénat ?

J'ai bénéficié d'une éducation très traditionnelle, celle d'une famille noble et catholique de l'Ardèche, où étaient mises en avant les valeurs d'engagement, l'idée qu'il faut redonner à la société une partie de ce qu'on a reçu. Se sont greffées là-dessus mes convictions propres selon lesquelles un entrepreneur ne doit pas seulement réussir professionnellement, mais aussi se mettre au service de la cité. En 1991, nous avons donc participé à la création de la fondation *Agir contre l'exclusion*, présidée par Martine Aubry, dont j'étais le vice-président. Son objectif était d'aider les jeunes diplômés habitant des quartiers défavorisés, notamment ceux du nord de Marseille, à trouver un travail, alors que la discrimination jouait à plein.

Pourquoi cet engagement-là précisément ?

Dans ma famille, il y avait des officiers de l'infanterie coloniale. J'ai été formaté par leur discours : la France a été libérée par des soldats venus d'Afrique noire et d'Afrique du Nord qui remontaient la vallée du Rhône. Mes oncles m'ont toujours dit que nous avions des devoirs à leur égard, que nous devions veiller à ce que leurs enfants soient bien intégrés dans la société française.

En même temps que naissait cette fondation *Agir contre l'exclusion*, j'œuvrais en faveur du rayonnement culturel de la France, en participant à la création de la *Fondation du Patrimoine*. Et c'est ainsi qu'est née en 2006 *Culture et Diversité*, fondation originale puisqu'elle relie ces deux aspects du mécénat, philanthropie et culture : nous voulons permettre aux lycéens des Zep[1], essentiellement des jeunes issus de l'immigration, de s'insérer par la formation et les pratiques artistiques.

Au début des années 1990 vous avez été pionniers ?

Le mécénat n'était pas encore très développé en France. Pas parce que les chefs d'entreprise ne voulaient pas en faire, mais parce que le cadre législatif n'était pas là. La philanthropie n'a jamais été considérée par l'État comme un vecteur de développement. Le code Napoléon n'y était pas favorable, il l'a soumise à une tutelle administrative extrêmement forte. C'est seulement depuis une quinzaine d'années que nous nous rapprochons d'une idée anglo-saxonne qui m'est chère, selon laquelle la générosité est un des critères de la réussite. Elle mérite qu'on la libère des carcans administratifs !

Donc, on peut considérer que l'irruption du mécénat dans le paysage français est une importation récente...

On ne peut pas parler d'irruption. Parler du mécénat à l'anglo-saxonne ne veut pas dire qu'il n'y avait rien avant. Le mécénat est depuis toujours associé à la réussite. Les Médicis n'auraient pas été mécènes sans leur réussite économique et financière. La tradition même de la générosité remonte à l'Antiquité. Simplement, elle était moins développée en France, parce que l'État considérait qu'il était de son ressort de soutenir toutes les activités sociales et culturelles, et qu'il voyait avec suspicion le rôle des fondations privées.

Comment cela marche-t-il ?

[...] Aujourd'hui, 112 établissements répartis dans toute la France accompagnent nos programmes. L'engagement des professeurs est essentiel. Eux aussi sont de vrais militants, qui combattent les dis-criminations culturelles dont souffrent les élèves. Au départ, nous avions trois partenaires, le metteur en scène Jean-Michel Ribes, le peintre Gérard Garouste et l'École du Louvre, qui souhaitait s'ouvrir aux jeunes issus des zones d'éducation prioritaire.

D'autres programmes ont été imaginés par la petite équipe de la Fondation. De trois au départ, ils seront dix-sept à la fin de l'année : les amis de l'agence de photos Magnum, toutes les écoles supérieures d'art de l'Île-de-France et la Fémis ; le cinéaste Régis Warnier a siégé lui-même trois jours durant pour auditionner 75 candidats. Une quinzaine d'entre eux vont bénéficier d'un stage intensif pour préparer le concours d'entrée. [...] Tout jeune lycéen en Zep ou étudiant boursier qui a envie d'intégrer une des écoles relevant du ministère de la Culture peut désormais s'adresser à notre fondation, qui lui permettra de préparer les concours, le suivra dans sa scolarité par un système de tutorat et d'aides financières.

N'avez-vous pas le sentiment de pallier les défaillances de l'enseignement public ?

L'intérêt général n'est plus de la seule responsabilité de l'État ! La convention signée avec Xavier Darcos et Christine Albanel, c'est une main tendue entre deux mondes, celui de l'éducation et celui de la culture. Nous apportons d'autres compétences. Par exemple, nous luttons contre une discrimination dont on parle trop peu, mais qui est une des plus fortes, la discrimination résultant du manque d'information...

Pour moi, le modèle américain demeure le bon. Aux États-Unis, il est normal, lorsqu'on réussit, d'être reconnaissant envers son pays. Les Américains dotent les musées, les universités ou les hôpitaux de sommes importantes qui deviennent les fonds propres de ces institutions. Ces institutions vivent des intérêts et ne touchent au capital qu'en cas de crise majeure. Mais elles savent que, quand la crise est finie, les donateurs reprendront ce mouvement de solidarité. En France, les institutions dépensent dans l'année les sommes qu'elles reçoivent, ce qui est problématique en cas de crise. J'applaudis donc l'avancée que constituent depuis l'été 2008 les fonds de dotation, qui permettent de doter les musées ou les universités de fonds propres grâce auxquels ils disposeront de fonds pérennes. Si ce nouvel outil se développe, nous rejoindrons progressivement le modèle américain.

Propos recueillis par Vincent Rémy, *Télérama*, 27/05/2009.

---

1. Zone d'éducation prioritaire (car les élèves y sont en difficulté pour des raisons sociales et culturelles).

2 Compréhension de l'oral

Écoutez la conversation entre Lisa et Matthieu.

1. Cochez les affirmations qui vous semblent correctes. .../1

• Lisa et Matthieu parlent :
❑ d'une série télévisée
❑ d'un film
❑ d'un roman
❑ d'une adaptation cinématographique

• Lisa : ... .../2
❑ raconte une intrigue
❑ fait des comparaisons
❑ caractérise des personnages
❑ exprime son admiration

2. Réécoutez la première partie de l'enregistrement. Donnez quelques informations sur ces éléments de l'histoire. .../8

a. l'époque : ...
b. la région : ...
c. les lieux : ...
d. les personnages :
François : ... Meaulnes : ... Frantz : ...
Yvonne de Galais : ... M. et Mme Seurel : ....

Voici des épisodes qui sont évoqués par Lisa. Remplacez les pronoms (il, ils, lui, elle) par le nom des personnages. Remettez ces épisodes dans l'ordre chronologique de l'histoire. .../10

a. Il fait une fugue.
b. Il lui promet qu'il recherchera sa fiancée.
c. Il est en admiration devant lui.
d. Il se retrouve au village mais ne retrouve plus le château.
e. Ils le reçoivent à Sainte-Agathe.
f. Il sauve un copain.
g. Ils tombent amoureux l'un de l'autre.
h. C'est le jour de son mariage.
i. Il se retrouve dans un château en fête.
j. À cause d'elle, la fête s'arrête brusquement.

3. Réécoutez la deuxième partie du document. Quelles informations Lisa donne-t-elle à propos de : .../4

– l'atmosphère générale ?
– l'histoire ?
– l'évocation de l'époque ?
– les personnages ?

Total : .../25

3 Production écrite

Vous avez reçu d'un(e) ami(e) la lettre suivante. Vous lui répondez en argumentant votre acceptation ou votre refus. Vous précisez vos goûts en matière de loisirs et vous donnez quelques exemples d'expériences qui vous ont procuré des émotions.

Cher... Chère...

Je t'envoie quelques photos du raid extraordinaire que je viens de faire en Équateur. Je ne crois pas avoir vécu de tels moments dans ma vie... C'est vrai que cela n'a pas toujours été une partie de plaisir et qu'à certains moments j'avais vraiment la peur au ventre mais quelle jubilation d'avoir réussi quelque chose d'exceptionnel. Je reviens de là-bas avec plein d'images époustouflantes dans la tête, des souvenirs d'émotions intenses et aussi de vrais moments d'amitié. Rien à voir avec les rencontres que tu peux faire dans un club ou lors d'un voyage de groupe.

Lors d'un raid comme celui que j'ai fait, tu dois compter sur les autres et tu as conscience que les autres comptent sur toi. On partage les mêmes souffrances et les mêmes exaltations. Ça crée des liens d'une autre nature.

Tout cela pour te proposer de participer à un autre raid aventure que nous organisons dans le sud marocain aux vacances de Noël. Là aussi, on vivra des sensations fortes : traversée de régions montagneuses à la boussole, bivouac dans le désert, etc.

Dis-moi si tu es des nôtres.

Bises.

Total : .../25

Production orale

Vous ferez un bref commentaire oral de chacune des œuvres littéraire et artistique de cette page.
Vous pourrez commenter aussi bien le sujet que le style et faire des rapprochements avec d'autres
œuvres que vous connaissez (poésie, roman, tableau, film, etc.) ou avec des souvenirs personnels.

Sensation

Par les soirs bleus d'été, j'irai dans les sentiers,
Picoté par les blés, fouler l'herbe menue :
Rêveur, j'en sentirai la fraîcheur à mes pieds.
Je laisserai le vent baigner ma tête nue.

Je ne parlerai pas, je ne penserai rien :
Mais l'amour infini me montera dans l'âme,
Et j'irai loin, bien loin, comme un bohémien,
Par la Nature, heureux comme avec une femme.

Arthur Rimbaud (1854-1891), mars 1870.

Claude Monet, *Sous les peupliers, effet de soleil*, 1887

Peinture murale représentant Rimbaud
par Ernest Pignon-Ernest, 1978-1979

Au début du XXᵉ siècle, un jeune homme de 16 ans, Augustin Meaulnes (voir document oral, p. 124), s'est perdu dans la campagne de Sologne.

Découragé, presque à bout de forces, il résolut, dans son désespoir, de suivre ce sentier jusqu'au bout. À cent pas de là, il débouchait dans une grande prairie grise, où l'on distinguait de loin en loin des ombres qui devaient être des genévriers, et une bâtisse obscure dans un repli de terrain. Meaulnes s'en approcha. Ce n'était là qu'une sorte de grand parc à bétail ou de bergerie abandonnée. La porte céda avec un gémissement. La lueur de la lune, quand le grand vent chassait les nuages, passait à travers les fentes des cloisons. Une odeur de moisi régnait.

Sans chercher plus avant, Meaulnes s'étendit sur la paille humide, le coude à terre, la tête dans la main. Ayant retiré sa ceinture, il se recroquevilla dans sa blouse, les genoux au ventre. [...]

Glacé jusqu'aux moelles, il se rappela un rêve – une vision plutôt, qu'il avait eue tout enfant, et dont il n'avait jamais parlé à personne : un matin, au lieu de s'éveiller dans sa chambre, où pendaient ses culottes et ses paletots, il s'était trouvé dans une longue pièce verte, aux tentures pareilles à des feuillages. En ce lieu coulait une lumière si douce qu'on eût cru pouvoir la goûter. Près de la première fenêtre, une jeune fille cousait, le dos tourné, semblant attendre son réveil...

Alain-Fournier, *Le Grand Meaulnes*, © Librairie Fayard, 1971.

Total : .../25

Projet :
récital poétique

Printemps des poètes, campagne d'affichage de poèmes dans le métro, concours de poèmes ou ateliers d'écriture, blogs de poètes qui trouvent, grâce à Internet, une audience inespérée... La poésie est bien vivante et les lectures ou récitals de poèmes par des comédiens comme Jean-Louis Trintignant ou Fabrice Luchini tiennent l'affiche plusieurs mois.

En petit groupe, vous imaginerez et monterez un récital de poésies.

Vous choisirez vos textes selon des thèmes ou un canevas que vous déterminerez.

Vous préparerez pour chacun d'eux un bref texte de présentation.

Vous rechercherez en commun une interprétation juste et une mise en espace.

Vous pourrez lire les poèmes ou les dire par cœur.

Fabrice Luchini

Recherchez des textes poétiques, travaillez leur interprétation

❶ Lisez le poème d'Aimé Césaire et son introduction.

a. Quel lieu évoque-t-il ? Relevez les images et les idées qui sont associées à ce lieu.

Lumière → amitié, fraîcheur

...

b. De qui parle-t-il lorsqu'il évoque « Ceux qui... ». Comment sont caractérisées ces personnes ?

c. Relevez les images associées à l'idée de « négritude ». Faites des hypothèses sur leur sens.

« Ma négritude n'est pas une pierre, sa surdité ruée contre la clameur du jour » → Le sentiment de négritude n'est pas lourd à porter, ce n'est pas un fardeau, elle est sourde, insensible aux critiques et au mépris des autres.

d. Choisissez les mots qui pourraient qualifier ce poème :

une évocation – une invocation – une poésie tragique – un poème lyrique – un chant d'amour – un chant de victoire – l'expression d'une douleur – l'exaltation des origines.

❷ Interprétez le poème de différentes manières selon le sentiment que peut éprouver le poète en retrouvant son pays natal.

a. l'apaisement **b.** la révolte **c.** le respect **d.** le charme

❸ Commencez votre recherche de poèmes.

a. Déterminez un fil conducteur :

• un thème : l'amour, la révolte, le quotidien, etc. (voir les thèmes proposés dans ce dossier) ;

• une histoire : par exemple l'histoire d'une vie avec un poème sur l'enfance, un sur la jeunesse... ou bien l'histoire d'une rencontre amoureuse ;

• une époque ou une région.

b. Recherchez des poèmes francophones ou traduits en français. Faites des recherches en bibliothèque ou sur Internet.

Quelques sites :

poesie.webnet.fr – www.poesies.net – www.mes-poemes.com – www.forum-poesie.com

❹ Pour chaque poème que vous avez choisi, faites le travail de lecture et de recherche d'interprétation que vous venez de faire avec le poème d'Aimé Césaire.

Poésie de l'engagement

Aimé Césaire (1913-2008) est un poète et un homme politique martiniquais. Sa poésie est inséparable de son combat pour redonner des racines et une identité aux Antilles et aux anciennes colonies françaises. Cette identité est une composante de ce qu'il appelle la « négritude ».

> *Toute poésie vraie est inséparable de la Révolution*
>
> Michel Leiris

ô lumière amicale

ô fraîche source de la lumière
ceux qui n'ont inventé ni la poudre ni la boussole
ceux qui n'ont jamais su dompter la vapeur ni l'électricité
ceux qui n'ont exploré ni les mers ni le ciel
mais ceux sans qui la terre ne serait pas la terre
gibbosité[1] d'autant plus bienfaisante que la terre déserte davantage la terre
silo où se préserve et mûrit ce que la terre a de plus terre
ma négritude n'est pas une pierre, sa surdité ruée contre la clameur du jour
ma négritude n'est pas une taie[2] d'eau morte sur l'œil mort de la terre
ma négritude n'est ni une tour ni une cathédrale

elle plonge dans la chair rouge du sol
elle plonge dans la chair ardente du ciel
elle troue l'accablement opaque de sa droite patience.

Eia[3] pour le Kaïlcédrat[4] royal !
Eia pour ceux qui n'ont jamais rien inventé
Pour ceux qui n'ont jamais rien exploré
Pour ceux qui n'ont jamais rien dompté

Aimé Césaire, *Cahier d'un retour au pays natal*,
© Présence africaine, 1939.

1. Bosse (allusion à l'île de la Martinique ou au volcan qui la domine) – 2. Tache sur l'œil –
3. Cri de joie – 4. Arbre tropical, symbole du continent noir.

Sur mes cahiers d'écolier
Sur mon pupitre et les arbres
Sur le sable sur la neige
J'écris ton nom

Sur toutes les pages lues
Sur toutes les pages blanches
Pierre sang papier ou cendre
J'écris ton nom

Sur les images dorées
Sur les armes des guerriers
Sur la couronne des rois
J'écris ton nom

Sur la jungle et le désert
Sur les nids sur les genêts
Sur l'écho de mon enfance
J'écris ton nom

Sur les merveilles des nuits
Sur le pain blanc des journées
Sur les saisons fiancées
J'écris ton nom

Sur tous mes chiffons d'azur
Sur l'étang soleil moisi
Sur le lac lune vivante
J'écris ton nom

Sur les champs sur l'horizon
Sur les ailes des oiseaux
Et sur le moulin des ombres
J'écris ton nom

Sur chaque bouffée d'aurore
Sur la mer sur les bateaux
Sur la montagne démente
J'écris ton nom

Sur la mousse des nuages
Sur les sueurs de l'orage
Sur la pluie épaisse et fade
J'écris ton nom

Sur les formes scintillantes
Sur les cloches des couleurs
Sur la vérité physique
J'écris ton nom

Fernand Léger sur le poème d'Eluard : *Liberté, j'écris ton nom.*

Rédigez des textes de présentation

❶ Lisez le poème « Gaspar Hauser chante ». Qu'apprenez-vous sur la vie et la personnalité du « je » qui parle (Gaspar Hauser).

❷ Lisez les informations de l'encadré. Quel nouvel éclairage donnent-t-elles sur le poème ? Qu'a voulu exprimer Paul Verlaine en l'écrivant ?

❸ Réfléchissez à la façon de présenter ce poème à l'aide des informations données dans l'encadré. Raconteriez-vous l'histoire de Gaspar avant ou après la lecture ?

❹ Complétez votre sélection de poèmes pour votre récital. Rédigez des textes de présentation.

Poésie de l'événement

Un jour de mai 1828, un jeune homme d'origine inconnue apparaît dans la ville de Nuremberg, en Allemagne. Il ne sait prononcer que quelques mots, son développement mental est celui d'un tout jeune enfant mais il sait écrire son nom. Il tient à la main une lettre indiquant que la personne chez qui il a été placé ne peut plus s'occuper de lui.

Confié à l'Assistance publique, Gaspar sera assassiné cinq ans plus tard. On pense alors qu'il descendait d'une grande famille et qu'on l'a séquestré pour se débarrasser de lui.

Cinquante ans plus tard, Paul Verlaine s'empare de ce cas étrange qui a passionné l'Europe. Il s'identifie au jeune Gaspar exclu de la société. Verlaine (1844-1896) excelle à traduire ses sensations, ses impressions et ses rêves par la musicalité et le rythme de ses poèmes.

> *La poésie est le miroir brouillé de notre société*
>
> Louis Aragon

Gaspar Hauser chante

Je suis venu, calme orphelin,
Riche de mes seuls yeux tranquilles,
Vers les hommes des grandes villes :
Ils ne m'ont pas trouvé malin.

À vingt ans un trouble nouveau
Sous le nom d'amoureuses flammes,
M'a fait trouver belles les femmes :
Elles ne m'ont pas trouvé beau.

Bien que sans patrie et sans roi
Et très brave ne l'étant guère,
J'ai voulu mourir à la guerre :
La mort n'a pas voulu de moi.

Suis-je né trop tôt ou trop tard ?
Qu'est-ce que je fais dans ce monde ?
Ô vous tous, ma peine est profonde :
Priez pour le pauvre Gaspar !

Paul Verlaine, *Sagesse*, 1881.

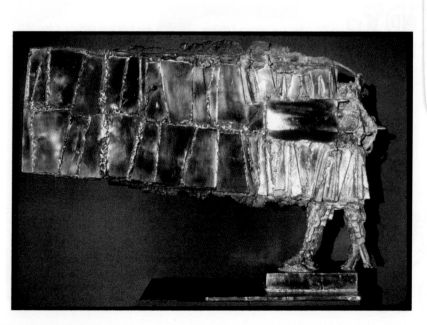

Valentin, l'homme de Draguignan, sculpture de César

Sculpture avec des objets de récupération représentant un habitant de Draguignan qui s'était fabriqué des ailes comme Icare.

Imaginez une mise en espace

❶ Lisez le texte de Philippe Delerm. Quelles sensations veut-il nous communiquer ?

❷ Montrez que le poème est construit sur des oppositions :
– l'écoute des informations à la radio / leur lecture dans le journal
– ...

❸ Préparez une mise en espace de la lecture de ce poème. On peut, par exemple, le lire ou le dire en jouant la situation avec quelques accessoires : une table avec le bol du petit déjeuner et une radio qui diffuse des informations. L'interprète entre avec un journal plié, se dirige vers la table, coupe la radio, déploie le journal sur la table...

❹ Commentez les illustrations qui accompagnent les poèmes de ce dossier Évasion.

❺ Réfléchissez à une mise en espace de votre récital (position des interprètes, déplacement, utilisation d'accessoires). Vous pouvez également l'illustrer grâce à un diaporama (tableaux, sculptures, photographies, affiches, etc.) qui sera projeté pendant le spectacle. Vous pouvez aussi prévoir un fond sonore pour votre spectacle (musique ou bruitage).

Poésie du quotidien

Philippe Delerm est un romancier et auteur de nouvelles né en 1950. Les petits textes de *La Première Gorgée de bière...*, paru en 1997, transforment certains instants banals de la vie quotidienne en moments de poésie.

" *Pour moi, la poésie dans une œuvre, c'est ce qui fait paraître l'invisible* "

Nathalie Sarraute

Le journal du petit déjeuner

C'est un luxe paradoxal. Communier avec le monde dans la paix la plus parfaite, dans l'arôme du café. Sur le journal, il y a surtout des horreurs, des guerres, des accidents. Entendre les mêmes informations à la radio, ce serait déjà se précipiter dans le stress des phrases martelées en coup-de-poing. Avec le journal, c'est tout le contraire. On le déploie tant bien que mal sur la table de la cuisine, entre le grille-pain et le beurrier. On enregistre vaguement la violence du siècle, mais elle sent la confiture de groseilles, le chocolat, le pain grillé. Le journal par lui-même est déjà pacifiant. On n'y découvre pas le jour, ni la réalité : on lit *Libération*, *Le Figaro*, *Ouest-France* ou *La Dépêche du Midi*. Sous la pérennité du bandeau titre, les catastrophes du présent deviennent relatives. Elles ne sont là que pour pimenter la sérénité du rite. L'ampleur des pages, l'encombrement du bol de café permettent seulement une lecture posée. On tourne les pages précautionneusement, avec une lenteur révélatrice : il s'agit moins d'absorber le contenu que de profiter au mieux du contenant. Dans les films, les journaux sont souvent symbolisés par la frénésie des rotatives, les cris surexcités des vendeurs dans la rue. Mais le journal que l'on découvre au petit matin dans sa boîte aux lettres n'a pas la même fièvre. Il dit les nouvelles d'hier : ce faux présent semble venir d'une nuit de sommeil. Et puis les rubriques sages comptent davantage que le sensationnel. On lit la météo, et c'est d'une abstraction très douce : au lieu de guetter au-dehors les signes évidents de la journée, on les infuse du dedans, dans l'amertume sucrée du café. La page des sports, surtout, est immuable et rassurante : les défaites y sont toujours suivies d'espoirs de revanche, les échéances se renouvellent avant que les tristesses ne soient consommées... Il ne se passe rien, dans le journal du petit déjeuner, et c'est pour ça que l'on s'y précipite. On y allonge la saveur du café chaud, du pain grillé. On y lit que le monde se ressemble, et que le jour n'est pas pressé de commencer.

Philippe Delerm, *La Première Gorgée de bière et autres plaisirs minuscules*,
© Éditions Gallimard, 1997.

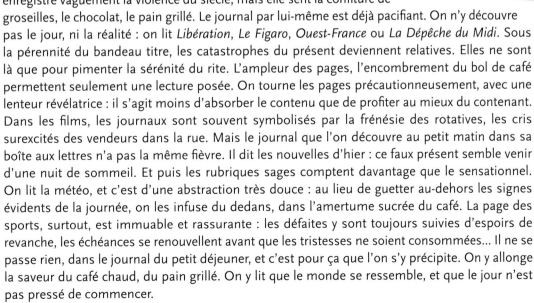

Faites participer le public

1 Les étudiants ferment les yeux. Le professeur (ou un étudiant) lit le poème de Nicole Brossard en s'arrêtant à chaque vers. Les étudiants décrivent les images qu'ils voient.

2 Quelques textes se prêtent à une participation du public :
– poème à répétition. Par exemple : « Le hareng saur » (Jules Supervielle). Le public répète la fin des vers ;
– poème énigmatique. Par exemple : « Le roi de l'île » (Georges-Emmanuel Clancier). On demande au public de répondre à la question.

Poésie de l'ineffable

Nicole Brossard, née en 1943, est une des principales représentantes de la poésie moderne au Québec. Elle est aussi romancière et dramaturge.

> « *Que le poète obscur persévère dans son obscurité s'il veut trouver la lumière* »
>
> Jean Paulhan

matin froid de novembre lumineux
je compte mes verbes
[...]
à Palerme la chute lente du temps ocre
entre mes lèvres un oui baroque faufilé je veux
matin lent de procession
un bras de mer et de futur
l'eau qui empoigne les naissances
contre les escadrons
l'eau à perte de vue éraflant le silence

à Dresde un matin de suie de gare et de musée
je m'étais arrêtée à une carte
l'index planté dans sa destruction

amas de peuples et de crânes
masse de marbre et solitude au milieu
personne ne ressuscite pour demain
reprendre la conversation là où laissée

Nicole Brossard, *Musée de l'os et de l'eau*, éditions Cadex, 1999.

Fernand Léger, *La Ville*, 1919, huile sur toile, Philadelphie Museum of Art, collection A.E. Gallatin.

Présentez votre récital

Vous avez choisi et organisé vos poèmes selon un fil conducteur.
Vous vous les êtes répartis et vous avez travaillé leur interprétation.
Vous avez conçu la mise en espace et, éventuellement, un diaporama et un fond sonore.
Votre spectacle est prêt.

Participer
à la vie
citoyenne

Pour vous **intégrer** pleinement dans un pays francophone, vous allez apprendre à :

Connaître les composantes de la société de ce pays

Les Antillais à Paris

Comprendre les questions qui intéressent ou préoccupent cette société, **participer** à des débats sur ces sujets

Défendre oralement ou par écrit vos intérêts personnels et des causes collectives

NON
à la casse de l'Ecole dans le Nord Pas de

Les discriminations en France

Extraits d'un débat organisé par *Le Nouvel Observateur* et la station de radio *France Culture* entre la députée PS George Pau-Langevin et Louis Schweitzer, président de la Halde (Haute Autorité de lutte contre les discriminations et pour l'égalité).

Pour s'opposer aux discriminations

Le Nouvel Observateur / France Culture. – *En 2008, la Halde, la Haute Autorité de lutte contre les discriminations et pour l'égalité, a reçu près de 8 000 réclamations alors que, d'après son dernier sondage, 8 % des personnes interrogées déclarent avoir subi une discrimination au cours des douze derniers mois. Soit 4 millions de personnes, ce qui révèle un phénomène de masse. La France a-t-elle du mal à se reconnaître dans le miroir de la diversité ?*

George Pau-Langevin. – Dans notre pays, pendant très longtemps, les personnes issues de l'immigration ou de ce qu'on appelle les minorités hésitaient à analyser leur situation en termes de discrimination et pensaient

que la manière la plus efficace de s'intégrer était d'arrondir les angles et de montrer qu'on pouvait se fondre dans la masse. C'était dû à notre modèle français d'assimilation[1]. Aujourd'hui, le fait qu'on parle davantage de discrimination résulte de l'influence de la réglementation européenne qui introduit ce principe dans notre droit. Elle a du reste contraint la France à mettre en place un organisme tel que la Halde, à l'image de la Commission pour l'égalité raciale qui existait en Grande-Bretagne depuis longtemps. Ainsi les gens commencent à se dire que la discrimination est une réalité qui peut expliquer certaines situations. Mais aujourd'hui, à l'inverse, il me semble qu'on met sous ce terme tout et un peu n'importe quoi.

Sur quels critères

N. O./F. C. – *Il y a en effet dix-huit critères de discrimination prohibés par la loi : âge, sexe, origine, situation de famille, orientation sexuelle, mœurs, caractéristiques génétiques, appartenance vraie ou supposée à une ethnie, à une nation ou à une race, apparence physique, handicap, état de santé, état de grossesse, patronyme, opinions politiques, convictions religieuses et activité syndicale. Faut-il établir une hiérarchie entre tous ces critères ? La Halde ne distingue pas le traitement arbitraire résultant de caractéristiques individuelles comme l'obésité de celui résultant de l'appartenance à un groupe « racialisé » : n'est-ce pas une façon d'évacuer le problème singulier du racisme, de minorer les obstacles rencontrés par les « minorités visibles » ?*

Louis Schweitzer. – Je ne crois pas. Précisons que ces dix-huit critères n'ont pas été inventés par la Halde mais résultent du Code pénal français. Quand vous êtes victime d'une discrimination, la nature de celle-ci n'est pas facile à hiérarchiser. Un homme de 45 ans qui se voit refuser un emploi parce qu'on lui dit qu'il est trop vieux est dans une situation humaine et économique aussi difficile qu'un jeune de 25 ans qui se voit discriminer en raison de la couleur de sa peau. Je vois dans toutes les discriminations les mêmes mécanismes à l'œuvre : les préjugés, l'ignorance, la méconnaissance de l'autre, le non-respect de la personne humaine dans sa dignité essentielle. C'est leur fond commun qui justifie qu'elles soient traitées de façon similaire. Certes, il y a des problèmes spécifiques : la situation d'une personne handicapée n'est pas exactement la même que celle d'une personne immigrée, mais il y a une communauté de mécanismes à mettre en œuvre pour identifier et résoudre ces problèmes. Il existe par ailleurs des multi-discriminés. Par exemple, une femme noire d'origine musulmane et âgée de 50 ans peut être discriminée en fonction de quatre critères.

Pour ou contre une politique de quotas ?

N. O./F. C. – *Êtes-vous alors partisan d'instaurer une politique de quotas[2] et de « discrimination positive » ?*

Louis Schweitzer. – « Discrimination positive » est une mauvaise traduction de l'anglais et je préfère « action positive ». Et je suis favorable à « l'action positive ». C'est quoi ? C'est de faire que l'égalité des chances formelle devienne réelle. Par exemple, pour les concours de la fonction publique, il y a une égalité formelle : les copies à l'écrit sont anonymes, les oraux sont publics. On a des garanties. Mais on ne tient pas compte de l'environnement culturel et des conditions sociales des candidats avant le concours. L'action positive, c'est de corriger ces inégalités sociales en faisant que l'égalité des chances soit réalisée. C'est une énorme ambition et on en est loin. La politique de Sciences-Po[3] à cet égard est un bon exemple : on fait entrer dans une voie particulière les très bons élèves de lycées de zones difficiles, et au bout de cinq ans d'études ces élèves passent les mêmes épreuves que tous les autres élèves et obtiennent leurs diplômes avec les mêmes mérites. Il n'y a donc pas eu de discrimination positive mais bien action positive pour qu'ils aient concrètement des chances égales. Il faut faire en sorte que cette égalité réelle se retrouve tout au long de la vie.

George Pau-Langevin. – Je conteste également l'expression de « discrimination positive ». On dit aussi que toute action positive se résume aux quotas, ce qui est une simplification. On voit bien qu'en Grande-Bretagne les entreprises arrivent à embaucher beaucoup de gens issus des minorités ethniques. Mais en France on a refusé de transcrire l'article 5 de la directive européenne qui autorise l'action positive, sous prétexte que notre pays est égalitariste et républicain. Nous avons dans ce domaine beaucoup de retard car on oppose une démarche vers l'égalité réelle à notre principe « nous sommes tous égaux ». Il est urgent de prendre des mesures pour garantir concrètement cette égalité.

Propos recueillis par G. Anquetil et F. Armanet,
Le Nouvel Observateur, 26/03/2009.

---

1. Voir le point sur l'immigration en France, p. 139.
2. Un « quota » est une quantité déterminée. La politique des quotas consiste à réserver des postes ou des places dans une école pour des personnes qui ont peu de chance de les obtenir en raison de leur condition sociale ou de leur origine.
3. Grande école de sciences politiques.

[L'INTERVIEW]

Karima Delli est une jeune députée européenne qui figurait sur la liste Europe Écologie d'Île-de-France (avec Daniel Cohn-Bendit, Eva Joly et Pascal Canfin).
Elle donne son opinion sur la politique des quotas en matière de limitation de l'immigration et de discrimination positive.

Lecture et commentaire du débat

1. Lisez la première partie.

a. Une personne de votre pays vous pose les questions suivantes. **Répondez en faisant éventuellement des comparaisons avec votre pays.**
• Y a-t-il en France un organisme qui surveille les discriminations ?
• Cet organisme a-t-il constaté des discriminations ?
• Comment les immigrés vivent-ils ces discriminations ?
• Y a-t-il eu une évolution ?
b. Relevez les expressions qui caractérisent le comportement des immigrés dans le passé et aujourd'hui. Donnez le sens de ces expressions.

2. Lisez la deuxième partie.

a. Partagez-vous les dix-huit critères de discrimination. Pour chacun trouvez un exemple :
âge → une entreprise n'embauche pas une personne parce qu'elle est trop âgée ou trop jeune.
b. En petit groupe, sélectionnez les cinq critères qui vous paraissent les plus importants. Justifiez votre choix.
c. Confrontez vos réflexions à la réponse de Louis Schweitzer.

3. Lisez la troisième partie.

a. Quel est le projet politique défendu par les deux participants au débat ?
Relevez les exemples concrets de cette politique.
b. Qu'est-ce qui différencie la politique française de celle qui est mise en œuvre en Grande-Bretagne et aux États-Unis ?
c. Donnez votre opinion sur la politique des quotas.

L'interview

1. Écoutez la première réponse de Karima Delli. Cochez les phrases qui correspondent aux idées de la députée.

❑ Il faut modifier les chiffres des quotas.
❑ Le fait de comptabiliser les personnes des différentes communautés est dévalorisant et injuste.
❑ On considère à tort que les immigrés sont responsables des problèmes de la France.
❑ La politique des quotas est contraire aux valeurs de la France.
❑ Les communautés étrangères sont une richesse pour la France.

2. Écoutez la deuxième réponse. Karima Delli est-elle pour ou contre la discrimination positive ? Quels sont ses arguments ?

13 Les autres et moi

Construire une argumentation

Les Français et l'immigration

L'attitude de la majorité des Français face à l'immigration a considérablement évolué mais la crise économique fait renaître certaines craintes. Tout d'abord, l'idée que les étrangers sont responsables de la montée du chômage réapparaît. En outre, on a peur que les conflits qui ont pu avoir lieu, çà et là, entre des communautés se généralisent. D'ailleurs, on peut observer que la crainte est proportionnelle à l'importance des différences culturelles : origine géographique, langue, religion. D'un côté, la France est fière de sa tradition de terre d'accueil, d'un autre côté, elle reconnaît qu'elle ne peut pas accueillir « toute la misère du monde » selon le mot d'un ancien Premier ministre de gauche.

Toutefois, il convient de ne pas dramatiser. Certes, ces tensions existent mais elles ne devraient pas justifier cette méfiance. Même si quelques jeunes affichent leur rejet de la France, l'immense majorité des immigrés cherche à s'intégrer et y parvient assez bien.

1 **À l'aide du tableau, étudiez l'argumentation du texte ci-dessus.**

Idées principales	Arguments qui permettent de défendre ces idées	Expressions qui introduisent les arguments Fonctions de ces expressions
1. Renaissance de la peur face à l'immigration		*Tout d'abord* (introduit un premier argument et annonce une suite)

Lisez l'encadré de la page 135.

2 **Complétez les raisonnements suivants en utilisant les expressions en gras.**

Exemple : **a.** ...... Certes, ça fait faire des économies ......

Un râleur au supermarché

a. Toutefois – donc – certes
On parle de supprimer les caissières des supermarchés et de les remplacer par des robots. Je suis contre.
...... cela ferait faire des économies à l'entreprise.
...... il n'y aurait plus aucun contact humain dans le magasin.
...... il faut conserver les caissières.

b. Par ailleurs – or – toutefois
Dans les supermarchés, la place des produits est savamment étudiée et organisée.
......, certains produits changent tout le temps de place. C'est sans doute pour que le client reste plus longtemps dans le magasin et qu'il achète davantage.
......, je ne crois pas à cette théorie. Le client qui ne trouve pas son produit s'énerve et a l'impression de perdre son temps.
......, il garde une mauvaise image du supermarché.

c. En revanche – or – donc – quand même
Chaque semaine, mon supermarché m'envoie des publicités alléchantes pour certains produits.
......, le jour de la promotion, je me précipite à mon magasin pour acheter ces produits.
......, la plupart du temps je ne les trouve pas.
......, des produits similaires mais plus chers sont exposés.

Je promets alors de ne plus retourner dans mon supermarché mais j'y retourne ......

3 **Construisez des phrases concessives. Combinez les phrases suivantes en utilisant l'expression entre parenthèses. Faites les transformations nécessaires.**

Exemple : **a.** J'ai beau faire des efforts, j'ai du mal à m'intégrer.
Propos d'immigrés
a. J'ai des difficultés à m'intégrer. Pourtant je fais des efforts. (*avoir beau*)
b. Mes enfants font des progrès en français. Moi, je stagne. (*bien que*)
c. Je prends des cours de français. Cependant je ne parle pas très bien. (*avoir beau*)
d. Il existe des structures d'accueil. Elles sont insuffisantes. (*même si*)
e. Les recruteurs sont certes compétents. Mais ils se méfient de nous. (*tout ... que*)
f. L'école est un facteur d'inégalité. Néanmoins elle a la volonté d'intégrer. (*quoique*)
g. J'ai un ami sénégalais. Il est médecin. On a contrôlé son identité. (*tout ... que*)
h. Je n'ai pas de diplôme. Mais si j'en avais, je rencontrerais des difficultés. (*quand bien même*)
i. J'ai un voisin. Il est asiatique. Il se débrouille très bien. (*il n'empêche que*)
j. Il a trouvé un travail. Mais il n'est pas déclaré. (*il n'en reste pas moins... bien que...*)

6 La municipalité d'une ville propose un projet d'aménagement d'un boulevard lors d'une réunion publique. À l'aide des notes ci-dessous, imaginez :

a. la présentation et la défense du projet par le maire (employez surtout les expressions de la rubrique 1 de l'encadré) ;
« Nous allons... D'abord... »

b. les critiques des opposants (utilisez les expressions de la rubrique 2 de l'encadré).
Variez ces expressions.
« Certes, le projet est intéressant... »

Projet de transformation du boulevard Jean Jaurès

Défense du projet	Critiques
• construction d'un parking sous le boulevard • élargissement du terre-plein central • aménagement de ce terre-plein en jardin public • construction d'une piste cyclable • construction d'un couloir réservé aux bus ↓ Nécessité d'adopter de nouvelles habitudes (ne pas prendre sa voiture pour faire seulement 500 m, utiliser les transports en commun)	• suppression du stationnement gratuit • réduction des voies réservées aux voitures → embouteillages → pollution accrue • impossibilité de stationner devant les commerces → préjudices pour les commerçants → fermeture des petits commerces

L'enchaînement des arguments

1. Lorsque tous les arguments défendent la même idée (c'est en général le cas dans un paragraphe)

• **Premier argument :** D'abord... Tout d'abord... Premièrement... En premier lieu... Pour commencer... Nous commencerons par remarquer que...
• **Arguments suivants :** Ensuite... Deuxièmement... En second lieu... Par ailleurs... De même... Autre fait... On peut ajouter...
• **Gradation d'arguments :** En outre... De plus... On ne se contente pas... On peut ajouter...
• **Lorsqu'il y a deux arguments :** D'une part... d'autre part – D'un côté... de l'autre (ces formes peuvent aussi introduire des arguments opposés)
• **Arguments d'ordre différent :** À propos de... En ce qui concerne... D'ailleurs... Quant à...
• **Argument final :** Enfin... En dernier lieu... Dernier point... Une dernière remarque... Pour finir...

2. Lorsqu'on passe à des arguments opposés, on utilise au début de la phrase ou du paragraphe :

a. un adverbe indiquant l'opposition

En revanche... Par contre... Face à ce problème... En contradiction avec cette idée... Inversement... À l'inverse... À l'opposé de cette idée... Contrairement à ce que vous pensez...

Cas de « or »
« Or » introduit une information complémentaire ou une restriction qui vient modifier la conséquence attendue.
Elle voulait changer de métier. Or, elle vient d'avoir une promotion. Elle reste donc dans son entreprise.

b. une expression indiquant la concession
Le raisonnement par concession commence par reconnaître les arguments qui défendent l'idée à laquelle on va s'opposer.
Certes, le gouvernement fait des réformes. Pourtant la situation du pays ne s'améliore pas.

Introduction des arguments que l'on concède	Introduction des arguments d'opposition
Certes... Sans doute... Effectivement... J'admets que... Je vous accorde que... Je reconnais que... Je vous concède que...	Pourtant... Cependant... Toutefois... Malgré tout... Néanmoins... Il n'en reste (demeure) pas moins que.... Il n'empêche que...

c. une phrase concessive (l'argument concédé et l'argument d'opposition sont liés dans une même phrase).
Dans les constructions ci-dessous, les deux parties de la phrase peuvent être interverties :
***Bien que...* + subjonctif :** *Bien qu'il habite une cité de banlieue, il ne veut pas déménager.*
***Même si...* + indicatif :** *Même si son salaire n'est pas très élevé, il se débrouille pour avoir des loisirs intéressants.*
***Tout* + adjectif + *que* + être au subjonctif :** *Tout intelligent qu'il soit, il n'a pas résolu le problème.*
***Tout* + nom + *que* + être à l'indicatif :** *Tout émigré qu'il est, il a très bien réussi.*
***Quand bien même* + verbe au conditionnel :** *Quand bien même il deviendrait ministre, il n'abandonnerait pas sa famille ni ses amis.*

Charte pour le multiculturalisme

En vous appuyant sur les documents ci-dessous et sur vos expériences personnelles, **vous réfléchirez aux aspects positifs d'une société multiculturelle, aux problèmes qu'elle soulève et à leurs solutions. Vous présenterez une synthèse de ces documents et de vos réflexions** en choisissant la forme qui vous convient le mieux :
– charte pour une société multiculturelle,
– article de presse,
– discours rédigé.

Faites la liste des aspects positifs d'une société multiculturelle

Lisez les déclarations suivantes. Commentez-les à la lumière de vos expériences personnelles.
En petit groupe, faites la liste des avantages du brassage des cultures.

Témoignages de Français ayant vécu dans un pays étranger ou ayant été en contact fréquent avec des étrangers

❝ Parmi mes voisins, il y a un photographe écossais et un peintre allemand, tous deux mariés à des Françaises. Il y a aussi une jeune femme d'origine espagnole. Les rapports sont plus simples avec eux qu'avec les autres voisins. On s'invite. La différence culturelle rapproche car elle excite la curiosité. Finalement, les barrières sociales tombent. ❞

Clarisse, Uzès

❝ J'ai vécu trois ans en Jordanie. C'est un enrichissement incroyable et quelle leçon de modestie ! J'ai été élevé dans l'idée qu'il n'y avait quasiment rien en dehors de la culture française. Là-bas, je me suis aperçu qu'il y avait une culture aussi riche que la nôtre et, par certains aspects, comme le sens de l'accueil, supérieure. ❞

Vincent, ingénieur

❝ Après mon divorce, c'est mon collègue antillais et sa femme qui m'ont redonné le goût de la fête. Ils ont une façon détendue et spontanée de s'amuser que je voudrais avoir. J'ai l'impression que chaque peuple peut nous apprendre quelque chose, nous donner quelque chose que nous n'avons pas. ❞

Olivier, fonctionnaire, Paris

❝ Plus on fréquente d'étrangers, plus on développe une capacité de compréhension, d'ouverture aux autres, d'intérêt pour les autres cultures. Cela permet de prendre des distances avec sa propre culture. Après dix ans passés dans les pays anglo-saxons, je trouve un peu ridicule notre habitude de se serrer la main chaque fois que l'on se rencontre. ❞

Christine, enseignante

Recherchez les difficultés propres aux sociétés multiculturelles

❶ Lisez le texte « Paris et la mixité sociale ». Répondez.
a. Comment évolue la mixité sociale à Paris ? Quelles sont les causes de cette évolution ?
b. En quoi les « bobos » sont-ils différents de la bourgeoisie parisienne traditionnelle ? Mettent-ils toutes leurs idées en pratique ?
c. Comment réagissent les habitants des beaux quartiers quand on leur impose des HLM près de chez eux ?

❷ Lisez le point sur l'immigration en France (p. 139).
a. Faites la liste des populations qui se sont installées sur le territoire de la France.
b. Quels sont les problèmes posés par l'immigration ? Quelles politiques tentent de les résoudre ?

❸ Travail en petits groupes. Faites la liste des problèmes propres à une société multiculturelle.

PARIS ET LA MIXITÉ SOCIALE

Pour qui se promène dans ses quartiers et prend le RER, Paris semble être une ville de mixité sociale et culturelle mais les différentes classes et communautés cohabitent-elles en harmonie ?

Cette vision multiculturelle et foisonnante de Paname[1], très présente dans les esprits depuis le succès du *Fabuleux Destin d'Amélie Poulain*, a pourtant un peu de plomb dans l'aile. Sur le banc des accusés : la désindustrialisation, la hausse des prix, et, bien sûr, l'émergence de la nouvelle bourgeoisie parisienne (les fameux bobos). Car le constat est sans appel et peut se résumer simplement : dans les années 1960, Paris comptait 65 % de classes populaires, contre 35 % de classes moyennes. Aujourd'hui, la tendance s'est complètement inversée ! La surreprésentation des cadres s'est, elle aussi, accélérée, et seuls six arrondissements sur vingt comptent plus de 20 % de logements sociaux. « *Le mode de vie de cette nouvelle bourgeoisie est très différent de celui de la bourgeoisie plus traditionnelle des beaux quartiers, centrée sur la conservation de ses valeurs et de son patrimoine, alors que les bobos réinvestissent les quartiers populaires de l'Est parisien dans un souci de mixité sociale* », expliquent Michel Pinçon et Monique Pinçon-Charlot, chercheurs au CNRS et auteurs d'une indispensable *Sociologie de Paris* (Repères-La Découverte). Graphistes, peintres, journalistes, architectes s'installent ainsi dans les lofts et les anciens ateliers du 20e arrondissement, désireux de se fondre dans la population locale... mais en y instaurant malgré tout leurs goûts, leurs boutiques et leur manière de vivre. Premier effet notable : une hausse considérable du prix du logement, qui relègue inévitablement les classes populaires au-delà du périphérique. Un cruel effet pervers alors que c'est justement une volonté de diversité qui pousse la nouvelle bourgeoisie à s'installer dans ces quartiers. « *Ce raisonnement trouve très vite ses limites,* poursuivent les deux chercheurs. *Les bobos de la Goutte d'or[2], qui doivent leur position sociale à leurs études, n'hésitent pas à placer leurs enfants dans des établissements de quartiers petits-bourgeois par peur d'un environnement scolaire trop difficile.* »

Au début des années 2000, une opération, lourde de symboles, a été initiée par la municipalité pour distiller la mixité sociale jusque dans les beaux quartiers. Les habitants BCBG de la rue de Rennes, dans le 6e, ou de la rue de Washington, dans le 8e, ont eu la surprise de découvrir des opérations de réhabilitation d'immeubles destinés à devenir des HLM. Tour de force ou poudre aux yeux ? « *La mixité forcée peut entraîner des tensions psychologiques entre les anciens habitants et leurs nouveaux voisins* », expliquent ainsi Michel Pinçon et Monique Pinçon-Charlot. Dans d'autres cas, la mixité peut aussi déboucher sur des pratiques d'évitement illustrées par la carte scolaire[3], mais aussi dans la manière dont les copropriétaires tentent d'intervenir indirectement dans le peuplement d'un immeuble ou dans les projets de rénovation urbaine à travers les associations. Plus radical encore, le phénomène du *white flight* caractérise la « fuite » des catégories sociales aisées vers d'autres quartiers lorsqu'elles estiment que leur environnement n'est plus adapté à leur statut.

Frédéric Graner et Sylvain Foret,
TGV Magazine, novembre 2007.

1. Nom familier donné à Paris au début du XXe siècle. – **2.** Quartier du nord de Paris dont la population comporte une forte proportion d'immigrés. – **3.** Jusqu'en 2007, les enfants devaient être scolarisés dans l'école de leur quartier. Depuis, cette législation a été assouplie.

13 Les autres et moi

Recherchez des solutions

❶ Lisez le document ci-contre. Réfléchissez à l'intérêt de chaque initiative. Qui l'organise ? Pour quelles raisons ? Quels sont les buts recherchés ? Pensez-vous que cette action soit efficace ?

❷ Lisez le document « L'expérience canadienne ». Partagez-vous les onze propositions. Pour chacune, recherchez des exemples concrets d'actions (à l'exemple de celles décrites dans le document ci-contre).
Exemple : proposition 1 → encourager ou imposer des quotas pour les minorités non représentées dans les listes électorales, dans les effectifs des administrations, etc.

❸ Faites le travail d'écoute du document sonore.

❹ En petit groupe, cherchez des solutions aux problèmes que vous avez relevés page 136.

Mettez en forme votre projet

❶ Choisissez la forme que vous allez donner à votre projet (voir introduction, « Charte pour… » p. 136).

❷ Déterminez le plan de votre argumentation.
Vous pouvez commencer soit par les points positifs d'une société multiculturelle, soit par ses inconvénients. Vous pouvez aussi présenter chaque problème suivi de sa solution.

Idées à suivre

En été, la plupart des jeunes des banlieues déshéritées ne partent pas en vacances et sont désœuvrés. Certaines municipalités mettent en place des dispositifs pour pallier cette situation.

▶ **Valenciennes (Nord)**
Au collège Chasse-Royale, les classes accueillent depuis près de dix ans une cinquantaine d'élèves les deux premières semaines de juillet et les deux dernières d'août. Au programme, soutien scolaire et ateliers le matin, sorties culturelles ou sportives l'après-midi.

▶ **Grenoble (Isère)**
Depuis 2003, une centaine de jeunes (180 cette année), issus des quartiers difficiles, s'initient aux sports de haute montagne pendant les vacances, encadrés par des professionnels.

▶ **Cergy (Val d'Oise)**
« Prévention été » finance, contre menus travaux, des jeunes investis dans la réalisation d'un projet personnel pendant l'été (permis de conduire, actions humanitaires, etc.).

L'Express, 07/08/2008.

---

http://agora.qc.ca

ENCYCLOPÉDIE DE L'AGORA

L'expérience canadienne

Pays d'immigration, le Canada est passé en cent ans de 5 à 33 millions d'habitants grâce à l'arrivée d'immigrés européens, chinois ou indiens qui sont venus s'ajouter aux populations d'origine nord-américaine. On y parle plusieurs langues et plusieurs religions y sont pratiquées.
Le Canadien Wil Kymlicka énumère « les politiques qui constituent le fond du débat public sur le multiculturalisme dans son pays :
• des programmes d'action positive qui cherchent à augmenter la présence des minorités visibles dans les institutions ;
• des représentations faites au Parlement en faveur des minorités visibles ;
• des révisions de programmes scolaires destinées à tenir compte des contributions historiques et culturelles des minorités ethniques ;
• des horaires flexibles, pour accommoder les pratiquants de certaines religions ;
• des programmes d'éducation à orientation anti-raciste ;
• des codes de conduite qui interdisent le racisme à l'école ou au travail ;
• une formation multiculturelle pour les policiers, fonctionnaires et intervenants du monde de la santé afin qu'ils puissent reconnaître la nature des problèmes vécus par les familles d'immigrants ;
• des lignes directrices qui préviennent la propagation des stéréotypes dans les médias ;
• le soutien des festivals et programmes d'études ethniques ;
• des services aux adultes dans leur langue maternelle ;
• des programmes d'éducation bilingue pour les jeunes, en vue de leur permettre de faire la transition entre leur langue maternelle et celle(s) de leur pays d'adoption. »

L'Encyclopédie de l'Agora, http://agora.qc.ca

Michaëlle Jean, d'origine haïtienne, a été Gouverneure générale du Canada, de 2005 à 2010.

[L'INTERVIEW]

Monique Vézinet, présidente de l'UFA (Union des familles laïques), explique l'évolution de l'idée de laïcité en France.

Écoutez plusieurs fois l'interview. Faites le point sur la laïcité en France en répondant aux questions suivantes.

a. D'après la Constitution française, la France est une république laïque. Que signifie traditionnellement le mot « laïcité » ?

b. Comment est en train d'évoluer cette idée de laïcité ?

c. Donnez des exemples concrets de cette évolution :
– en matière de financement ;
– dans la réglementation propre aux espaces publics.

d. La laïcité respecte-t-elle les différences ?

L'immigration

• **L'émigration**

émigrer, s'exiler, l'exil – s'expatrier être expulsé, banni, déplacé, proscrit – extrader un criminel

• **L'immigration**

immigrer dans un pays – un travailleur immigré – se réfugier dans un pays étranger

un clandestin, un sans-papiers – vivre dans la clandestinité – être refoulé, reconduit à la frontière – demander l'asile politique – un camp de réfugiés – un centre de rétention administrative

accueillir un étranger – une terre d'accueil, une terre d'asile – un pays d'élection – une seconde patrie

une attitude xénophobe, raciste, antisémite

un visa (touristique, de longue durée, de courte durée, de transit) – une carte de travail, de résident, une carte de séjour

se faire naturaliser – demander / obtenir sa naturalisation

• **L'intégration**

s'intégrer dans un pays – s'adapter à de nouvelles conditions de vie – se faire à de nouvelles habitudes

se mélanger, se fondre dans un milieu social

adopter – Ses voisins l'ont adopté. Il a adopté les coutumes du village / rejeter

faire partie d'une communauté, d'une minorité (linguistique, ethnique, religieuse) – une minorité visible

la ségrégation – l'apartheid – un ghetto

Le point sur…
la France, terre d'immigration

C'est sous la IIIᵉ République (1870-1940) que s'est forgé le mythe d'une nation française prédestinée dès l'Antiquité à occuper le territoire actuel de l'Hexagone. En fait, l'identité française est la résultante des cultures des différents peuples qui se sont installés dans ce territoire par la force ou par nécessité économique. Ainsi, les Romains qui colonisent le territoire à partir du IIᵉ siècle avant Jésus-Christ laisseront en héritage leur langue (le latin est la base du français) et leur droit. Les peuples germaniques, en particulier les Francs qui migreront du Vᵉ au VIIᵉ siècle, participeront aussi à la construction de cette identité.

Aujourd'hui, il suffit de feuilleter l'annuaire téléphonique pour voir que la proportion de noms d'origine espagnole, italienne ou maghrébine y est importante. Le tiers de la population française actuelle descend d'immigrés de première, deuxième ou troisième génération. Ces vagues migratoires sont fortement liées aux soubresauts politiques de l'Europe et à l'histoire coloniale de la France.

Au début du XXᵉ siècle, des Russes immigrent à Paris à cause de la Révolution de 1917. Des Polonais viennent travailler dans les mines de charbon du Nord et de l'Est. Dans les années 1930 arrivent des Espagnols et des Italiens poussés à l'exil par les régimes politiques ou les difficultés économiques de leur pays.

Les vagues d'immigration des années 1960 sont la conséquence conjointe de la politique de décolonisation et du manque de main-d'œuvre dans une France en pleine expansion. Des Maghrébins, des Africains, des Asiatiques arrivent en masse.

Différentes politiques d'immigration s'affrontent et se succèdent dans le temps :
• **l'assimilation** qui demande à l'immigré une pleine adhésion aux normes de la société d'accueil et une nouvelle identité ;
• **l'intégration** qui implique une démarche d'acceptation réciproque : respect des valeurs de la société d'accueil de la part de l'immigré ; acceptation de certaines spécificités culturelles de l'immigré par la société d'accueil ;
• **l'insertion** où l'immigré garde son identité mais accepte les règles de la société d'accueil dans le domaine public (par exemple professionnel).

Contrairement à une idée reçue, le nombre d'immigrés n'a pas augmenté en France depuis les années 1970. Il s'élève à 4,5 millions mais pour prendre la mesure des problèmes d'intégration, il faut ajouter à ce chiffre 5 millions d'enfants ou de petits-enfants d'immigrés, nés en France mais ayant grandi au sein de deux cultures.

L'accroissement de cette population peut alimenter des craintes ou des ressentiments. Du côté des non-immigrés, peur que l'immigration n'alimente le chômage et la délinquance, sentiment d'insécurité à l'égard de ceux qui pratiquent un islam intégriste et qui rejettent les valeurs européennes traditionnelles. Du côté de la population issue de l'immigration, rancœur à l'égard d'une société qui n'a pas fait assez d'effort pour l'intégrer et qui semble refuser la constitution de communautés où chacun vit librement sa culture et ses différences.

Leçon d'aide au développement

Originaire du Cameroun,
Gaston Kelman *a travaillé pendant dix ans à l'agglomération de la ville d'Évry. Il est l'auteur de nombreux essais sur l'histoire et le développement des pays d'Afrique.*

Au cours d'un débat, je fustigeais l'inutilité et la nocivité des aides déversées aux pays africains. Un homme blanc, un peu surpris par mon drôle de discours, me dit qu'il était bien fier d'avoir, avec son association, offert un puits à un village sahélien. J'ai dit à cet homme que j'appréciais son geste humanitaire, mais que le forage d'un puits dans un village de plusieurs centaines d'âmes par une association étrangère ne serait jamais un geste humanitaire, mais un acte d'assistanat. Depuis la création de ce village, les habitants vont au marigot[1] voisin, distant de deux ou trois kilomètres, au moins deux fois par jour pour s'approvisionner en eau. Ceci n'a rien de spécial. Chez Manon des sources[2], la pratique a été la même.

Comment en est-on arrivé à la nécessité du forage d'un puits dans un village sahélien[3] par une association française ? C'est parce qu'une association d'immigrés originaires de ce village a sollicité l'aide de cette association. Parmi ces immigrés, il y avait des ouvriers mais aussi des étudiants qui apprenaient les

technologies nouvelles. Ils avaient donc obtenu que l'association française les aidât à forer un puits dans le village. Le forage avait nécessité plusieurs voyages d'au moins deux membres de l'association. Ces voyages avaient coûté quelques milliers d'euros. Le jour de l'inauguration du puits, l'élite de ce village, installée en ville et vivant dans des maisons avec électricité et eau courante, était venue au village avec une forte délégation, dans des véhicules tout-terrain rutilants et des berlines à l'électronique futuriste, des voitures de demain, conduites sur des routes d'hier par des hommes d'aujourd'hui. Une grande fête avait été organisée en l'honneur des bienfaiteurs et à la gloire de l'élite citadine. Les divers frais – voyage de la délégation des Blancs, forage, fête et déplacement de l'élite citadine, au moins quinze mille euros – auraient permis le forage d'une centaine de puits, si l'on avait juste fourni des pelles et des pioches à ces villageois. Le gouvernement aurait aussi pu acheter un matériel de forage itinérant qui serait passé de village en village pour offrir de l'eau potable à des populations dont il avait mission d'assurer le bien-être.

Pourquoi est-il encore nécessaire qu'aujourd'hui, le forage d'un puits dans un pays sahélien nécessite un tel déploiement d'énergie ? Pourquoi l'élite villageoise, formée à l'école locale ou en France, n'a pas su ou voulu transmettre à ses parents du village la nécessité de se prendre en charge et de forer son fichu[4] puits sans que le Blanc y soit mêlé ? Comment n'a-t-elle pas su apprendre à son village ce qu'ils avaient appris à l'école, qu'ils avaient de l'eau sous les pieds et qu'ils n'avaient plus besoin de parcourir des kilomètres pour s'approvisionner en eau ? L'association française et le village africain sont l'un et l'autre victimes de cette élite égoïste et du mythe du sauveur venu du pays des Blancs.

Gaston Kelman, *Les Hirondelles du printemps africain*,
© J.-C. Lattès, 2008.

---

1. Dans les régions tropicales, sorte de marais alimenté par la pluie.
2. Film de Claude Berri d'après un roman de Marcel Pagnol. La vie des habitants d'un village de Provence était conditionnée par l'existence de sources.
3. Le Sahel : zone semi-aride de l'Afrique située entre le Sahara et la savane.
4. Terme familier et péjoratif : « ce maudit puits ».

[L'ENTRETIEN]
Le journaliste Olivier Mathurin s'entretient avec Jacques Mallet, auteur d'une étude sur les associations de bénévoles en France.

Compréhension du texte

1. Lisez le premier paragraphe. Relevez les éléments du débat entre « l'homme blanc » et Gaston Kelman.

– Les deux hommes sont-ils d'accord ? Opposés ? Sur quoi ?
– Les mots suivants peuvent-ils les caractériser : conscient des vrais problèmes – généreux – inconséquent – informé – qui a une vision à court terme / à long terme – qui a le sens de l'humour – provocateur – réfléchi.

2. Lisez le deuxième paragraphe.

a. Reconstituez la chronologie de la construction du puits.
(1) Des Camerounais vivant en France …
(2) …
b. Recherchez p. 139 et dans un dictionnaire encyclopédique les événements de l'histoire du Cameroun qui expliquent les faits décrits par Gaston Kelman.
c. Ce paragraphe permet-il d'expliquer la réaction de Kelman aux propos de l'homme blanc (1er paragraphe) ?

3. Lisez le troisième paragraphe.
Notez les idées de Gaston Kelman en matière d'aide au développement du Cameroun.

Du côté camerounais → idéologie
                     → pratiques
Du côté français   → idéologie

Débat

Quelle est pour vous la meilleure manière d'aider un pays en difficulté économique ?

L'entretien

1. Écoutez l'entretien en totalité. Réécoutez les interventions d'Olivier Mathurin (premier intervenant). Complétez les phrases suivantes :

On dit que les Français s'engagent volontiers dans le bénévolat mais …
On considère quelqu'un comme un bénévole régulier quand …
Les grandes associations de bénévoles sont …
Ces associations voient leurs effectifs …
Les régions où l'on trouve le plus de bénévoles sont …
En revanche, les régions urbaines …

2. Réécoutez les réponses de Jacques Mallet. Trouvez les explications des phénomènes observés ci-dessus.

Comprendre et rédiger une correspondance à caractère administratif

Aurélie Traucat
Présidente de l'association L'Agora
25 rue ...

...

Châteauneuf, le ...

Monsieur le Président du Conseil régional
de ...
Direction régionale de l'action culturelle

...

Objet : demande de subvention exceptionnelle

Monsieur le Président,

L'Agora est une association théâtrale établie à Châteauneuf depuis cinq ans et comptant trois salariés. Nous dispensons des cours de théâtre et faisons des animations dans les écoles, les maisons de retraite ainsi que chez des particuliers. Nous sommes donc bien implantés dans le tissu éducatif et culturel de la ville.
Toutefois, ces activités qui constituent notre quotidien ne nous empêchent pas d'avoir de plus hautes ambitions. Nous souhaiterions, en particulier, nous intégrer à la saison théâtrale castelnovienne en créant trois pièces de théâtre par an.

Depuis très longtemps cette saison théâtrale est élaborée par deux associations, l'une programmant un théâtre dit « de boulevard » qui rencontre un grand succès populaire, l'autre sélectionnant un théâtre de recherche très élitiste. Le répertoire classique, celui des grandes œuvres de Molière, de Shakespeare, de Pirandello, etc., y est très peu représenté. C'est ce répertoire-là que nous souhaiterions promouvoir car non seulement il concernerait un large public mais il fait partie d'un patrimoine culturel qu'il convient de faire vivre.

Notre projet est double :
Entre octobre et juin, créer trois spectacles dont un au moins appartiendrait au répertoire européen non francophone. En août, donc après la période des grands festivals de théâtre de la région, créer une semaine théâtrale au cours de laquelle seraient jouées les trois pièces que nous aurions créées dans l'année ainsi que les productions des troupes invitées.
Bien évidemment, nous ne pouvons mener à bien ces projets sans partenaires. C'est pourquoi nous sollicitons de vos services une subvention exceptionnelle. Vous avez toujours défendu la cause du théâtre. Nous ne doutons pas que vous aurez à cœur de nous accompagner dans cette expérience.

Vous trouverez ci-joint un projet détaillé et chiffré. Je me tiens par ailleurs à votre disposition pour vous le présenter de vive voix.

En vous remerciant par avance de l'attention que vous voudrez bien porter à notre demande, je vous prie d'agréer, Monsieur le Président, l'expression de ma haute considération.

Aurélie Traucat

1 Lisez la lettre de la page 142.

a. Observez son organisation et sa disposition.

b. Quel est le but de cette lettre ? Où et comment est-il formulé ?

c. Analysez le plan de la lettre. Indiquez le contenu et la fonction de chaque paragraphe.

d. Quels sont les arguments avancés par Aurélie Traucat pour obtenir satisfaction ?

2 Voici des passages de lettres à caractère administratif. Pour quelles circonstances ont-elles été écrites ?

Centre des Impôts

Madame, Monsieur,

Ma taxe d'habitation vient de me parvenir seulement aujourd'hui avec une échéance de paiement au 15 novembre, soit dans un mois.

Ayant actuellement des difficultés professionnelles, je me trouve dans l'impossibilité d'en régler le montant à l'échéance. Je compte néanmoins trouver rapidement du travail.

Je sollicite donc un report de six mois et je vous prie d'examiner ma demande avec bienveillance.

Assurances mutuelles de l'Est

Madame, Monsieur,

Suite à notre entretien téléphonique, je vous confirme que je compte prêter mon véhicule Renault Clio n° 3583 ACD 28 à mon neveu Éric Simon, 21 ans, titulaire du permis n° ... délivré à ... le ...

Ce prêt durera du 1er juillet au 15 août 2009.

Madame le Directeur,

Vivement intéressée par l'imagerie de synthèse, je souhaiterais développer mes compétences en modélisation 3D. Or, l'entreprise Syntec organise du 1er au 30 octobre prochain une formation dans ce domaine.

Cette formation renforcerait mes compétences techniques et me permettrait d'être plus efficace au sein de l'entreprise.

Dans le cadre de la convention collective d'entreprise, je vous serais reconnaissante de bien vouloir m'accorder un congé individuel de formation durant cette période.

3 Trouvez les phrases principales des lettres que vous écririez dans les circonstances suivantes :

a. Vous venez de retirer au pressing un vêtement que vous venez de faire nettoyer. Ce vêtement vous a été remis dans une housse de plastique. Quand vous arrivez chez vous, vous vous rendez compte que le vêtement est déchiré et inutilisable. Vous retournez au pressing mais l'employée vous affirme que le vêtement était en parfait état quand elle vous l'a remis.

Vous écrivez au directeur du pressing.

b. Vous avez envie de vous perfectionner dans un secteur de votre domaine. Pour cela vous souhaiteriez faire un stage dans une entreprise ou une association que vous avez sélectionnée. Mais vous savez que cet organisme n'accepte qu'exceptionnellement des stagiaires. Vous écrivez au directeur ou au DRH et vous essayez de le convaincre.

La lettre administrative

1. La formule d'appel

Madame... Monsieur... Madame, Monsieur (quand on ne connaît pas le nom de son interlocuteur)...
Monsieur le Directeur... Monsieur le Conseiller...
On n'indique jamais le nom du destinataire et on met une majuscule à son titre.

2. Les formulations principales

• *Je vous serais très reconnaissant(e) de bien vouloir m'indiquer... me faire parvenir... me préciser... me confirmer...* etc.
• *J'ai l'honneur (J'ai le regret... J'ai le plaisir...) de vous informer de / que... de porter à votre connaissance les faits suivants* (pour détailler certains faits qui justifient une demande, une réclamation, une rectification, etc.)
• *J'ai l'honneur (J'ai le plaisir) de vous faire parvenir... une demande de candidature à... les documents demandés...*
• *Je vous prie de trouver ci-joint...*
• *En vous remerciant par avance... de votre compréhension... de l'attention que vous voudrez bien porter à ma demande...* (à combiner avec la formule de politesse)

3. La formule de politesse

• *Veuillez agréer, Madame... l'expression de...*
... *mes cordiales salutations* (personne connue de même niveau hiérarchique)
... *mes sincères salutations* (personne connue ou inconnue de même niveau hiérarchique)
... *mes salutations distinguées* (formule neutre)
... *mes respectueuses salutations* (pour un supérieur hiérarchique)
... *ma parfaite (haute, profonde, respectueuse) considération* (pour une personnalité très importante comme un ministre)
... *mon profond respect* (pour une personne qui fait autorité morale)
• *Veuillez agréer, Madame... l'expression de...*
mes sentiments amicaux... meilleurs sentiments (formule neutre)... *sentiments dévoués* (supérieur hiérarchique à qui on veut montrer son dévouement)... *sentiments respectueux* (supérieur hiérarchique)...

Lettre ouverte

Le département universitaire ou le centre de langues où vous étudiez le français risque de fermer... Une matière que vous considérez comme importante ne sera peut-être plus enseignée dans votre région ou dans votre pays... La municipalité de votre ville envisage de supprimer le festival d'été ou d'amputer un espace vert pour y construire des immeubles...

Vous manifestez votre mécontentement et prenez la défense de ce qui est menacé dans **une lettre ouverte** qui sera publiée dans la presse, mise sur votre blog ou distribuée sous forme de pétition à signer.

Pour vous préparer à défendre une cause, vous travaillerez sur la défense de la francophonie mais vous pourrez rédiger votre lettre ouverte à propos d'une autre cause qui vous tient à cœur.

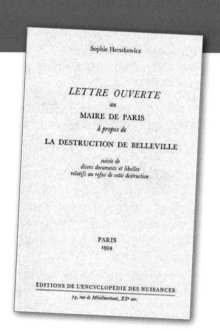

Sophie Herszkowicz

LETTRE OUVERTE
au
MAIRE DE PARIS
à propos de
LA DESTRUCTION DE BELLEVILLE

suivie de
divers documents et libelles
relatifs au refus de cette destruction

PARIS
1994

ÉDITIONS DE L'ENCYCLOPÉDIE DES NUISANCES
74, rue de Ménilmontant, XXᵉ arr.

Réfutez les arguments de vos adversaires

 www.francophonie.org

Abdou Diouf

Intervention de son excellence Monsieur Abdou Diouf, secrétaire général de la Francophonie, lors du Festival des francophonies de Limoges 2007. (Abdou Diouf est un homme politique sénégalais. Il a été Premier ministre de 1970 à 1981, puis président du Sénégal de 1981 à 2000.)

« J'ai bien conscience de m'adresser ici à des francophones convaincus, mais je souhaite saisir l'occasion que vous m'offrez pour "tordre le cou" à quelques idées aussi fausses que reçues, à quelques contresens aussi, dans la mesure où ils participent grandement à propager l'image d'une Francophonie dépassée, pour ne pas dire anachronique.

Un : la Francophonie n'est pas un avatar du colonialisme. N'oublions pas qu'elle est née hors de France, qui plus est sous l'impulsion de grandes figures – Léopold Sédar Senghor, Habib Bourguiba, Hamani Diori, Norodom Sihanouk[1] – qui avaient, précisément, joué un rôle déterminant dans les mouvements d'indépendance. Leur choix de rassembler en une union solidaire des États qui avaient en partage le français fut un choix souverain. Avec l'émergence de la Francophonie, la langue française cesse d'être la langue de la colonisation pour devenir la langue de l'émancipation.

Deux : la Francophonie n'est pas le bras armé de la politique étrangère française. Ne confondons pas les sommets France-Afrique et les sommets des chefs d'État et de gouvernement de la Francophonie, qui se réunissent tous les deux ans, depuis 1986. La Francophonie n'est pas non plus une excroissance du réseau français de coopération. La France occupe, certes, une place de premier plan dans notre organisation, mais elle demeure un État membre parmi les 68 États et gouvernements qui ont choisi de nous rejoindre.

Trois : la Francophonie n'est pas un cénacle de linguistes ou de grammairiens traquant le barbarisme ou l'anglicisme pour préserver la pureté de la langue française. Elle est une organisation internationale à part entière, au même titre, par exemple, que l'Union européenne, le Commonwealth, l'Union africaine ou la Ligue des États arabes, dotée d'une personnalité juridique, d'une charte, d'instances, de missions clairement définies, au premier rang desquelles figure la promotion de la langue française, et plus largement de la diversité linguistique et culturelle.

Parlant de la langue française, on ne dira jamais assez qu'elle appartient à tous les peuples de la Francophonie. Ils l'ont gagnée par l'étude et par l'usage. Et, ils ont gagné, du même coup, le droit de la féconder aux accents de leur propre langue et de leur propre culture. Nous avons ici, à Limoges, et singulièrement autour de cette table, une éclatante illustration de cette langue polyphonique.

Quatre : la Francophonie n'est pas un combat contre l'anglais. S'il s'agit de parler de ce que contre quoi nous nous battons, alors parlons plutôt du risque d'uniformisation, de standardisation, de marchandisation de la culture que fait peser la mondialisation. La langue est au fondement de la culture, elle n'est pas seulement combinaisons de sons et de mots, elle est vecteur de concepts, d'idées, de valeurs. Et dans ce processus, la langue française n'est pas seule menacée. Toutes les grandes aires linguistiques ont donc un intérêt partagé. C'est dans cet esprit, du reste, que nous avons noué des alliances étroites avec nos organisations sœurs – lusophone, hispanophone, arabophone, anglophone – je dis bien anglophone, car si l'on y regarde bien, la langue anglaise est victime, pour sa part, d'un phénomène de « sabirisation » tout aussi inquiétant. C'est dans cet esprit, également, que nous menons toute une série d'actions en faveur du renforcement des langues partenaires de nos pays membres, qui ne sauraient être considérés comme des langues vassales.

S'il s'agit de parler, maintenant, de ce en faveur de quoi nous nous battons, alors parlons de valeurs, parlons de solidarité dans un monde qui proclame, depuis des années, son engagement en faveur du développement durable et qui, dans le même temps, s'accommode, dans certaines régions du globe, de la pauvreté durable, de l'illettrisme durable, de pandémies durables, de dégradation durable de l'environnement.

Parlons de démocratie dans un monde qui proclame, à juste titre, son engagement en faveur de la promotion de la démocratie à l'intérieur des États et qui, dans le même temps, s'accommode d'une absence de démocratie à l'échelle internationale.

Parlons de droits fondamentaux de l'Homme dans un monde qui, dans le Préambule de la Charte des Nations unies, a « proclamé sa foi dans la dignité et la valeur de la personne humaine, dans l'égalité des nations grandes et petites » et qui, dans le même temps, s'accommode de violations quotidiennes de ces droits, d'inégalités croissantes, mais aussi de la loi du plus fort.

Parlons de paix et de sécurité internationale dans un monde qui, dans ce même Préambule, s'est engagé à « préserver les générations futures du fléau de la guerre » et qui s'accommode de conflits persistant – bien plus –, qui laisse se développer ou qui parfois même attise les conflits ethniques, religieux, raciaux. 》》

---

1. Ces personnalités ont été respectivement présidents du Sénégal, de la Tunisie, du Niger et prince souverain du Cambodge, dans les années 1958-1960, à l'époque de la décolonisation.

---

❶ Lisez le discours ci-dessus. Observez qui parle, à qui, dans quelle circonstance ? Le discours d'Abdou Diouf vous paraît-il adapté à cette circonstance et à l'auditoire ?

Ce discours est-il facile à suivre ? Pourquoi ?
Repérez l'introduction et les différentes parties.

❷ Étudiez la première partie. Aidez-vous des définitions suivantes pour la compréhension des mots difficiles

• *Paragraphe 2* : nouvelle forme – indépendant – apparition.
• *Paragraphe 4* : réunion d'un petit nombre de personnes – incorrection de vocabulaire.
• *Paragraphe 5* : enrichir, développer.
• *Paragraphe 6* : d'ailleurs – qui parle portugais – dégradation de la langue – dépendant.

a. Quels mots caractérisent cette partie ?

une description – une définition – une argumentation – une narration – une explication

b. Observez l'organisation de cette partie et les marques de cette organisation.

c. Notez les idées exposées dans chaque paragraphe. Faites des hypothèses sur les intentions du conférencier et sur les destinataires de ses idées.

Exemple : « La francophonie n'est pas un avatar du colonialisme » → il critique ceux qui pensent que la France continue sa politique coloniale grâce au pouvoir de la langue.

❸ Étudiez la deuxième partie.

a. Quel est l'objectif de ce développement ?

b. Observez l'organisation du développement et notez les arguments.

❹ Tirez les conclusions de vos observations.

a. La construction du discours d'Abdou Diouf vous paraît-elle efficace ? Pourquoi ?

b. En quoi ce discours est-il :
– politique ?
– diplomatique ?
– de circonstance ?

Lorsque plusieurs langues sont quotidiennement en contact, elles se métissent. C'est notamment le cas en Afrique, où les langues africaines, surtout celles utilisées par un grand nombre de personnes, se teintent de mots en français ou lui empruntent certaines structures de phrases. Inversement, le français lui aussi subit des transformations donnant lieu à des langues créoles, comme aux Antilles ou dans les pays de l'océan Indien. Ce métissage peut se manifester par la création de néologismes de nécessité ou par de véritables glissements de sens. Dans le cas du français dialectal, la structure et les mots utilisés appartiennent à la langue française, mais le sens est complètement différent. Ainsi l'expression « Il est bavard » se dit « Il a la bouche sucrée » au Bénin et « Il a la jasette » au Québec.
[…]
Avec la « négritude », mouvement lancé avant la Seconde Guerre mondiale par le Martiniquais Aimé Césaire (1913-2008), le Guyanais Léon Damas (1912-1978) et le Sénégalais Léopold Sédar Senghor (1906-2001), naît la revendication d'une véritable identité culturelle africaine. En 1968, l'Ivoirien Amadou Kourouma (1927-2003) renouvelle le roman africain en publiant *Les Soleils des indépendances*, où il mêle au français le phrasé, le rythme et la pensée malinkés. Aujourd'hui, si le livre reste un objet de luxe en Afrique, la littérature africaine connaît un renouveau remarquable.
[…]
La mondialisation, tout en rapprochant les peuples, tend en effet à creuser les inégalités plus qu'à les réduire, et à marginaliser les plus pauvres. Elle tend aussi à favoriser l'uniformisation des modes de vie et d'expression, mettant

Le cinéma francophone se porte bien. Ici, une scène du film *Caramel* de Nadine Labaki (2007) sur la vie des femmes à Beyrouth.

ainsi en péril la diversité culturelle et linguistique. Confrontée à de tels défis, la francophonie a choisi de resserrer ses actions en se concentrant sur des domaines où son expertise pouvait jouer un rôle décisif. […] Outre ses actions pour l'éducation de base, la Francophonie dispose dans ce domaine d'une expérience reconnue principalement à travers la coopération universitaire, culturelle et technique qu'elle développe depuis de nombreuses années. Enfin, elle développe la coopération au service du développement durable et de la solidarité. Espace de solidarité et de dialogue, la Francophonie s'engage notamment à contribuer par la coopération aux efforts de réduction de la pauvreté dans une stratégie de développement durable.

Extraits de *La Francophonie*,
Véronique Le Marchand, 2006, Éditions Milan.

Défendez votre cause

1 **Répartissez-vous les extraits ci-dessus. Recherchez en quoi ils peuvent servir la cause de la francophonie.**
Utilisez-les pour compléter certains points du développement d'Abdou Diouf.

2 **Donnez votre opinion sur les rôles attribués à la francophonie dans les textes des pages 144 à 146.**

3 🌐 **Faites le travail d'écoute du document sonore.**

4 **Lisez l'encadré de vocabulaire. Trouvez des mots qui désignent des « parlers » et qui correspondent aux définitions suivantes :**
a. parler local considéré de manière péjorative.
b. façon de parler en inversant les syllabes d'un mot (« meuf » au lieu de « femme »).
c. parler issu du mélange de deux langues, celle du colonisateur et celle du colonisé (par exemple, aux Antilles).
d. langage créé à l'origine par les malfaiteurs.
e. forme régionale d'une langue.
f. discours truffé de mots savants ou spécialisés.

Préparez et rédigez votre lettre ouverte

1 **Choisissez la cause que vous voulez défendre (voir introduction p. 144).**
Si vous choisissez la cause de la francophonie, vos arguments sont déjà trouvés. Si vous choisissez une autre cause, rassemblez la documentation qui vous permettra d'argumenter.

2 **Faites le plan de votre lettre ouverte.**
– Indiquez le destinataire.
– Prévoyez le contenu de l'introduction et les différentes parties (voir p. 25). Choisissez l'ordre des parties. La réfutation des critiques de vos adversaires peut se faire en premier ou en second (comme dans la conférence d'Abdou Diouf).

3 **Rédigez vos arguments en indiquant clairement leur enchaînement (voir p. 135).**

Les langues

• Les types de langue

une langue – un idiome – un parler (le parler de l'Île-de-France) – un dialecte (l'arabe dialectal) – un patois – un créole

l'argot – le verlan

• Les niveaux de langue

Il s'exprime dans une langue châtiée, relevée, surveillée / courante, familière, vulgaire, grossière.

• La compréhension

parler de manière compréhensible, intelligible, claire, limpide, cohérente / confuse, obscure, embrouillée, ambiguë

Il a fait un discours sans queue ni tête. Pour moi, c'était du chinois (de l'hébreu). J'y perds mon latin.

Ce chercheur s'exprime dans un jargon (un sabir) incompréhensible.

En anglais, il sait juste baragouiner quelques phrases – un charabia – un baragouin

Il fait des fautes de morphologie, de syntaxe. Il commet des incorrections (un barbarisme, une impropriété).

• La facilité et l'élocution

parler couramment, avec facilité, avec aisance

avoir la parole facile – articuler – avoir une bonne diction / avoir des difficultés d'élocution, une diction laborieuse – bafouiller – bredouiller – bégayer – avoir un cheveu sur la langue

[L'INTERVIEW]

En 1977, une charte et une loi importantes sont adoptées par le gouvernement québécois dirigé par René Lévêque. Trente ans après, notre journaliste fait le point sur les effets de cette loi avec Patrice Dallet.

1 Écoutez l'enregistrement. Confirmez, infirmez, corrigez ou commentez les affirmations suivantes :

a. En 1977, le gouvernement québécois a voté une charte suivie d'une loi qui a changé le destin du Québec.

b. Cette loi, la loi 101, instaure la parité entre l'anglais et le français au Québec.

c. La loi 101 a permis d'augmenter la population francophone.

d. La loi 101 a redonné confiance et fierté aux Québécois.

e. Elle n'a pas changé le comportement de certains anglophones.

2 Que se serait-il passé au Québec si la loi 101 n'avait pas été votée ?

Le point sur… la francophonie

• Le terme « francophonie » n'est apparu dans le dictionnaire que dans les années 1930. Il témoigne d'**une triple prise de conscience** :

– **géographique.** Le français est langue maternelle, langue officielle, langue d'enseignement ou tout simplement langue plus ou moins utilisée dans une soixantaine de pays répartis sur les cinq continents. On estime que 160 millions de personnes parlent le français ;

– **philosophique et morale.** Toute langue véhicule une vision du monde et certaines valeurs qui résultent de l'histoire des peuples qui la parlent. Ces pays ont donc un héritage spirituel en commun ;

– **politique et institutionnelle.** Les peuples qui ont une part commune d'identité ont intérêt à se regrouper pour développer des actions de solidarité et de coopération. Ces actions sont initiées par des organisations internationales.

• **La communauté francophone est composée :**

1. **de l'Hexagone et de certaines zones frontalières** qui ont été, à une époque de leur histoire, sous influence française : Wallonie et Bruxelles en Belgique, le Luxembourg et la Suisse romande ;

2. **des régions du monde qui ont été des colonies françaises.** L'expansion coloniale française a eu lieu à deux moments de l'histoire :

– aux XVIe et XVIIe siècles en Amérique du Nord et aux Antilles. La plupart de ces territoires seront perdus au siècle suivant au profit de l'Angleterre. Les îles de Saint-Pierre, de Miquelon, de la Martinique, de la Guadeloupe resteront françaises ainsi que la Guyane. Le Québec, province du Canada, conserve l'usage du français ;

– au XIXe siècle et au XXe, jusqu'en 1945, en Afrique, dans l'Asie du Sud-Est et dans l'océan Pacifique. Les îles de la Réunion, de Mayotte, la Nouvelle-Calédonie et la Polynésie resteront françaises. Trente pays d'Afrique, six en Asie, deux au Moyen-Orient continuent d'utiliser la langue française ;

3. **des pays qui,** en raison des relations privilégiées qu'ils ont avec un pays francophone, **ont souhaité faire partie des organisations francophones** (Bulgarie, Roumanie, etc.).

• **Quelques vecteurs francophones :**

– l'**Organisation internationale de la Francophonie (OIF)** compte cinquante-trois États membres et dix pays observateurs ;

– l'**Agence universitaire de la Francophonie (AUF)** développe des projets dans le domaine de l'enseignement et de la recherche scientifique ;

– la chaîne de télévision **TV 5 Monde** diffuse des programmes en français dans la plupart des pays.

15 Je condamne

www.leforumcitoyen.org

Le forum Citoyen

Ils l'ont dit… ils l'ont fait… RÉAGISSEZ

Rechercher

Réduire la limitation de vitesse de 10 km/h, est-ce efficace ?

Forcer les automobilistes à rouler moins vite. C'est l'objectif de Manuel Valls. Jeudi 11 juillet, à l'occasion de la présentation du bilan de l'accidentalité routière du premier semestre 2013, le ministre de l'Intérieur a confirmé qu'il lançait « *la réflexion sur ce sujet* », révèle *Le Figaro*. Concrètement, alors que le bilan du début d'année est positif, il espère tout de même un passage de 130 km/h à 120 km/h sur autoroute et de 90 km/h à 80 km/h sur nationale, précise le journal. Dans le même temps, le ministre s'est dit « *favorable* » à une baisse de 80 km/h à 70 km/h de la vitesse maximale autorisée sur le périphérique parisien.

 VOS COMMENTAIRES

Un responsable de la sécurité routière. Si on baisse la vitesse, on gagne des vies, et c'est imparable. Concrètement, quand on baisse de 1 % la vitesse moyenne, on diminue de 4 % le taux d'accidents mortels et on réduit de 2 % le nombre d'accidents graves. En Europe, 60 % des autoroutes ont adopté la limitation à 120.

L'association des automobilistes. D'après les statistiques, les accidents mortels sur autoroute ne représenteraient plus que 6 % du total des accidents, ce qui en fait le réseau le plus sûr de France. Ces accidents ne seraient dus que pour 13 % d'entre eux à une vitesse inadaptée. La vitesse excessive constituerait la troisième cause de mortalité sur les routes, loin derrière l'alcool et la somnolence. On peut penser que plus on réduit sa vitesse, plus la vigilance diminue. On parle plus avec les passagers et on écoute la radio plus attentivement. On pense pouvoir téléphoner ou consulter ses messages. Bref, on prend des risques.

Une psychologue. La grande vitesse va peut-être de pair avec une attention accrue, mais elle diminue considérablement le temps de réaction en cas de problème.

Francetv info, le 12/07/2013.

Doit-on la condamner ?

Avignon, jeudi 19 juillet 2007. Il fait beau, les rues grouillent de festivaliers allant d'un spectacle à un autre, de comédiens annonçant la pièce à ne pas manquer, de badauds en goguette. C'est la grand-messe estivale du théâtre. Comme le festival fête cette année-là ses 60 ans, on célèbre le rêve de Jean Vilar : démocratiser la culture, casser les cloisons entre un art qui serait réservé à l'élite et un autre, au grand public ; rendre le meilleur accessible à tous. Pourtant, au même moment, une pièce d'un autre genre est en train de se jouer, sans spectateur, dans un hôtel particulier du XVIIIe siècle qui abrite la collection Lambert, le musée d'art contemporain d'Avignon. La collection Lambert présente alors une exposition exceptionnelle de Cy Twombly, sans doute l'un des plus grands peintres actuels, amoureux des mythes et mystères antiques, maître du dessin et de la couleur. La plupart des œuvres n'ont jamais été montrées en France.

Acte I. Une femme vêtue de rouge visite l'exposition, accompagnée d'un homme. Dans l'une des plus belles salles du musée, elle attend que le gardien détourne les yeux, s'approche d'un tableau et en un éclair l'embrasse, y déposant une marque de rouge à lèvres indélébile.

Acte II. Arrêtée, la visiteuse indélicate assume son acte. Elle le revendique comme « un geste artistique » et d'amour. Le musée crie au vandalisme, demande réparation, dépose une plainte. Les choses pourraient en rester là, au niveau du fait divers, mais l'affaire du baiser est née et sera la saga de l'été, provoquant un emballement médiatique dont l'art contemporain est peu coutumier en France. [...]

Marianne, 09/02/2008.

▶ **VOS COMMENTAIRES**

Les défenseurs des animaux condamnent les chasses à courre. Faut-il interdire cette pratique ?

Les garçons et les filles séparés, est-ce envisageable ?

Ça y est ! Les syndicats d'enseignants et de parents d'élèves se réveillent ! Très occupés à manifester contre les réformes qui planent sur l'Éducation nationale, les défenseurs de l'école protestent aujourd'hui contre un amendement remettant en cause la mixité dans les classes qu'ils ont tout simplement laissé passer... Comme *Marianne* l'avait annoncé, le Parlement a adopté le 15 mai dernier une disposition permettant « l'organisation d'enseignements par regroupements des élèves en fonction de leur sexe ». Elle avait été très discrètement glissée par le gouvernement dans la transposition d'une directive européenne relative à la lutte... contre les discriminations ! Comme le rappelle la sénatrice socialiste Bariza Khiari, « les syndicats d'enseignants et de parents d'élèves auraient dû réagir plus tôt. Ils savent que l'Éducation nationale ne relève pas du droit communautaire. Maintenant, c'est trop tard ». Ce qui n'a pas empêché les défenseurs de l'école de se fendre d'un communiqué qui, pour être tardif, n'en est pas moins rageur...

Marianne, 31/05/2008.

▶ **VOS COMMENTAIRES**

[LE REPORTAGE]

Jusqu'en 2010, La Poste est une entreprise publique et un monopole d'État. Mais le gouvernement envisage une libéralisation progressive.

Lecture de la première partie du forum

1. Lisez l'article : « Réduire la limitation de vitesse... ». Comparez :
– la réglementation actuelle ;
– celle projetée par le ministre ;
– celle de votre pays ou d'autres pays que vous connaissez.

2. Lisez les commentaires. Relevez les arguments :
– en faveur du projet de réduction de vitesse ;
– contre le projet.

3. Organisez un débat sur le sujet.

Les autres informations du forum

1. Partagez-vous les deux autres informations du forum.
Résumez en une ou deux phrases l'information que vous avez choisie.

2. Rédigez votre réaction en trois lignes.

3. Présentez l'information et votre réaction à la classe. Discutez.

Le reportage

1. Écoutez le reportage et répondez.
a. Pourquoi le gouvernement envisage-t-il une libéralisation de La Poste ?
b. Quand cette libéralisation doit-elle avoir lieu ?
c. Quelles seraient les conséquences de cette libéralisation ?
d. Où a été fait le reportage ? Pour quelle raison ?

2. Faites la liste des différentes sources d'opinions qui s'expriment dans ce reportage. Notez les opinions.
(a) les syndicats → ils craignent ...
(b) ...

3. Les habitants du lieu ont-ils réagi ? Comment ?

Je condamne

L'avocat : « Monsieur le Président, il est apparu un trou de 10 000 euros dans la caisse de l'Association pour la protection des animaux et la responsabilité de mon client n'est pas mise en doute.

Toutefois, il convient d'examiner les circonstances atténuantes de ce geste malheureux.

C'est pour assister une personne en grande difficulté – le fils de mon client – que la somme a été détournée ou plutôt momentanément empruntée car il ne fait nul doute qu'elle aurait été restituée dès que possible.

Bien que cette somme soit conséquente, rappelons qu'elle provenait d'un don récent et qu'elle n'était en rien nécessaire au fonctionnement de l'association. Bien au contraire, celle-ci a continué son activité et aucune plainte n'a été enregistrée à l'encontre de mon client dont la disponibilité et la compétence n'ont jamais été mises en doute. Autrement dit, tout aurait été pour le mieux sans le contrôle anticipé de la direction générale.

Alors, Monsieur le Président, s'agit-il toujours d'un vol ou plutôt d'une maladresse qui mérite votre indulgence ? »

---

1 Lisez le texte ci-dessus. Expliquez la situation. (Qui parle ? À propos de qui ? Que s'est-il passé ?)
Relevez les procédés utilisés par l'avocat pour atténuer la faute de son client :

– ses arguments ;
– le choix de son vocabulaire ;
– les constructions de phrases qui permettent de ne pas nommer l'accusé.
Lisez l'encadré de la page 151.

2 Les affirmations suivantes sont trop brutales. Atténuez-les en utilisant les formes de la rubrique 1 de l'encadré.

Exemple : Je viens d'être muté dans une agglomération un peu isolée.

Déception
Je viens d'être muté dans un bled perdu.
J'ai un logement de fonction, certes, mais c'est une catastrophe.
L'appartement est sale.
Il est sombre.
De plus, les murs sont complètement délabrés.
Il est situé dans un quartier pourri.
Au boulot, c'est la galère.
Le patron est un rustre.
Il se prend pour un dictateur.
Les collègues sont froids et distants.
L'atmosphère de travail est sinistre.
Le boulot est chiant au possible.
La ville est sans intérêt.
On s'y ennuie à mourir.
C'est un désert culturel.
La campagne environnante est une succession de champs de betteraves.

3 Voici des verbes qui expriment une idée de diminution ou d'atténuation.

> abaisser – abréger – alléger – amoindrir – amortir – affaiblir – atténuer – baisser – (se) contracter – diminuer – écourter – (s') émousser – modérer – raccourcir – rapetisser – (se) réduire – (se) rétrécir – (se) restreindre – (se) tasser – tronquer

a. Classez ces verbes selon qu'ils caractérisent :
– un espace (longueur, largeur, hauteur, surface, volume),
– une durée,
– un poids ou une quantité,
– une force ou un choc.

Donnez un exemple d'utilisation.
Exemple : abaisser → durée → abaisser l'âge de la retraite
b. Reformulez les groupes soulignés en utilisant les verbes de l'encadré.
(1) J'ai lavé ce pantalon en machine. Je ne peux plus rentrer dedans.
(2) L'auditoire était fatigué. Le conférencier a terminé rapidement sa conférence.
(3) Il y a six mois, tous les médias parlaient de l'affaire du Crédit Municipal. Aujourd'hui on en parle moins.
(4) Il y a deux ans, Estelle s'est mise à la musique avec passion. Aujourd'hui elle n'a plus le même enthousiasme.
(5) Mon collaborateur a des problèmes de santé. Je fais en sorte qu'il ait moins de travail.
(6) Pierre est au chômage. Il ne peut plus dépenser autant pour ses loisirs.
(7) Dans cet article, le journaliste cite une phrase du Premier ministre. Mais ce n'est pas la phrase entière.

4 Reformulez les phrases suivantes en supprimant les sujets acteurs soulignés. Utilisez les formes indiquées entre parenthèses.

Exemple : **a.** Un projet de jeu vidéo nommé « Combat extrême » a été présenté.

Compte rendu d'une réunion de projet qui s'est tenue dans une entreprise de conception de jeux vidéo

a. <u>Éric Rolland</u> a présenté un projet de jeu vidéo nommé « Combat extrême ». *(forme passive)*

b. <u>Des adolescents</u> ont testé ce jeu. *(forme passive)*

c. <u>On</u> a constaté que ce jeu était très violent. *(forme impersonnelle)*

d. <u>Des psychologues</u> ont prouvé que la violence virtuelle n'avait aucune conséquence sur le comportement des enfants normaux. *(forme impersonnelle)*

e. <u>Nous</u> sommes certains que certains parents vont émettre des réserves. *(forme impersonnelle)*

f. <u>Les concurrents</u> vendent beaucoup ce type de jeu. *(forme pronominale)*

g. <u>On</u> discute beaucoup à propos de la nocivité de ce type de jeu. *(forme pronominale)*

h. <u>Je</u> souhaiterais que l'on fasse une enquête plus poussée. *(forme impersonnelle)*

5 Le responsable d'un chantier d'été pour la rénovation d'un château fait le point oralement à la fin du chantier.
Rédigez le rapport à caractère administratif que le responsable envoie à sa direction. Utilisez les formes de l'atténuation du discours.

Exemple : « Cette année, le chantier de rénovation du château n'a pas donné entière satisfaction... »

« Je ne suis pas vraiment satisfait de ce chantier. Il s'est déroulé dans des conditions exécrables. Nous devions rénover l'aile droite du château de Broussac ainsi que le jardin. Le propriétaire nous avait logés dans les anciennes écuries. Pour tout meuble, chacun ne disposait que d'un lit étroit et d'une chaise. La personne chargée du nettoyage ne passait jamais. Il faut dire qu'elle avait la cuisine à faire. Si on peut appeler ça de la cuisine. Tous les jours à midi, c'était steak haché purée, et le soir, soupe.

Mais il y a pire. Sur les dix jeunes que la direction de l'association avait recrutés, il y en avait trois qui étaient compétents. Les autres n'étaient bons qu'à paresser à l'ombre des arbres. C'est inadmissible. L'année prochaine j'exige de recruter moi-même les jeunes. Je veux aussi que leur contrat prévoie une période d'essai de trois jours.

Résultat : le projet n'a pas suffisamment avancé et le propriétaire s'est plaint de quelques dégradations.

Bref, c'est une très mauvaise expérience et je vais faire un petit rapport pour la direction de l'association. »

Procédés d'atténuation et de modération

1. Le choix des mots permet de présenter moins brutalement une réalité

• **Euphémisme ou registre de langue différent**
Deux hommes se sont disputés et se sont battus.
→ *Une vive altercation a eu lieu entre les deux hommes.*
C'est un pays pauvre. → *C'est un pays démuni.*
Je demande un congé. → *Je sollicite un congé.*

• **Négation du contraire**
Luc est idiot.
→ *Il n'est pas très brillant.*

• **Modération par un adverbe**
Je suis coupable de négligence.
→ *Je suis un peu responsable.*

2. La construction concessive permet de faire précéder une information négative d'une information positive

Bien qu'il ait eu un 14 en français, il a quand même échoué au bac.

3. L'emploi du conditionnel permet d'atténuer le côté impératif d'une demande ainsi que la brutalité d'un refus ou d'une affirmation

Je souhaiterais que nous nous rencontrions.
Jean a eu un accident grave. Le diagnostic serait pessimiste.

4. La force d'une information ou d'une opinion peut être atténuée par l'effacement des sujets acteurs

• **Par la forme interrogative**
Je pense que les pesticides sont mauvais pour la santé.
→ *Les pesticides ne sont-ils pas mauvais pour la santé ?*
Ne croyez-vous pas que les pesticides... ?

• **Par la forme passive**
Des manifestants ont dégradé des magasins.
→ *Des magasins ont été dégradés.*

• **Par la forme impersonnelle ou par un pronom indéfini**
Anne Dupuis et Carole Fouquet ont demandé une pause de 10 min. → *Il a été demandé une pause de 10 min. Certains ont demandé...*

• **Par la forme pronominale à sens passif**
Les gens lisent beaucoup d'autobiographies.
→ *Les autobiographies se lisent beaucoup.*

5. On peut utiliser aussi certaines formules de précaution

Je dois vous dire (vous annoncer) que...
Disons que... On ne peut pas cacher que... Pour parler sans détours... Pour ne pas tourner autour du pot (fam.)...

Je condamne

À charge ou à décharge

Faut-il autoriser l'ouverture des grands magasins le dimanche ? Doit-on nationaliser le système de santé pour faire face au déficit de la Sécurité sociale ? Peut-on légaliser les drogues douces ? Va-t-on laisser fermer la ligne de chemin de fer de Cerdagne (Pyrénées-Orientales) ? Notre vie citoyenne est une succession de débats que nous avons avec les autres : parents, amis, collègues, chauffeurs de taxi, etc.

Pour vous y préparer **vous choisirez une question controversée et vous l'instruirez à charge et à décharge.**
Vous présenterez votre réflexion au choix :
– dans un débat contradictoire avec un(e) autre étudiant(e) ;
– dans une dissertation rédigée ;
– dans un exposé oral.

Opération commando des militants antipub à Montpellier le 13 mars 2009. Une trentaine de personnes qui protestent contre l'invasion de la pub (sans demander sa suppression totale) ont procédé au blocage d'un grand panneau déroulant.

Choisissez votre sujet de débat

1 Quels débats suggèrent ces titres de presse ?

La dictature des apparences.
Faut-il être beau pour réussir ?

PEUT-ON CENSURER UNE CHANSON ?

Les profs **prêts à désobéir**

Stress. Peut-on encore dire :
"Le travail, c'est la santé" ?

2 Les domaines suivants vous font-ils penser à des questions controversées ?
Faites une recherche collective d'idées.

- santé
- urbanisme
- commerce
- protection sociale
- éducation
- industrie
- agriculture
- travail
- transport
- écologie
- loisirs

3 Choisissez le sujet dont vous allez débattre.

Recherchez des arguments contre

1 Faites une première lecture de l'article, page 153.
Repérez :
a. le sujet du débat et la position de l'auteur
b. le plan de l'article : l'introduction, les différentes parties. Y a-t-il une conclusion ?
Donnez un titre à chaque partie.

2 Relisez les paragraphes 1 et 2.
a. Comment Jacques Julliard accroche-t-il l'attention du lecteur ?
b. Annonce-t-il un plan ?
c. Trouvez les mots qui signifient :
– un raisonnement subtil et souvent inutile
– les conséquences

3 Relisez le paragraphe 3.
a. Notez dans le tableau l'argumentation de l'auteur.

Aspect développé	Arguments des défenseurs de l'ouverture des magasins le dimanche	Arguments de Jacques Julliard
Économie	Création d'emploi	

b. Relevez les différentes formes qui permettent à l'auteur de critiquer ses adversaires.
« On essaie de nous faire croire » → ses adversaires mentent
…

Non à la semaine de sept jours !

En bon français, c'est-à-dire en français courant, le dimanche n'est pas un jour de semaine. La semaine administrative peut bien compter sept jours, dans le vécu des gens elle compte six jours de semaine et un dimanche : c'est une sacrée nuance que l'on voudrait voir disparaître. Pourquoi ?

Il ne s'agit pas d'une argutie de vocabulaire. Si les incidences économiques de la mesure envisagée paraissent faibles, les enjeux sociaux et politiques sont considérables.

Commençons par l'économie. On essaie de nous faire croire que la mesure est destinée à lutter contre les effets de la crise, à relever « *le défi de la mondialisation* » (*sic*) et à « *travailler plus pour gagner plus* ». Chansons et fariboles. L'ouverture des magasins le dimanche ne créera pas un euro de pouvoir d'achat supplémentaire dans la population, qui réduira ses achats en semaine pour profiter du jour « férié ». Certes, les travailleurs du dimanche toucheront ce jour-là double salaire. Mais quand le système sera généralisé, il est clair qu'on y renoncera puisqu'il ne s'agira plus alors de compenser une contrainte particulière : jeu de dupes ! Autre question : qui paie, qui paierait ce surcroît de salaire ? Le consommateur, bien entendu. L'ouverture des magasins le dimanche va évidemment dans le sens de la hausse des prix. Il en va de même du considérable gaspillage d'énergie

qu'entraînerait le nouveau système. En vérité, cette offensive du gouvernement est une entreprise en trompe-l'œil, mal étudiée, mal discutée, un gadget pseudo-moderniste qui jette le trouble jusque dans les rangs de la majorité.

En revanche, les objectifs sociaux de la mesure sont des plus clairs. Il s'agit de donner un nouveau coup au petit commerce. Loin d'encourager la baisse des prix, elle favorisera les ententes entre grandes surfaces constituées en oligopole[1] commercial. Dans l'intérêt du consommateur, la concurrence entre les services rendus par les grandes surfaces et par ceux du commerce de proximité doit être défendue : concurrence tarifaire, mais aussi concurrence en termes de qualité et de commodité.

Surtout, il s'agit de savoir vers quel type d'urbanisme on entend s'orienter. Les villes sans centre-ville ou dont les centres-villes ont été énucléés[2] par la spéculation sont de véritables cauchemars, des friches anxiogènes[3]. Si l'idéal du cadre de vie est de travailler à La Défense[4], de dormir à Sarcelles[5] et de faire ses courses le dimanche après-midi à Belle-Épine[6], que l'on nous le dise tout de suite.

Il s'agit donc bien, au-delà du bavardage modernisateur, d'un véritable enjeu de civilisation. La portée symbolique et philosophique de l'offensive capitaliste est immense et n'aurait pas échappé à un Karl Marx. Il s'agit de savoir si le travail est fait pour l'homme ou l'homme pour le travail. Faire de l'homme un

auxiliaire du système économique sous prétexte que *the business must go on*, c'est l'aliéner radicalement. De tous les « acquis sociaux » que la classe ouvrière a fini par conquérir, le repos hebdomadaire est, avec la Sécurité sociale, le plus important. Il consacre la dignité du travailleur à être autre chose qu'un travailleur, son droit, une fois par semaine, de se reposer mais aussi de voir ses amis, de prier Dieu s'il le désire, de se cultiver, de se distraire.

Certes, en tout état de cause, le principe de la reconstitution de la force de travail du salarié sera maintenu. Mais ce n'est pas de repos hebdomadaire que l'on a besoin, c'est de repos en commun. Quand la femme travaille le jour et l'homme la nuit, il ne faut pas s'étonner que la vie familiale tombe en ruines. Quand les enfants restent tout le dimanche devant la télé pendant que la maman est en train de vendre des couches-culottes dans le supermarché du coin, étonnez-vous que l'éducation soit négligée. Privé de toute concurrence, fût-ce la plus détestable, le système capitaliste est en train de poser le masque et de jeter une lueur blafarde sur ce qu'on appelait naguère encore les progrès de la civilisation.

Jacques Julliard, *Le Nouvel Observateur*, 4/12/2008.

1. Groupement de commerces qui a le monopole du marché – 2. Le noyau commercial des villes a été vidé au profit de la périphérie. – 3. Des endroits sans commerces ni lieux de loisirs, source d'anxiété. – 4. Quartier de bureaux à la périphérie de Paris. – 5. Banlieue à forte concentration d'immeubles. – 6. Grand centre commercial.

c. Trouvez les mots qui signifient :
propos sans intérêt – qui est trompé – supplément – illusion – innovation souvent inutile

⑤ Relisez la fin de l'article.

a. Complétez le tableau que vous avez commencé en **3**.
b. Montrez que Jacques Julliard aborde à la fois :
– les idées philosophiques ;
– la vie quotidienne des gens.
c. Quels sont les deux modèles de société qui s'opposent ? Quelle phrase choc résume cette opposition ?

⑤ *Le Nouvel Observateur* est un journal de gauche. Jacques Julliard développe-t-il ici des idées de gauche ? Expliquez le sens et le but de la dernière phrase.

⑥ Recherchez les arguments à charge pour le sujet de débat que vous avez choisi.

Ce qui est rare **est cher**

Nous avons trop stigmatisé les rémunérations indécentes de certains patrons pour ne pas traiter cette semaine du transfert de Ronaldo, de Manchester à Madrid, pour la somme invraisemblable de 93 millions d'euros.

Le sujet serait futile s'il n'intervenait pas en plein cœur de la récession et au moment où le Smic net mensuel, qui est de 1 037 €[1], va augmenter de 1 % en juillet, soit 11 € par mois ! Mais pour aborder ce sujet avec rigueur, il nous faut bien séparer l'économie de la morale.

Commençons donc par la logique purement économique. Le joueur ne va pas toucher les 93 millions en question. C'est son entreprise, Manchester United, qui va percevoir cette somme, en échange de la cession d'un de ses actifs ! En effet, un club a pour actifs son stade s'il en est propriétaire, ses équipements annexes, ses marques et bien sûr la valeur cumulée de ses joueurs. Un joueur peut donc être vendu, car toute entreprise peut vendre une activité, un immeuble ou une participation financière. Pourquoi dans le cas de Ronaldo, l'actif est si élevé ? Parce que dans une économie de marché, la valeur d'un bien dépend de son utilité et de sa rareté. Le Real Madrid a jugé que ce joueur pouvait lui être « utile » pour gagner des trophées, pour vendre des places au stade, des tee-shirts, des droits de télévision et des contrats de sponsoring.

Mais surtout, Ronaldo est « rare ». Il doit sa valeur, comme les autres stars du football (Zidane, en son temps), du tennis (Roger Federer), du cinéma (Sharon Stone), de la mode (Kate Moss), de la chanson (Johnny Hallyday) ou de l'art (Picasso), à sa « rareté ».

En économie, la rareté est fondamentale pour définir la valeur d'un bien. Les œuvres de Van Gogh sont rares par rapport aux millions de personnes qui aimeraient en posséder. L'uranium est rare par rapport aux besoins du nucléaire.

Et comme le dit le bon sens populaire, « tout ce qui est rare est cher ». Voilà pourquoi un diamant est plus cher que l'eau, alors que celle-ci est plus nécessaire à la vie. Voilà pourquoi une star du football ou du cinéma est mieux payée qu'un instituteur ou une infirmière alors que ces derniers sont plus utiles.

En revanche, la morale est heurtée par la somme que peuvent engranger patrons, stars du show business, de l'art ou du sport. La morale et la loi de l'offre et de la demande ne font pas bon ménage.

Car la marchandisation du travail humain remet fatalement en cause les notions d'égalité et de dignité humaines.

Philippe Villemus, *Midi Libre*, 14/06/2009.

1. En 2014, le SMIC net est de 1 113 €.

---

1 Lisez l'article ci-dessus. Aidez-vous des définitions suivantes pour la compréhension des mots difficiles.
• *Paragraphes 1 à 3* : condamner – sans importance – ralentissement de l'activité économique – en économie « un bien », une « valeur » – ajoutés les uns aux autres.
• *Paragraphe 4 à la fin* : choqué – gagner, économiser.

2 Préparez une synthèse orale de cet article. Indiquez :
– le problème général qui est posé ;
– ce que l'auteur veut démontrer ;
– la conclusion qu'il tire.

3 🌐 Faites le travail d'écoute du document sonore.

4 Lisez l'encadré de vocabulaire p. 155. Reformulez les expressions soulignées.
Problèmes dans l'entreprise
a. Dubosc n'était pas présent à la réunion où on a décidé de renvoyer Pierre Lebrun. Il ne faut pas lui jeter la pierre.
b. Je suis constamment victime des brimades de mon chef.

Désormais, ça va être œil pour œil, dent pour dent.
c. Voici la lettre que m'a envoyée le directeur. Je te fais juge.
d. Sur la question du gel des salaires, je me fais l'avocat du diable.
e. Marie aura le poste d'assistante. Sa jeunesse plaide en sa faveur.
f. En réunion, je n'ai jamais critiqué le chef de projet. Il me fait un procès d'intention.

5 Recherchez des arguments à décharge pour votre débat contradictoire.

selon la forme que vous avez choisie (débat contradictoire, dissertation écrite, exposé oral).

Accuser – défendre – juger

Accuser

• accuser (une accusation) – blâmer (un blâme) – faire des reproches – retenir des charges contre… – Je lui fais grief (je lui reproche) d'avoir menti. Plusieurs mensonges peuvent lui être imputés.

Dans cet article, Julliard fait le procès de cette nouvelle loi – Il prend à partie ses auteurs – Il affronte le lobby du commerce des grandes surfaces.

Les charges sont accablantes – Les coupables vont être confondus.

Il a témoigné à charge/à décharge.

Défendre

• prendre la défense de quelqu'un – contre-attaquer – plaider – un plaidoyer – une plaidoirie (discours de l'avocat de la défense) – se faire l'avocat de… – Pierre a pris fait et cause pour son collègue
• se défendre – faire front – se justifier – répliquer

Juger

• décider – trancher – porter un jugement sur un problème – prononcer un jugement, un verdict, une sentence déclarer quelqu'un coupable / non coupable
• un jugement impartial, juste, équitable / partial, injuste, arbitraire
un jugement a priori – un préjugé – des idées préconçues
• gagner / perdre un procès – avoir gain de cause – l'accusateur – être débouté

[LE MICRO-TROTTOIR]

Des passants répondent à la question de notre journaliste : « Trouvez-vous normal qu'un club de football paye 93 millions d'euros pour acheter un joueur ? »

Aide à l'écoute :

Noms de joueurs de football : Cristiano Ronaldo, Zidane, Benzema – Real (de Madrid) : équipe de football de Madrid.

❶ Classez dans le tableau la réponse de chaque intervenant selon son opinion. Notez cette opinion et, le cas échéant, l'argumentation.

Trouvent anormal la somme payée	
Trouvent normal	
Portent un jugement nuancé ou n'ont pas d'opinion	1. Démesuré mais ils en profitent. Tant mieux…

❷ Quel autre problème soulèvent certains intervenants ? Quelle opinion expriment-ils ?

Le point sur… la justice en France

Le droit français est fondé sur le code civil et le code pénal qui répertorient les infractions et les peines encourues. Il est différent du droit en vigueur aux États-Unis et en Grande-Bretagne, inspiré de la jurisprudence (ensemble des jugements prononcés lors d'affaires du même type).

On différencie trois types d'infractions selon leur gravité.

• **Les contraventions.** On commet une contravention en cas de conduite en état d'ivresse, de diffamation ou d'injures publiques, lorsqu'on émet un chèque sans provision ou lorsqu'on est l'auteur de violence sans conséquence grave. On est alors jugé par un tribunal de police et passible d'une amende qui peut être assortie de peines secondaires : suspension de permis, interdiction d'émettre des chèques, etc.

• **Les délits.** Il s'agit d'infractions plus graves comme l'escroquerie, les dégradations de biens publics ou privés. Elles sont jugées par un tribunal correctionnel et passibles d'une peine de prison inférieure à dix ans.

• **Les crimes.** Ce sont les vols à main armée, les viols, les meurtres. Ils sont jugés en cour d'assises et sont passibles d'une peine de réclusion criminelle de plus de dix ans qui peut atteindre une peine incompressible de trente ans. La peine de mort a été abolie en 1981.

La victime d'une infraction peut porter plainte au commissariat de police ou à la gendarmerie. La plainte est transmise au procureur de la République qui peut classer l'affaire sans suite, ordonner un jugement rapide (jugement en référé, comparution immédiate du délinquant) ou bien ouvrir une instruction.

Influencés par le cinéma américain, les films français ne donnent pas toujours une idée juste du déroulement d'un **procès** en France. Tout d'abord, le **jury** populaire n'est présent que dans les procès en cour d'assises. Par ailleurs, le procès est essentiellement un exposé des faits car l'affaire a déjà été longuement instruite par le **juge d'instruction** (fonction qu'on envisage de réformer). Le **président** lit l'acte d'accusation, les témoins viennent déposer. Les **avocats** de la partie civile (avocats de la victime ou de la famille de la victime) plaident. L'**avocat général** (magistrat représentant du pouvoir judiciaire) prononce son réquisitoire et les avocats de la défense font leur plaidoirie. Le jury se retire pour délibérer avec le président du tribunal. Après les délibérations, le président prononce la **sentence**. Le condamné peut faire appel. L'affaire sera rejugée en Cour d'appel puis, éventuellement, en Cour de cassation.

Et si c'était gratuit ?

Si un homme du XIXe siècle revenait, il s'étonnerait de ne pas avoir à acquitter
de péage à l'entrée des villes, de disposer d'universités gratuites
pour ses enfants et de bénéficier de soins médicaux presque gratuits.
Fausse gratuité dira-t-on car tout cela est aujourd'hui payé par l'impôt.
Il n'en reste pas moins que certains biens ou services sont aujourd'hui
considérés comme des droits fondamentaux et par conséquent non payants.
Mais ne pourrait-on pas étendre le champ d'application de cette gratuité ?
À y bien réfléchir, l'accès aux musées ne devrait-il pas être possible à tous ?
Et l'eau, ne devrait-elle pas être un droit universel ?
Le débat est ouvert.

Musées : être ou ne pas être gratuits ?

*Depuis le 1er janvier, les collections permanentes
de 14 établissements sont en accès libre. Une expérience
mise en place pour 6 mois. Mais son instauration,
au nom de la démocratie culturelle, suscite toujours
des divergences. Deux spécialistes donnent leur avis.*

POUR

Jean-Michel Tobelem
Directeur d'Option Culture, auteur
du *Nouvel Âge des musées.
Les institutions culturelles au défi
de la gestion* (Armand Colin).

« Les musées devraient être considérés comme un outil de politique culturelle, sociale et éducative au même titre que les bibliothèques, qui, elles, sont gratuites. Car les droits d'entrée, en forte augmentation, sont pour certaines personnes un obstacle et ont engendré un phénomène de concentration des visites sur les plus grandes institutions.

La gratuité va accroître la fréquentation. Mais, pour avoir des effets durables, cette mesure doit être accompagnée d'autres dispositifs, dans les domaines de la médiation et de l'accueil, à l'adresse, notamment, des publics qui ne sont pas familiers des lieux. L'enseignement de l'histoire de l'art à l'école serait également souhaitable.

La gratuité priverait, dit-on, les musées de rentrées financières importantes. Mais ce que le visiteur économise aux caisses, il peut le dépenser à la boutique ou à la librairie, à condition qu'elles soient attrayantes. Ajoutons qu'un niveau élevé de fréquentation, preuve du rayonnement d'un établissement, influe sur le mécénat. Les musées anglo-saxons, dont les collections permanentes sont en accès libre, le savent bien. »

CONTRE

Yves Michaud
Philosophe, directeur de l'Université
de tous les savoirs.

« Avant d'être économique, la détermination à se rendre au musée est culturelle. Cette mesure n'aura donc aucun effet. Le public non averti ne se déplacera pas, même s'il bénéficie d'un libre accès. Pour de nombreux établissements, la mise en place de la gratuité constituerait un handicap car les recettes de billetterie représentent des ressources très importantes.

Je regrette en fait qu'on veuille développer le principe du libre accès dans le domaine culturel. Ce qui est gratuit est dévalorisé. Quand je dirigeais l'École des Beaux-Arts, à Paris, j'avais instauré la gratuité des expositions. Mais j'ai dû faire machine arrière, à cause du comportement de certains visiteurs se croyant tout permis. Et la fréquentation n'avait pas augmenté. Pour encourager l'accès au musée, mieux vaut étudier des modulations tarifaires. Mais le problème est simple : tant qu'on n'enseignera pas l'art à l'école, la situation ne changera pas. Si on ne va pas au musée quand on est enfant, on n'y va pas davantage à l'âge adulte. »

Propos recueillis par Annick Colonna-
Césari, *L'Express*, 03/01/2008.

L'eau, un droit universel ?

Jean-Luc Touly, directeur de l'Association pour un Contrat mondial de l'eau, a participé à un débat organisé par l'hebdomadaire L'Express. Voici des extraits de ses interventions.

Le fossé entre économies dites « développées » et « pays en voie de développement » n'a jamais été aussi profond. Un Américain utilise chaque jour de 500 à 600 litres d'eau, contre à peine 20 pour un Africain ! Il y a donc un lourd travail d'information à faire auprès des populations les plus favorisées, sans pour autant les culpabiliser. [...]

Pour ma part, je crois qu'il faut extraire l'eau de la sphère marchande. Elle est une ressource essentielle à la vie, au même titre que l'air. En faire un bien marchand, c'est une privatisation de la vie alors que l'eau doit être un droit universel. C'est là le cœur de notre combat à l'Association pour un Contrat mondial de l'eau : faire admettre qu'elle est un bien commun, patrimoine de l'humanité. Cela signifie que sa propriété, sa gestion et sa distribution doivent rester dans le domaine public. Cela sous-entend aussi que son accès doit être gratuit et garanti à tous, y compris à ceux qui ne peuvent pas payer. Nous fixons ce minimum vital à 40 litres d'eau potable par jour et par habitant.

[...]

Il faut d'abord que les gouvernements les plus riches s'acquittent chaque année de leur aide au développement, ce qui est loin d'être le cas. Ensuite, il faut trouver d'autres financements collectifs et durables. Nous proposons un impôt mondial de solidarité aux pays de l'OCDE, équivalent à 0,01 % de leur produit intérieur brut. Mais des secteurs bien ciblés qui profitent de la mondialisation pourraient aussi participer à cet effort financier. Nous militons pour taxer le commerce de l'armement, dont le chiffre d'affaires dépasse 1 000 milliards de dollars. Ou celui de l'eau en bouteille, trusté par quelques multinationales (Danone, Nestlé et Pepsi).

Propos recueillis par Bruno D. Cot, L'Express, 23/03/2006.

Marie Vostal expose le système de la microfinance (ou microcrédit).

La gratuité des musées

1. Lisez l'introduction du dossier. Quelle est la proposition qui est faite ? L'auteur justifie-t-il sa proposition. ? La nuance-t-il ?

2. Lisez l'introduction du débat sur les musées. La classe se répartit en deux équipes « pour » et « contre » selon la première opinion que l'on se fait du sujet.
a. Recherchez les arguments de la personne dont vous défendez la thèse.
b. Complétez le cas échéant avec vos propres arguments.
c. Chaque équipe présente la défense de son point de vue.
d. Votez pour ou contre la gratuité des musées.

La gratuité de l'eau

1. Faites une lecture collective du premier paragraphe de l'intervention de Jean-Luc Touly. Partagez-vous les deux paragraphes suivants. Notez-en les idées et les arguments. Commentez-les.
Donnez un titre à l'extrait étudié.

2. Présentez votre recherche à la classe et discutez.

L'entretien

1. Définissez en une phrase le microcrédit (ou microfinance).

2. Notez les détails de ces expériences de microcrédit.

	Montant du prêt	À qui ?	Dans quel but ?
Vietnam			
Mali			
Bangladesh			
France			

3. Que pouvez-vous dire sur :
– Mohammad Yunus ? – la Grameens Bank ?
– l'ADIE ?

4. Dans quelles situations le microcrédit est-il :
– utile ? – inutile ?

Recherche en petit groupe

1. Recherchez d'autres biens ou services qui selon vous devraient être gratuits. Argumentez vos propositions.

Vous pouvez aussi estimer que certains biens ou services qui sont aujourd'hui gratuits devraient être payants.

2. Présentez vos réflexions et débattez.

16 Et si on le faisait ?

Faire un compte rendu

1 Apprenez à rapporter des paroles. Lisez l'encadré ci-contre.

a. Quels verbes de la liste utiliseriez-vous pour rapporter les paroles suivantes ?

> adhérer – confirmer – démentir – désavouer – s'exclamer – nier – répéter

Exemple : (1) Il a répété que le projet était irréalisable.

Phrases entendues dans les couloirs de l'Assemblée nationale
(1) Je vous l'ai déjà dit. Ce projet est irréalisable.
(2) Je suis entièrement d'accord avec cette politique.
(3) Absolument. Nous déposerons une motion de censure.
(4) Contrairement à ce qu'ont pu écrire certains journaux, je ne serai pas candidat à cette élection.
(5) Non, ce n'est pas moi qui ai écrit cet article dans *Le Canard enchaîné*.
(6) C'est un scandale ! Ce projet de loi est contraire à la constitution.
(7) Mon parti votera la loi contre le téléchargement. Je ne les suivrai pas dans cette voie.

b. Un journaliste interroge une femme politique qui vient d'être élue. Quelque temps plus tard, il rapporte ce dialogue à son rédacteur.

« Je lui ai demandé… »
Lui : Alors, vous êtes satisfaite ?
Elle : Je suis très heureuse car les électeurs m'ont fait confiance.
Lui : Qu'est-ce que vous allez faire maintenant ?
Elle : Je vais fêter mon succès avec mes partisans. Puis j'irai dormir parce que je n'ai pas beaucoup dormi ces derniers jours.
Lui : Quel sera votre emploi du temps la semaine prochaine ?
Elle : En début de semaine, je serai dans les bureaux de mon parti. Puis j'irai me reposer quatre jours en Corse. Mais ne le dites pas et surtout ne l'écrivez pas !

2 Préparez le compte rendu de la réunion à la mairie de Villeneuve.

a. Lisez la transcription de la réunion. Notez :
• le but de la réunion ;
• pour chaque participant :
– sa fonction et sa position face au problème ;
– ses arguments ;
• la conclusion de la réunion.

b. Sélectionnez les passages que vous comptez citer directement ou indirectement.

3 Rédigez votre compte rendu en vingt lignes environ.

Rapporter des paroles

1. Formules propres au compte rendu de réunion
Le directeur (le président) ouvre la séance à… en rappelant que… Il donne la parole à…
Le conseiller répond (prend la parole… coupe la parole à… laisse la parole à…)
Le président conclut par des remerciements… Il clôture la séance à…

2. Les différentes façons de rapporter les paroles
• **Directement sous forme de citation**
Le directeur a dit : « La situation est préoccupante. »
• **Indirectement grâce aux constructions présentées ci-dessous**
Selon… D'après… Pour le directeur…
Comme (Ainsi que) l'a affirmé le directeur…
• **Indirectement sans faire systématiquement référence à la personne qui parle**
Selon le directeur, la situation est préoccupante.
Plusieurs commandes ont été annulées…
• **Certains procédés qui ont été vus page 155 permettent de ne pas nommer les personnes qui parlent**
Au cours de la réunion, il a été dit que la situation était préoccupante.

3. Construction et concordance des temps
a. Construction des verbes introducteurs
• **Affirmation.** Le directeur **dit** (annonce, déclare, répète, répond, confirme) **que**…
• **Interrogation.** Le directeur **demande** (cherche à savoir) **si**…
• **Phrase impérative.** Le directeur (nous) **demande** (prie, ordonne) **de**…

b. Quand on rapporte des paroles au moment où elles sont prononcées, le temps des verbes ne change pas
Le directeur ouvre la séance. Il annonce…
… que la situation est préoccupante.
… qu'un gros client a annulé sa commande.
… que l'avenir sera difficile.

c. Quand on rapporte des paroles passées, le temps des verbes change
Le directeur a annoncé… Le directeur aurait annoncé (*information incertaine*)…
… que la situation était préoccupante.
(*rapporte une phrase au présent*)
… qu'un gros client avait annulé sa commande.
(*rapporte une phrase au passé composé*)
… que les autres clients étaient prudents.
(*rapporte une phrase à l'imparfait*)
… que l'avenir serait difficile. (*rapporte une phrase au futur*)

Transcription d'une réunion à la mairie de Villeneuve

Participaient à cette réunion la conseillère municipale chargée des affaires culturelles (Nicole Perez), le conseiller juridique de la mairie (Fabien Ducret), le directeur du cinéma Comédia (Sébastien Tizzoni) et la présidente de l'association Septième Art (Mary Steven).

La conseillère municipale : Monsieur Tizzoni, vous avez demandé cette réunion pour nous exposer la situation de votre cinéma Comédia afin que nous trouvions une solution au problème financier que vous rencontrez. Je vous dis tout de suite que pour moi le Comédia fait partie des institutions de la ville. Nous y sommes très attachés. Nous n'avons dans notre ville que deux cinémas : le Multiplex qui présente des films grand public, certes souvent excellents, mais qui sont toujours choisis en fonction de leur potentiel commercial. Vous, vous avez d'autres critères.

Le directeur du cinéma : Exactement. Montrer tout ce que le Multiplex ne montre pas. Des films moins grand public, des premiers films pour donner leur chance aux jeunes réalisateurs, des films anciens et beaucoup de films venant du monde entier. Nous projetons environ deux cents films par an, ce qui permet de voir tous les aspects de la création cinématographique et des films qui ne sont pas formatés. Cela ne nous empêche pas de lancer des films qui rencontreront un large public. Regardez *Amélie Poulain*. Il doit son succès à notre circuit.

La conseillère municipale : Et aujourd'hui, vous avez un problème…

Le directeur du cinéma : Nous avons eu des frais de fonctionnement imprévus. Il a fallu rénover une des trois salles et changer un appareil de projection. J'ai tenu aussi à augmenter les salaires du personnel qui fait un travail méritoire. Donc frais plus élevés et même recette que l'année dernière car il n'y a pas eu de grand succès style *Amélie Poulain* cette année. Nous avons deux subventions, une de la municipalité et une du conseil général mais cette année nous sommes dans le rouge. Pour combler le déficit et pour poursuivre la rénovation l'année prochaine, il nous faudrait une rallonge de 100 000 euros.

Le conseiller juridique : Le problème, c'est que vous avez atteint le maximum de subventions possibles. Vous savez que ce montant est fixé par la loi pour le circuit « Art et Essais ». Si nous dépassons cette somme, le Multiplex va vous faire un procès pour atteinte à la libre concurrence car lui ne peut pas être subventionné.

La présidente de l'association : Mais nous ne sommes pas concurrents. Nous ne proposons pas les mêmes produits. Vous ne verrez pas *Terminator 4* au Comédia.

Le directeur du cinéma : Ce n'est pas tout à fait vrai. Il nous arrive de programmer une grande production américaine lorsque nous estimons qu'elle apporte quelque chose de nouveau. Et pour les films français, c'est encore plus fréquent. Ce sont nos locomotives et nos produits d'appel.

La conseillère municipale : Pourquoi n'augmentez-vous pas le prix des places ?

Le directeur du cinéma : Nous l'avons fait l'an dernier. On ne peut pas être plus cher que le Multiplex. Je vous le dis : sans une rallonge, nous coulons.

La présidente de l'association : Madame Perez, vous n'allez pas assister les bras croisés à la mort du Comédia. C'est le seul cinéma du centre-ville. De plus, c'est un cinéma qui a toute une histoire, qui est là depuis 1920 avec son style Art Déco, un lieu de convivialité où les jeunes et les moins jeunes, tous les amoureux du cinéma se côtoient. Et je vais vous dire, pour aller au Multiplex, il faut faire quatre kilomètres en voiture et polluer un peu plus. Au Comédia, on y va à pied. Alors fermer le Comédia, c'est un pas de plus vers la désertification du centre-ville et un pas de moins dans le sens de l'histoire.

Le conseiller juridique : Il y aurait une solution : inscrire la salle à l'inventaire des Monuments historiques. Les pouvoirs publics prendraient en charge les travaux d'entretien.

Le directeur du cinéma : Non merci, les Monuments historiques auraient droit de regard sur tout : la décoration, l'organisation de l'espace. Notre public est habitué à un lieu décontracté, improvisé, un peu soixante-huitard.

La conseillère municipale : Attendez, nous avons tout de même un accord avec le Multiplex. Quand nous leur avons donné le permis de s'installer, il y avait une clause dans le contrat, c'est qu'un cinéma serait maintenu dans le centre-ville.

Le directeur du cinéma : Ils ne l'oublient pas. Pour respecter cette clause, ils sont prêts à racheter le Comédia.

La présidente de l'association : Je ne comprends pas ce qu'ils veulent : couler des films qui ne les intéressent pas, qu'ils ne projetteront jamais dans leurs salles. Je ne vois pas leur intérêt.

Le directeur du cinéma : Ils ne veulent plus que nous programmions des films qui ont un potentiel d'un million d'entrées. Et nous, nous en avons besoin pour survivre.

Le conseiller juridique : À mon avis, il faudrait faire une réunion avec le directeur du Multiplex. Après tout, nous avons quelques moyens de pression sur lui. C'est nous qui nous chargeons des voies d'accès, de la desserte par bus, de l'éclairage extérieur. Il faudrait qu'il soit conciliant au moins pour cette année, le temps de trouver une solution.

La conseillère municipale : Et je crois qu'il faut obliger le gouvernement à revoir la loi. Je vais tout de suite alerter notre député. Ça tombe bien, il fait partie de la commission culturelle à l'Assemblée. J'en parle aussi à l'Association des maires de France.

Le directeur du cinéma : Oui, car beaucoup d'autres villes ont le même problème.

La conseillère municipale : Donc on se revoit très vite avec le directeur du Multiplex et nous essayons de faire avancer les choses à l'Assemblée nationale.

Le directeur du cinéma : D'accord.

Campagne électorale

Dans les débats participatifs, sur les forums de leur site Internet, les femmes et les hommes politiques sont de plus en plus à l'écoute des aspirations de leurs administrés.

Il n'est pas rare, surtout à l'échelle locale, qu'un projet initié par un particulier ou une association soit adopté par les politiques et se concrétise.

En grand groupe ou en petit groupe, **vous organiserez un échange d'idées pour résoudre un problème de votre choix.**

Vous ferez ensuite **le compte rendu de votre séance de réflexion** que vous conclurez par vos propositions personnelles.

Choisissez votre sujet de réflexion

❶ Lisez ci-contre le sondage sur les préoccupations des Français.

a. Pour chaque sujet, donnez un exemple concret.
Exemple : le chômage. Que faire pour les plus de 50 ans qui ne retrouvent pas de travail en raison de leur âge ?
b. Si ce sondage était fait dans votre pays, pensez-vous qu'on obtiendrait les mêmes résultats ?

❷ 🌐 Faites le travail d'écoute du document sonore (p. 163).

❸ Déterminez votre sujet de réflexion.

Définissez les besoins et les aspirations

❶ Lisez l'article de la page 161. Synthétisez le raisonnement de l'auteur Véronique Radier en complétant les débuts des phrases suivantes :

Dans cet article, Véronique Radier constate ...
Elle analyse ...
Elle conclut ...
Elle plaide pour ...

❷ L'auteur utilise des expressions imagées (soulignées dans le texte). Reformulez-les dans une langue courante.

un gisement d'emploi (l. 1) – un nouvel eldorado (l. 1) – ce n'est pas le conte de fées (l. 7) – « *La maison brûle et nous regardons ailleurs* » (l. 35) – quelques créneaux (l. 43) – garder la tête hors de l'eau (l. 49) – du pain sur la planche (dernière ligne)

Parmi les sujets suivants, quels sont ceux qui vous préoccupent personnellement le plus ?
(Pourcentage des deux sujets les plus cités)

Le chômage et l'emploi	79
La santé et la qualité des soins	58
L'évolution du pouvoir d'achat	56
Les inégalités sociales	45
L'école et la qualité de l'enseignement	43
L'environnement et la pollution	39
Le financement des retraites	45
Le logement	29
Le financement de l'assurance-maladie	31
La sécurité alimentaire et la qualité de la nourriture	21
Le rôle de la famille	20
La sécurité des biens et des personnes	20
La sécurité routière	16
La mondialisation de l'économie et des échanges commerciaux	19
L'individualisme dans la société	16
L'intégration et les relations entre groupes sociaux	13

Sondage Sofres, avril 2009.

❸ Relevez et classez le vocabulaire qui sert à décrire le développement économique.

❹ Un ami, inquiet du développement du chômage, vous pose les questions suivantes. Répondez-lui en argumentant vos réponses.

a. Tu connais un secteur créateur d'emplois ?
b. Est-ce que ce secteur est développé en France ?
c. Et dans d'autres pays ?
d. Est-ce que ce secteur correspond à un besoin réel et aux aspirations des gens ?
e. Que faudrait-il faire pour le développer ?

Emplois verts : *plus de bruit que de jobs*

L'environnement est un formidable gisement d'emplois, un nouvel eldorado ! Nicolas Sarkozy[1] et ses ministres le disent et le répètent sur tous les tons, à tout moment. Pour réduire les émissions de CO2, *exit* les vieilles ampoules, les énergies polluantes, les voitures sales, les grands travaux dévastant la nature, et vive l'économie verte ! Voilà, pour le côté espoir. Côté réalité, malgré quelques bonnes nouvelles, ce n'est pas encore le conte de fées.

Car ces emplois verts ne pousseront pas tout seuls. Il faut les aider à éclore. Pour cela, l'engouement des consommateurs pour l'écologie ne suffira pas. Leur essor est proportionnel au volontarisme des États. Il faut des investissements à long terme, la mise en œuvre de normes strictes. C'est le verdict du BIT (Bureau international du travail). Il a passé au crible des dizaines d'expériences sur les cinq continents, de la Chine aux États-Unis, de l'Afrique du Sud au Bangladesh, du Brésil au Kenya, du Royaume-Uni à l'Australie. Il a examiné des projets liés à l'agriculture, au recyclage, aux énergies renouvelables, à la lutte contre la pollution. Hélas, il n'en cite aucun en France. Et il conclut : « *C'est lorsque le soutien politique a été solide et cohérent que les marchés ont le plus prospéré.* » La floraison de millions d'emplois à travers la planète exigera « *un cadre d'action solide et la détermination des pouvoirs publics* ». Comme chez nos voisins allemands, par exemple. Pendant que Jacques Chirac[2] lançait son vibrant : « *La maison brûle et nous regardons ailleurs* », eux impulsaient une politique qui a multiplié par quatre les emplois dans les énergies renouvelables. Celles-ci rassemblent aujourd'hui 260 000 salariés outre-Rhin, contre à peine quelques milliers chez nous ! [...] Heureusement quelques créneaux se révèlent porteurs grâce aux coups de pouce gouvernementaux. Ainsi, les nouvelles normes énergétiques des bâtiments décidées lors du Grenelle de l'Environnement[3] devraient permettre au BTP[4] de garder la tête hors de l'eau en ces temps de crise. Les énergies renouvelables profitent de l'obligation faite à EDF[5] en 2006 d'acheter 20 % de kilowatts « verts » à un prix relativement élevé. Mais les professionnels attendent « *de nouvelles mesures, pour passer à la vitesse supérieure* », explique Aurélien Lugardon, jeune créateur de Naskeo, une entreprise qui allie recyclage et énergie par « biomasse », c'est-à-dire produite à partir de matières organiques. Peu à peu, en effet, des start-up vertes voient le jour, mais gare aux déceptions. Elles n'attendent guère les 15 000 jeunes engagés dans les cursus en environnement, du CAP à la licence pro. Elles recrutent plutôt des techniciens, des ingénieurs, des vendeurs, des juristes, des chercheurs. Et ces jeunes entreprises se heurtent paradoxalement à une pénurie de compétences soulignée par le rapport du BIT : « *La majorité des architectes et des ingénieurs ne connaissent pas les matériaux et les techniques disponibles.* » Pour réussir la révolution verte, il faudrait donc que tout un chacun s'y mette, comme ce fut le cas pour l'informatique. Du pain sur la planche ! ■

Véronique Radier,
Le Nouvel Observateur, 04/12/2008.

1. Président de la République élu en 2007. – **2.** Président de la République, prédécesseur de Nicolas Sarkozy. La phrase « La maison brûle... » fut prononcée au Sommet de la Terre à Johannesburg en 2002 – **3.** Rencontres publiques organisées en France en 2007 pour définir une politique de développement durable. – **4.** Bâtiment et travaux publics – **5.** Électricité de France.

5 Lisez l'encadré « Projet et réalisation », page 163. (Ce vocabulaire vous sera utile pour l'échange collectif d'idées que vous allez mener.)

À quel mot ci-dessous correspondent les expressions suivantes ? Reformulez ces expressions.

un abandon – une aide – des dépenses – un échec – de l'habileté – un succès – une tâche impossible – une utopie

Ce projet sera	L'auteur du projet
... un tonneau des Danaïdes	... va casser la baraque
... un travail de Sisyphe	... a jeté l'éponge
... un château en Espagne	... a reçu un coup de pouce
	... a tiré son épingle du jeu
	... a fait un bide

6 Organisez votre échange d'idées dans le secteur que vous avez choisi. Ce débat peut être mené à partir des questions suivantes.

a. Quels sont les besoins de votre secteur ?
b. Quelles sont les aspirations des gens ?
c. Quel besoin ou quelle aspiration pourrait être satisfait(e) par un projet ?
d. Quelles difficultés pensez-vous rencontrer ?
e. Quelles seraient les conditions de réussite ?

Pendant le débat, prenez des notes.

Jeunes : les armes anti-chômage qui marchent ailleurs en Europe

Apprentissage, « garantie jeunesse », « Smic jeunes » : ces recettes anti-chômage permettent à l'Allemagne, à l'Autriche, à la Suisse et aux pays nordiques d'afficher des taux d'emploi de leurs jeunes bien meilleurs que ceux de la France et du sud de l'Europe.

Une fois encore, l'emploi des jeunes marque une ligne de fracture en Europe. Les bons élèves qui affichent un taux de chômage des moins de 25 ans inférieur à la moyenne européenne (23,3 % en septembre) se situent au Nord quand les pays du Sud – Grèce, Espagne, Italie, Portugal – enregistrent des chiffres de sous-emploi records. L'Allemagne est de loin le champion avec le taux de chômage des jeunes le plus bas (7,7 %).

Allemagne, Autriche, Suisse : l'apprentissage

À l'évidence donc, les solutions mises en place outre-Rhin depuis plusieurs années, axées sur l'alternance et l'apprentissage, qui s'appliquent aussi en Suisse et en Autriche, fonctionnent. Si l'on compare avec le système français, les apprentis allemands font un cursus de trois ans contre un an et demi en France. Surtout, il est nettement plus valorisé. Pour preuve, 60 % des jeunes Allemands de moins de 20 ans choisissent cette voie et peuvent récupérer ensuite l'enseignement général. Un bémol cependant, l'apprentissage est en perte de vitesse. Les contrats ont enregistré l'an dernier une baisse de 3 % et, en août, il restait encore des milliers de places vacantes. En cause, des problèmes d'adéquation entre l'offre et la demande, et surtout un recul de la démographie avec de moins en moins de jeunes scolarisés. C'est pour cette raison qu'Angela Merkel pousse auprès de ses partenaires européens le projet « Erasmus de l'apprentissage », sur le modèle des étudiants qui a fait ses preuves.

Autriche et pays nordiques : la « garantie jeunesse »

En Autriche, l'accent est mis sur la formation. Le pays applique depuis 2008 une garantie « d'emploi et de formation ». Concrètement, les jeunes de moins de 18 ans sortis du système scolaire, sans apprentissage ou stage, suivent une formation financée par les services publics. Ceux âgés de 18 à 24 ans ne doivent pas rester plus de six mois inscrits au chômage sans qu'on leur propose une formation, un stage ou un contrat aidé. La « garantie jeunesse », principe acté l'an dernier par la Commission européenne, s'applique aussi dans les pays nordiques : Danemark, Finlande et Suède. Le Danemark, en particulier, mise sur une politique active de recherche d'emploi. Un jeune qui n'a pas trouvé un emploi au bout de six mois intègre un programme intensif obligatoire.

Pays-Bas, Royaume-Uni : le « Smic jeunes »

Aux Pays-Bas, il y a une culture des « petits boulots » dès l'âge de 14 ans, qui facilite l'insertion sur le marché du travail. Ainsi, 60 % des 20-24 ans combinent études et travail, contre moins de 30 % en France. Une démarche facilitée par l'existence de « Smic jeunes » progressifs qui augmentent avec l'âge et les qualifications. Cela existe aussi en Grande-Bretagne. Enfin, pour éviter le décrochage, les Pays-Bas ont rendu l'enseignement secondaire obligatoire.

http://www.lefigaro.fr/emploi. Par Anne Cheyvialle, le 12/11/2013.

Observez ce qui se fait à l'étranger

❶ Dans le dossier ci-dessus, recherchez les systèmes qui ont été mis en place pour résoudre le chômage des jeunes.

Système mis en place	
Pays concernés	
Résultats	
Avantages du système (selon vous)	
Défauts du système (selon vous)	

❷ Mettez en commun vos expériences. Dans le secteur que vous avez choisi, connaissez-vous des expériences positives (à imiter) ou négatives (à éviter) ?

Rédigez votre compte rendu

Mettez en forme les notes que vous avez prises au cours de vos débats. Ajoutez-y vos réflexions personnelles.

Projet et réalisation

• Les besoins et les manques

Un besoin de sécurité se fait sentir (se fait jour)

Il y a un manque (une insuffisance, une absence) de volonté – une pénurie de main-d'œuvre – des carences (des défauts) dans l'organisation

Il manque des logements sociaux – Les logements sociaux font défaut

Satisfaire un besoin – combler un manque

• Les aspirations

Les gens aspirent à des villes moins polluées. Ils rêvent d'espaces verts.

Il y a un engouement (un enthousiasme) pour les produits bio.

• L'idée et le projet

Concevoir, projeter... un avant-projet, une ébauche de projet, les grandes lignes (le brouillon) du projet

Planifier, développer, élaborer... un projet, un plan, un programme

Initier un projet – être à l'origine d'un projet éducatif – porter (impulser, promouvoir) un projet – lancer une idée

• La réalisation

Réaliser (mener à bien – faire aboutir) un projet

Mettre en œuvre (concrétiser) une idée – donner corps à un projet / abandonner un projet – laisser de côté (laisser en plan)

[L'INTERVIEW]

Karima Delli, députée européenne appartenant au parti des écologistes, présente les idées qu'elle défend au Parlement européen.

❶ Écoutez la première partie de l'interview. Approuvez ou corrigez les affirmations suivantes :

(a) Karima Delli désapprouve les écarts de revenus trop importants.

(b) Son idée n'a jamais été appliquée.

(c) Pour elle, ce sont les riches qui polluent le plus.

(d) Les objectifs de la mesure qu'elle veut faire appliquer sont surtout sociaux.

❷ Pensez-vous que la mesure souhaitée par Karima Delli atteindra ses objectifs ?

❸ Écoutez la deuxième partie de l'interview. Faites la liste des mesures défendues par la députée.

	1
Problème à résoudre	Économie d'énergie
Mesure à prendre	Taxe carbone
Justifications et commentaires	....

❹ Dans les propos de Karima Delli, relevez les formules ou les phrases particulièrement frappantes.

Réunion de francs-maçons

Le point sur...
les gens de pouvoir et d'influence

Quand un projet personnel ou collectif peine à aboutir, quand les rouages de l'administration bloquent ou que le mérite n'est pas reconnu à sa juste valeur, il est bon de savoir qui pourrait donner un petit coup de pouce décisif. Petit panorama des gens de pouvoir ou d'influence.

• **Les élus.** Le maire et les conseillers municipaux de votre commune, le député ou le conseiller régional de votre circonscription, le conseiller général de votre canton tiennent régulièrement des permanences et tout individu peut obtenir un rendez-vous avec eux. Un de leurs rôles est d'être au service des particuliers pour les conseiller ou les aider.

• **Les syndicats.** Comparés aux autres Européens, les Français sont peu syndiqués. Le taux de syndicalisation n'est que de 2,5 % pour les salariés en CDD, de 10 % pour ceux qui sont en CDI et de 15 % pour les employés du secteur public. On reproche souvent aux syndicats de privilégier l'affrontement à la négociation. Pourtant, ils ont un réel pouvoir, en particulier dans certaines branches comme la fonction publique et les transports. Ils peuvent aider à régler certains problèmes individuels.

• **Le médiateur de la République.** Ses services sont présents dans les préfectures et résolvent les conflits entre particuliers et administrations.

• **Les associations.** La France compte plus d'un million d'associations en activité. Ces associations peuvent être des lieux de conseil et d'entraide et quelquefois fonctionner comme des réseaux ou des groupes de pression (lobbies). Elles sont diverses :

– associations politiques de ceux qui adhèrent à un parti ou à un club ;

– associations professionnelles (dans certains métiers « l'esprit de corps » perdure) ;

– associations selon l'origine : les Auvergnats, les Corses, les Aveyronnais, les Martiniquais, les Oranais, etc., vivant loin de leur région, ont souvent fondé des associations ;

– associations spirituelles. Les plus actives sont celles qui émanent des religions minoritaires : juifs (1 million), musulmans (5 millions) et protestants (1 million), ainsi que d'organisations comme la franc-maçonnerie ;

– clubs apolitiques et non confessionnels comme le Lyon's, le Rotary ou le Kiwanis.

Évaluez-vous

Répondez aux questions de cette évaluation. Corrigez vos réponses avec l'aide du professeur.
Notez-vous selon le barème indiqué.

 Compréhension de l'écrit

1. Lisez le texte ci-dessous.
Cochez les phrases qui correspondent
aux intentions de l'auteur.   .../3
❑ donner les intentions d'une enquête
❑ inciter les gens à aller voter
❑ constater un fait de société
❑ critiquer les partis politiques
❑ expliquer pourquoi certaines personnes
ne vont pas voter
❑ commenter les résultats des élections

2. Approuvez, nuancez, ou corrigez
les affirmations suivantes :   .../7
(a) Les gens vont de moins en moins voter.
(b) Ce phénomène touche de la même manière
tous les milieux sociaux.
(c) Certains maires sont élus sans savoir une
véritable majorité.
(d) Ce phénomène a toujours existé en banlieue.
(e) Les gens vont plus facilement voter quand les
candidats ont des programmes très différents.
(f) Les habitants des banlieues défavorisées sont
très politisés.
(g) Les intérêts des classes défavorisées risquent
de ne pas être représentés à l'Assemblée.

3. Lisez le texte en haut de la page 166. En utilisant .../5
les deux textes (p. 164 et 166), faites la liste
des causes de l'abstention.

4. Donnez un titre à ce dossier.   .../2

5. Connaissance du vocabulaire.   .../4
Formulez de manière différente les mots
ou expressions suivantes.
l. 2 : un scrutin
l. 37 : une liste d'émargement
l. 40 : le noyau dur des électeurs
l. 73 : beaucoup ne savent pas ce que recoupe
la distinction entre la droite et la gauche
l. 76 : *a fortiori*
l. 78 : un spectacle ésotérique
l. 83 : les clivages
l. 110 : le travail précaire

6. Connaissance culturelle.   .../4
a. Notez dans le tableau les différents types
d'élections auxquelles les Français participent.
Complétez les autres colonnes du tableau.

Nom de l'élection	Qui est élu ?	Pour siéger où ?	Pour combien de temps ?

b. Qu'est-ce qu'une cohabitation dans le domaine
politique ?

Total : .../25

Cécile Braconnier et Jean-Yves Dormagen ont enquêté cinq ans
sur la démobilisation électorale à Saint-Denis, dans le quartier
des Cosmonautes, un quartier populaire.

En quoi l'abstention de plus en plus importante aux scrutins présidentiels marque-t-elle un tournant ?

En France, l'abstention progresse fortement à partir de la seconde moitié des années 1980. Dans un premier temps, elle touche principalement les élections de « second ordre » (européennes, cantonales…). Mais jusqu'en 2002, les présidentielles sont relativement épargnées. Le 21 avril 2002 est bien une date importante dans l'histoire électorale de notre pays. En raison de la qualification de Jean-Marie Le Pen[1] au second tour du scrutin. Mais aussi parce que la participation n'avait jamais été aussi faible à un scrutin présidentiel : 71,6 %.
Et cette abstention touche en premier lieu les milieux les plus populaires. Dans une cité comme les Cosmonautes, moins d'un habitant sur deux s'est déplacé, au premier tour, pour élire le président de la République. Il faut bien se rendre compte de l'état de la démocratie dans un quartier comme celui des Cosmonautes : on compte 1 400 habitants, dont 700 environ sont des Français en âge de voter. Parmi eux, 500 seulement étaient inscrits sur les listes en 2002. Et au premier tour de la présidentielle, moins de 300 de ces inscrits sont allés voter.

Lorsqu'on étudie les listes d'émargement sur la longue période pour voir qui participe régulièrement, on se rend compte que le noyau dur des électeurs tombe à 150 personnes. Cela se traduit de manière très concrète dans une commune comme Saint-Denis : en 2001, le maire (Patrick Braouezec) a été élu, au premier tour, avec un peu moins de 7 500 voix sur une population de 85 000 habitants ! Son prédécesseur (Marcelin Berthelot) avait, quant à lui, été élu au premier tour en 1977 avec 20 515 voix. Le constat s'impose de lui-même : la France devient une démocratie de l'abstention. Et cette abstention touche en premier lieu les milieux populaires, qui pèsent ainsi de moins en moins sur le résultat des élections.

Vous soulignez la dimension « collective » du vote...

Dans les années 1970, la cité des Cosmonautes votait plus que le reste du pays. À partir du début des années 1980, on assiste à un renversement de tendance avec une très forte progression de l'abstention, deux fois plus rapide dans ce quartier populaire que dans le reste du pays. En milieu populaire, ce qui domine c'est l'indifférence pour la politique. Lorsque nous questionnons les habitants, une partie connaît à peine les noms des candidats à l'élection présidentielle. Beaucoup ne savent pas ce que recoupe la distinction entre la droite et la gauche et, *a fortiori*, ne différencient pas gauche et extrême gauche. Ici, la politique est perçue comme un spectacle assez ésotérique. Et ce que montrent les études, c'est que plus les affrontements politiques étaient clairs et marqués, plus les clivages étaient forts et plus cet indifférentisme avait des chances de reculer. Les six alternances gauche/droite entre 1981 et 2002 ont été assez largement perçues comme étant sans alternative, comme n'entraînant

aucune amélioration. Ce désenchantement politique a renforcé encore l'indifférentisme.

Plus on est indifférent à la politique, plus on a besoin d'être entraîné, quasi physiquement, pour aller s'inscrire ou voter. Longtemps, les espaces de travail et les quartiers populaires, parce qu'ils étaient encadrés par les syndicalistes et les militants, ont été des territoires où l'on votait beaucoup. Or, l'encadrement partisan et syndical a totalement disparu. En cinq années d'enquête sur le quartier, nous n'avons pas rencontré un seul militant communiste. Pas un seul ! Aujourd'hui, ceux qui votent le font encore souvent en groupe mais la famille et les amis sont désormais les seuls à exercer des pressions civiques. Le travail politise beaucoup moins qu'avant. Et le travail précaire ou l'absence de travail encore moins. Sans compter que les familles elles-mêmes n'échappent pas à la fragilisation et à la déstructuration. Nous avons vu des femmes cesser de voter après un divorce, des enfants ne voter qu'en présence de leurs

parents. L'abstention contemporaine dans les milieux populaires, c'est le prolongement dans l'ordre électoral de la déstructuration des liens sociaux.

Quels risques peut présenter cette situation ?

Une évolution à l'américaine : le basculement dans l'abstention massive et durable des milieux populaires, et l'émergence d'une démocratie au sein de laquelle il n'est plus rentable politiquement de chercher à représenter les employés et les ouvriers. Et dans laquelle, bien évidemment, les programmes et les politiques publiques visent, en priorité, à satisfaire les intérêts de ceux qui votent, c'est-à-dire les plus privilégiés, classes moyennes et supérieures.

En banlieue, « La politique est un spectacle ésotérique ». Interview de C. Braconnier et J.-Y. Dormagen, *Le Monde*, 13/02/2007.

1. Candidat du Front national (extrême droite).

www.scienceshumaines.com

SCIENCES HUMAINES.COM

Bruno Cautrès est politologue, chercheur au CNRS et enseignant à l'Institut d'études politiques de Grenoble. Il commente une enquête sur l'abstentionnisme électoral.

En France, l'abstention prend racine dans un contexte de crise de confiance majeure dans les élites politiques et d'un relatif manque de différenciation entre les partis de gouvernement (effet possible mais non démontré de la cohabitation). De plus s'est installée en France plus qu'ailleurs une logique d'intermittence de l'abstention : on n'est pas constamment abstentionniste et il faut distinguer parmi ceux qui ne votent pas ceux qui sont « hors jeu » et ceux qui sont « dans le jeu ». Ces derniers se tiennent loin des urnes pour des raisons circonstancielles mais aussi pour des raisons politiquement intéressantes : ils attendent de la politique quelque chose qui ne vient pas et s'abstiennent, ou votent blanc ou nul, autre comportement de vote à la hausse en France plus qu'ailleurs.

L'abstention, phénomène hexagonal, www.scienceshumaines.com

 Compréhension de l'oral

Un journaliste interroge Aïda, une Sénégalaise qui vit en France.

1. Choisissez les débuts de phrase qui permettent de résumer cet entretien. Complétez ces phrases.

Aïda raconte ...   Aïda décrit ...
Aïda explique ...   Aïda réclame ...
Aïda critique ...   Aïda se plaint ...

2. Complétez dans la mesure du possible cette fiche sur la situation actuelle d'Aïda.

Origine : ...   Études : ...

Situation administrative : ...
Situation familiale : ...
Situation professionnelle : ...

3. Notez les principales étapes de la vie d'Aïda.

4. Diriez-vous qu'Aïda est :
❑ très bien intégrée
❑ moyennement intégrée
❑ pas du tout intégrée.

Qu'est-ce qui explique cette situation ?

Total : .../25

Production orale

Lisez l'article ci-contre, « La tentation écolo ». Préparez :
• **une présentation orale des informations apportées par cet article.** Qu'est-ce qui fait évoluer le comportement de beaucoup de Français ? En quoi consiste cette évolution ? Existe-t-elle ailleurs qu'en France ?
• **un bref exposé de vos opinions sur le sujet :** que pensez-vous de l'évolution des Français ? Tenez-vous compte des évolutions écologiques dans votre vie quotidienne ?

Total : .../25

Production écrite

Vous pouvez traiter l'un des deux sujets suivants au choix.

1. Synthèse des documents des pages 164 à 166.

Dans une synthèse d'une dizaine de lignes, vous indiquerez le fait de société qui a été observé, l'origine de l'observation, l'évolution de ce fait de société et ses causes. Vous pourrez faire ensuite une comparaison de ce que vous connaissez de la situation dans votre pays et vous développerez dans une dizaine de lignes votre opinion personnelle sur l'abstentionnisme électoral.

2. Commentaire de l'article « La tentation écolo »

Vous résumerez les informations de cet article.
Vous direz si vous comprenez, approuvez ou désapprouvez les comportements qui sont décrits et vous argumenterez votre position.

Total : .../25

La tentation écolo

La métamorphose n'est pas encore spectaculaire. En matière de vert, les Français restent très en retard par rapport à leurs voisins européens. En Suède, tous les bus de la capitale roulent déjà au bioéthanol. En Allemagne, des dizaines de milliers de maisons sont équipées de panneaux solaires, grâce à des aides de l'État. L'Autriche, elle, consacre 13 % de ses terres cultivables à l'agriculture bio, la Lettonie, 9,4 %, contre 2 % seulement en France. Et pourtant, l'écologie est dans l'air du temps. Certains se contentent du « service minimum » : ils trient leurs déchets (le tri des ordures a doublé en quinze ans). D'autres, plus engagés, se distinguent progressivement : les recycleurs, compacteurs. Et les métropuritains, ces urbains écolos radicalisés, qui quittent la ville pour vivre au vert sans électricité dans des cabanes ou des roulottes, sont de plus en plus nombreux.

« Les gens s'aperçoivent qu'ils auraient dû écouter depuis longtemps ceux qui lancent des alertes sur la pollution ou la biodiversité, explique Yves Michel, éditeur d'ouvrages sur l'écologie et élu des Hautes-Alpes. *Ils passent aujourd'hui du statut d'observateurs curieux, mais passifs, à celui d'acteurs. »* Ces néo-écolos commencent à consommer autrement. Ainsi, le bio n'est plus l'apanage des bobos. 37 % des Français en achètent régulièrement. Résultat, les moyennes surfaces spécialisées se multiplient. Comme le réseau Biocoop, doté de 320 magasins. *« On note de plus en plus de nouveaux venus »,* explique Denis Geffrault, directeur de deux Biocoop parisiens.

Autre preuve de cet engouement : les Amap, les Associations pour le maintien d'une agriculture paysanne, sont submergées. Cette formule repose sur un principe simple : les consommateurs adhérents préachètent chaque semaine un panier de légumes ou de fruits bio à un producteur local, pour limiter les transports.

En matière de vert, les Français restent très en retard par rapport à leurs voisins européens

Autre raison de cette vague verte : *« Il y a un effet "réassurance" »,* ajoute cette militante. Les écolos d'hier ont en effet réussi à mettre en évidence des solutions simples qui marchent. Exemples ? Avoir une clim et un chauffage naturels grâce à un puits canadien (couloir d'air à creuser sous sa maison). Isoler son logement avec du chanvre. Se meubler classe éco en brocante. Vivre vert n'est plus vivre austère. Et surtout, écologie = économie. Parce que, contrairement à une idée reçue, le bio n'est pas inaccessible. De nombreuses chaînes de supermarchés sortent des lignes « AB » à bas prix. L'habitat affiche lui aussi des tarifs très abordables et l'écoconstruction permet de réduire encore les coûts. *« Vivre écolo n'est pas un luxe,* explique Frédéric Gens, fondateur d'une société de véhicules électriques. *Consommer moins d'énergie et mieux manger, c'est économique. L'aspect écolo, CO_2, peut fonctionner en Allemagne,* poursuit-il. *Mais, en France, on aura gagné le combat uniquement si on parle porte-monnaie. »*

Enfin, si les Français virent au vert, c'est aussi pour des raisons de santé. Par exemple, c'est à la naissance de leur enfant que de nombreuses mères, terrifiées à l'idée que leur bébé boive du lait mélaminé, font entrer l'écologie dans les foyers. Les mêmes craintes poussent les gens à acheter des cosmétiques bio. *« On commence à douter des produits super élaborés,* explique Violette Watine, fondatrice du site Mademoiselle Bio. *Alors on redécouvre des produits plus bruts et sains, comme les huiles. »*

L. Mauger et K. Pecnik,
Le Nouvel Observateur, 30/10/2008.

Unité 4 — Évasion dans les romans policiers

Projet : cocktail pour un polar

Les romans policiers ne se sont jamais aussi bien vendus et ils séduisent tous les publics. La recette du succès est simple. Choisissez un milieu social, professionnel ou culturel que vous connaissez bien et à propos duquel vous avez des choses à dire. Car le roman policier aujourd'hui doit faire réfléchir.
Prenez un enquêteur original comme l'ont été en leur temps Sherlock Holmes, Hercule Poirot ou Jules Maigret.
Pour cela, il suffit de regarder autour de vous. Organisez un crime. Tous les milieux sociaux ou professionnels sont porteurs de crimes en puissance et pour cela aussi il suffit de regarder autour de vous.
Ajoutez une enquête bien ficelée, une pincée d'imagination et vous aurez la matière du succès de l'année.
Quelques extraits de romans policiers récents vous aideront à chaque étape de ce projet.

Un cadre propice

Balles de charité, **de Gérard Delteil**

Les deux extraits se situent au tout début du roman.
« Derrière l'ancien Front de Seine, vous trouverez pas mal de pauvres », m'avait dit mon chef de secteur. Bon, je tournais depuis déjà un quart d'heure et je n'avais rencontré que des immeubles de rupins. En désespoir de cause, je rangeai ma bagnole et accrochai le premier passant. Ou plus
5 exactement la première passante. Une petite mémé couverte de trucs brillants qui promenait son chien.
    — Des pauvres, fit-elle, je crois que vous en rencontrerez par là-bas...
Du bras elle me désigna une tour.
    — Il me semble bien que celle-là vient d'être déclassée. Ils avaient promis de la démolir, mais
10 ils ne l'ont pas fait...

Elle prononçait « pôvres », avec la bouche en cul de poule.

Elle me toisa de la tête aux pieds. Je ne portais pas l'uniforme de la Compagnie. Mes vêtements étaient propres et corrects, sans plus.

– Qu'est-ce que vous leur voulez donc à ces pauvres ?

15 [...]

J'émargeais[1] depuis quatre ans à la Compagnie [...]. Tout le monde connaissait. Depuis la Grande Crise, les organismes de charité avaient pris une extension fabuleuse, jusqu'à devenir de puissants trusts. Leur influence dépassait celle des banques et leur chiffre d'affaires représentait deux fois ceux de la défense et de l'éducation nationale réunis.

20 L'État leur attribuait chaque année des subventions réparties en fonction du nombre de nécessiteux secourus. Divers impôts et taxes inspirés du fameux amendement Coluche[2] permettaient de les financer, mais elles avaient su trouver toutes sortes d'autres sources de revenus : collectes, récupération de déchets et surtout émissions et jeux télévisés sponsorisés par les plus gros annonceurs du pays. Mon job consistait donc à démarcher[3]

25 des contrats d'assistance dans les zones déclassées. La Compagnie me versait un fixe mensuel et une prime pour chaque contrat signé. Il ne suffisait pas de se pointer avec des formulaires tout prêts. Je devais chaque jour me creuser les méninges pour trouver mieux que les concurrents, appâter[4] à la fois les pauvres et les sponsors, sans pour autant laisser croire aux gens qu'on allait les sortir de leur zone.

30 Le siège de la Compagnie occupait la plus grande partie de la surface de l'ex-musée du Louvre. Il présentait l'apparence d'une sphère d'aluminium surmontée d'une croix dorée phosphorescente qui faisait office d'antenne satellite. Jules Werther, l'architecte qui a conçu le bâtiment, avait reçu une demi-douzaine de prix et décorations. Il avait fait don de ses honoraires à la Compagnie, il pouvait se le permettre. On venait des quatre

35 coins du monde admirer son œuvre que nous surnommions la Sainte-Boule, ou plus simplement la Boule. Cette Boule était garantie à l'épreuve du feu, des roquettes et des armes chimiques – ce qui est toujours agréable à savoir pour le personnel du siège, car les entreprises humanitaires sont une des cibles privilégiées des terroristes.

© Éditions Gallimard, 1990.

Gérard Delteil
Balles de charité

folio policier

---

1. Littéralement : signer un document (dans les marges) ; recevoir un salaire de quelqu'un. Donc être employé par... – 2. Humoriste populaire qui, dans les années 1980, s'intéressa à la cause des personnes défavorisées et fonda les « Restaurants du cœur ». – 3. Rechercher des marchés. – 4. Attirer.

---

❶ Lisez le premier paragraphe.

a. Trouvez, d'après le contexte, le sens des mots familiers suivants : un rupin – une bagnole – une mémé – une bouche en cul de poule.

b. Reformulez l'histoire : « Le narrateur se trouve ... il cherche ... ». Qu'a-t-on envie de savoir ?

❷ Lisez la suite.

a. Quel est le sens des mots familiers suivants : se pointer (ligne 26) – se creuser les méninges (ligne 27).

b. À quelle époque se passe l'histoire ?

c. Complétez cette fiche technique de la Compagnie :
- Financement : ...
- Raison de sa création : ...
- Importance : ...
- Rôle et fonction : ...
- Siège : ...

d. Quel est le métier du narrateur ? En quoi consiste ce métier ?

e. Faites un dessin rapide du siège de la Compagnie. À quoi vous fait penser ce lieu ?

❸ Donnez votre opinion sur ce début de roman policier. Que pensez-vous du cadre de l'action ? D'après vous, quels sont les crimes qui vont être commis ?

❹ Individuellement ou en petit groupe, recherchez des environnements sociaux, professionnels, etc., qui pourraient servir de cadre à des romans policiers.

Un héros bien typé

Le Poulpe, *La petite écuyère a cafté*[1],
de **Jean-Bernard Pouy**

La série de romans policiers « Le Poulpe » compte une centaine de titres. Le personnage qui va mener l'enquête apparaît très souvent au début du roman dans le café où il a ses habitudes.

Jean-Pierre Darroussin
dans le rôle du Poulpe.

Gérard pérorait, comme à son habitude. Il régnait sur son bar-
5 restaurant comme Théodora[2] sur Byzance. Il servait en salle comme au comptoir, tenait le crachoir et la caisse, veillait sur son petit monde, accueillait les nouveaux, respectait les anciens, et s'occupait de la santé morale et physique de ses habitués.
Dont Gabriel, qui, chaque matin depuis le début du monde, venait prendre son double express et ses trois tartines à la même table. Aujourd'hui serait un jour spécial, s'était même dit Gérard
10 quand l'autre lui avait demandé des croissants. Et Gabriel passait invariablement trois quarts d'heure à lire le journal et les faits divers. Là-dessus s'enclenchait toujours une âpre discussion sur la portée de ces événements macabres, l'un traitant l'autre d'abruti qui n'y connaissait rien et l'autre assénant à l'un qu'il était trop con pour ne pas avoir lu entre les lignes. Pour Gérard, ces tranches de malheur étaient le signe de la connerie des gens, pour Gabriel, c'était la preuve
15 que le monde allait très mal. Les clients, habitués ou non, assistant à ces joutes verbales, avaient la délicieuse impression d'être au Palais Bourbon[3], un jour de grand débat. Ils comptaient les points et rigolaient souvent, ne prenant jamais parti, car l'un était le patron de leur rade préféré et l'autre un type costaud de presque deux mètres de haut et un rien ombrageux, avec des bras d'une longueur un peu anormale.
20 Et Gabriel, on pouvait le voir là, tous les matins, à peu près à la même heure, près de la vitrine. Parfois, il disparaissait pendant des jours, quelquefois des semaines, mais on avait des nouvelles, des cartes postales, il voyageait, et n'avouait jamais ce qu'il pouvait bien foutre dans toutes ses pérégrinations. Quand il revenait, les habitués, soulagés, voyaient sa grande carcasse dégingandée traverser l'avenue Ledru-Rollin, avec ses bras trop longs dont il ne savait
25 pas quoi faire, et s'écriaient :
– Tiens, revoilà le Poulpe !
– Avec deux bras de plus, rigolait Gérard, content de revoir ce client de plus de vingt ans. [...]

© Éditions Baleine 1997.

1. Ce titre est construit sur un jeu de mots absurde : « une écuyère » (jeune fille qui monte à cheval) et « cafter » (*fam.* ; dénoncer quelqu'un) → une cuillère à café. – 2. Impératrice de l'Empire d'Orient (527-548) dont la ville principale était Byzance (aujourd'hui Istanbul). – 3. Siège de l'Assemblée nationale.

❶ **Lisez cet extrait du début du roman de Jean-Bernard Pouy.**
❷ **Relevez les détails du portrait de Gabriel :**
• caractéristiques physiques
• traits de caractère
• comportement avec les gens en général
• comportement avec Gérard
• habitudes quotidiennes
• habitudes passagères
• âge approximatif
❸ **Inspirez-vous de la fiche sur le commissaire Maigret (p. 171). Imaginez les caractéristiques d'un héros de roman policier (commissaire, inspecteur, détective privé, journaliste, etc.).**

Un autre héros célèbre de roman policier : le journaliste détective Rouletabille dans le film *Le Mystère de la chambre jaune*, adapté du roman de Gaston Leroux.

FICHE D'IDENTITÉ

Nom et prénom : MAIGRET Jules

Date et lieu de naissance : 1887, à Saint-Fiacre dans l'Allier

Père : régisseur du château de Saint-Fiacre, décédé à l'âge de 54 ans

Mère : sans profession, décédée lors de l'accouchement de son deuxième enfant

Carrière : à 22 ans il commence comme agent cycliste dans la police puis gravit tous les échelons jusqu'à commissaire au Quai des Orfèvres.

Surnom : le raccommodeur de destinées

Famille : une épouse, femme au foyer, discrète et patiente. Une fille décédée très jeune.

Signes particuliers et goûts : il fume la pipe, porte un chapeau, ne sait pas conduire, adore la blanquette de veau (surtout quand elle est préparée par son épouse), la bière et le vin blanc, va une fois par semaine au cinéma et joue au billard.

Caractère : passionné par son métier qui absorbe toute sa vie, bougon, timide, mal à l'aise dans les milieux de la grande bourgeoisie.

Relations non professionnelles : un seul couple d'amis, que M. et Mme Maigret voient une fois par mois.

Méthode de travail : ne privilégie aucune hypothèse au début de ses enquêtes. S'immerge dans le milieu, observe, écoute, enquête dans les cafés et les brasseries sans faire aucune déduction jusqu'à ce que la vérité s'impose à lui.

Un crime inattendu

Trois carrés rouges sur fond noir, **de Tonino Benacquista**

Le narrateur, Antoine, est accrocheur de tableaux dans une galerie. Un jour, il surprend un cambrioleur en train de voler une toile. Dans sa fuite, ce dernier renverse sur Antoine une grande statue métallique qui lui sectionne la main. Persuadé que l'individu avait l'intention de l'éliminer et intrigué par la toile sans valeur apparente qu'il a dérobée, Antoine se lance à sa recherche. Une
5 *plongée dans l'univers de l'art contemporain qui le conduit sur les traces d'un groupe éphémère des années 1960 : les Objectivistes. Ce groupe était composé de Julien Bettrancourt, le maître à penser, de Claude Reinhard devenu commissaire-priseur, d'Étienne Morand et d'Alain Linel qui sont restés artistes. Le galeriste Edgar Delarge s'était joint au groupe.*
Le passage suivant se situe à la fin du roman. Le narrateur a éclairci le mystère. Il se trouve face
10 *à Alain Linel qui lui raconte comment le groupe s'est constitué.*

– Julien disait toujours : il n'y a que trois arts majeurs : la peinture, la sculpture et la barre à mine[1]. Il nous parlait déjà de Rothko et de Pollock[2], de l'expressionnisme abstrait, pendant que nous, nous en étions encore à nous pâmer sur les délicats mystères du *Déjeuner sur l'herbe* de Monet. Il invectivait les petits studieux de notre espèce, fallait voir... « les Objectivistes »
15 c'était lui, et personne d'autre. Il a tôt fait de nous embrigader.

– Et Delarge est venu foutre la merde.

– Oh ça, c'est le monde réel qui nous a tout de suite ramenés au concret et au palpable. Julien l'a tout de suite senti venir. Mais nous, c'était facile de nous embobiner, il était venu visiter notre atelier, à Étienne et à moi. Il a tout fait pour que nous laissions tomber Julien.

20 Et à la longue, on a fini par se poser des questions, surtout quand on a vu les moyens qu'il mettait à notre disposition. Il nous a présenté Julien comme une sorte de fasciste qui nous empêcherait à jamais de nous exprimer. C'est lui qui nous a suggéré l'idée de l'accident.

– Ce que vous appelez pudiquement un accident est un meurtre en bonne et due forme. Ne jouez pas sur les mots. Ensuite il y a eu le remords de Morand et la trouille de Reinhard.

25 – Le plus étrange c'est la manière dont cette mort s'est répercutée dans notre peinture, à Étienne et à moi. Lui, c'était le noir et moi, tout le reste.

– Le vert de l'espérance ?

– Non, celui de la moisissure.

– Comme quoi, une main peut servir à un tas de choses différentes, peindre, bricoler une
30 voiture, tuer un copain. Et d'autres choses encore.

Il trempe ses doigts dans un gobelet et continue de jouer avec la toile humide. Ça dégouline de plus en plus.

– Vous savez ce n'est pas nouveau, en cherchant bien on peut mêler l'histoire de la criminalité à celle de la peinture. Au début, on peignait comme on tue, à main nue. L'art brut, on pourrait
35 dire. L'instinct avant la technique. Ensuite est intervenu l'outil, le pinceau, le bâton, on s'est aperçu de la redoutable efficacité d'avoir ça au bout du bras. Et puis, on a sophistiqué le matériel, on s'est mis à peindre au couteau. Regardez le travail d'un Jack l'Éventreur. Ensuite, avec l'avènement de la technologie, on a inventé le pistolet. Peindre au pistolet apportait quelque chose de nouveau et de terriblement dangereux. Pas étonnant que ça ait
40 plu autant aux Américains. Et maintenant, à l'ère terroriste, on peint à la bombe, dans la ville, dans le métro. C'est une autre conception du métier. Le graffiti anonyme, qui saute au coin de la rue.

Il essuie ses doigts en jetant un œil sur le hachoir[3].

– C'est pour ça qu'avec votre engin, vous faites un peu... Un peu passéiste. Un artisan du dimanche.

J'ai souri.

– Dites, vous... vous n'allez pas vous en servir...

© *Éditions Gallimard, 2004.*

---

1. Barre de fer utilisée par les mineurs pour détacher les fragments de roche. – **2.** Mark Rothko et Paul Jackson Pollock sont des peintres américains appartenant au courant de l'expressionnisme abstrait. – **3.** Antoine (le narrateur) est armé de cet instrument de cuisine qui sert à trancher.

---

❶ Lisez l'introduction et l'extrait de la fin du roman. Pour la compréhension des mots difficiles aidez-vous des définitions suivantes :
– lignes 11 à 20 : s'extasier – injurier – rassembler autour d'une autorité ou d'une idée – mettre le désordre et la confusion (*fam. et vulg.*) – tromper quelqu'un (*fam.*).
– lignes 21 à 32 : champignon microscopique qui pousse sur une matière en décomposition – couler.

❷ Relevez ce qui vous permet de faire des hypothèses sur :
– les débuts du groupe des Objectivistes ;
– le rôle d'Edgar Delarge ;
– l'événement dramatique ;
– ce qui s'est passé après cet événement.

❸ À quoi Linel compare-t-il l'histoire de la peinture ?
Notez les différentes étapes de cette histoire.

Annexes

Les pronoms personnels compléments

Voici le tableau des pronoms qui représentent des personnes ou des choses compléments d'un verbe.

		je	tu	il – elle	nous	vous	ils – elles
Le nom représenté est introduit sans préposition.	personnes	me	te	le – la l' (devant voyelle)	nous	vous	les
	choses			le – la – l'			les
Le nom représenté est introduit par la préposition « à » (au, à la, aux).	personnes	me	te	lui	nous	vous	leur
	choses			y			y
Le nom représenté est introduit par la préposition « de » ou un mot de quantité.	choses			en			en
	personnes	moi	toi	lui – elle – en	nous	vous	eux – elles – en
Le nom représenté est précédé d'une préposition autre que « à » et « de ».	personnes	moi	toi	lui – elle	nous	vous	eux – elles

Remarques

1. Le pronom se place avant le verbe sauf dans les cas suivants :

a. Le pronom représente un nom de personne précédé d'une préposition autre que « à » :
*J'ai besoin de Pierre. – J'ai besoin de **lui**.*
*Je pars avec Marie. – Je pars avec **elle**.*
b. Le verbe est à l'impératif affirmatif :
*Nos amis sont seuls ce week-end. Invitons-**les**. Ne **les** laissons pas seuls.*

2. Cas des noms de personnes compléments indirects précédés de la préposition « à »

a. Si le verbe exprime une idée de communication et d'échange :
*Tu as écrit à Marie ? – Oui, je **lui** ai écrit.*
b. Dans les autres cas :
*Tu penses à Marie ? – Oui, je pense à **elle**.*

3. Quand le nom représenté est introduit par *un (une)* ou un mot de quantité

*Tu as un frère ? – Oui, j'**en** ai un.*
*Il a beaucoup de temps libre ? – Il **en** a beaucoup.*

4. Constructions

• Aux temps simples : *Pierre **m'**envoie des courriels. Il ne **me** téléphone plus.*

• Aux temps composés : *Je **lui** ai dit bonjour. Elle ne **m'**a pas répondu.*

• À l'impératif : *Parlez-**lui** ! Prenez-**en** ! Ne **lui** dites rien ! N'**en** buvez pas !*

• Avec deux pronoms, trois constructions :
– me/te/nous/vous + le/la/les
*Agnès n'a pas besoin de sa voiture ce soir. Elle **me la** prête.*

– le/la/les + lui/leur
*Pierre ne sait pas qu'on prépare une fête pour son anniversaire. Personne ne **le lui** a dit.*

– m'/t'/lui/nous/vous/leur + en
*Marie fait de la peinture. Elle **m'**offre souvent un de ses tableaux. Elle **m'en** a offert un à Noël.*

Accord des participes passés

■ Accord du participe passé après l'auxiliaire *être*

Le participe passé s'accorde avec le sujet du verbe.
Pierre est parti. Marie est restée. Pierre et Louise sont sortis. Les amies de Pierre sont venues.

■ Cas du participe passé des verbes pronominaux

Le participe passé s'accorde avec le sujet quand l'action porte directement sur ce sujet.
Marie s'est lavée.
Marie s'est lavé les mains. (l'action porte sur « les mains »)
Marie et Pauline se sont parlé. (la construction de « parler » est indirecte)

■ Accord du participe passé après l'auxiliaire *avoir* :

Le participe passé s'accorde avec le complément d'objet direct quand celui-ci est placé avant le verbe.
J'ai vu les amies de Pierre. (le complément est placé après le verbe)
Je les ai invitées au restaurant. (« les » représente les amies. Il est placé avant le verbe.)
Sabine, que j'ai invitée, est l'amie de Marie.

Aide-mémoire

Les constructions relatives

Les propositions relatives servent à caractériser un nom. Elles sont introduites par un pronom relatif. Le choix du pronom relatif dépend de sa fonction dans la proposition relative.

Fonctions du pronom relatif	Pronoms relatifs	Exemples
Sujet	**qui**	*Daniel Auteuil est un acteur **qui** peut jouer tous les rôles.*
Complément d'objet direct	**que – qu'**	*En Corse, il y a un village **que** j'aime beaucoup.*
Complément indirect introduit par « à »	**à qui** (pour les personnes) **auquel – à laquelle auxquels – auxquelles** (plutôt pour les choses) **à quoi** (chose indéterminée)	*Caroline est une amie **à qui** je me confie.* *L'éducation est un sujet **auquel** je m'intéresse beaucoup.* *Je sais **à quoi** tu penses.*
Complément indirect introduit par « de »	**dont**	*Caroline est l'amie **dont** je t'ai parlé.* *Le Larousse est un dictionnaire **dont** je me sers souvent.*
Complément introduit par un groupe propositionnel terminé par « de » (à cause de, auprès de, à côté de, etc.)	**de qui** (personnes) **duquel – de laquelle desquels – desquelles**	*Caroline est une amie **auprès de qui** je me sens bien.* *Comment s'appelle le parc **à côté duquel** vous habitez ?*
Complément indirect introduit par une préposition autre que « à » et « de »	**avec (pour...) qui** (personnes) **avec (pour...) lequel – laquelle lesquels – lesquelles**	*Pierre est le garçon **avec qui** je m'entends le mieux.* *Voici la société **pour laquelle** je travaille.*
Complément d'un nom ou d'un adjectif	**dont**	*Nous allons dans un restaurant **dont** le chef est marseillais comme moi.* *Le XIIᵉ arrondissement est un quartier **dont** je suis amoureuse.*
Complément de lieu	**où** (peut être précédé d'une préposition)	*La Bourgogne est la région **où** il passe ses vacances.* *C'est la région **par où** je passe quand je vais dans le Jura.*

Les constructions pour rapporter des paroles et des pensées

Paroles rapportées (par Marie)	Les paroles rapportées sont prononcées au moment présent	Les paroles rapportées ont été prononcées dans le passé
Pierre étudie l'italien.	Marie (me) dit que Pierre **étudie** l'italien. (présent de l'indicatif)	Marie (m')a dit que Pierre **étudiait** l'italien. (imparfait)
Pierre a étudié l'espagnol.	Elle (me) dit que Pierre **a étudié** l'espagnol. (passé composé)	Elle (m')a dit que Pierre **avait étudié** l'espagnol. (plus-que-parfait)
Pierre étudiait à la Sorbonne.	Elle (me) dit que Pierre **étudiait** à la Sorbonne. (imparfait)	Elle (m')a dit que Pierre **étudiait** à la Sorbonne. (imparfait)
Pierre va partir en Italie.	Elle (me) dit que Pierre **va partir** en Italie. (futur proche)	Elle (m')a dit que Pierre **allait partir** en Italie. (« aller » à l'imparfait + infinitif)
Il y restera un an.	Elle (me) dit que Pierre y **restera** un an. (futur)	Elle (m')a dit que Pierre y **resterait** un an. [conditionnel présent (valeur de futur dans le passé)]
Va le voir.	Elle (me) dit **d'aller** le voir.	Elle (m')a dit **d'aller** le voir.
Tu parles italien ?	Elle (me) demande **si je parle** italien.	Elle (m')a demandé **si je parlais** italien.
Qui tu connais ? Qu'est-ce que tu fais ? Où tu vas ?	Elle (me) demande **qui je connais, ce que je fais, où je vais.**	Elle (m')a demandé **qui je connaissais, ce que je faisais, où j'allais.**

N.B. Ces formes permettent aussi de rapporter des pensées. *Je croyais qu'il ne viendrait pas.*

L'interrogation

■ L'interrogation porte sur toute la phrase

– Intonation : *Tu viens ?*
– Forme « Est-ce que » : *Est-ce que tu viens ?*
– Inversion du pronom : *Viens-tu ? – Arrive-t-elle ? – Charlotte arrive-t-elle ?*
– Interrogation négative : *Ne viens-tu pas ? – N'arrive-t-elle pas ? – Charlotte n'arrive-t-elle pas ?*

■ L'interrogation porte sur un élément de la phrase

L'interrogation porte sur...	Fonction du mot sur lequel porte l'interrogation	Mots interrogatifs	Exemples
les personnes	Sujet	**qui – qui est-ce qui**	***Qui*** *veut venir au cinéma avec nous ?*
	Complément	**qui** préposition + **qui**	*Vous emmenez* ***qui*** *?* *Vous partez* ***avec qui*** *?*
les choses	Sujet	**qu'est-ce qui**	***Qu'est-ce qui*** *fait ce bruit ?*
	Complément d'objet direct	**que – qu'est-ce que – quoi**	***Que*** *faites-vous ? – Vous faites* ***quoi*** *dimanche ?*
	Autres compléments	préposition + **quoi**	***À quoi*** *penses-tu ? –* ***De quoi*** *as-tu besoin ?*
un choix entre des personnes ou des choses	Sujet ou complément	• **quel – quelle – quels – quelles** • **lequel – laquelle – lesquels – lesquelles**	***Quels*** *films aimez-vous ?* ***Lesquels*** *préférez-vous ?*
	Complément introduit par « à »	• **à quel (quelle, quels, quelles)** + nom • **auquel – à laquelle – auxquels – auxquelles**	***À quels*** *sujets vous intéressez-vous ?* ***Auxquels*** *consacrez-vous beaucoup de temps ?*
	Complément introduit par « de »	• **de quel (quelle, quels, quelles)** + nom • **duquel – de laquelle – desquels – desquelles**	***De quel*** *dictionnaire as-tu besoin ?* ***Duquel*** *te sers-tu le plus ?*
	Complément introduit par une autre préposition	• préposition + **quel (quelle**, etc.) + nom • préposition + **lequel (laquelle, lesquels, lesquelles)**	***Avec quels*** *amis sortez-vous ?* ***Avec lesquels*** *préférez-vous sortir ?*

La négation

Cas général	• **ne (n')** ... **pas**... *Elle* ***ne*** *sort* ***pas***. *Elle* ***n'****aime* ***pas*** *la pluie.*
La négation porte sur un complément introduit par un article indéfini, un article partitif ou un mot de quantité.	• **ne(n')** ... **pas de (d')**... *Pierre* ***ne*** *fait* ***pas de*** *ski en février.* *Il* ***ne*** *prend* ***pas beaucoup de*** *vacances.*
Comme dans le cas précédent, la négation porte sur un complément introduit par un article indéfini ou partitif mais elle introduit une opposition.	• **ne (n')** ... **pas un (une, des, du,** etc.) *Ce* ***n'****est* ***pas du*** *vin. C'est* ***du*** *jus de fruits.* *Pierre* ***n'****a* ***pas un*** *frère, il en a deux.*
Cas des constructions « verbe + verbe » et « auxiliaire + verbe »	• Le « **pas** » se place après le premier verbe ou l'auxiliaire. *Elle* ***ne*** *peut* ***pas*** *partir en vacances. Elle* ***n'****a* ***pas*** *fini son travail.*
Cas des constructions avec pronom complément placé avant le verbe	• Le « **ne** » se place avant les pronoms. *Il m'a demandé de l'argent. Je* ***ne*** *lui en ai* ***pas*** *donné.*
La négation porte sur l'infinitif.	• **ne pas** + infinitif *Mets ce pull pour* ***ne pas*** *avoir froid. – Je te demande de* ***ne pas*** *crier.* • Cas de l'infinitif passé. *Il a été puni pour* ***n'avoir pas*** *fait son travail.*
La double négation	*Il* ***n'****aime* ***ni*** *le théâtre* ***ni*** *le cinéma.* ***Ni*** *l'art* ***ni*** *la musique* ***ne*** *l'intéressent.*
Pronoms indéfinis négatifs	***Personne*** ***n'****est venu. Je* ***n'****ai vu* ***personne***. ***Rien*** ***n'****intéresse Pierre. Il* ***ne*** *fait* ***rien***. *Il* ***n'****a* ***rien*** *fait de la journée.* *Il a cherché à joindre ses amis au mois d'août.* ***Aucun (pas un)*** ***n'****était à Paris.* *Il* ***n'****en a vu* ***aucun***. *Il* ***n'****en a* ***pas*** *vu* ***un seul***.

Aide-mémoire

La conjugaison des verbes : Avoir – Être – Regarder

	Le présent	Le passé				
	Présent	**Passé composé**	**Imparfait**	**Plus-que-parfait**	**Passé simple**	**Passé antérieur**
A V O I R	j'ai tu as il/elle a nous avons vous avez ils/ elles ont	j'ai eu tu as eu il/elle a eu nous avons eu vous avez eu ils/elles ont eu	j'avais tu avais il/elle avait nous avions vous aviez ils/elles avaient	j'avais eu tu avais eu il/elle avait eu nous avions eu vous aviez eu ils/elles avaient eu	j'eus tu eus il/elle eut nous eûmes vous eûtes ils eurent	j'eus eu tu eus eu il/elle eut eu nous eûmes eu vous eûtes eu ils eurent eu
Ê T R E	je suis tu es il /elle est nous sommes vous êtes ils/elles sont	j'ai été tu as été il/elle a été nous avons été vous avez été ils/elles ont été	j'étais tu étais il/elle était nous étions vous étiez ils/elles étaient	j'avais été tu avais été il/elle avait été nous avions été vous aviez été ils/elles avaient été	je fus tu fus il/elle fut nous fûmes vous fûtes ils/elles furent	j'eus été tu eus été il/elle eut été nous eûmes été vous eûtes été ils eurent été
R E G A R D E R	je regarde tu regardes il/elle regarde nous regardons vous regardez ils/elles regardent	j'ai regardé tu as regardé il/elle a regardé nous avons regardé vous avez regardé ils ont regardé	je regardais tu regardais il/elle regardait nous regardions vous regardiez ils/elles regardaient	j'avais regardé tu avais regardé il/elle avait regardé nous avions regardé vous aviez regardé ils/elles avaient regardé	je regardai tu regardas il/elle regarda nous regardâmes vous regardâtes ils/elles regardèrent	j'eus regardé tu eus regardé il/elle eut regardé nous eûmes regardé vous eûtes regardé ils eurent regardé

	Le futur		L'hypothèse		La subjectivité	
	Futur	**Futur antérieur**	**Conditionnel présent**	**Conditionnel passé**	**Subjonctif présent**	**Subjonctif passé**
A V O I R	j'aurai tu auras il/elle aura nous aurons vous aurez ils/elles auront	j'aurai eu tu auras eu il/elle aura eu nous aurons eu vous aurez eu ils/elles auront eu	j'aurais tu aurais il/elle aurait nous aurions vous auriez ils/elles auraient	j'aurais eu tu aurais eu il/elle aurait eu nous aurions eu vous auriez eu ils/elles auraient eu	que j'aie que tu aies qu'il/elle ait que nous ayons que vous ayez qu'ils/elles aient	que j'aie eu que tu aies eu qu'il/elle ait eu que nous ayons eu que vous ayez eu qu'ils/elles aient eu
Ê T R E	je serai tu seras il/elle sera nous serons vous serez ils/elles seront	j'aurai été tu auras été il/elle aura été nous aurons été vous aurez été ils/elles auront été	je serais tu serais il/elle serait nous serions vous seriez ils/elles seraient	j'aurais été tu aurais été il/elle aurait été nous aurions été vous auriez été ils/elles auraient été	que je sois que tu sois qu'il/elle soit que nous soyons que vous soyez qu'ils/elles soient	que j'aie été que tu aies été qu'il/elle ait été que nous ayons été que vous ayez été qu'ils/elles aient été
R E G A R D E R	je regarderai tu regarderas il/elle regardera nous regarderons vous regarderez ils/elles regarderont	j'aurai regardé tu auras regardé il/elle aura regardé nous aurons regardé vous aurez regardé ils/elles auront regardé	je regarderais tu regarderais il/elle regarderait nous regarderions vous regarderiez ils/elles regarderaient	j'aurais regardé tu aurais regardé il/elle aurait regardé nous aurions regardé vous auriez regardé ils/elles auraient regardé	que je regarde que tu regardes qu'il/elle/on regarde que nous regardions que vous regardiez qu'ils/elles regardent	que j'aie regardé que tu ais regardé qu'il/elle ait regardé que nous ayons regardé que vous ayez regardé qu'ils/elles aient regardé

Principes de conjugaison

Modes et temps	Principes de conjugaison
Présent	• Les verbes en **-er** se conjuguent comme **regarder** sauf : – le verbe **aller** ; – les verbes en **-yer, -ger, -eler, -eter**, qui présentent quelques différences. • Pour les autres verbes, la seule règle générale est la terminaison **-s, -s, -t, -ons, -ez, -ent.** Mais il y a des exceptions (**vouloir, pouvoir,** etc.). Il faut donc apprendre les conjugaisons de ces verbes par types.
Passé composé	• Il se forme avec les auxiliaires **avoir** ou **être** + **participe passé.** • Les verbes utilisant l'auxiliaire **être** sont : – les verbes pronominaux ; – les verbes suivants : **aller – arriver – décéder – descendre – devenir – entrer – monter – mourir – naître – partir – rentrer – retourner – rester – sortir – tomber – venir,** ainsi que leur composés en -re : **redescendre – redevenir** – etc.
Imparfait	• Il se forme à partir de la 1re personne du pluriel du présent : nous faisons → **je faisais, tu faisais,** etc. Exception : être → **j'étais.** Ensuite, la conjugaison est la même pour tous les verbes : **-ais, -ais, -ait, -ions, -iez, -aient.**
Plus-que-parfait	**avoir** ou **être** à l'imparfait + **participe passé**
Passé simple	• Pour les verbes en **-er**, partir de l'infinitif : **parler** → **il/elle parla – ils/elles parlèrent.** • Pour les autres verbes, il y a souvent une ressemblance avec l'infinitif ou le participe passé mais ce n'est pas une règle générale : **finir** → **il/elle finit – ils/elles finirent** ; **pouvoir** (participe passé : **pu**) → **il/elle put – ils/elles purent.**
Passé antérieur	**avoir** ou **être** au passé simple + **participe passé**
Futur	• Les verbes en **-er** (sauf aller) se conjuguent comme **regarder.** • Pour les autres verbes, il faut connaître la 1re personne du futur. Ensuite, seule la terminaison change : je fer**ai**, tu fer**as**, il/elle fer**a**, nous fer**ons**, vous fer**ez**, ils/elles fer**ont.**
Futur antérieur	**avoir** ou **être** au futur + **participe passé**
Passé surcomposé	**avoir** ou **être** au passé composé + **participe passé**
Conditionnel présent	• Il se forme à partir de la 1re personne du singulier du futur : **je ferai** → **je ferais.** • Ensuite, la terminaison est la même pour tous les verbes : je fer**ais**, tu fer**ais**, il/elle fer**ait**, nous fer**ions**, vous fer**iez**, ils/elles fer**aient.**
Conditionnel passé	**avoir** ou **être** au conditionnel + **participe passé**
Subjonctif présent	• Pour beaucoup de verbes, partir de la 3e personne du pluriel du présent de l'indicatif. **Ils finissent** → il faut que je **finisse** ; **ils regardent** → que je **regarde** ; **ils prennent** → que je **prenne** ; **ils peignent** → que je **peigne.** Mais il y a des exceptions : **savoir** → que je **sache,** etc. • Ensuite, la terminaison est la même pour tous les verbes : que je regard**e**, que tu regard**es**, qu'il/elle regard**e**, que nous regard**ions**, que vous regard**iez**, qu'ils/elles regard**ent.**
Subjonctif passé	**avoir** ou **être** au présent du subjonctif + **participe passé**
Impératif présent	• Pour la plupart des verbes, on utilise les formes de l'indicatif. Le « s » de la deuxième personne du singulier à l'indicatif présent des verbes en -er et du verbe aller disparaît sauf quand une liaison est nécessaire : **Parle !** → **Parles-en ! – Va !** → **Vas-y !** • Les verbes être, avoir et savoir utilisent les formes du subjonctif : **Sois** gentil ! – **Aie** du courage ! – **Sache** que je t'observe !
Impératif passé	**Formes du subjonctif passé**
Participe présent et gérondif	• Ils se forment généralement à partir de la 1re personne du pluriel du présent de l'indicatif : **nous allons** → **allant – nous pouvons** → **pouvant**

Aide-mémoire

Conjugaison par types de verbes

Mode de lecture des tableaux ci-dessous (les verbes sont classés selon la terminaison de leur infinitif)		
Infinitif	1re personne du futur	Verbes ayant une conjugaison identique (sauf dans le choix de l'auxiliaire)
Conjugaison du présent	1re personne du singulier du subjonctif	
	3e personne du singulier du passé simple	
	Participe passé	

Verbes en -er

Ils se conjuguent comme *parler*.
Cas particuliers : les verbes en -*yer*

PAYER	je paierai	appuyer nettoyer
je paie	que je paie	balayer renvoyer
tu paies		bégayer
il/elle paie	il/elle paya	déblayer
nous payons		envoyer
vous payez	payé	essayer
ils/elles paient		essuyer

APPELER	j'appellerai	
j'appelle	que j'appelle	Tous les verbes en
tu appelles	il/elle appela	**-eler** et **-eter** sauf
il/elle appelle		les verbes du type
nous appelons		« acheter »
vous appelez	appelé	
Ils/elles appellent		

ACHETER	j'achèterai	congeler
j'achète	que j'achète	déceler
tu achètes	il acheta	démanteler
il/elle achète		geler
nous achetons		modeler
vous achetez	acheté	peler
ils/elles achètent		racheter

Le verbe *aller* est irrégulier.

ALLER	j'irai
je vais	que j'aille
tu vas	
il/elle va	il /elle alla
nous allons	
vous allez	allé
ils/elles vont	

Verbes en -ir

FINIR	je finirai	abolir – accomplir – affirmer – agir – applaudir – assainir – s'assoupir – avertir – choisir – démolir – dépérir – éblouir – frémir – guérir – haïr [1] – jaillir – obéir – périr – punir – réagir – réfléchir – réjouir – remplir – répartir – réunir – subir – unir
je finis	que je finisse	
tu finis		
il/elle finit	il/elle finit	
nous finissons		
vous finissez	fini	(1) présent : je hais, nous haïssons – passé simple : il haït, ils haïrent
ils/elles finissent		

VENIR	je viendrai	appartenir – advenir – contenir – convenir – entretenir – devenir – maintenir – intervenir – obtenir – parvenir – prévenir – provenir – retenir – se souvenir – soutenir – tenir
je viens	que je vienne	
tu viens	il/elle vint	
il/elle vient		
nous venons		
vous venez	venu	
ils/elles viennent		

COURIR	je courrai	accourir
je cours	que je coure	parcourir
tu cours	il/elle courut	recourir
il/elle court		secourir
nous courons		
vous courez	couru	
ils/elles courent		

OUVRIR	j'ouvrirai	couvrir – découvrir – recouvrir – entrouvrir – rouvrir – offrir – souffrir
j'ouvre tu ouvres il/elle ouvre nous ouvrons vous ouvrez ils/elles ouvrent	que j'ouvre	
	il /elle ouvrit	
	ouvert	

PARTIR	je partirai	consentir mentir repartir ressentir ressortir se repentir sentir sortir
je pars tu pars il/elle part nous partons vous partez ils/elles partent	que je parte	
	il/elle partit	
	parti	

ACQUÉRIR	j'acquerrai	conquérir quérir requérir
j'acquiers tu acquiers il/elle acquiert nous acquérons vous acquérez ils/elles acquièrent	que j'acquière	
	il /elle acquit	
	acquis	

CUEILLIR	je cueillerai	accueillir recueillir assaillir tressaillir
je cueille tu cueilles il/elle cueille nous cueillons vous cueillez ils/elles cueillent	que je cueille	
	il/elle cueillit	
	cueilli	

DORMIR	je dormirai	(s')endormir (se) rendormir
je dors tu dors il/elle dort nous dormons vous dormez ils/elles dorment	que je dorme	
	il/elle dormit	
	dormi	

SERVIR	je servirai	desservir resservir
je sers tu sers il/elle sert nous servons vous servez ils/elles servent	que je serve	
	il/elle servit	
	servi	

FUIR	je fuirai	s'enfuir
je fuis tu fuis il/elle fuit nous fuyons vous fuyez ils/elles fuient	que je fuie	
	il/elle fuit	
	fui	

MOURIR	je meurs	
je meurs tu meurs il/elle meurt nous mourons vous mourez ils/elles meurent	que je meure	
	il/elle mourut	
	mort	

Verbes en -dre

VENDRE	je vendrai	corrompre, interrompre – rompre (sauf : il rompt au présent) – tordre – mordre – perdre – tondre – correspondre – pondre – répondre – fondre – confondre – défendre – descendre – fendre – pendre – dépendre – suspendre – tendre – attendre – entendre – étendre – prétendre – vendre – revendre – répandre
je vends tu vends il/elle vend nous vendons vous vendez ils/elles vendent	que je vende	
	il/elle vendait	
	vendu	

PRENDRE	je prendrai	apprendre comprendre entreprendre reprendre surprendre
je prends tu prends il/elle prend nous prenons vous prenez ils/elles prennent	que je prenne	
	il/elle prenait	
	pris	

PEINDRE	je peindrai	atteindre contraindre craindre éteindre étreindre plaindre teindre
je peins tu peins il/elle peint nous peignons vous peignez ils/elles peignent	que je peigne	
	il/elle peignait	
	peint	

JOINDRE	je joindrai	adjoindre rejoindre
je joins tu joins il/elle joint nous joignons vous joignez ils/elles joignent	que je joigne	
	il/elle joignit	
	joint	

COUDRE	je coudrai	
je couds tu couds il/elle coud nous cousons vous cousez ils/elles cousent	que je couse	
	il/elle cousit	
	cousu	

Aide-mémoire

Verbes en -uire

CONDUIRE	je conduirai	
je conduis	que je conduise	
tu conduis	il/elle conduisit	construire – cuire – déduire – détruire – induire – instruire – introduire – luire –
il/elle conduit		nuire – produire – reconduire – réduire – reluire – reproduire – séduire - traduire
nous conduisons		
vous conduisez	conduit	
ils/elles conduisent		

Verbes en -ire

ÉCRIRE	j'écrirai	
j'écris	que j'écrive	décrire
tu écris	il/elle écrivit	inscrire
il/elle écrit		prescrire
nous écrivons		proscrire
vous écrivez	écrit	souscrire
ils/elles écrivent		transcrire

LIRE	je lirai	
je lis	que je lise	
tu lis	il/elle lut	élire
il/elle lit		réélire
nous lisons		relire
vous lisez	lu	
ils/elles lisent		

DIRE	je dirai		
je dis	que je dise	redire	2ᵉ pers. du plur. du présent : vous contredisez, interdisez, etc.
tu dis	il/elle dit	contredire	
il/elle dit		interdire	
nous disons		médire	
vous dites	dit	prédire	
ils/elles disent			

RIRE	je rirai	
je ris	que je rie	
tu ris	il/elle rit	
il/elle rit		sourire
nous rions		
vous riez	ri	
ils/elles rient		

SUFFIRE	je suffirai
je suffis	que je suffise
tu suffis	il/elle suffit
il/elle suffit	
nous suffisons	
vous suffisez	suffi
ils/elles suffisent	

Verbes en -re

FAIRE	je ferai	
je fais	que je fasse	
tu fais	il/elle fit	défaire
il/elle fait		refaire
nous faisons		satisfaire
vous faites	fait	
ils/elles font		

PLAIRE	je plairai	
je plais	que je plaise	
tu plais	il/elle plut	déplaire
il/elle plaît		(se) taire
nous plaisons		
vous plaisez	plu	
ils/elles plaisent		

VIVRE	je vivrai	
je vis	que je vive	
tu vis	il/elle vécut	revivre
il/elle vit		survivre
nous vivons		
vous vivez	vécu	
ils/elles vivent		

CONCLURE	je conclurai	
je conclus	que je conclue	
tu conclus	il/elle conclut	exclure
il/elle conclut		inclure
nous concluons		(participe passé :
vous concluez	conclu	inclus/incluse)
ils/elles concluent		

SUIVRE	je suivrai	
je suis	que je suive	
tu suis	il/elle suivit	
il/elle suit		poursuivre
nous suivons		
vous suivez	suivi	
ils/elles suivent		

CROIRE	je croirai	
je crois	que je croie	
tu crois	il/elle crut	
il/elle croit		
nous croyons		
vous croyez	cru	
ils/elles croient		

BOIRE	je boirai
je bois	que je boive
tu bois	il/elle but
il/elle boit	
nous buvons	
vous buvez	bu
ils/elles boivent	

Verbes en -oir

DEVOIR	je devrai
je dois	que je doive
tu dois	il/elle dut
il/elle doit	
nous devons	dû, due
vous devez	
ils/elles doivent	

apercevoir
concevoir
décevoir } (sans accent sur le « u » du participe passé)
percevoir
recevoir

VOIR	je verrai
je vois	que je voie
tu vois	il/elle vit
il/elle voit	
nous voyons	vu
vous voyez	
ils/elles voient	

entrevoir
revoir
prévoir (sauf au futur : je prévoirai)

POUVOIR	je pourrai
je peux	que je puisse
tu peux	il/elle put
il/elle peut	
nous pouvons	pu
vous pouvez	
ils/elles peuvent	

VOULOIR	je voudrai
je veux	que je veuille
tu veux	il/elle voulut
il/elle veut	
nous voulons	voulu
vous voulez	
ils/elles veulent	

SAVOIR	je saurai
je sais	que je sache
tu sais	il/elle sut
il/elle sait	
nous savons	su
vous savez	
ils/elles savent	

VALOIR	je vaudrai
je vaux	que je vaille
tu vaux	il/elle valut
il/elle vaut	
nous valons	valu
vous valez	
ils/elles valent	

équivaloir

S'ASSEOIR	je m'assiérai
je m'assieds	que je m'asseye
tu t'assieds	il/elle s'assit
il/elle s'assied	
nous nous asseyons	assis
vous vous asseyez	
ils/elles s'asseyent	

NB : autre conjugaison du verbe « asseoir » : présent : je m'assois, futur : je m'assoirai passé simple : je m'assis

Verbes en -tre

BATTRE	je battrai
je bats	que je batte
tu bats	il/elle battit
il/elle bat	
nous battons	battu
vous battez	
ils/elles battent	

abattre
combattre
débattre
s'ébattre

METTRE	je mettrai
je mets	que je mette
tu mets	il/elle mit
il/elle met	
nous mettons	mis
vous mettez	
ils/elles mettent	

admettre
commettre
émettre
omettre
permettre
promettre
remettre
soumettre
transmettre

CONNAÎTRE	je connaîtrai
je connais	que je connaisse
tu connais	il/elle connut
il/elle connaît	
nous connaissons	connu
vous connaissez	
ils/elles connaissent	

paraître
apparaître
disparaître
transparaître

méconnaître
reconnaître

CROÎTRE	je croîtrai
je croîs	que je croisse
tu croîs	il/elle crût
il/elle croît	
nous croissons	crû
vous croissez	
ils/elles croissent	

accroître
décroître

NAÎTRE	je naîtrai
je nais	que je naisse
tu nais	il/elle naquit
il/elle naît	
nous naissons	né
vous naissez	
ils/elles naissent	

P. 7 – L'interview – Une Irlandaise compare l'école en Irlande et en France.

Mary : Moi j'étais dans un collège assez petit et on avait quatre classes de collège et dans ces quatre classes donc on faisait les sujets de base par classe. Par contre avec les mathématiques, l'anglais et l'irlandais donc le gaélique, on le faisait par niveau. Donc dans ces classes-là on était à quatre niveaux les plus forts jusqu'aux plus faibles et quand on passait l'équivalent de votre brevet on le faisait avec un niveau normal pour tous les sujets, histoire, géographie, les sciences, etc. et pour ces trois sujets qu'on faisait par niveau on avait un papier supérieur et un papier inférieur.

Le journaliste : Quels sont les avantages ou les inconvénients de ce système par rapport au système français ?

Mary : Moi, personnellement, je vois que des avantages c'est-à-dire que ceux qui étaient un peu en difficulté, en maths par exemple, n'étaient pas obligés d'être en difficulté tout le temps pour essayer de comprendre les choses qui étaient très, très difficiles pour eux. Par contre, au niveau des maths de base, ils avaient tout ce qu'il fallait. Ils comprenaient les maths de base, les pourcentages, les fractions, etc. et ceux qui étaient plus doués ben ils étaient tirés vers le haut. Donc, pour moi, c'est un petit peu ce que je vois en France, là où ça peut me déranger c'est qu'on a tendance, je pense, à niveler vers le bas. On voit beaucoup d'enfants qui s'ennuient parfois.

Le journaliste : C'est un système finalement qui valorise chaque enfant quel que soit son niveau et quelles que soient ses difficultés éventuelles.

Mary : Exact, parce que dans ces classes on n'est pas le nul de la classe parce qu'on est avec les enfants qui ont à peu près le même niveau et donc on peut être valorisé dans une classe même si on fait la classe de base.

Le journaliste : Est-ce qu'il y a des choses dans cet esprit-là aussi au lycée ?

Mary : Alors, au lycée, ça se généralise pour tous les sujets.

Le journaliste : Et de quelle manière, alors ceux qui vont vers les sujets les plus difficiles, de quelle manière c'est valorisé au niveau du diplôme ?

Mary : Au bac, on a un système de points et donc par exemple pour un A en maths, au bac, ça peut valoir une vingtaine de points et un B, ça peut valoir quinze points, etc. Et pour l'entrée à l'université c'est un système de points. Donc un élève qui veut faire médecine ou ingénieur ou quelque chose où on a besoin de beaucoup de maths etc. il aura besoin d'un gros coeff. pour ces sujets-là. Ça continue, c'est-à-dire qu'à l'université on n'a pas le taux d'échec qu'on a en France en première année parce que c'est ouvert à tout le monde.

Le journaliste : Est-ce qu'il y a aussi ce système,

je dirai, plus proche et plus à l'écoute du niveau de chacun dans le travail au quotidien entre étudiant et professeur ?

Mary : Alors moi, je suis maman de deux enfants qui sont à l'école primaire encore et quand j'ai mis mes enfants dans le système français au début j'étais très choquée par la porte fermée pour garder les parents à l'extérieur. Il me semblait qu'on ne faisait pas équipe avec la maîtresse ou le maître à l'école. Et en Irlande il y a beaucoup plus, les parents sont invités beaucoup plus à participer dans la classe, à entrer dans la classe, même le matin pour voir un travail que l'enfant aurait pu faire la veille, etc. Et ça, je trouvais vraiment qu'on était coupé au début.

Le journaliste : L'école est un peu sanctuarisée en fait.

Mary : Et oui.

Le journaliste : Pendant les études supérieures est-ce qu'en Irlande le système de tutorat entre professeur et étudiant est différent du système français ?

Mary : Le relationnel entre un prof et l'élève est moins formel en Irlande qu'en France. Je pense qu'en France on a encore cette distance, peut-être parce qu'on a des grands amphithéâtres avec des centaines d'élèves ce qui se fait moins en Irlande donc on n'est pas qu'un chiffre. Parfois, j'ai l'impression que les élèves qui se trouvent à la fac se trouvent perdus et un chiffre parmi tant d'autres.

Le journaliste : Est-ce que les étudiants irlandais découvrent plus tôt ou différemment le monde de l'entreprise ?

Mary : En Irlande, depuis peut-être une dizaine d'années, entre le brevet et le début des études pour le bac on fait une année entre les deux où on fait plusieurs stages, où on fait une éducation plus globale, plus culturelle avant de réattaquer les matières propres pour le bac et donc ils font plusieurs stages cette année-là. Je pense que c'est très sympa. C'est très intéressant pour les élèves.

Le journaliste : C'est-à-dire que là où les élèves de Troisième en France font un stage d'une semaine pour les Irlandais c'est une année entière entre la Troisième et la Seconde, enfin l'équivalent.

Mary : Exactement.

P. 8 – Exercice 1 – « L'orientation en France »

Alors, l'orientation scolaire, c'est un système qui a pour but d'informer les élèves, de les guider dans le choix de leur futur métier et dans les études qu'ils doivent faire pour obtenir les qualifications nécessaires.
En France, cette orientation se fait en trois étapes. La première, c'est en fin de la classe de Troisième. Je rappelle que la 3e, c'est la dernière année du collège ; les élèves ont environ 15 ans. Donc là, les élèves vont choisir soit de faire des études courtes s'ils ne réussissent pas au collège et s'ils sentent qu'ils sont plutôt faits pour un métier manuel...

soit de continuer dans des études longues, au moins jusqu'au baccalauréat. Ils entreront dans un lycée général ou technologique.
La deuxième étape de l'orientation se fait en fin de classe de Seconde – la Seconde, c'est la première année du lycée, puis il y a la Première et la Terminale. Là les étudiants vont opter soit pour un bac général soit pour un bac technologique et ils choisiront aussi leur option, littéraire, scientifique, économique et sociale.
Et enfin, dernière étape de l'orientation, en Terminale. Les élèves préparent le baccalauréat, ils ont 18 ans. Ils choisissent ce qu'ils vont faire après le bac : entrer à l'université, dans une école professionnelle, préparer les concours d'entrée aux grandes écoles, etc.
Cette orientation peut se faire de différentes manières. D'abord il y a des centres d'information et d'orientation un petit peu partout en France. Il y en a six cents répartis sur tout le territoire. Il y a aussi d'autres organismes qui publient des informations et qui ont des sites Internet, c'est l'Onisep (l'Office national sur les enseignements et les professions) ou le Cereq (le Centre d'études et de recherches sur les qualifications).
Par ailleurs les collèges et les lycées orientent aussi les élèves. Le professeur principal a son rôle à jouer. Le conseil de classe donne son avis. Dans chaque établissement il y a un centre de documentation et d'informations : le CDI.
Enfin, les entreprises, les écoles ou les centres de formation organisent des salons de l'orientation. Là, les élèves peuvent recueillir des informations. Et puis, bien sûr, les parents, les amis, les relations peuvent aussi donner des conseils.
Mais je voudrais souligner l'importance de l'orientation scolaire. Aujourd'hui, le monde bouge très vite, des métiers disparaissent, d'autres changent ou se créent. Le marché de l'emploi évolue très rapidement. Les services de l'orientation suivent ces évolutions et connaissent bien les emplois de demain.
D'autre part, les jeunes connaissent mal la réalité des métiers. Ils les connaissent d'après ce qu'ils voient à la télé et souvent la télé déforme la réalité ou, tout simplement, ils ne les connaissent pas. Quel collégien sait aujourd'hui en quoi consiste le travail d'un contrôleur de gestion ? L'orientation permet donc de mieux connaître les métiers.

P. 13 – Le témoignage

Patrick : Après le bac, en fait, j'ai envoyé mon dossier dans une école d'ingénieurs, en fait, avec une prépa intégrée et donc, je suis arrivé là-dedans, ça s'appelait l'Institut national des sciences appliquées. C'est une école qui est assez cotée. Et donc, je me suis retrouvé là-dedans alors que je n'avais pas vraiment envie d'y être. En fait, je me suis rendu compte assez rapidement que ce n'était pas mon truc... de faire ça, des maths et de la physique toute la journée. Alors, par contre, je suis parti de là où j'habitais chez mes parents. Donc l'école se trouvait à Lyon. Au point de vue organisation j'ai trouvé ça assez, assez bien fait, quoi. C'est-à-dire... C'était un campus, j'avais ma chambre sur le campus, dans la cité U et tout était à côté... C'est-à-dire, je me levais, par exemple, à huit heures moins le quart pour aller en cours à huit heures parce que les cours étaient en bas de l'immeuble, dans les locaux qui étaient en bas de l'immeuble. Le réfectoire était juste à côté, aussi. Et ce qui fait que, pendant un certain temps comme ça, enfin disons que les étudiants finalement, dans ce genre d'endroit, vivent un petit peu en autarcie. Ils ont pas tellement besoin de sortir parce que tout est là, quoi. Il y a même des bars le soir où il y a des musiciens qui sont accueillis, où on peut sortir, où on peut se retrouver, etc. Donc c'est un système un peu autonome... Les cours, les profs étaient... C'est pas du tout la fac... donc on était assez encadrés, avec le travail à la maison qu'il y avait à faire, c'était très encadré, très planifié et c'était pas tellement... on n'était pas vraiment livrés à nous-mêmes donc c'est vrai que pour ce qui est de l'apprentissage de l'autonomie, alors c'était pas vraiment ça, en tout cas par rapport aux études. Par contre l'apprentissage de la vie en société, les étudiants entre eux, etc., ça oui, ça m'a apporté quelque chose de positif.

Leçon 2

P. 15 – Le micro-trottoir – Deux adolescents parlent d'Internet.

Léopold : Je trouve qu'Internet c'est pratique. On a beaucoup d'informations assez facilement mais tout le monde y met ce qu'il veut donc c'est pas forcément des informations fiables et je préfère quand même aller chercher dans les livres quand j'ai ce qu'il faut.

Le journaliste : Est-ce que tu as déjà récolté de fausses informations sur Wikipédia ou sur d'autres sites ?

Léopold : Oui enfin des fois c'est tourné de façon pas claire et les sites sont contradictoires. Ils ne disent pas tous la même chose.

Julie : Parfois je compare les informations de plusieurs sites et je vois si y en a... Si je regarde cinq sites par exemple, et qui en a quatre qui disent la même information et qui y en a un qui en dit une différente je vais plutôt me fier à ceux qui disent la même chose parce que c'est plus vraisemblable. Quand j'ai fait des recherches en histoire sur des inventeurs ben il y a des sites où ils donnaient des dates différentes et... pour un des premiers vols d'aviation, sur ce coup-là, Wikipédia disait faux.

Le journaliste : Est-ce que tu vas aller plus facilement vers des sites dont tu sais qu'ils sont spécialement conçus pour les enfants ou les adolescents ?

Julie : Ben oui, bien sûr parce que c'est toujours plus clair à comprendre, parce que le vocabulaire y est plus simple.

Léopold : Par exemple, là, j'ai fait un devoir sur la fécondation *in vitro*. Pour ce travail il y avait des sites sur Planning familial et c'est mieux fait parce que c'est adressé aux adolescents, aux enfants donc c'est plus pratique.

Le journaliste : Et comment tu libelles ta recherche alors pour aller sur des sites dont tu sais que ça va être plutôt pour les étudiants ou les ados ?

Léopold : J'essaye de préciser un peu ma recherche quand je lance quelque chose sur le moteur de recherche.

Julie : Ben souvent c'est marqué quand on fait la recherche dans les noms des sites, sur les liens. C'est marqué 12/18 ans, il y a des tranches d'âge parfois et puis même quand on rentre sur le site on voit tout de suite si la présentation elle est plus pour les adolescents ou pour les adultes.

Le journaliste : Qui est derrière ce type de sites en général ?

Julie : Ben la plupart du temps soit enfin pour des recherches d'histoire, parfois ce sont des musées qui sont spécialisés là-dedans ou sinon l'organisme de l'État souvent pour pas qu'il y ait de problème avec de fausses informations.

Le journaliste : Pour vous informer sur l'actualité par exemple est-ce que vous utilisez Internet ?

Julie : Euh oui, au lieu d'acheter le journal c'est plus pratique. Donc on tape le nom d'un journal comme *Le Parisien* ou *Le Figaro* et on tombe directement sur la page d'accueil et c'est assez simple pour s'informer.

Le journaliste : Et là aussi tu vas sur des sites qui sont à destination d'un public plus jeune ou là tu restes vraiment sur des sites adossés à des grands médias ?

Julie : Ben je reste plutôt sur les grands médias. Je cherche pas à aller sur des sites pour les personnes plus jeunes parce que, dans l'actualité, ben, c'est bien de rester, enfin d'être au bon niveau.

Léopold : Alors moi je vais jamais sur Internet. Je préfère la télévision ou la radio ou encore les journaux. Par exemple, quand on est à table, ou on écoute la radio ou la télévision. C'est beaucoup plus simple que d'aller sur Internet. Et les journaux, ben, quand je suis en vacances je préfère lire des journaux que d'aller sur Internet.

P. 21 – Le document sonore – Un touriste interroge une habitante de Gisors.

Le touriste : Depuis quand il est fermé le château ?

L'habitante : Depuis 1984. Il était en trop mauvais état à cause de tous les gens qui fouillaient, qui cherchaient le fameux trésor des Templiers. Il y en a plusieurs qui se sont blessés. C'était devenu impossible.

Le touriste : C'est une légende ou quoi, ce trésor des Templiers ?

L'habitante : Pas tout à fait. Il y a des choses vraies comme le fait que les Templiers ont habité le château au Moyen Âge. Et puis, il y a l'histoire d'un ancien gardien du château qui aurait trouvé un trésor.

Le touriste : Et qui l'a gardé pour lui ?

L'habitante : Non, c'est une histoire assez bizarre. En fait, en 1941, les Allemands qui occupaient la France ont fermé le château et en ont fait un centre de réparation de leur matériel. Et alors c'est à ce moment-là que le gardien, un Français, a commencé des fouilles. Il faut dire que depuis toujours, il y avait eu une rumeur sur un trésor des Templiers, ici. Ce gardien, un certain Roger Lhomoy, a fouillé pendant des années et un jour de 1946, il va voir le maire de Gisors et il lui dit : « J'ai trouvé une salle souterraine et, dans cette salle, il y a des coffres métalliques énormes. Il y en a trente. Ça ne peut être que le trésor des Templiers ».

Le touriste : Et alors ?

L'habitante : Ben les gens de la mairie y sont allés mais ils n'y croyaient pas trop. En plus, le passage était difficile, il y a eu un éboulement... Ils ont rebroussé chemin.

Le touriste : Bref, ce n'était pas très sérieux !

L'habitante : Tout de même, ce qui est étrange c'est qu'en 1947, Roger Lhomoy écrit au général de Gaulle qui avait été à la tête du gouvernement provisoire après la guerre. Et il lui dit qu'il y a un trésor et qu'il lui faudrait de l'aide pour reprendre les fouilles mais de Gaulle ne le croit pas... Et après, Lhomoy abandonne ses fouilles.

Le touriste : Mais j'ai entendu dire qu'il y avait eu des fouilles officielles.

L'habitante : Oui mais ce n'était pas des fouilles pour le trésor. C'est en 1960 et en 1961, il y a eu deux campagnes archéologiques pour étudier le château et ils n'ont rien trouvé de particulier... Et l'année suivante, il y a un livre qui sort, d'un certain Michel de Sède et qui raconte toute l'histoire des Templiers, du trésor, des fouilles et de la découverte de Lhomoy. Et alors là, dans la France entière, on se met à parler de Gisors. De sorte qu'en 1964, pour en avoir le cœur net, le ministre de la Culture envoie l'armée pour fouiller les souterrains du château... Et eux, c'étaient pas des archéologues. Ils ont fouillé sans aucune précaution. Résultat : en 1966, le donjon s'est fendu...

Le touriste : Et ils n'ont rien trouvé ?

L'habitante : Officiellement on n'a rien trouvé mais bon, pendant plusieurs nuits on a vu des camions de l'armée quitter le château et ils paraissaient chargés...

Leçon 3

P. 23 – Le micro-trottoir – Peut-on se passer d'un professeur ?

Béatrice : Je crois que c'est un peu le même problème que pour le livre, le livre ne disparaîtra

Transcriptions

jamais parce que c'est un bel objet et je pense qu'on ne peut pas se passer des professeurs parce que on ne peut pas se passer du rapport humain et certains professeurs, si je parle pour mon compte, m'ont donné envie de travailler. Alors, ce n'est pas un écran d'ordinateur qui me donnera envie d'apprendre ou de travailler.

Patrick : Moi, je trouve qu'en fait, la disparition des profs c'est… Je trouve qu'en fait l'intérêt d'apprendre devant un ordinateur, en fait, c'est vrai que ça peut isoler les gens mais en même temps il y a des tas de problèmes pratiques qu'on pourrait résoudre comme ça : les problèmes de transport des étudiants, les problèmes de logement des étudiants, tous ces problèmes pratiques qui font que ça… Y aurait quand même un intérêt là-dedans et puis ça apprend aux gens à s'organiser par eux-mêmes et puis ça leur permet de travailler un petit peu quand ils ont envie et puis, à la limite, de revoir les cours, de revoir les conférences qui ont été filmées, etc.

Émilie : Moi, c'est un système qui me conviendrait pas mal finalement parce que je me suis tellement ennuyée à l'école et j'ai trouvé les profs tellement, enfin qui manquent tellement de pédagogie que finalement ça me permettrait sans bouger de chez moi de récupérer des informations assez rapidement et de faire un choix. Maintenant, évidemment, il n'y a pas la dimension humaine et ça, ça me pose un problème.

Bertrand : Moi aussi c'est la dimension humaine qui me pose aussi problème. C'est que je pense qu'on ne peut pas se passer des profs surtout au début quand on commence à apprendre. Mais je pense que c'est un plus qui est plutôt pas mal à prendre en considération : le e-learning. C'est comme si on prenait des cours de rattrapage à côté, finalement. Moi, je le prendrais plutôt comme ça mais je ne me passerai pas des profs.

Valérie : Moi, je pense qu'Internet doit rester un outil, un outil, une prolongation peut-être des professeurs, quelque chose qui vient compléter mais ne se suffit pas à lui-même parce qu'on aura toujours besoin de la dimension humaine et il faut absolument pouvoir s'exprimer aussi. Avec Internet tout n'est pas blanc, tout n'est pas noir. Enfin si on veut, ne serait-ce que discuter ou si on veut plus d'explications tout ne se résout pas avec un simple clic. Donc ça doit rester un outil à mon avis.

P. 29 – Le témoignage – Parcours professionnel.

Bertrand : Moi, j'ai envie de vous parler de mon activité professionnelle, c'est un peu spécial… J'ai pas fait énormément d'études… Étant jeune je ne savais pas trop ce que je voulais faire donc j'ai passé un brevet d'électricien… Donc pendant plus de dix ans j'ai travaillé en tant qu'électricien dans des maisons, pour des particuliers, pour des boîtes spécialisées et tout. Mais à côté de ça, j'ai toujours aimé écrire, créer, inventer des choses… et surtout dans la publicité. Je regardais

souvent la télé et je me disais « Tiens, si moi je pouvais inventer un slogan, qu'est-ce que je pourrais faire ? » Et du coup, ça a toujours été une passion mais j'ai jamais cherché plus que ça à travailler dans ce milieu-là… J'étais bien en tant qu'électricien, j'avais mon petit appartement, ma petite copine, voilà tout allait bien. On passait du bon temps… Et, un jour, j'ai eu la chance d'aller… de travailler chez un particulier qui travaillait dans le monde de la publicité. Du coup je lui ai posé quelques questions, je lui ai parlé comme ça de ce milieu-là et je lui ai raconté un peu ma passion. Et finalement, un jour, il m'a dit « Tiens, j'ai un produit et j'ai beaucoup de mal à trouver quelque chose sur ce produit-là et il faut que je cherche un slogan mais je ne sais pas quoi. » Et je lui ai demandé, je lui ai dit : « Et ben, écoutez. Si ça ne vous dérange pas, moi, ce soir, c'est quelque chose qui m'amuse, je peux essayer de vous créer deux, trois choses et vous les proposer demain. » Et finalement ce que j'ai proposé a été retenu. Du coup, cette personne-là m'a demandé si ça m'intéressait de venir passer un entretien dans sa boîte de publicité qui était une énorme boîte qui m'impressionnait beaucoup, et tout. Donc, finalement, j'y suis allé et maintenant j'ai arrêté mon travail d'électricien et ça fait huit ans que je travaille dans cette boîte de publicité en tant que créateur, voilà.

Émilie : Incroyable ! On peut dire que tu es veinard, toi !

Bertrand : Totalement !

Émilie : La bonne maison !

Bertrand : Ah, oui, oui. C'est quelque chose qui a totalement bouleversé ma vie. Mais en mieux, donc… Mon amie… Tout va bien avec mon amie, mon appartement est plus grand…

Émilie : C'est toujours la même ?

Bertrand : Oui, c'est toujours la même. Donc, voilà, c'était une histoire assez spéciale et finalement c'est vraiment par la rencontre des gens qu'il peut se passer plusieurs choses, quoi.

Émilie : Tu es épanoui ?

Bertrand : Totalement.

Leçon 4

P. 31 – Les informations du 14 janvier 2014.

La journaliste : « Bonjour, l'événement hier c'était la conférence de presse du président de la République. François Hollande a surpris à la fois l'opposition et la majorité en définissant une nouvelle orientation politique. Le Président s'affirme désormais comme un social-démocrate qui souhaite aider les entreprises. Celles-ci ne financeront plus les allocations familiales. L'État doit aussi faire des économies en diminuant le nombre des régions et en simplifiant l'administration.

• Le ministre des Affaires étrangères a affirmé que la France n'enverrait pas de nouvelles troupes en République centrafricaine. 1 600 soldats français sont déjà engagés pour pacifier ce pays qui est en guerre civile. La force d'interposition africaine passera bientôt à 6 000 hommes.
• Bonne nouvelle en provenance des États-Unis, les ventes d'automobiles ont augmenté. Elles profitent de la reprise dans le pays et de l'accélération des ventes en Chine. Le constructeur Ford a progressé de plus de 10 %.
• Open d'Australie, victoire de Tsonga sur l'Italien Filipo Volandi en trois sets. Un match de 1 h 50 qui s'est déroulé sous une chaleur écrasante. Le Français est qualifié pour le deuxième tour.
• Un événement au théâtre, le metteur en scène Thomas Joly met en scène les trois pièces historiques de Shakespeare sur le règne du roi Henry VI. Et cela en deux spectacles qui durent chacun huit heures. Mais on ne s'ennuie pas : effets spéciaux, scènes spectaculaires et émotion sont au menu.
• Enfin, le temps. Beaucoup de nuages sur la France avec des pluies fines, mais en revanche de la douceur qui arrive d'Espagne avec des températures au-dessus de la normale. Seul le sud sera épargné. »

P. 37 – Les témoignages – Trois chercheurs français et la tentation de l'étranger.

« Le secteur est en tête des priorités stratégiques de la France. En débattre c'est tout simplement débattre de ce qui sera demain notre rang dans le monde et le niveau de vie dont nos enfants hériteront. »
La formule est signée Nicolas Sarkozy à propos de la recherche. C'est par ces mots que l'ancien ministre de l'Économie avait ouvert les assises des états généraux de la recherche à l'automne dernier. La recherche, un secteur en crise en France, le parent pauvre du budget de l'État quoi qu'en dise le ministre. Pas de vrai statut pour les chercheurs, des laboratoires délabrés, des budgets qui fondent comme neige au soleil et des salaires de miséreux après parfois plus de dix années d'études. Alors, dans ce contexte comment ne pas résister à l'appel des sirènes. Une fois diplômées en France, nos têtes bien remplies s'en vont ensuite penser, chercher et trouver bien sûr, pour le compte de puissances étrangères. Illustration de cette fuite des cerveaux. Ils ont entre 25 et 30 ans. Leur baccalauréat est déjà loin. Beaucoup de ces jeunes chercheurs n'envisagent pas leur avenir avec optimisme à l'image de Philippe Kieffer-Kwon. Il termine sa thèse en Alsace à l'institut de génétique et de biologie moléculaire et cellulaire. « Dans notre situation c'est des contrats à durée déterminée ou des bourses de deux à quatre ans qui se succèdent et on peut comme ça pendant des années et des

années faire des post-doc sans avoir de cotisation de charge, sans avoir l'espoir d'avoir un poste parce que le nombre de places est très peu élevé en France. Et généralement ce qui se produit, c'est que, une fois qu'on est parti à l'étranger, on revient plus. »

L'étranger, c'est justement ce qui attend Hervé Seitz. Actuellement il achève sa thèse dans un laboratoire du CNRS à Toulouse. Dans quelques semaines il commencera un stage de post-doctorant à Boston et il n'a pas eu de mal pour le trouver.

Hervé Seitz : « Les trois labos qui travaillaient sur le sujet qui m'intéressait se trouvaient tous les trois aux États-Unis. J'ai fait la visite des trois et on m'a proposé un contrat de travail. On a une couverture, on a un salaire convenable, on travaille dans des conditions correctes et il y a de grandes chances que j'ai envie d'y rester peut-être même plus que le strict nécessaire. Là-bas, aux États-Unis, j'ai déjà trois ans de financement assuré, je vais pouvoir développer un vrai axe de recherche sans me préoccuper de formalités administratives pour espérer renouveler mon salaire tous les six mois par exemple. »

Les jeunes chercheurs partiraient donc sans aucun état d'âme. Non, et c'est même le contraire. Beaucoup partage l'avis de Thibaud Lemarteleur. Il achève sa thèse à la faculté de pharmacie de Reims. « Je suis pas partisan pour partir à l'étranger parce que, bon, j'ai une vie de famille en France. Il est vrai que j'aimerais bien dans l'avenir avoir un poste d'enseignant-chercheur dans une université française. Ce qui va devoir m'imposer quand même de faire un post-doc. Alors, je vais essayer de le faire en France parce qu'il y a quand même des possibilités mais qui sont relativement faibles. Je peux pas vraiment en dire plus. »

Pour limiter cette fuite des cerveaux le gouvernement a prévu dans son projet de loi de finances 2005 plusieurs mesures pour inciter les post-doctorants français à revenir en France et pour permettre aux organismes de recherche de recruter davantage de jeunes thésards.

Leçon 5

P. 49 – Le témoignage – Une Française parle de la société vietnamienne.

Sophie : Au Vietnam il ne me viendrait pas du tout à l'idée d'aller faire la bise à une personne que je rencontre dans la rue ou à une collègue, encore moins d'ailleurs à un collègue. Ça le mettrait vraiment dans l'embarras. Ce serait déplacé. Tout simplement parce qu'au Vietnam faire la bise, ça n'est pas une coutume.

Le journaliste : Et vous me disiez également qu'on évite de se toucher.

Sophie : Pas exactement. C'est pas qu'on évite de se toucher, c'est qu'on touche différemment. Par exemple, un enfant on va pas lui mettre la main sur la tête, ou bien pour un nourrisson ou un bébé, mais pas pour un enfant alors qu'en France, mettre la main sur la tête d'un enfant, c'est une marque de protection, de sympathie, de... même de reconnaissance. En revanche, au Vietnam, il est très fréquent de voir deux femmes se tenir par la main. Ça ne choquera personne, c'est quelque chose de coutumier. En France, vous voyez deux hommes ou deux femmes se tenir par la main, immédiatement, les gens vont se dire : « Tiens, voilà deux homosexuels. »

Le journaliste : Et alors, au Vietnam, ça signifie quoi se tenir par la main ?

Sophie : Ça signifie tout simplement que ce sont deux personnes qui ont une grande confiance l'une envers l'autre et c'est une marque de complicité, d'une grande complicité.

Le journaliste : Au Vietnam, le cercle familial est très soudé, très fort. Il n'est pas rare que plusieurs générations vivent sous le même toit.

Sophie : Oui, effectivement, c'est un mode de vie très communautaire. On retrouve souvent trois générations sous un même toit. Donc, les grands-parents, les parents et les enfants même si, aujourd'hui, c'est un petit peu moins vrai qu'auparavant puisque les jeunes cherchent à partir de plus en plus à la ville où ils vont s'installer dans un petit appartement pour suivre leurs études ou pour travailler. Néanmoins ça reste toujours très vrai dans les campagnes où les générations restent très mélangées sous un même toit.

Le journaliste : Est-ce que ce mode de vie très communautaire implique qu'il y ait des moments dans la semaine où toute la famille se retrouve à la même table pour un grand repas ?

Sophie : Oui, c'est toujours le week-end, soit le samedi soit le dimanche, toute la famille se réunit. Alors on retrouve les frères et sœurs, les beaux-frères, les belles-sœurs, tout le monde vient avec ses enfants et c'est un moment très, très agréable. C'est en fait le moment le plus joyeux de la semaine. C'est d'ailleurs, à ce moment-là, le moyen d'éduquer les enfants et l'occasion de leur transmettre beaucoup de choses sur l'histoire de leur famille. C'est aussi le moyen de perpétuer les coutumes.

Le journaliste : Et les amis on les voit où et quand, alors ?

Sophie : Alors, plutôt après le travail et au café.

Le journaliste : Et vous qui faites souvent la navette entre la France et le Vietnam, avez-vous le sentiment qu'au fil des ans les coutumes vietnamiennes se perdent au profit d'une occidentalisation de la culture vietnamienne ?

Sophie : Un peu oui, parce que le pays s'ouvre de plus en plus à l'international.

P. 55 – Le document sonore – Extrait d'une conférence sur la dépendance à Internet.

La psychologue : Alors, évidemment, la question c'est à partir de quel moment on peut parler de cyberdépendance. Est-ce que c'est quand on passe 5 heures par jour devant son ordinateur, 6 heures ou davantage. Je crois que la durée n'est pas le seul critère à prendre en compte : un musicien ou un peintre peut très bien passer des journées entières à exercer son art sans pour autant qu'il soit dépendant. On dit, à ce moment-là, qu'il est passionné.

Je crois qu'il y a trois critères de la dépendance. Le premier, c'est quand la personne veut arrêter et qu'elle ne peut pas.

Le deuxième, c'est quand la personne, plutôt jeune en général, supprime des moments importants de sa vie sociale et familiale. Il ne voit plus ses amis, ou pire, il perd ses amis. Il ne part pas en vacances. Il annule un rendez-vous professionnel pour pouvoir rester devant son ordinateur. Autrement dit, il se désocialise.

Et le troisième critère, c'est l'apparition de signes physiques. Le cyberdépendant a des troubles du sommeil, son alimentation est déséquilibrée, il a des problèmes de dos, des douleurs cervicales, sans parler de la fameuse tendinite du pouce ou du poignet. Voilà... je crois qu'il faut prendre tout cela en compte pour déterminer si on est cyberdépendant ou non.

Cela dit, je pense qu'un jeune qui passe 50 heures par semaine devant son ordinateur et qui le fait depuis plus d'un an est à surveiller.

En fait, ce n'est pas Internet qui est la cause de la cyberdépendance. À l'origine, il y a toujours un problème psychologique.

Ce peut être, par exemple, pour un adolescent, des mauvais résultats au collège ou au lycée, ou bien un ado qui souffre de solitude, qui n'a pas de copains, qui n'est pas intégré, qui a une mauvaise image de lui-même. Le soir ou le week-end il va trouver refuge dans un monde virtuel. Il se console avec sa console.

J'ai aussi connu des cas où il y avait un problème avec la famille, un parent alcoolique ou tout simplement gravement malade. Et là, l'ado se réfugie dans Internet pour évacuer son anxiété... D'après mon expérience il y a trois types de cyberdépendants :

Celui qu'on peut appeler « le compilateur ». Il passe son temps à faire des recherches, à télécharger tout ce qui passe. Bien souvent, c'est un signe d'anxiété profonde. J'ai connu un ingénieur qui était marié avec trois enfants et qui passait ses soirées à faire des recherches dans sa spécialité. Il n'avait plus aucune vie sociale et sa femme l'a quitté.

Il y a aussi « le transgresseur ». Celui-là veut se prouver qu'il est plus puissant que les autres. Alors il pénètre des systèmes protégés, fait circuler des virus, quelquefois d'ailleurs pour une bonne cause. J'en ai connu un qui traquait des sites pédophiles.

Et puis enfin, il y a « le communicateur ». Lui, de jour ou de nuit, il faut qu'il soit en contact avec les autres. Il passe son temps à échanger des mails ou à chatter. Cela apaise son besoin d'amour car il pense qu'il est mal aimé.

Leçon 6

P. 57 – L'interview – Un ingénieur en environnement parle du réchauffement climatique.

Le journaliste : Depuis une dizaine d'années, le moindre événement météorologique d'envergure est mis sur le compte du réchauffement climatique, tempête, cyclone, blizzard ou canicule. Et, aussitôt, on invoque le réchauffement de la planète. Mais qu'en est-il exactement ? Quel temps fera-t-il en 2100 ? Bien malin qui pourrait le savoir mais pour comprendre les changements climatiques à venir, un livre vient de paraître, *L'Atlas de la menace climatique*, aux éditions Autrement. Son auteur, Frédéric Denhez, ingénieur en environnement, fait le point sur les scenarii possibles. Et premier constat, la Terre se réchauffe. Le processus est en route et rien ni personne ne pourra l'arrêter.

Frédéric Denhez : On ne peut pas l'enrayer compte tenu de l'inertie des écosystèmes, c'est-à-dire que l'air se réchauffe lentement, la mer se réchauffe encore plus lentement donc si demain on arrêtait toute émission de gaz à effet de serre, on ne stabiliserait l'atmosphère à nouveau en gaz à effet de serre que d'ici 2200 ou 2300. Donc le processus est engagé, il est irrémédiable.

Le journaliste : Faisons maintenant un peu de météo-fiction. Quelle sera dans 100 ans, en France, la météo de nos enfants et petits-enfants ?

Frédéric Denhez : Le climat méditerranéen gagne le Nord, va de plus en plus vers la Loire. Le pourtour méditerranéen devient aride, un peu comme le Maghreb, la Lozère devient une steppe, la mer monte donc on pense de façon quasi certaine que la Camargue va disparaître, que le littoral du Languedoc-Roussillon va disparaître. La Pointe du Raz en Bretagne qui est connue pour la violence de ses tempêtes en connaîtra encore plus.

Le journaliste : Davantage de tempêtes en Bretagne et moins de neige en montagne. Nos forêts vont changer d'aspect. Le hêtre ne poussera plus en Normandie et le renard roux aura quitté nos campagnes. Les étés seront de plus en plus secs, de plus en plus chauds.

Frédéric Denhez : La canicule de 2003 ne sera rien par rapport aux étés qu'on connaîtra en 2100. À Nice, par exemple, on atteindra les 50 degrés facilement au mois d'août. Par contre les hivers seront plus humides et l'humidité dans l'air va déclencher des maladies respiratoires, c'est inévitable. Les médecins s'y attendent tous, une plus grande mortalité dans la vieillesse à l'horizon 2100.

Le journaliste : Et si maintenant on regarde à l'échelle du globe, on s'aperçoit que le réchauffement climatique ne va pas créer d'inégalités mais qu'il va les exacerber.

Frédéric Denhez : Donc le risque climatique c'est aussi, et peut-être même surtout, un risque géopolitique et si on ne le gère pas ce sera évidemment un risque de conflits.

Le journaliste : Économie, agriculture, politique, tout change si le climat continue de se réchauffer. Le Canada et la Russie deviennent les greniers à blé de la planète pendant que l'Europe et les États-Unis font face à une pression migratoire sans précédent. D'ailleurs le Pentagone ne s'y est pas trompé en plaçant le risque climatique au deuxième rang des menaces qui planent sur l'Amérique, au deuxième rang derrière le risque terroriste.

P. 63 – Le témoignage – Une scientifique explique les causes de la détérioration de la grotte de Lascaux.

La scientifique : Vous comprenez, dans la grotte de Lascaux – je parle de la véritable grotte de Lascaux – il y a eu des erreurs énormes. D'abord, quand ils ont installé ce système de climatisation juste avant l'année 2000, ils ont fait des travaux de terrassement, ils ont agrandi des passages... Ça a soulevé les micro-organismes qui étaient dans le sol et qui avaient été laissés par les premiers visiteurs de la grotte et ces micro-organismes ont été projetés sur les parois... Et puis cette climatisation a été choisie en dépit du bon sens. D'une part elle était trop puissante et d'autre part elle était inadaptée à l'humidité de la grotte. Résultat, elle est tombée en panne quinze jours après son démarrage. Du coup ça a modifié la température dans la grotte et ça a favorisé le développement des champignons. Et qu'est-ce qu'on a fait quand on a vu ça ? On a répandu de la chaux vive sur le sol pour neutraliser les micro-organismes. Encore une erreur, ça a fait encore monter la température de la grotte ! Et là-dessus, on a voulu faire un état des lieux ; des photographes sont arrivés pour photographier les peintures en 3D ; pendant des centaines d'heures des projecteurs ont été braqués sur les parois alors que le cahier des charges limitait l'éclairage à 35 minutes par jour. Là, ça a provoqué l'apparition de la mélanine qui continue à se développer ! Voilà ce qui arrive quand on n'écoute pas les spécialistes de la conservation ! En 2002, le ministère de la Culture a voulu nommer un comité scientifique international composé de personnalités certes éminentes mais qui n'étaient pas compétentes dans la conservation des grottes ornées. Au lieu de nous écouter ils ont essayé différentes solutions. Ça marchait dans un premier temps et puis c'était la rechute...
Ça, c'est comme pour Lascaux II... parce que Lascaux II se détériore très vite aussi ! Et qu'a fait la société qui gère le site ? Elle a investi de

l'argent dans les infrastructures pour qu'il y ait encore plus de visiteurs chaque année. On en est à 300 000 mais on n'a rien fait pour restaurer les fresques. Parce que là, c'était facile de les restaurer. Il suffisait de faire appel à l'artiste qui avait peint les reproductions. Aujourd'hui, il paraît que ce n'est pas rattrapable...
Vous voulez que je vous dise, il n'y a qu'une seule solution : il faut redonner à la grotte son climat d'origine. Tant que l'on ne l'aura pas fait tout le reste ne servira à rien !

Leçon 7

P. 65 – L'interview – Voyageurs de l'espace.

Bruno Des Rubeaux : Le vaisseau qui a été imaginé par le milliardaire britannique Richard Branson permettra de vivre une expérience unique, avoir son corps qui flotte dans l'espace pendant quelques minutes. On appelle cela être en micropesanteur, une sensation qu'il est possible de découvrir à bord d'un avion qui effectue des paraboles, créant un état proche de ce qui est vécu dans l'espace. Dans l'avion, ça ne dure que 22 secondes, une durée qui a été suffisante pour que Thomas Garnier, un étudiant de l'école d'ingénieurs Estaca près de Paris, vive un moment intense.

Thomas Garnier : C'est la plus belle sensation que j'ai ressentie de toute ma vie, je pense. Et on flotte vraiment comme on voit les astronautes flotter dans la station internationale et c'est vraiment magnifique. C'est pas tant la légèreté, c'est le fait de pouvoir évoluer en trois dimensions dans l'avion et de ne plus être fixé par rapport au sol qui est totalement déroutant. C'est sublime. J'ai adoré.

Bruno Des Rubeaux : Le touriste spatial qui partira à bord du SpaceShipTwo, le vaisseau privé de la société Virgin Galactic, montera à 80 kilomètres d'altitude. Par les hublots il aura une vue étonnante de la Terre que décrit l'astronaute français Jean-François Clairevoy. Il est parti trois fois dans l'espace.

Jean-François Clairevoy : L'environnement spatial, c'est quoi ? C'est le ciel noir, noir et ça, c'est impressionnant parce qu'on se rend compte que la Terre est un astre qui est vraiment isolé dans l'immensité de l'univers. La deuxième caractéristique, c'est l'apesanteur, spectaculaire sur les sensations du corps. Et puis la troisième, c'est la vue sur notre planète. On voit que la Terre est courbe et on voit sur plusieurs centaines de kilomètres à la ronde, ou milliers de kilomètres lorsqu'on est encore plus haut. Et donc ça nous donne une perspective sur la relation entre les océans, les déserts, les montagnes comme on n'a jamais pu le voir même d'avion.

Bruno Des Rubeaux : En France, ce voyage spatial est commercialisé par l'agence Voyageurs du monde. Cinq Français se sont déjà inscrits, une femme et quatre hommes dont un ancien pilote de l'avion mythique Concorde. Ils vont vivre des moments intenses selon Jean-Luc Wibaux, consultant de l'agence de voyages.

Jean-Luc Wibaux : Le vol lui-même, il va durer 2 heures 30. Les candidats qui sont dans l'avion fusée vont subir une pression sur le corps d'environ trois fois le poids de leur corps sur eux-mêmes. Arrivé à peu près à une altitude de 70, 75 kilomètres, le moteur s'arrête, les corps vont se retrouver dans un état où ils peuvent flotter. Ils ne sont plus soumis à une quelconque pesanteur pendant 4-5 minutes environ.

Bruno Des Rubeaux : Les Européens préparent la riposte. L'industriel EADS Astrium a, lui aussi, un projet de vaisseau spatial. La construction du prototype prendra 4 à 5 ans.

P. 71 – L'interview – Une diététicienne donne des conseils.

La diététicienne : Les alicaments, en fait, c'est vraiment la contraction entre un aliment et puis un médicament, donc on peut retrouver tout à fait des yaourts à base de ferments lactiques. On retrouve également tout ce qui est margarines enrichies en oméga 3 et puis vous retrouvez aussi tout ce qui est pour améliorer le transit intestinal. C'est surtout un avantage marketing, ça permet de vendre le produit. Maintenant, ils ne sont pas mieux que les autres produits. Effectivement, il faut faire attention également à la composition de l'aliment : c'est pas parce qu'il y a marqué « enrichi en tel nutriment » qu'effectivement il est mieux qu'un autre. Il faut vraiment regarder la composition nutritionnelle.

Le journaliste : Est-ce que la composition peut justement cacher des choses un peu perverses, je pense notamment à tout ce qui est « soupes froides », les gaspachos et compagnie. Il n'y a pas que des légumes, il y a parfois beaucoup de graisse.

La diététicienne : Tout à fait, en fait. Vous avez peut-être, il y a des moments où on vous dit il y a cinq fruits et légumes dans un petit tube. Effectivement, vous avez 5 à 10 % de sucre, de sel, etc. Alors qu'effectivement si vous faites votre soupe vous-même vous allez mettre que des légumes dedans.

Le journaliste : Un des phénomènes de l'été c'est les smoothies, les purées de fruits, c'est plutôt sain ou alors, là aussi, il y a des choses dont il faut se méfier ?

La diététicienne : Penser uniquement une purée de fruits pas de souci, c'est un fruit qu'on mixe donc il n'y a pas de problème, c'est compté comme un fruit. Maintenant si on ajoute avec du sucre, tout ça, effectivement, là, ça compte en plus, alors là, il faut faire plutôt attention et limiter la consommation.

Le journaliste : On peut rester en bonne santé sans ingurgiter tous ces nouveaux alicaments, toutes ces nouvelles choses.

La diététicienne : Tout à fait. En fait il suffit d'une alimentation variée et équilibrée, manger de tout en quantité limitée avec le sucre et les matières grasses. Maintenant vous vous faites plaisir et puis c'est bon.

Le journaliste : Par rapport à 20 ou 30 ans la superficie des grandes surfaces a augmenté de manière considérable, les rayons se sont enrichis d'énormément de produits que l'industrie agroalimentaire a créés, des produits transformés. Quel est votre regard de professionnelle là-dessus ?

La diététicienne : Il faut s'en méfier parce qu'effectivement, maintenant, les gens n'ont plus le temps de cuisiner, n'ont plus le temps de préparer à manger, le temps du repas est vraiment très diminué donc c'est manger en 5 minutes, sur le pouce, soit au travail donc effectivement il faut faire très attention. Ils sont, en plus, très riches en matières grasses, très riches en sucres donc moi je les recommande au niveau des patients pour dépanner, sinon il vaut mieux revenir à la cuisine qu'on préparait avec les différents aliments et puis, surtout, être maître de sa matière grasse, être maître de ses propres aliments et non pas avec tous les additifs qu'il y a à l'intérieur.

Le journaliste : Et pourquoi, d'ailleurs, il y a autant d'additifs ?

La diététicienne : Pour conserver en fait.

Le journaliste : Donc on ne peut pas préparer la même chose sans avoir des additifs qui sont écrits en tout petit sur l'emballage et qui sont là, vraiment, des pièges pour la nutrition.

La diététicienne : Tout à fait, certaines études disent même que ça peut provoquer pas mal d'autres maladies, cancers et compagnie. Donc effectivement il faut vraiment s'en méfier et puis le consommer le moins possible.

Leçon 8

P. 73 – L'interview – Éric Quénard, premier adjoint au maire de Reims, explique la politique de rénovation des anciens quartiers de la ville.

Éric Quénard : D'abord l'idée principale derrière c'est de penser aux habitants. Quand on entame une démarche aussi large que celle-ci qui vise à démolir mais surtout à réhabiliter, changer le cadre de vie c'est d'abord pour les habitants. Et c'est comment faire en sorte que les habitants de ces quartiers s'approprient ces projets, ce soient pas des projets qui soient définis dans un bureau très lointainement des habitants mais comment ils puissent y être associés. Donc c'est à travers des réunions de concertation, avec les habitants. Par exemple, nous en avions fait plusieurs sur ce secteur-là, en particulier, quand il s'est agi de démolir cette passerelle commerciale qui existait depuis une trentaine d'années et qui aujourd'hui va donner lieu à de nouveaux commerces

en rez-de-rue, avec de nouveaux logements construits pour transformer, changer le cadre de vie dans ces quartiers qui ont été, faut-il le rappeler, des quartiers construits dans les années 70 et qui se sont petit à petit dégradés.

Le journaliste : Qu'est-ce qu'ils vous ont réclamé ?

Éric Quénard : Les habitants souhaitent une amélioration de leur cadre de vie, ça veut dire quoi ? Ça veut dire à la fois, d'abord, puisque la rénovation urbaine c'est d'abord le logement. Donc c'est comment on réhabilite, comment on démolit, comment on reconstruit des logements qui sont aujourd'hui adaptés à leurs besoins. Donc c'est la taille des logements, c'est aussi le coût sur les loyers demain qui seront proposés à ces habitants mais c'est aussi toutes sortes de services. Comment améliorer dans un lieu qui était dépourvu de commerces, c'est-à-dire développer une offre commerciale plus importante. Comment faire en sorte que les équipements de proximité que peuvent être, par exemple, une maison de quartier où l'on trouve des activités pour les habitants et, en particulier, pour les jeunes de ce quartier. C'est, puisque c'est aussi la spécificité rémoise, c'est que c'est quatre grands quartiers qui sont concernés par la rénovation urbaine, mais c'est aussi un nouveau moyen de transport pour les relier à travers la réalisation d'un tramway et donc, on est sur des effets de levier, entre deux grandes opérations structurantes qui permet d'améliorer la mobilité des habitants tout en repensant complètement les espaces publics puisque après ça va être donné à la piétonisation avec des espaces beaucoup plus grands pour les habitants, un embellissement à travers de la verdure, à travers de nouveaux logements, à travers de nouvelles activités, à travers de nouveaux commerces. Il est loin le temps où chaque zone géographique d'une ville avait une destination particulière, le lieu où on étudiait, le lieu où on travaillait, le lieu où on consommait, où on avait les commerces. Aujourd'hui ce qu'on veut faire à travers cette rénovation urbaine, eh bien, c'est de faire des petites villes, que dans un quartier on ait une petite ville, un lieu où on puisse travailler, où on puisse exercer une activité, aller pratiquer des loisirs mais aussi avoir des commerces de proximité.

Le journaliste : Et les énergies renouvelables, il y en a aussi dans ces nouveaux quartiers ? Je ne vois pas d'éoliennes on est en ville. Est-ce que cette dimension est prise en compte également ?

Éric Quénard : Oui, alors, nous sommes ici sur un quartier qui est rattaché à un réseau de chauffage urbain, du charbon, on brûle les déchets ménagers donc avec la dimension développement durable. Elle est alimentée par cela. Pour autant, on ajoute sur certains projets un petit peu plus loin des panneaux photovoltaïques, de la récupération d'eau de pluie.

Transcriptions

P. 79 – L'interview – Le journaliste Sylvain Besson présente l'organisation politique et administrative de la Suisse.

Sylvain Besson : Le pouvoir législatif s'organise autour d'un Parlement constitué de deux chambres comme dans pratiquement tous les pays démocratiques, donc il y a une chambre qui représente le peuple, comme on dit en Suisse, donc le souverain et une chambre qui représente les cantons qui sont les états constitutifs de la Suisse. Donc il y a une chambre haute et une chambre basse.

Le journaliste : L'exécutif ensuite ?

Sylvain Besson : L'exécutif est un gouvernement composé de sept membres. C'est un exécutif qui n'a pas de chef, c'est-à-dire il y a un président de la Confédération qui est nommé chaque année mais qui n'a pas de pouvoir particulier, donc c'est un président honorifique et, en fait, le pouvoir exécutif réside dans le gouvernement composé de sept membres qui sont désignés par le Parlement. C'est très important de le noter, c'est pas le peuple qui les élit c'est le Parlement qui les désigne et c'est un des pouvoirs les plus importants du Parlement. Il a aussi le pouvoir de les réélire chaque année ce qu'il fait de façon tout à fait pratiquement automatique. Il arrive quand même dans des cas exceptionnels, et c'est arrivé ces dernières années, que des membres du gouvernement ne soient pas réélus.

Le journaliste : Les électeurs élisent donc les membres du Parlement, chambre basse et chambre haute. Comment s'organise ensuite la vie quotidienne en Suisse ? Qui a les pouvoirs ?

Sylvain Besson : Alors il y a deux éléments qui sont très importants. D'une part c'est la démocratie directe c'est-à-dire le fait que énormément de décisions se prennent dans des référendums ou des initiatives populaires où au fond tous les électeurs votent sur un sujet bien précis, par exemple est-ce qu'il faut adhérer, je sais pas, à l'Organisation des Nations unies, par exemple. C'était un sujet qui a fait beaucoup débat pendant beaucoup d'années. Bon, ben, finalement, très, très tardivement la Suisse a adhéré à l'ONU, il y a quelques années, par un vote populaire. Mais ça peut être énormément de sujets sont traités comme ça, pratiquement tous, en fait. Alors, la deuxième chose, c'est le système fédéral, la Suisse est un pays fédéral donc à l'origine il n'y avait pas de pays « Suisse », il y avait en fait des mini-États d'origine médiévale, on va dire, qui étaient des villes ou des petits territoires montagneux qui étaient souverains pour absolument tout. Donc c'étaient des États qui décidaient de leurs propres affaires qui se sont regroupés à partir du Moyen Âge disons, pour finalement créer l'État suisse moderne qui date du XIXᵉ siècle. Les cantons restent quand même très puissants aujourd'hui puisqu'ils ont notamment la haute main sur la police. Chaque canton a sa police. Chaque canton a sa justice, son système de santé, son système scolaire, etc., etc. En fait tous les pouvoirs qui ne sont pas expressément dévolus au pouvoir fédéral reviennent au canton. Donc les cantons ont tous les pouvoirs sauf ceux qui sont expressément donnés par la Constitution à l'État fédéral.

Le journaliste : Quels sont-ils alors ces pouvoirs qui relèvent du niveau fédéral ?

Sylvain Besson : Ce sont les pouvoirs régaliens de tous les États fédéraux en fait, la défense, la monnaie, la politique sociale revient aussi à l'État fédéral. De manière générale, on observe que, de plus en plus, l'État fédéral suisse qui est quand même, toujours, un petit pays a de plus en plus de pouvoirs au détriment des cantons. C'est un problème qui existe dans tous les États fédéraux, en fait.

Le journaliste : On peut dire que ça ressemble plus à une organisation type américaine qu'à une organisation française.

Sylvain Besson : Ça ressemble énormément aux États-Unis de sorte que, même, on parle parfois de République sœur. Bon, on en parle plutôt côté suisse, la disproportion de taille est quand même absolument massive mais en termes d'organisation constitutionnelle il y a une réelle ressemblance sauf qu'en Suisse il n'y a pas de président très puissant, etc. Les choses sont quand même organisées un peu différemment mais l'existence d'États souverains en fait qui composent le pays ça fait ressembler énormément aux États-Unis. Il y a d'autres pays fédéraux quand même en Europe qui ressemblent à la Suisse. C'est le cas de l'Autriche qui est devenu un État fédéral après la Seconde Guerre mondiale sur le modèle suisse. C'est le cas de l'Allemagne aussi qui était de longue date un État décentralisé et qui ressemble par beaucoup, disons par la puissance des *Lander*, ressemble beaucoup à ce qu'on observe en Suisse avec les cantons.

Leçon 9

P. 91 – L'interview – Caroline a une passion, la couture.

Caroline : Comme beaucoup de petites filles de mon âge, à l'époque, nos mamans, pour certaines, étaient encore quelques-unes à la maison et donc moi j'ai vu ma maman coudre des coussins, des rideaux. Je l'ai vue se coudre une robe à l'occasion d'un mariage. Elle avait flashé dans les magazines sur la robe de Caroline de Monaco et elle avait voulu se refaire la même, voilà.

Le journaliste : Est-ce que c'est pour ça que vous vous appelez Caroline ?

Caroline : Je sais pas mais bon, en l'occurrence, je sais que la robe en tout cas lui avait beaucoup plu. Et elle l'avait très, très bien réussie. Donc il y avait effectivement l'image de ma maman et ensuite très pratiquement j'ai fait de la danse classique pendant de longues années et pour les galas de fin d'année il fallait évidemment avoir des costumes pour monter sur scène et ça coûte très cher de faire fabriquer des costumes par des couturières. Ma maman n'avait pas les moyens de me financer tout ça ; donc au départ elle a cousu pour moi et puis j'ai grandi, j'ai des petites sœurs qui sont arrivées et elle m'a dit : « Écoute, là, j'ai plus le temps. Donc c'est très simple tu vas voir. Tu vas te mettre derrière la machine. Je vais te montrer et tu vas faire. » Et ben voilà, je m'y suis mise comme ça, en fait. Bon des costumes comme ça c'est génial parce qu'il y a un côté un petit peu princesse, un petit peu fée aussi par moments. Les matières sont amusantes, sont rigolotes, sont pailletées, brillantes donc c'était très sympa et puis fini, plus rien pendant de nombreuses années.

Le journaliste : Comment c'est revenu alors ?

Caroline : Je suis partie en Chine et je demande à mon accompagnatrice sur place de m'amener dans un marché de tissus et j'ai retrouvé des tissus traditionnels chinois qu'on voit depuis de nombreuses années à Paris, dans des boutiques un petit peu bobo branché, ce fameux tissu rouge aux pivoines avec des fleurs... et j'en ramène plusieurs mètres dans toutes les déclinaisons de couleurs, le rouge, le bleu, le vert, etc., et donc je suis rentrée en plus chez mes parents donc j'ai récupéré la vieille machine à coudre que m'avait donnée une grand-tante et j'ai réussi à fabriquer ces fameux coussins, plus quelques bêtises et il y a quelque chose qui m'a énormément aidé, c'est Internet.

P. 97 – Le témoignage – Un moment de peur.

Patrick : Alors moi, un jour, j'étais sur le périph, en voiture et puis, y a un camion, derrière, qui me colle et qui me fait des appels de phares parce que je roulais pas assez vite. Klaxon, etc. Et, puis moi, il commençait vraiment à m'énerver. Donc, à un moment, j'ai donné un coup de frein, un coup de frein pour lui faire comprendre qu'il me collait trop et que c'était trop dangereux, qu'il avait une conduite dangereuse. Et puis j'accélère et puis je redonne un coup de frein et puis il me colle et puis, etc. Enfin, on s'est un petit peu titillé comme ça sur... pendant deux minutes et je voyais que le mec était fou dans son camion. Et puis, un moment plus tard, donc il sort du périphérique et puis, moi aussi je sors un petit peu plus loin de lui, comme ça. Et puis, je commence à descendre sur la bretelle de sortie et puis qu'est-ce que je vois, au feu rouge, au bout de la bretelle. Le poids lourd était arrêté au feu rouge et je vois le chauffeur descendre de son camion et se diriger vers moi, vers ma voiture alors que moi j'étais encore dans la voiture en train de rouler. Et alors là j'ai commencé... j'ai été pris de panique et je me suis dit : « Mais qu'est-ce que je fais ? » Alors je commence à ralentir... Je freine, je regarde dans mon rétroviseur. Je me dis « Je peux pas faire marche arrière » « Je peux pas retourner en marche arrière sur le périph. Ça va être trop dangereux. Ça va... Je vais provoquer un accident. » Et puis je vois le mec, qui faisait deux mètres de haut, qui devait faire 150 kg, qui me fonce dessus, sur la route, tout seul et puis moi, j'étais là, dans ma petite voiture et je me dis « Qu'est-ce que je fais ? » Alors, au dernier moment, j'ai pris une décision un peu, un peu idiote. Je me suis dit : « Et bien, je lui fonce dessus ! » Voilà, j'ai commencé à accélérer, je lui ai foncé dessus, mais comme un fou comme ça dans ma voiture et au dernier moment, ouah... Je me suis déporté vers la droite et lui, il s'est jeté comme un malade sur le toit de ma voiture. J'ai entendu un gros « brou », un gros bruit comme ça et j'ai regardé dans le rétroviseur. Il était encore debout et il me courait après ! Et alors donc, et il y avait un feu et il y avait plein de voitures arrêtées et le mec me courait après derrière. Alors moi, j'arrive en bas, je commence à klaxonner partout pour que les gens me laissent passer mais personne me laissait passer parce que tout le monde était arrêté au feu rouge. Il a fallu que je monte sur les trottoirs avec ma voiture. J'ai renversé une poubelle et tout ! Mais c'était un truc de fou, quoi... J'étais terrorisé dans ma voiture et j'ai réussi à griller le feu en passant sur les trottoirs et en doublant les voitures. Et puis, mais alors, pendant après, pendant au moins une demi-heure j'avais le cœur qui battait à 150 et puis je regardais sans arrêt dans mes rétroviseurs pour savoir où était le mec. Alors après je l'ai plus vu, évidemment et puis, je suis rentré chez moi mais, hou... J'ai eu très, très peur, quoi. Et puis, ah oui, et à la fin, je me suis aperçu, en fait, finalement, il y avait un petit trou sur le toit de la voiture, voilà, qu'il avait provoqué en se jetant dessus.

Leçon 10

P. 99 – L'entretien – Un fan de séries télévisées.

Le journaliste : Qu'est-ce qu'ont ces séries américaines et que les producteurs et réalisateurs français n'ont pas réussi à recréer ?

Mattéo : Je pense qu'il y a des réalités assez terre à terre de moyens qui font que peut-être en France les chaînes ont pas forcément le même budget à consacrer aux séries et puis elles sont plus frileuses à l'idée de financer des séries un petit peu actualisées, on va dire. Donc c'est vrai comme le succès de « Plus belle la vie, par exemple, en France, même si je le respecte totalement, à la fois je le comprends parce que ça fait appel à des choses assez simples et puis ça passe à une heure où on n'a pas forcément envie de réfléchir et à la fois je trouve que, effectivement, ça laisse dominer une impression un peu ringarde dans la création française qui peut aussi avoir cours dans les films policiers par exemple. Quand on regarde un film policier américain et un film policier français on voit tout de suite la différence. Ça vaut également un peu pour les séries même si avec des séries comme « La Commune » ou comme « Mafiosa » on progresse un petit peu, je trouve, au niveau

français. Donc ça vient d'un côté formel mais également sur le fond, je trouve que les Américains ont beaucoup de défauts mais ils sont capables de regarder leur passé récent et leur présent avec des yeux complètement honnêtes alors que nous, en France, il a fallu attendre l'année dernière pour que apparaissent les premiers films sur les « Indigènes de la République » ou sur la guerre d'Algérie. Alors, la guerre d'Algérie il y en a eu avant. Le film le plus marquant c'est *La Bataille d'Alger*. C'est un film qui a été fait par un Italien, c'est pas un Français. Donc c'est... Voilà, je pense qu'en France il y a ça. Sur la forme, le côté manque de moyens et, peut-être d'imagination, manque de prise de risque et le côté où l'on n'ose pas trop s'attaquer à des choses qui sont encore des plaies dans l'imaginaire de beaucoup de Français.

P. 105 – Le témoignage – Le métier de scénariste.

Le journaliste : Les projets vous les apportez à qui ? À des réalisateurs, à des distributeurs ?

Alain Le Henry : Ah, on trouve d'abord, on essaye, on cherche un réalisateur et souvent, et, ou un producteur. Ce sont les deux partenaires de départ, l'un pour la pensée, l'autre pour l'argent et puis, quelquefois, voilà, pour un ensemble. Très bêtement, on va se dire, voilà, pour faire un enfant il faut deux personnes. Ben, voilà, il y a un réalisateur, il y a un scénariste et c'est souvent, d'ailleurs, une vie de couple c'est-à-dire que, on peut démarrer très, très fort dans une vie de couple. On fait un film, un deuxième film, un troisième film et, en ce qui me concerne en tout cas, et peut-être aussi mes camarades, au bout d'un moment, voilà, on se sent un peu usé, on sent qu'on est allé jusqu'au bout peut-être de quelque chose, jusqu'au bout d'une collaboration, jusqu'au bout d'un couple entre guillemets, et on passe à quelqu'un d'autre.

Le journaliste : Un scénario, ça se présente comment ? Ça ressemble à quoi ? C'est comme un bouquin, c'est une histoire ? C'est que du texte ou il y a déjà des images ?

Alain Le Henry : Non, non, en général, il n'y a pas d'images. C'est que du texte. C'est quelquefois assez aride à lire parce que ça n'est pas une nouvelle, ça n'est, bien entendu, pas un roman. Il y a des numéros, il y a des nombres. Il y a déjà une certaine forme de découpage. Il faut être synthétique, comme ici, donc par conséquent, il faut essayer de suggérer comme ça une image, une ambiance en quelques lignes, parce que, on va dire qu'un scénario, ça tourne autour de 80, 90, 100 pages, à peu près, un film d'une heure et demie, quoi. Et, en même temps avoir déjà dans l'écriture le sens de l'image. Parce que, je pense qu'il n'y a pas d'un côté l'écriture et d'un autre côté la mise en image. Finalement, un scénario c'est pas uniquement raconter une histoire c'est aussi se poser déjà en racontant cette histoire le problème du film à venir. Quel film va naître

de cette réflexion, de cette imagination ? Quel type de film ?

Le journaliste : Le scénario que vous auriez aimé signer mais c'est pas vous qui avez eu l'idée.

Alain Le Henry : Ah oui, ça c'est une jolie question. Il y a beaucoup, là pour le coup il y en aurait énormément. Ben j'aurais aimé écrire *Laurence d'Arabie*.

Leçon 11

P. 107 – Le document sonore – Les informations du 13 juillet 2013.

La journaliste : Et tout d'abord cette catastrophe, hier, en gare de Brétigny : un train Intercité qui reliait Paris à Limoges a déraillé. L'accident a eu lieu à 17 h 30 et le bilan est lourd : 6 morts, 9 blessés graves et des dizaines d'autres blessés. Pour une raison encore inconnue, le train s'est couché sur la voie et une voiture s'est coupée en deux. D'après la SNCF, ce n'est ni une collision, ni un accident dû à la vitesse. Toutefois, des travaux avaient lieu dans cette gare et une défaillance des installations n'est pas une hypothèse à écarter. La circulation des trains a été interrompue et la gare est fermée pour trois jours.

• Ça y est, les résultats du bac 2013 ont été officiellement publiés. Une excellente année avec 87 % de réussite toutes sections confondues. Les mentions sont aussi en augmentation et, aujourd'hui, la mention « Très bien » n'est plus une exception : 10 % des candidats l'obtiennent, alors qu'ils n'étaient que 2 % il y a 15 ans. Alors, nos lycéens sont-ils meilleurs ou bien est-ce les professeurs qui sont moins exigeants ? Le débat est ouvert.

• Et puis, dans la classe politique, c'est l'attente. Demain, à l'occasion du 14 Juillet, le Président François Hollande doit s'exprimer. Il sera interrogé par deux journalistes et l'entretien sera diffusé sur TF1 et sur France2. Le Président tentera d'expliquer une politique qui est de plus en plus critiquée, y compris dans son propre camp.

• Inquiétude chez Peugeot. Jusqu'à aujourd'hui, le constructeur automobile avait résisté à la baisse des ventes en Europe grâce au développement de son réseau à l'étranger. Mais avec le ralentissement économique des pays émergents, certains commencent à douter de l'avenir de Peugeot. Les dirigeants de l'entreprise mettent tous leurs espoirs dans la Chine où la marque est encore peu présente.

• Tour de France. C'est le Britannique Mark Cavendish qui a gagné la 13e étape : Saint-Amand – Saint-Pourçain, une étape de 173 km dans les plaines du centre de la France qui devait être tranquille, mais qui

Transcriptions

s'est révélée passionnante. Au classement général, Froome est toujours maillot jaune mais l'Espagnol Contador se rapproche.

• Et puis, dans le foisonnement des festivals qui vous sont proposés un peu partout en France en ce mois de juillet, je retiendrai aujourd'hui, la semaine sud-africaine. Danse, expositions, concerts, théâtre... De nombreux spectacles sont programmés à Paris, Avignon ou Vienne. Des spectacles étonnants de créativité où la figure de Nelson Mandela, personnification de toutes les résistances, est omniprésente.

• Enfin, il paraît que ce n'est plus qu'une question d'heures... La naissance du bébé de Kate et du prince William, descendant de la couronne d'Angleterre, serait imminente. Le Royaume-Uni se prépare à cet événement qui pourrait avoir lieu ce week-end.

P. 113 – Le micro-trottoir – Réactions après l'exposition « Our body, à corps ouvert ».

Le journaliste : Avant de voir cette expo vous soupçonniez qu'on puisse conserver les corps de cette manière ?
– Non, pas du tout. Je ne savais pas que ça existait.
– Surprenante, inattendue, un peu effrayant au début mais on s'y habitue à la fin.
– Ça me paraît être quelque chose de très difficile à préparer et puis très impressionnant.

Le journaliste : Vous allez vous regarder vous-même différemment maintenant ?
– Oui, oui. Je vais m'ausculter un petit peu, un petit peu mieux.

Le journaliste : Qu'est-ce qui vous a effrayé ?
– Déjà le fait que ce soit des vraies personnes humaines.
– Moi, ce qui m'a impressionné c'est toutes les ramifications sanguines. Et tout ça au niveau du corps, tout ça... C'est très impressionnant...

Le journaliste : Il y a des choses qui vous ont choqué dans ce que vous avez vu ?
– Peut-être le crâne du bébé mais sinon dans l'ensemble il n'y a rien qui m'a choqué en particulier.
– J'amènerais pas forcément des enfants de tout âge ou vraiment il faut bien les préparer et leur expliquer.

Le journaliste : Vous y avez amené des enfants, vos enfants, qui sont plutôt jeunes. Vous saviez exactement ce qu'ils allaient voir et ce que vous alliez voir.
– Oui, oui, j'avais vu... J'étais allée sur le site Internet. J'en avais entendu parler donc je m'étais documentée avant. Enfin, ils savaient à quoi ils s'attendaient parce qu'ils, elles avaient vu les images.

Le journaliste : Elles ont souhaité venir ou vous avez souhaité les amener ?
– C'est plutôt moi qui ai proposé, oui, oui...

Le journaliste : Et sur un plan cette fois un peu éthique, sur le principe même de conserver les corps de cette manière, de les disséquer ensuite pour les présenter au public... quel avis vous avez sur cette question ?
– Je pense... j'espère qu'au départ les personnes qui sont exposées là ont signé un accord. Alors, évidemment, quand on signe un accord pour donner son corps à la science on ne s'imagine pas forcément qu'on sera exposé dans une salle. À partir du moment où c'est fait dans un respect... le comportement du public est assez respectueux donc... Mais, on y pense... Moi j'y pense, en voyant les corps, à ces personnes-là mais je ne suis pas choquée. Je ne suis pas persuadée qu'elles s'imaginaient être exposées à Paris, comme ça.

Le journaliste : Vous-même, vous envisageriez de donner votre corps à la science.
– C'est vrai quand on signe pour ça il faut signer... on ne s'imagine pas forcément où on va finir. J'ai déjà fait de la dissection en salle d'anatomie donc... C'est sûrement plus choquant en salle de dissection avec des étudiants en médecine que là.

Le journaliste : Donc ça ne vous a pas fait changer d'avis ?
– Je ne pense pas.

Le journaliste : Qu'est-ce qui vous a donné envie de venir ?
– Je devais aller visiter les catacombes, c'était fermé. Ça s'appelle un plan B.

Le journaliste : Un plan B dans les catacombes du corps humain.
– Voilà !

Leçon 12

P. 115 – L'interview – La préparation des coquilles Saint-Jacques.

Anne Hudson : Elle tient son nom d'un lointain passé lorsque les premiers pèlerins se rendaient à Saint-Jacques-de-Compostelle. Au retour de leur pèlerinage ils rapportaient une coquille ramassée lors de leur passage sur les côtes de la Galice. Cette coquille leur servait non seulement de récipient pour boire et se nourrir mais aussi de sébile pour quémander quelques oboles. Si les coquilles Saint-Jacques n'étaient pas très appréciées à l'époque pour leurs qualités gustatives, elles se sont bien rattrapées. Elles font maintenant partie des plus beaux produits de la gastronomie. Yvan, le plus parisien des chefs belges, l'accommode avec deux produits de son pays, la bière et les endives ou chicons.

Yvan : Je pense que c'est un joli mariage entre la bière qui est une boisson du Nord, l'endive, le chicon, création belge, et la Saint-Jacques qui vient vraiment de la mer du Nord. Alors, ben, c'est simple, on émince les chicons. On les lave bien, bien sûr, on les sèche. On les poêle au beurre avec un petit peu de sel, du poivre, de la muscade.

Anne Hudson : On les émince, heu...

Yvan : On les émince au couteau ou en fine julienne ou grossièrement et donc dans une poêle antiadhésive une belle noix de beurre. On fait colorer les endives avec du sel, du poivre, le petit secret c'est une pointe de muscade pour qu'il caramélise encore mieux que la normale, une petite pincée de sucre.

Anne Hudson : Voilà.

Yvan : C'est ce qui donnera le côté un petit peu croustillant. Donc on réserve nos endives qui sont colorées, braisées si on peut employer l'expression.

Anne Hudson : Ça cuit très vite, hein.

Yvan : Ça cuit très vite, en quatre-cinq minutes. Et nos coquilles Saint-Jacques sont ébarbées, on enlève le corail. Elles sont bien lavées, bien séchées. On les poêle moitié beurre, moitié huile. Ça, c'est un petit secret aussi, moitié beurre, moitié huile, coloration sans que ça brûle donc une minute de chaque côté avec un petit peu de sel et poivre. On réserve un petit peu de fumet de poisson. On en trouve maintenant tout fait dans les grandes surfaces.

Anne Hudson : Et pour nous c'est plus facile quand même.

Yvan : C'est plus facile, voilà. Donc je vais dire pour quatre personnes 25 centilitres de fumet de poisson, la même quantité en quantité de bière, une bière blonde parce qu'elle est moins amère que la bière brune. On fait réduire le tout et on monte avec une petite noix de beurre au fouet. On dresse au milieu de l'assiette les endives braisées, les quelques coquilles Saint-Jacques qu'on dispose dessus et on nappe avec la petite sauce et je peux vous assurer que c'est un régal.

P. 121 – L'interview – Les vins de Bordeaux.

Le journaliste : Ils comptent parmi les meilleurs ambassadeurs du raffinement français. Je veux parler des vins de Bordeaux. Leurs noms résonnent au creux de nos oreilles comme une caresse de velours sur la joue. Fermez les yeux et écoutez : Château Pétrus, Château Lafite, Mouton-Rothschild, à votre santé mesdames - messieurs mais à côté de ces bordeaux prestigieux il y a aussi les petits bordeaux. 85 % de la production, des vins qui s'écoulent à moins de 5 euros la bouteille. Le problème, c'est que ces petits bordeaux se vendent de moins en moins bien, notamment à l'étranger. Moins 40 % d'exportation en 2003. Et à cause de quoi ? Eh bien à cause de la concurrence étrangère, australienne notamment qui vinifie des nectars gorgés de soleil, plus ronds, plus sucrés et donc plus faciles d'accès. Du coup certains spécialistes préconisent tout simplement de faire évoluer le goût des vins de Bordeaux pour les rendre plus accessibles aux palais les moins aguerris et notamment aux palais de ces nouveaux consommateurs zappeurs séduits par les vins du Nouveau Monde.

Laurent Martéo est allé prendre l'avis d'un spécialiste, l'œnologue Patrick Léon qui a longtemps présidé aux destinées de Mouton-Rothschild.

Patrick Léon : On trouve des goûts simples sur les climats d'ailleurs chauds de l'hémisphère Sud ou méditerranéens. C'est parce que c'est plus sucré, c'est plus rond, c'est plus charnu. Le vin se... rentre plus facilement en discussion, je dirais, avec le consommateur. On trouve des vins plus complexes dans des terroirs atlantiques comme chez nous à Bordeaux, océaniques, qui sont le résultat de l'assemblage de nos différents cépages et de nos différents terroirs. Et le goût des gens évolue. Le nouveau consommateur commence par des vins rosés et des vins blancs et souvent sucrés. Ensuite, au fur et à mesure où sa culture augmente il passe par des rouges, des rouges légers, fruités et au fur et à mesure où sa connaissance et son goût évoluent il va vers des rouges de garde qui ont plus de structure, un petit peu plus de tanin. Ils ont plus d'harmonie, ils sont plus complexes. Vous gardez les perceptions en bouche plus longtemps et ils demandent des moments un petit peu plus privilégiés que le vin sucré, simple, rond, fruité qu'on peut boire plus facilement tous les jours. Alors Bordeaux doit pouvoir être capable de répondre aux différentes strates du marché et aux différents types de vin. Bordeaux, c'est cent vingt mille hectares, c'est plus de six millions d'hectolitres de vin donc Bordeaux doit pouvoir répondre à toutes ces exigences.

Leçon 13

P. 133 – L'interview – Karima Delli, députée européenne, donne son opinion sur la politique des quotas.

Karima Delli : Je trouve que la politique dans laquelle on est, est complètement scandaleuse. C'est-à-dire qu'on ne prend pas la souffrance des gens, on met à la place des chiffres c'est-à-dire que toutes ces personnes qui sont sur notre territoire, la France qui a toujours été un pays d'immigrés d'Europe, d'Afrique, etc., qui a un visage multiculturel, aujourd'hui on l'enferme dans quelque chose qui ne lui ressemble pas. Je suis contre cette politique des quotas et moi je suis pour la régularisation de tous les sans-papiers. Aujourd'hui on se sert un petit peu justement des immigrés, des sans-papiers comme des boucs émissaires. Le chômage, c'est les sans-papiers, la précarité, c'est les sans-papiers, la pauvreté, c'est eux. C'est faux de dire ça. Ce sont un apport merveilleux, d'une multitude de cultures, de pratiques, de valeurs, de traditions auxquelles on n'a pas le droit de renoncer. Je suis contre cette politique des quotas quels qu'ils soient.

Le journaliste : Même quand il s'agit de quotas de « discrimination positive », que ce soit pour la parité ou autre.

Karima Delli : Quand on dit « discrimination positive » ça induit qu'il y a toujours une discrimination négative donc, il y a de la discrimination quand même. C'est vrai que les femmes ont dû se battre et c'est tant mieux. Cette parité aujourd'hui dans le droit mais elle n'est toujours pas appliquée. Où sont les 50 % de femmes dans nos instances que ce soit à l'Assemblée nationale ou le Sénat ? Par rapport au quota sur la diversité moi, je n'aime pas le mot diversité parce que ça voudrait dire que vous avez sur des listes des divers et de reste des non-divers. Qu'est-ce que ça veut dire ? On est des personnes avant tout quelles que soient nos compétences, nos parcours, nos luttes. Moi, j'ai eu tendance à dire pendant la campagne la diversité sur la liste Europe Écologie, notamment en Île-de-France. Il y avait un Dany Cohn-Bendit, un Franco-Allemand, une Franco-Norvégienne avec Éva Joly et deux Franco-Chtis que soient Pascal Canfin et moi. Eh ben voilà, on est unis dans la diversité. La diversité, aujourd'hui, je crois, c'est un outil qui est beaucoup utilisé pour se donner bonne conscience. Dire diversité c'est-à-dire, moi je veux qu'on lutte contre toutes les discriminations, qu'on énonce réellement les discriminations et puis à partir de ce bilan, qu'est-ce qu'on fait ? Voilà, et ce débat-là, ben, on ne l'a pas, malheureusement.

P. 139 – L'interview – Définition de la laïcité.

Monique Vézinet : Il y a des tenants de la laïcité qui utilisent le terme avec des adjectifs de type laïcité « ouverte », laïcité « plurielle » qui signifie en réalité que ils souhaitent qu'on donne une place aux communautés et notamment aux communautés religieuses. C'est une tendance qui s'est fait jour bien souvent, malheureusement, pour acheter la paix sociale et confier à des groupements privés en l'occurrence confessionnels des tâches que le service public ne pouvait plus assumer. Et on peut craindre que l'Éducation nationale avec les difficultés qu'elle traverse n'ait tendance à se décharger de plus en plus sur les écoles confessionnelles à l'avenir.

Le journaliste : Qu'est-ce qui vous fait dire que la laïcité ne doit pas évoluer dans cette direction, plurielle, ouverte, etc. ?

Monique Vézinet : Vraiment ce principe de séparation entre les sphères privée et publique mais aussi entre les financements car, normalement, l'argent public ne devrait aller qu'à des entreprises publiques. Or, dans de multiples domaines il y a des infractions à cette règle et ça reste le cas pour le financement public de l'école privée.

Le journaliste : Vous parliez d'atteintes parfois locales, très isolées au principe de la laïcité. Est-ce que, par exemple, de réserver un gymnase pendant quelques heures à un certain public, à des femmes voilées c'est remettre en cause le principe de la laïcité ? Ça va vers ce que certains appellent la laïcité plurielle ou ouverte.

Monique Vézinet : Ah, tout à fait, tout à fait. C'est le cas des horaires, des jours séparés dans les piscines. Effectivement, il y a des difficultés qui apparaissent dans les gymnases, dans toutes sortes de lieux où le principe de laïcité n'est pas bien compris. Cela ne veut pas dire qu'on ne puisse pas respecter, dans certains cas, la sensibilité de tel ou tel public mais les choses doivent être distinguées selon le lieu dont on parle : s'il s'agit de lieux publics il ne doit y avoir aucune distinction entre les publics, s'il s'agit de lieux privés par contre, un règlement intérieur peut prévoir que les femmes portant telle ou telle tenue ne seront pas admises mais il faut que ce soit dit à l'avance. Il y a eu un jugement à ce sujet concernant un gîte dans les Vosges dont la propriétaire avait souhaité faire partir des locataires voilées. Elle a été condamnée assez lourdement, on peut le penser, mais de fait elle n'avait pas le droit de les refuser sans avoir affiché par avance cette règle du jeu dans son gîte.

Leçon 14

P. 141 – L'entretien – Le bénévolat en France.

Olivier Mathurin : On dit souvent que les Français sont solidaires et qu'ils sont nombreux à donner de leur temps gratuitement pour venir en aide aux autres. Nombreux c'est vite dit, les bénévoles réguliers, ceux qui adhèrent à une association et qui s'investissent au minimum deux heures par semaine ne sont pas plus de trois millions et ce nombre n'augmente pas, au contraire les grandes associations nationales (Restos du cœur, Secours catholique, Médecins du monde et autres) constatent une érosion de 5 % de leurs effectifs réguliers depuis les années 99-2000. Ceux qui prédisaient un essor de l'engagement bénévole avec la mise en place des 35 heures se sont trompés. Pour Jacques Mallet, l'auteur de l'étude, c'est une question d'état d'esprit qui a changé.

Jacques Mallet : Évidemment le temps disponible est plus important depuis la réduction du temps de travail mais les personnes qui reçoivent les candidats bénévoles s'aperçoivent qu'il y a chez ces candidats un peu plus d'exigences qu'avant, de la même façon qu'on veut planifier son emploi du temps par rapport à la vie professionnelle, on veut également planifier son emploi du temps par rapport à la vie disponible, et de façon paradoxale on arrive à cette situation de personnes plus disponibles en volume mais moins disponible sur les créneaux qui intéressent les associations.

Olivier Mathurin : Autre enseignement de cette étude, c'est dans les départements ruraux que l'engagement bénévole est proportionnellement le plus fort, la Manche, la Mayenne, les Deux-Sèvres ou encore le sud du Massif central alors que les grandes régions urbaines, Île-de-France entre autres, arrivent loin derrière. Le temps de trajet dans les grandes agglomérations y est sûrement pour quelque chose, mais Jacques Mallet y voit

Transcriptions

aussi le résultat d'une certaine accoutumance des citadins aux différentes formes d'exclusion.

Jacques Mallet : En région parisienne la misère, les difficultés qu'éprouvent les autres se banalisent, alors qu'en milieu rural elles sont identifiées. On connaît la personne, on sait d'où elle vient, on sait ce qui lui arrive et je pense que de ce fait la solidarité est plus forte, donc le bénévolat se mobilise plus facilement.

Olivier Mathurin : Pour renforcer l'engagement bénévole là où il faiblit il faut, dit Jacques Mallet, rendre plus lisible les besoins des associations pour que chaque Français désireux de s'engager puisse offrir le meilleur de lui-même là où il sera le plus utile.

P. 147 – L'interview – La loi 101 au Québec.

Patrice Dallaire : Cette Charte-là, comme le dit le nom donc c'est une loi importante, c'est une loi qui fait du français la seule langue officielle du Québec, la langue de l'administration et la langue du gouvernement, la langue de la société essentiellement

Le journaliste : Qu'est-ce que ça a changé que cette Charte soit adoptée par l'Assemblée nationale, c'était le 26 août 1977.

Patrice Dallaire : Ça a changé beaucoup de choses, ça a changé par exemple au niveau de l'immigration, il y avait des dispositions qui ont fait en sorte par exemple que les enfants d'immigrants ont été légalement obligés de fréquenter l'école française, parce qu'avant on avait ce qu'on appelait le libre choix, et on avait une situation où 90 % des immigrants choisissaient le secteur anglophone, et avec l'importance du niveau d'immigration on pouvait avec certains modèles prévoir une situation où dans une ou deux générations au maximum les francophones dans la région de Montréal auraient été minoritaires, et sans le Montréal français, Montréal qui est le cœur et le poumon culturel du Québec, qui est la deuxième ville française du monde, sans le Montréal français, à mon avis il n'y a plus de Québec français.

Le journaliste : Cette Charte a été accompagnée d'une loi célèbre au Québec, la loi 101, mise en place par le gouvernement de René Lévêque. Qu'est-ce que cette loi 101 a changé ?

Patrice Dallaire : Elle a changé, je pense, justement la perception que les Québécois avaient d'eux-mêmes. Vous savez on revenait de loin en 77. Dans les années 60 on se disait, on a besoin des Anglais, on n'osait pas trop s'affirmer, les gens pensaient que, bon, l'éducation bilingue qui est une machine à assimiler, on pensait : bon, c'est la meilleure façon parce qu'il faut que nos enfants apprennent l'anglais parce qu'ils vont réussir en affaires. Alors on a changé finalement notre mentalité. On sait qu'on peut très bien réussir, on a construit par exemple tous les grands barrages au Québec qui sont les principaux symboles économiques de notre réussite avec Hydro-Québec, tout ça c'est

fait en français. Alors ça a changé beaucoup notre façon de percevoir notre propre pouvoir politique.

Le journaliste : Avant cette Charte, qu'est-ce que vous disaient les anglophones dans les rues de Montréal, parfois ?

Patrice Dallaire : Ben écoutez, il y a eu des choses qui étaient un peu désobligeantes qui étaient dites à l'occasion mais essentiellement des gens se faisaient dire dans certains grands magasins : « Speak white », on se faisait dire des trucs comme ça.

Le journaliste : Qui veut dire ?

Patrice Dallaire : Qui veut dire « Parlez le langage des Blancs » essentiellement. Le français était considéré comme une langue indigène par certaines personnes, une minorité sans doute mais c'est le genre de choses qui était très très choquant, donc en obligeant qu'il y ait de l'affichage en français, en obligeant que les services soient donnés en français, en obligeant par exemple les infirmiers ou les gens qui pratiquent certaines professions à avoir un minimum de compétences en français, on s'assurait que les Québécois francophones qui forment la majorité pouvaient partout au Québec recevoir des services en français.

Leçon 15

P. 149 – Le reportage – Menace de privatisation de La Poste.

Gaël Letanneux : Entre grève des enseignants et manifestations des fonctionnaires, l'automne a été chaud et s'il y a une réforme qui ne passe pas comme une lettre à la poste, c'est bien celle du courrier. Précisons qu'au moment où nous enregistrons cette émission le gouvernement n'en fait plus une priorité à court terme en raison de la crise. Mais il considère cette réforme comme nécessaire et promet de la mettre en œuvre car la France a pris des engagements au niveau européen pour libéraliser ses services postaux d'ici à 2011. Et ça coince. Pourquoi ? Parce que les syndicats craignent une privatisation pure et simple de la Poste. Une idée qui fait bondir les habitants des communes rurales car c'est évidemment dans les campagnes que les bureaux de poste sont menacés de fermeture faute de rentabilité. Exemple dans le Massif central, à Saint-Amand-Roche-Savine, un petit village de 500 habitants. Là-bas, la mobilisation est forte. « Touche pas à ma poste », c'est un reportage de Victor Honnet.

Victor Honnet : La petite agence installée au rez-de-chaussée d'un immeuble ancien est encore ouverte 6 jours sur 7. Son activité est en hausse et pourtant c'est une agence comme beaucoup d'autres en France menacée de déclassement. Le bureau de poste de Saint-Amand deviendrait alors un bureau annexe ouvert moins souvent

avec moins de personnel et des services revus à la baisse. Le premier pas vers la fermeture définitive d'après le député-maire, le communiste André Chassaigne.

André Chassaigne : Avec l'ouverture de la Poste à des capitaux et la privatisation de la Poste, il est bien évident que demain les actionnaires qui seront comme des loups dans la bergerie n'accepteront pas que l'on finance une commune pour maintenir un relais-poste, un point-contact. Au final on sait très bien que ce sera la disparition pure et simple de ce service public qui est au service d'une population chez nous rurale, dispersée, âgée. Les services rendus ne seront plus les mêmes.

Victor Honnet : Une pétition lancée par la mairie a déjà recueilli plus de 600 signatures. C'est vraiment tout un village qui est mobilisé, à l'image de Monique, une retraitée, très inquiète.

Monique : Franchement, notre poste, ça compte comme compte notre boulanger, comme compte le boucher qui venait et qui ne va plus venir. Alors vraiment, c'est, je vous assure, c'est, c'est dramatique pour des personnes âgées comme moi qui ont connu ce village vivant et la poste fait partie intégrante de la vie d'un village.

Victor Honnet : Les habitants du canton ont d'ailleurs décidé de se rassembler dans un collectif de citoyens pour la défense de la Poste et des services publics en général. L'inquiétude est d'autant plus vive que dans la petite ville d'Ambert à 15 kilomètres de Saint-Amand la maternité a déjà fermé en 2007 et la sous-préfecture pourrait également disparaître.

Gaël Letanneux : Reportage signé Victor Honnet à Saint-Amand-Roche-Savine dans le Puy-de-Dôme.

P. 155 - Le micro-trottoir : Les cachets des joueurs de football sont-ils trop élevés ?

– Ah moi je trouve que c'est démesuré par rapport à la masse générale de la population. Ils en profitent, tant mieux parce qu'il faut déjà être d'un haut niveau. Mais moi, je suis dépassée de cet argent, au temps où nous vivons et tant de gens qui n'ont pas à manger... Alors moi ça me dépasse mais j'y peux rien...

– C'est un petit peu comme pour les vedettes de cinéma ou du show-biz, c'est une bourse aux talents, à la notoriété et puis aux acquis de leurs exploits passés.

– Tout cela paraît très excessif.

– Je pense que le montant des transactions pour les footballeurs est le reflet de l'intérêt que portent les gens pour le football et donc de toute la machinerie commerciale qui a derrière et de ce fait, voilà, les montants des transferts pour les footballeurs sont maintenant plus importants que la course à pied parce qu'il n'y a pas le même business derrière, donc voilà.

– Vous m'auriez posé la question de savoir ce que je pensais du bonus pour les traders...

Le journaliste : Vous trouvez ça aussi déconnecté de la réalité, aussi indécent, je dirai.

– Totalement ! Voilà, alors après, je ne sais pas si le G20 va légiférer sur la limitation des montants des transferts pour les footballeurs mais je pense que c'est à peu près la même chose pour moi.

– Ça répond à une certaine logique dans laquelle nous vivons aujourd'hui et c'est pas forcément choquant par rapport à l'ensemble des choses dans lesquelles nous vivons aujourd'hui.

– Pour Cristiano Ronaldo, c'est une somme démesurée quand même.

Le journaliste : Uniquement pour lui.

– Ouais...

– C'est pas forcément la valeur du bonhomme puisque, pour être technique, puisqu'il y a Zidane qui a été encensé qui était à 70 millions, je crois, transfert au Real. Et ensuite Benzema qui a été transféré plus. Pour autant il est un peu moins encensé et puis, techniquement, il est pas, pour moi, aussi bon. Voilà c'est le marché ; c'est pas forcément la valeur du bonhomme mais c'est aussi le marché qui fait ça.

Le journaliste : Est-ce que c'est plus choquant finalement que les bonus que peuvent toucher certains traders ou patrons de très grosses entreprises ?

[rires]

Le journaliste : Est-ce que vous savez ce que ça représente en années de travail de votre salaire ?

– Peut-être vingt ans... Non, vingt ans, c'est... Je sais pas !

Le journaliste : J'espère pour vous que c'est vingt ans !

– Je pense que c'est cinquante ans de mon salaire, même plus !

– Ben, ça me choque mais ça me choque moins que les banques qui ont reçu plein d'argent pour aider les PME et autres et qui les aident pas. Voilà, après, le sport, je pense que ça choque moins les gens, même si c'est choquant mais en même temps ils offrent du rêve. Il y a moins de contrepartie.

Leçon 16

P. 157 – L'interview – L'intérêt du microcrédit.

Marie Vostal : Qu'est-ce que la microfinance ? Ce terme recouvre tous les systèmes de financement conduisant à accorder des crédits aux personnes les plus pauvres afin de leur permettre de retrouver un travail autonome. Exemple : avec un prêt d'un peu plus de 100 euros au Vietnam, une mère de trois enfants a pu modifier son vélo pour le transformer en restaurant ambulant proposant de la soupe. Au Mali, une autre femme grâce à un prêt de 76 euros est devenue vendeuse de fruits et légumes. Selon les dernières données connues, le monde comptait au 31 décembre 2004 trois mille cent soixante-quatre institutions de microcrédit, lesquelles desservaient près de 100 millions de clients dont les deux tiers faisaient partie des populations les plus pauvres du monde. Ces prêts d'un montant moyen de l'ordre de 150 euros permettent non seulement de soutenir un individu mais parfois même une communauté comme lorsqu'en 1976 Mohammad Yunus a prêté 27 dollars à quarante-deux femmes du Bangladesh pour qu'elles achètent des outils pour faire de la cordonnerie. C'est ainsi qu'est née la Grameen Bank, la banque des pauvres. La pionnière du microcrédit a, depuis cette date, prêté 5,7 milliards de dollars à 6 millions d'emprunteurs. Le microcrédit n'est pas réservé aux pays les plus pauvres. La France a été le premier pays d'Europe à adapter l'expérience de la Grameen Bank avec comme fer de lance l'association ADIE ; créée en 1989 elle a accordé 41 000 prêts de 2 800 euros en moyenne et permis la création de 42 000 emplois. Pour la seule année dernière ce sont 7 000 précaires qui ont retrouvé un emploi grâce à ces dispositifs. Dans les économies développées ces actions de financement sont généralement appuyées par les réseaux bancaires classiques. Ces prêts qui s'adressent plutôt aux exclus du système bancaire et aux chômeurs débouchent souvent sur la création de micro-entreprises et les banques ne sont pas outillées pour accompagner ces petits projets, au contraire des associations. Bien que bénéficiant de l'aura du prix Nobel, le microcrédit qui potentiellement pourrait venir en aide aux 3 milliards de personnes vivant sous le seuil de pauvreté dans le monde n'est pas la panacée pour sortir du mal-développement. Il n'est sans doute pas un levier suffisant en effet pour aider les pays du Sud à résoudre leurs problèmes d'infrastructures lourdes, notamment ceux portant sur l'accès à l'eau ou à la santé. Pour autant, la microfinance démontre son efficacité dans la lutte contre l'exclusion bancaire, la création de nouvelles solidarités et le développement local.

P. 163 – L'interview : Karima Delli, députée européenne expose ses idées.

Karima Delli : Je porte des revendications un peu phare que j'ai portées durant la campagne des européennes notamment une qui est le fameux revenu maximum européen. Cette mesure a été appliquée en 1942 par Roosevelt. Alors je ne vois pas, là on est en véritable crise économique, pourquoi cette mesure-là ne serait pas appliquée. C'est une mesure simple, plausible et tellement juste parce qu'elle permet justement de réduire les inégalités sociales dans un premier temps mais également de réduire les inégalités environnementales. Parce qu'aujourd'hui ce qui est un peu vivre sur des modes vraiment destructeurs de la planète... c'est ceux qui consomment plus et ceux qui ont un petit peu le modèle ostentatoire d'avoir plein de richesses qui ne leur sert strictement à rien. Ceux sont les riches. Nous, on veut plus de liens et moins de biens et donc, j'espère porter vraiment à bras-le-corps cette revendication.

Le journaliste : Qu'est-ce qui aurait d'autre, selon vous, comme mesure un peu emblématique et qui ferait avancer la société d'un grand pas ?

Kalima Delli : Tout le débat, là, qu'on a aujourd'hui sur la taxe carbone est un vrai débat de fond parce que on aborde ce sujet-là et je suis contente parce qu'on l'aborde sur la question de la justice. Et la justice sociale elle passe aussi par là. C'est vrai que plus on pollue plus on doit payer. Donc il y a tout ce combat-là. Il y a le combat également sur le « Bruxelles de l'emploi ». Il faut absolument qu'on garantisse aux plus précaires un revenu minimum, aussi le temps de travail. Et ben non, la vie ça ne se résume pas à aller chercher la croissance avec ses dents au détriment de notre cadre de vie, de notre vie, non ! Non, la vie, c'est fait aussi pour passer du temps avec sa famille, passer du temps pour, voilà, se cultiver. En terme d'éducation il faut aussi lutter contre la discrimination parce qu'on n'a pas tous, malheureusement, cette égalité des chances que lorsqu'on naît, il y en a qui naissent avec une cuillère en argent et il y en a d'autres et bien malheureusement, ils naissent avec rien. Donc il y a plein de combats au niveau européen. Que ce soit aussi pour cette jeunesse qui malheureusement voit son avenir totalement précarisé et ça se généralise. On l'a vu lors des émeutes de banlieues en France, on l'a vu lors des mouvements en Grèce où tous les jeunes descendaient dans la rue en disant : « Qu'est-ce qui se passe ? On n'a plus de maisons ! Où est notre avenir ? » Et ben cette jeunesse, j'ai envie de leur dire qu'aujourd'hui il faut reprendre espoir, il faut pas baisser les bras et moi je serai là avec eux. Donc il y a plein de sujets au niveau européen mais, je crois que le plus grand défi et ça, c'est vraiment majeur et j'espère que tous les députés l'entendront bien, c'est que cette élection – c'est vrai qu'on a fait un très joli score les écologistes et c'est tant mieux comme ça l'écologie aujourd'hui rentre réellement, de plain-pied dans le champ politique – mais moi le premier défi, je crois, c'est ne pas oublier que près de 60 % des électeurs n'ont pas été voter. Donc c'est-à-dire qu'il existe une rupture entre les enjeux européens et les citoyens donc. Et bien à nous de réconcilier justement ces citoyens qui ont un peu boudé les urnes, voilà.

Cartes

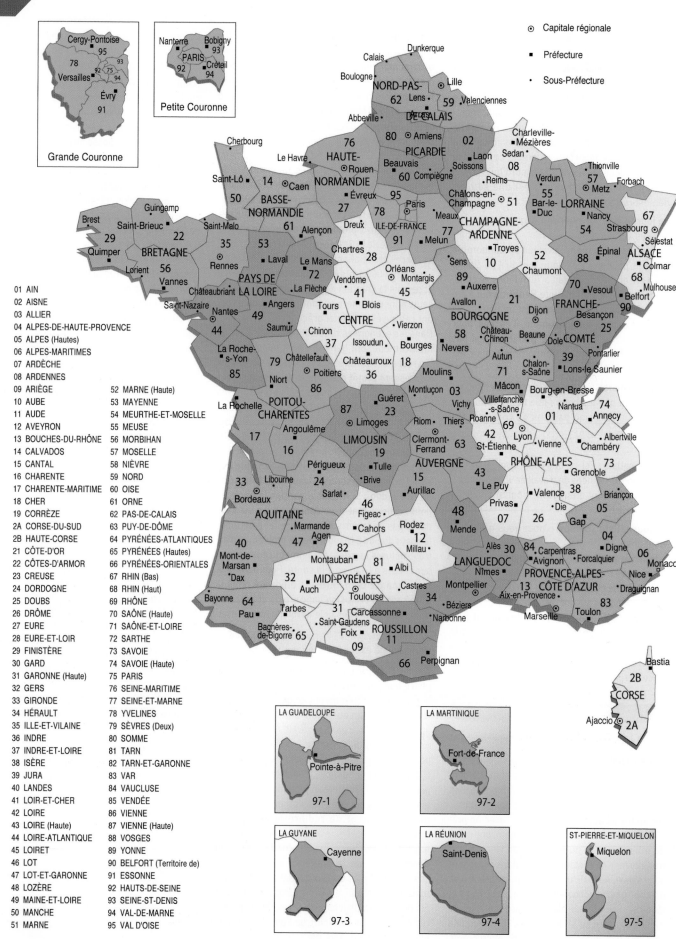

- 01 AIN
- 02 AISNE
- 03 ALLIER
- 04 ALPES-DE-HAUTE-PROVENCE
- 05 ALPES (Hautes)
- 06 ALPES-MARITIMES
- 07 ARDÈCHE
- 08 ARDENNES
- 09 ARIÈGE
- 10 AUBE
- 11 AUDE
- 12 AVEYRON
- 13 BOUCHES-DU-RHÔNE
- 14 CALVADOS
- 15 CANTAL
- 16 CHARENTE
- 17 CHARENTE-MARITIME
- 18 CHER
- 19 CORRÈZE
- 2A CORSE-DU-SUD
- 2B HAUTE-CORSE
- 21 CÔTE-D'OR
- 22 CÔTES-D'ARMOR
- 23 CREUSE
- 24 DORDOGNE
- 25 DOUBS
- 26 DRÔME
- 27 EURE
- 28 EURE-ET-LOIR
- 29 FINISTÈRE
- 30 GARD
- 31 GARONNE (Haute)
- 32 GERS
- 33 GIRONDE
- 34 HÉRAULT
- 35 ILLE-ET-VILAINE
- 36 INDRE
- 37 INDRE-ET-LOIRE
- 38 ISÈRE
- 39 JURA
- 40 LANDES
- 41 LOIR-ET-CHER
- 42 LOIRE
- 43 LOIRE (Haute)
- 44 LOIRE-ATLANTIQUE
- 45 LOIRET
- 46 LOT
- 47 LOT-ET-GARONNE
- 48 LOZÈRE
- 49 MAINE-ET-LOIRE
- 50 MANCHE
- 51 MARNE
- 52 MARNE (Haute)
- 53 MAYENNE
- 54 MEURTHE-ET-MOSELLE
- 55 MEUSE
- 56 MORBIHAN
- 57 MOSELLE
- 58 NIÈVRE
- 59 NORD
- 60 OISE
- 61 ORNE
- 62 PAS-DE-CALAIS
- 63 PUY-DE-DÔME
- 64 PYRÉNÉES-ATLANTIQUES
- 65 PYRÉNÉES (Hautes)
- 66 PYRÉNÉES-ORIENTALES
- 67 RHIN (Bas)
- 68 RHIN (Haut)
- 69 RHÔNE
- 70 SAÔNE (Haute)
- 71 SAÔNE-ET-LOIRE
- 72 SARTHE
- 73 SAVOIE
- 74 SAVOIE (Haute)
- 75 PARIS
- 76 SEINE-MARITIME
- 77 SEINE-ET-MARNE
- 78 YVELINES
- 79 SÈVRES (Deux)
- 80 SOMME
- 81 TARN
- 82 TARN-ET-GARONNE
- 83 VAR
- 84 VAUCLUSE
- 85 VENDÉE
- 86 VIENNE
- 87 VIENNE (Haute)
- 88 VOSGES
- 89 YONNE
- 90 BELFORT (Territoire de)
- 91 ESSONNE
- 92 HAUTS-DE-SEINE
- 93 SEINE-ST-DENIS
- 94 VAL-DE-MARNE
- 95 VAL D'OISE

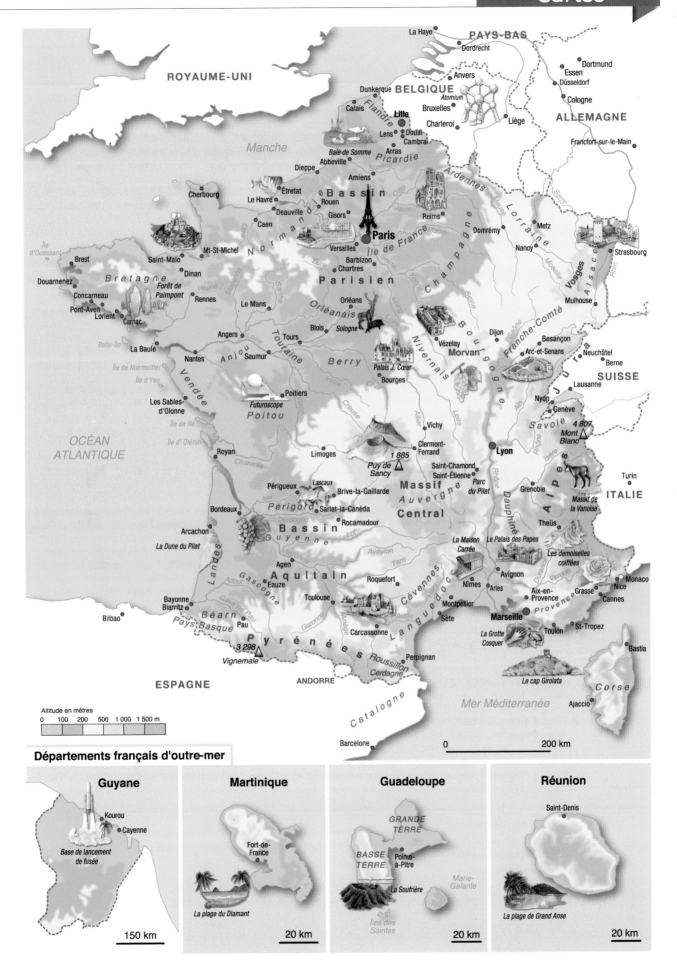

ROYAUME-UNI

PAYS-BAS

La Haye
Dordrecht

BELGIQUE

Dortmund
Essen
Düsseldorf
Cologne

ALLEMAGNE

Anvers

Dunkerque
Calais
Flandre
Lille
Bruxelles
Atomium
Charleroi
Liège

Francfort-sur-le-Main

Lens
Douai
Cambrai
Arras
Abbeville
Baie de Somme
Picardie
Dieppe
Somme

Manche

Ardennes
Lorraine
Meuse
Metz
Sarre
Strasbourg

Cherbourg
Étretat
Le Havre
Deauville
Caen
Rouen
Gisors
Amiens
Reims
Oise
Aisne
Champagne
Domrémy
Nancy
Moselle
Vosges
Alsace
Rhin
Mulhouse

Brest
Saint-Malo
Mt-St-Michel
Île d'Ouessant
Dinan
Bretagne
Forêt de Paimpont
Rennes
Normandie
Versailles
Paris
Île de France
Barbizon
Chartres
Parisien
Bassin
Seine
Eure

Douarnenez
Concarneau
Pont-Aven
Lorient
Carnac
Belle-Île
La Baule
Nantes
Vilaine
Mayenne
Le Mans
Sarthe
Orléanais
Orléans
Loiret
Sologne
Palais J. Cœur
Dijon
Bourgogne
Franche-Comté
Besançon
Arc-et-Senans
Neuchâtel
Berne

SUISSE

Île de Noirmoutier
Île d'Yeu
Vendée
Angers
Anjou
Saumur
Tours
Touraine
Berry
Nivernais
Morvan
Vézelay
Loire
Ain
Saône
Jura
Lausanne

Les Sables-d'Olonne
Île de Ré
Futuroscope
Poitou
Poitiers
Indre
Creuse
Aller
Vichy
Loire
Nyon
Savoie
Genève
4 807
Mont Blanc

OCÉAN ATLANTIQUE

Île d'Oléron
Royan
Charente
Limoges
Clermont-Ferrand
1 885
Puy de Sancy
Saint-Chamond
Saint-Étienne
Lyon
Rhône
Isère
Grenoble
Turin

ITALIE

Périgueux
Lascaux
Brive-la-Gaillarde
Massif
Auvergne
Parc du Pilat
Massif de la Vanoise

Bordeaux
Périgord
Sarlat-la-Canéda
Central
Théüs
Les demoiselles coiffées

Arcachon
Bassin
Isle
Rocamadour
Dordogne
La Maison Carrée
Le Palais des Papes

La Dune du Pilat
Guyenne
Lot
Aveyron
Tarn
Avignon
Durance
Verdon

Agen
Adour
Aquitain
Roquefort
Cévennes
Nîmes
Arles
Aix-en-Provence
Grasse
Monaco
Nice
Cannes

Landes
Gascogne
Eauze
Toulouse
Languedoc
Montpellier
Provence
Sète
Marseille
Toulon
St-Tropez

Bayonne
Biarritz
Béarn
Pau
Garonne
Ariège
Aude
Carcassonne
La Grotte Cosquer

Bilbao
Pays Basque
Gave de Pau
Pyrénées
3 298
Vignemale
Roussillon
Cerdagne
Perpignan
Bastia

ESPAGNE
ANDORRE
Catalogne
Le cap Girolata
Corse

Mer Méditerranée
Ajaccio

Barcelone
0
200 km

Altitude en mètres
0 100 200 500 1 000 1 500 m

Départements français d'outre-mer

Guyane
Kourou
Cayenne
Base de lancement de fusée
150 km

Martinique
Fort-de-France
La plage du Diamant
20 km

Guadeloupe
GRANDE TERRE
BASSE TERRE
Pointe-à-Pitre
La Soufrière
Marie-Galante
Îles des Saintes
20 km

Réunion
Saint-Denis
La plage de Grand Anse
20 km

Crédits photographiques

Couverture : ht : Ph © Beau Lark/Corbis – m : CORBIS/J. L. Pelaez, Inc. – bas : © Pascal Lafay / Picturetank.

p. 5 ht : Ph. © Gilles Rolle / REA ; m : Ph. © Nicolas Tavernier / REA – p. 7 : Ph. © Elke Bock / LAIF-REA – p. 9 : Ph. © Stéphane Audras / REA – p. 10 ht : BIS / Ph. Coll. Archives Larbor ; bas : Ph. © Philippe Turpin / ANDIA PRESSE – p. 12 g : Ph. © Eric Cabanis / AFP ; d : Ph. © François Perri / REA – p. 17 : Ph. © R. Quadrini / KR IMAGES PRESSE – p. 18 : Ph. © Balzer/ SCOPE – p. 19 : Ph. © Musée Calvet Avignon / Dagli Orti / THE PICTURE DESK – p. 21 : Ph. © F. ACHDOU / URBA IMAGES SERVER – p. 23 : Ph. © Benoît Decout / REA – p. 26 : Ph. © « L'Enfant sauvage » de François Truffaut, 1969, Films du Carosse-Les Prods Artistes Ass. / The Kobal Collection / THE PICTURE DESK – p. 28 g : Ph. © Marc CHAUMEIL / FEDEPHOTO ; d : Ph. © Philippe Matsas / OPALE – p. 29 : Ph. © Hamilton / REA – p. 31 : Ph. © Franz-Peter Tschauner / DPA PICTURE-ALLIANCE GmbH © Adagp, Paris 2010 – p. 32 : Ph. © Wenn SIPA PRESS – p. 34 : © Blog de Jacques Attali – p. 35 : Ph ; © Helga Esteb / Shutterstock.com – p. 37 : Ph. © Ludovic / REA – p. 39 : Ph. © Daniel Lainé / CORBIS – p. 40 : Ph. © Pascal Sittler / REA – p. 41 : Ph. © Jean-Paul Lozouet / CIT'en scène – p. 43 : Ph. © Ramon Senera / Agence ENGUERAND – p. 44 : Ph. © Agostino Pacciani / CDDS ENGUERAND – p. 46 : Ph. © Marianne ROSENSTIEHL – p. 47 ht : Ph. © Eugenio Marongiu /Fotolia.com ; m : Ph. © A. Jarocinski / URBA IMAGES SERVER ; bas : Ph. © Maxim Mayorov / Shutterstock.com – p. 48 : Ph. © 6 milliards d'Autres / GOODPLANET – p. 49 : Ph. ChantalS / Fotolia © ARCHIVES SEJER – p. 50 : Ph. © Cultura / CORBIS – p. 52 : Ph. © Antoine Serra / REA – p. 54 ht : Ph. © Betermin / ANDIA PRESSE ; bas :Ph. © Pascal Deloche / PHOTONONSTOP – p. 55 : Ph. © Alexandre Gelebart / REA – p. 56 : Ph. © Jean-Daniel Sudres / HEMIS – p. 57 : Ph. © Kapoor Baldev / Sygma / CORBIS – p. 58 : Ph. © F. Lepage / SIPA PRESS – p. 60 ht : Ph. © Rozine Mazin / PxP Gallery ; bas : BIS / Ph. C. Roux © Archives Larbor – p. 61 : Ph. © Bertrand Rieger / HEMIS – p. 62 : Ph. © P. Tournebœuf / TENDANCE FLOUE – p. 63 : Ph. © Frédéric Fima / PARC NATIONAL DE LA VANOISE – p. 64 : Ph. © Julien Tromeur / Fotolia.com ; © Scanrail / Fotolia.com ; Nrivoosheer Vitaly / Shutterstock.com – p. 65 : Ph. © ISM Agency / Contributeur / GETTY IMAGES – p. 66 : BIS / Ph. Jean-Loup Charmet © Archives Larbor – p. 68 g : Ph. © J.-Y. Gaugaud / ASK IMAGES / L'Express ; d : Ph. © POLITIS – p. 69 : Ph. © René Mattes / HEMIS – p. 72 : Ph. © Franck Guiziou / HEMIS – p. 73 : Shutterstock © Photostock AR – p. 74 : Ph. © L. Giraudou / URBA IMAGES SERVER – p. 76 ht : Ph. © Electa / LEEMAGE ; bas : Ph. © Marie-Paule Negre / SIGNATURES – p. 78 : Ph. © Jean Du Boisberranger / HEMIS – p. 81 : Ph. © Bertrand Rieger / HEMIS – p. 83 : Ph. © Mastar / URBA IMAGES server – p. 84 ht g : © Flammarion ; ht d : © Editions Fayard ; m : © J'ai lu ; bas : Ph. © Pol Emile / SIPA PRESS – p. 85 : Ph. © Gérald Buthaud / ANA – p. 86 ht : Ph. © Witi de Tera / OPALE ; bas : © Collection Folio / Gallimard – p. 88 : Ph. © Ulf Andersen / PxP Gallery – p. 89 ht : Ph. © Yvan Zedda / UMA ; m : Ph. © Ville de Nîmes ; bas : Ph. © Ludovic Maisant / HEMIS – p. 90 ht : Ph. © Aerial Focus / Monsoon / Photolibrary / CORBIS ; bas : Ph. © Chassenet / BSIP – p. 92 haut : © Katatonia 92 / Shutterstock.com – p. 94 : Ph. © Ludovic / REA – p. 95 : Ph. © A. Bibard / FEP / PANORAMIC – p. 98 : Ph. ©Bruno Souillard / La Provence / PHOTOPQR/ MAXPPP – p. 99 : Ph. © Jean-François Rault / Kipa / CORBIS – p. 100 : Ph. © Pacome Poirier / CIT'en scène – p. 102 ht g : Ph. © « Une vie » de Simone Veil, Editions Stock : ht d : © Editions Anne Carrière / Editions Robert Laffont ; bas : Ph. Collection CHRISTOPHE L © Légende Films – p. 103 : Ph. © ROGER-VIOLLET – p. 104 : Ph. © Brigitte ENGUERAND – p. 105 : Ph. © Hamilton / REA – p. 106 : Ph. © Patrick Kovarik / AFP – p. 108 : Ph. © LA COLLECTION © Marc Chagall « Les Mariés de la tour Eiffel », 1939 / Adagp, Paris 2010 – p. 110 : © Machine à imprimer 26 couleurs – Les 26 couleurs – Ville de St-Fargeau-Ponthierry – p. 111 : Ph. © Raphaël Gaillarde / Gamma / EYEDEA – p. 113 : Ph. © Patrick Kovarik / AFP – p. 114 : Ph. © Stéphanie Cardinale / CORBIS – p. 115 ht : Ph. © Hervé Champollion / AKG ; bas : Ph. DjiggiBodgi / FOTOLIA © ARCHIVES SEJER – p. 116 : Ph. © Xavier Leoty / AFP – p. 118 : Ph. © Emile Luider / HEMIS – p. 119 : Ph. © Image Source / HEMIS – p. 120 ht : Ph. © Philippe Girardet ; bas : Ph. © Denkou Images / PHOTONONSTOP – p. 121 : Ph. © Matthieu Colin / HEMIS – p. 124 : Ph. © Stephano Torrione / HEMIS – p. 125 ht : Ph. © Artothek / LA COLLECTION ; bas : Ph. © Ernest Pignon-Ernest © ADAGP, Paris 2010 – p. 126 : Ph. © Pacome Poirier/ WIKISPECTACLE – p. 127 : BIS / Ph. Coll. Archives Larbor - © Adagp, Paris 2010 – p. 128 : Ph. © ARCHIVES DURAND-RUEL © « L'Homme de Draguignan » de César 1957 / Adagp, Paris 2010 – p. 129 : Ph. © Henri Cartier-Bresson / Magnum Photos – p. 130 : Ph. © The Philadelphia Museum of Art / Art Resource / SCALA, Firenze © Adagp, Paris 2010 – p. 131 ht : Ph. © Didier Maillac / REA ; bas : Ph. © Arindambanerjee / Shutterstock.com – p. 132 : Ph. © Xavier ROMEDER – p. 134 : Ph. © M. Castro / URBA IMAGES SERVER – p. 136 : Ph. © Bruno Perousse / HEMIS – p. 137 : Ph. © Nicolas Tavernier / REA – p. 138 : Ph. © Tomas Hudcovic / ISIFA / SIPA PRESS – p. 140 ht : Ph. © Simon Isabelle / SIPA PRESS ; bas : Ph. © Olivier Dekeyser / PICTURETANK – p. 144 : Ph. © ABD / SIPA PRESS – p. 146 : Ph. Collection CHRISTOPHE L © Les Films des Tournelles – p. 149 : Ph. © José Nicolas / HEMIS – p. 150 : BIS / © Archives Larbor – p. 152 : Ph. © Jean Michel Mart / PHOTOPQR / LE MIDI LIBRE / MAXPPP – p. 154 : Ph. © Robinson /The SUN / SIPA PRESS – p. 156 : Ph. © Thourot / SIPA PRESS – p. 157 : Ph. © Denise Sarlin / Hoa-Qui / EYEDEA – p. 160 : Ph. © Fabrice Anterion / PHOTOPQR / LE DAUPHINE LIBERE / MAXPPP – p. 161 : Ph. © Joe Kramer / LAIF-REA – p.162 : © Treenabeena / Fotolia.com – p. 163 : Ph. © Ludovic / REA – p. 165 : Ph. © Philippe Schuller / SIGNATURES – p. 167 : Ph. © Bastien Defives / Transit / PICTURETANK – p. 168 ht : © Romans noirs/ Quarto / Gallimard ; m : © Livre de Poche ; bas : © J'AI LU – p. 169 : © Collection Folio / Gallimard – p. 170 ht : Ph. COLLECTION CHRISTOPHE L © Canal+; bas : Ph. Collection Prod DB © Films du Fleuve-Why Not Productions – p. 171 : Ph. COLLECTION CHRISTOPHE L - DR – p. 172 : © Collection Folio / Gallimard.

Direction éditoriale : Béatrice Rego
Édition : Christine Grall / Estelle Jelen
Conception graphique : Marc Henry
Mise en pages : Nicole Sicre
Iconographie : Danièle Portaz
Cartographie : Jean-Pierre Crivellari (cartes p. 79, 195) – Paco (icônes sur la carte p. 195)

© CLE International/Sejer, Paris, 2014
ISBN : 978-2-09-038495-6

N° d'éditeur : 10237078
Imprimé en mai 2017 par Graficas Estella en Espagne